소씨문견록 邵氏聞見錄

Shaoshi Wenjian Lu — The Recording of Shao's Hears and Sees

【하】

소씨문견록邵氏聞見錄【하】
Shaoshi Wenjian Lu — The Recording of Shao's Hears and Sees

—

1판 1쇄 인쇄 2022년 8월 18일
1판 1쇄 발행 2022년 8월 25일

—

저 자 | 소백온邵伯溫
역 자 | 김장환
발행인 | 이방원
발행처 | 세창출판사

신고번호 제1990-000013호
주소 03736 서울시 서대문구 경기대로 58 경기빌딩 602호
전화 02-723-8660 팩스 02-720-4579
이메일 edit@sechangpub.co.kr 홈페이지 www.sechangpub.co.kr
블로그 blog.naver.com/scpc1992 페이스북 fb.me/Sechangofficial 인스타그램 @sechang_official

—

ISBN 979-11-6684-110-1 94910
979-11-6684-108-8 (세트)

—

이 역주서는 2019년 대한민국 교육부와 한국연구재단의 지원을 받아 수행된 연구임.
(NRF-2019S1A5A7068703)

—

이 책은 한국연구재단의 지원으로 세창출판사가 출판, 유통합니다.

소씨문견록

邵氏聞見錄

Shaoshi Wenjian Lu — The Recording of Shao's Hears and Sees

【하】

소 백 온邵伯溫 저

김 장 환 역주

세창출판사

차례

邵氏聞見錄

상권

일러두기

❶ 이 책은 소백온邵伯溫의 『소씨문견록邵氏聞見錄』 20권에 수록된 225조의 고사 전체를 역주했습니다.

❷ 이 책은 리젠숑[李劍雄] · 류더취안[劉德權]의 점교본點校本(베이징: 중화서국中華書局, 1983)을 비롯해 기타 판본과 캉전[康震]의 교주서校注書(시안: 삼진출판사三秦出版社, 2005)를 참고했으며, 교감이 필요한 원문에 한해 해당 부분에 교감문을 붙였습니다.

❸ 이 책은 국내외에서 처음으로 역주되었습니다.

❹ 이 책의 해설 및 주석은 독자들의 이해를 돕기 위해 모두 역주자가 붙인 것입니다.

❺ 부록으로 「소백온전邵伯溫傳」, '역대 서발序跋 및 저록著錄', '북송대사연표北宋大事年表', '북송시기전도北宋時期全圖'를 첨부했으며, 마지막으로 '찾아보기'를 수록했습니다.

❻ 한글에 한자를 병기할 때 독음이 다르면 [ ]를 사용하고, 괄호가 중복될 때에도 [ ]를 사용했습니다.

❼ 고대 인명과 지명은 한자 독음으로 표기하고 현대 인명과 지명은 국립국어원의 중국어 표기법에 따라 표기했습니다.

邵氏聞見錄
下

소씨문견록
하

一

邵氏聞見錄
卷十一

11-1(116)

신종황제神宗皇帝는 처음에 금릉金陵에서 왕형공王荊公(왕안석)을 불러 한 번 보고 그를 훌륭히 여겨 지제고知制誥에서 한림학사翰林學士로 승진시켰다. 왕형공은 조종祖宗의 법도를 바꾸고 신법을 시행하고자 원로대신을 물러나게 하고 젊은 신진을 등용했는데, 온공溫公(사마광)은 그렇게 해서는 안 된다고 생각해 힘써 그와 쟁론했다. 신종은 왕형공을 참지정사參知政事로 등용하고 온공을 추밀부사樞密副使로 등용했는데, 온공은 자신의 말이 받아들여지지 않기 때문에 사양하며 임명을 받지 않았다. 추밀사 여공필呂公弼이 대전 위에서 일을 상주하며 신종에게 말했다.

"폐하께서 사마광司馬光을 추밀부사로 등용하셨는데, 사마광은 왕안석王安石과 의론이 같지 않아 극구 사양하고 있으니, 오늘 필시 그 거취를 결정하러 올 것입니다."

그때 온공이 비답批答을 기다리며 조정에 서 있자, 신종이 그를 가리키며 말했다.

"이미 왔소이다."

신종이 또 탄식하며 말했다.

"급암汲黯[1]이 조정에 있으니 회남淮南(유안)[2]이 모반을 멈추었도다!"

온공이 한사코 떠나길 청하자, 신종은 하는 수 없이 그를 단명전학사端明殿學士에 제수하고 지영흥군知永興軍으로 내보냈다. 온공은 부임하고 한 달이 지나서 소장疏章을 올려 말했다.

"신은 재주가 부족하기로 신하들 중에서 가장 밑입니다. 앞을 내다보는 식견은 여회呂誨만 못하고, 올곧음은 범순인范純仁과 정호程顥만 못하며, 과감한 직언은 소식蘇軾과 공문중孔文仲[3]만 못하고, 용기 있는 결단은 범진范鎭만 못합니다. 여회는 왕안석이 처음 정사에 참여했을 때, 이미 왕안석이 간사하다고 말하면서 그가 필시 천하를 어지럽힐 것이라고 여겼는데, 신은 왕안석이 사리에 밝지 못하고 성질이 고약하고 사나울 뿐 여회가 말한 것처럼 되지는 않을 것이라고 생각했습니다. 그런데 지금 살펴보니, 왕안석은 친당親黨을 끌어들여 요직을 차지하게 하고, 자기와 다른 뜻을 가진 사

---

1 급암(汲黯, ?~BC 112): 자는 장유(長孺). 전한의 명신. 무제 때 알자(謁者)·동해태수(東海太守)·주작도위(主爵都尉)를 지냈으며, 구경(九卿)의 반열에 올랐다. 성품이 강직해 지위 고하를 막론하고 직간을 서슴지 않아 무제가 그를 '사직지신(社稷之臣)'이라고 불렀다. 흉노와의 화친을 주장했다. 나중에 작은 죄를 범해 면직되었다가 다시 회양태수(淮陽太守)에 임명되었다. 『사기(史記)』 권120 「급정열전(汲鄭列傳)」에 따르면, 회남왕(淮南王) 유안(劉安)이 모반을 꾀하려다 급암을 꺼려 해 그만두었다고 한다. 본문에서 급암은 사마광을 비유한다.

2 회남(淮南): 회남왕 유안(劉安, BC 179~BC 122)을 말한다. 한나라 고조 유방(劉邦)의 손자이자 회남여왕(淮南厲王) 유장(劉長)의 아들이다. 부친의 봉작을 세습해 회남왕이 되었다. 문학을 애호해 무제(武帝)의 명을 받들어 「이소전(離騷傳)」을 지었으며, 신선술을 좋아해 수천 명의 빈객과 방사(方士)들을 초치해 그들과 함께 『회남자(淮南子)』를 지었다. 원수(元狩) 원년(BC 122)에 모반 사건에 연루되어 하옥되었다가 자살했다.

3 공문중(孔文仲, 1038~1088): 자는 경보(經父). 북송의 관리이자 문인. 공자의 47대손이다. 인종 가우(嘉祐) 6년(1061) 진사 출신으로, 여항현위(餘杭縣尉)와 대주추관(臺州推官)을 지냈다. 신종 희녕(熙寧) 연간 초에 신법의 부당함을 적극 진언해 파직되었다가 왕안석(王安石)이 재상에서 물러난 후 국자직강(國子直講)에 임명되었다. 철종 원우(元祐) 연간 초에 비서성교서랑(秘書省校書郎)에 제수되었고 중서사인(中書舍人)에까지 올랐다. 동생 공무중(孔武仲)·공평중(孔平仲)과 함께 문장으로 이름이 알려져 '삼공(三孔)'으로 불렸다.

람을 배제해 권력과 총애를 독차지하고 있습니다. 항상 스스로 자기 의도대로 은밀히 폐하를 부추겨 내정內廷에서 친필 조서를 내려 외정外廷의 일을 결정함으로써, 천하의 위엄과 복덕[4]은 자기에게 있게 하고 비방의 논의는 모두 폐하께 돌아가게 합니다. 신은 이제야 앞을 내다보는 식견이 여회보다 훨씬 못함을 스스로 알게 되었습니다. 범순인과 정호는 모두 왕안석과 평소 친분이 두터웠기에 왕안석이 뭇 관료 중에서 발탁해 청고淸高한 요직에 높이 올랐습니다. 하지만 범순인과 정호는 왕안석이 하는 일을 보고는 감히 사사로운 은정을 고려해 공정한 도의를 버리지 않고 그의 단점을 극력 비판했습니다. 신은 왕안석과 남북으로 고향이 다르고[5] 취사取捨의 길이 다르며, 신은 왕안석을 평소 소원하게 대했고 왕안석은 신을 평소 박하게 대했습니다. 다만 누차 일찍이 동료로 지낸 적이 있었기 때문에 개인적으로 마음에 잊지 않아 차마 쉽게 절교하고 분명하게 말하지 못한 채 머뭇거리다가 오늘에 이르렀습니다. 이로써 신이 왕안석을 저버린 게 아니라 폐하를 저버린 게 아주 많으니, 이것이 바로 신이 범순인과 정호보다 훨씬 못한 바입니다. 신은 재주도 없이 양제兩制를 담당하고[6] 차례로 세 조정(인종 · 영종 · 신종)을 섬겼으니, 나라의 법도로는 임금과 신하이지만 그 은정은

4 위엄과 복덕: 원문은 "위복(威福)". 원래는 통치자가 내리는 상벌의 권력을 뜻하지만, 나중에는 대부분 권력을 장악한 자가 망령되이 권세를 믿고 권력을 농단하는 것을 말한다.

5 남북으로 고향이 다르고: 사마광은 섬주(陝州) 하현(夏縣: 지금의 산시성[山西省] 샤현[夏縣]) 사람으로 북쪽 출신이고, 왕안석은 무주(撫州) 임천현(臨川縣: 지금의 장시성[江西省] 푸저우[撫州] 린촨현[臨川縣]) 사람으로 남쪽 출신이다.

6 재주도 없이 양제(兩制)를 담당하고: 원문은 "승핍양제(承乏兩制)". '승핍'은 인재가 없어서 재주가 없거나 부족한 사람이 벼슬하는 것을 말한다. '양제'는 외제(外制)와 내제(內制)로, 외제는 정식 조칙(詔勅)을 관장하는 중서사인(中書舍人)을 말하고, 내제는 임시 특별 조령(詔令)을 관장하는 한림학사(翰林學士)를 말하는데, 모두 나라의 기무(機務)에 참여하는 황제 측근의 중요한 직무이다.

골육과도 같습니다. 왕안석이 오로지 그 광기와 우매함을 드러내 천하의 생민에게 지독한 고통을 끼치고 종묘사직을 누란累卵의 위험에 빠뜨리는 것을 보고서도, 신은 두렵고 나약하게 몸을 아껴 일찍 폐하를 위해 따로 아뢰지 못했습니다. 소식과 공문중은 모두 중시받지 못한 소신小臣이지만, 과감히 폐하의 천둥 번개 같은 위엄이나 왕안석의 범과 이리 같은 분노를 피하지 않고 대책을 상서해 그의 실수를 진언하면서 파직과 견책도 아랑곳하지 않았으니, 이것이 신이 소식과 공문중보다 훨씬 못한 바입니다. 인지상정으로 그 누가 부귀를 탐하거나 봉록에 연연해 하지 않겠습니까마는, 범진은 왕안석이 폐하를 미혹시켜 아첨을 충성이라 여기고 충성을 아첨이라 여기며 옳은 것을 그르다 하고 그른 것을 옳다고 하는 것을 보고는, 울분을 견디지 못해 주장奏章을 올려 극간함으로써 스스로 사직을 청하고 더러운 비난을 감수한 채 집에서 두문불출하며 지냅니다. 하지만 신은 봉록과 벼슬을 아까워하며 처자식을 위해 고려하면서 수치스러움을 참은 채 아직까지 방진方鎭의 자리에 있으니, 이것이 신이 범진보다 훨씬 못한 바입니다. 신이 듣건대 그 지위에 있는 자는 반드시 그 직무를 걱정해야 하고 그 녹을 먹는 자는 반드시 그 근심을 감당해야 한다고 하니, 만약 그렇게 하지 못한다면 이는 도둑이 되는 것입니다. 신은 비록 못났지만[7] 일찍이 군자[8]에게서 가르침을 받았으니, 차마 내 자신이 도둑질하지는 못하겠습니다. 지금 폐하께서는 오직 왕안석의 말만 믿으시어, 왕안석이 현명하다 하면 현명하게

7 못났지만: 원문은 "무사(無似)". 불초(不肖)와 같은 뜻으로, 아버지나 할아버지를 닮지 못한 자식을 말한다. 대개 스스로 낮추어 못난 사람이라는 뜻으로 쓴다.

8 군자: 여기서는 사마광의 부친 사마지(司馬池, 980~1041)를 말한다. 사마지는 병부낭중(兵部郎中)·천장각대제(天章閣待制) 등을 지냈으며, 청렴강직하고 인후(仁厚)해 '일대명신(一代名臣)'으로 칭송받았다.

여기시고 어리석다 하면 어리석게 여기시며, 옳다 하면 옳게 여기시고 그르다 하면 그르게 여기시며, 왕안석에게 아첨하는 자는 충성스럽고 선량하다 이르시고 왕안석을 비난하는 자는 사악하고 간특하다 이르십니다. 신의 재주와 식견은 진실로 왕안석이 어리석다고 여기는 바이고, 신의 의론은 진실로 왕안석이 그르다고 여기는 바이며, 오늘 신이 올리는 진언은 폐하께서 말씀하신 사악하고 간특한 것이니, 엎드려 바라건대 성은으로 그 죄를 판단해 처리해 주십시오. 만약 신의 죄가 범진과 같다면 범진의 예에 따라 사직하길 청하며, 만약 신의 죄가 범진보다 무겁다면 폄적되거나 주살되더라도 감히 도망치지 않을 것입니다."

신종은 반드시 온공을 등용하고 싶었으므로 그를 불러 지허주知許州에 제수하면서 궁궐에 들러 대전에 오르게 했다. 막 조서를 내릴 때 신종이 감찰어사이행監察御史裏行 정호에게 말했다.

"짐이 사마광을 불렀는데 경은 사마광이 오리라고 생각하오?"

정호가 대답했다.

"폐하께서 그의 진언을 채용하실 수 있다면 사마광은 반드시 올 것이지만, 그의 진언을 채용하실 수 없다면 사마광은 필시 오지 않을 것입니다."

신종이 말했다.

"아직 그의 진언을 채용할지 논의하지 않았지만, 사마광과 같은 자가 늘 좌우에 있다면 군주가 스스로 허물을 없앨 수 있을 것이오."

온공은 과연 부름의 명을 사양하고 서경유사어사대西京留司御史臺를 청해 『자치통감資治通鑑』을 수찬했다. 나중에는 제거숭산숭복궁提擧嵩山崇福宮을 청해 무릇 네 번의 임기 동안 15년을 보냈다. 신종은 온공이 수찬한 『자치통감』을 가져와 경연經筵에서 그것을 읽으라고 명했는데, 거의 다 읽어 갔는데도 진상본이 아직 이르지 않자 조서를 내려 재촉했다. 신종은 좌승左丞

포종맹蒲宗孟과 함께 인재를 논하다가 온공의 차례가 되자 말했다.

"사마광과 같은 경우 다른 일은 아직 따져 보지 않았지만, 추밀을 사양한 그 한 가지만 놓고 보면 짐이 즉위한 이래로 오직 이 한 사람만 보았을 뿐이오."

온공에 대한 신종의 예우가 시들지 않음이 이와 같았다. 특히 온공은 신법이 폐해지지 않으면 도의를 일으킬 수 없다고 생각했다. 원풍元豐 연간(1078~1085)에 관제官制가 완성되자, 신종이 말했다.

"어사대부御史大夫는 사마광이 아니면 안 되오."

그러자 채확蔡確이 나아가 말했다.

"나라가 이제 막 안정되었으니 잠시만 기다려 주시길 바랍니다."

원풍 7년(1084) 가을에 『자치통감』 책이 완성되어 진헌하자, 신종은 특별히 온공을 자정전학사資政殿學士에 임명하고 이부二府(중서성 · 추밀원)의 품급과 같은 관대를 하사했으며, 수서관修書官들을 모두 승진시키고 범조우范祖禹[9]와 온공의 아들 사마강司馬康[10]을 불러 관직館職으로 삼았다. 당시 신종은

---

9 범조우(范祖禹, 1041~1098): 자는 순보[淳甫, 또는 순부(醇夫)] · 몽득(夢得), 시호는 정헌(正獻). 북송의 관리이자 사학자. 젊어서 정호(程顥)와 정이(程頤)를 사사했으며, 사마광의 학문을 추종했다. 인종 가우(嘉祐) 8년(1063) 진사 출신이다. 사마광이 『자치통감』을 수찬할 때, 낙양에서 15년 동안 당대(唐代) 부분 집필을 맡았으며, 책이 완성되자 사마광의 추천으로 비서성정자(秘書省正字)에 임명되었다. 왕안석이 특히 그를 중시했지만 왕안석을 배알하지 않았다. 철종이 즉위한 후 저작좌랑(著作佐郎)이 되어 『신종실록(神宗實錄)』 검토관을 맡았고, 급사중(給事中)과 한림학사(翰林學士)를 역임했다. 철종이 친정(親政)하게 되자 지섬주(知陝州)로 나갔다. 소성(紹聖) 연간 초에 『신종실록』에서 신종을 비난하고 사마광이 신법을 변경한 사실을 두둔했다고 무고당해 무안군절도부사(武安軍節度副使)로 폄적되었다가 소주별가(昭州別駕)를 거쳐 영주(永州)에 안치되었다. 『당감(唐鑑)』 20권, 『제학(帝學)』 8권, 『인종정전(仁宗政典)』 6권을 지었는데, 당나라 300년의 치란을 기술한 『당감』은 학자들의 존숭을 받아 '당감공(唐鑑公)'으로 불렸다.

10 사마강(司馬康, 1050~1090): 자는 공휴(公休). 북송의 관리이자 사학자. 본래는 사마광의 형인 사마단(司馬旦)의 아들이었는데, 나중에 사마광의 두 아들이 요절하자 사마광의 양자

처음 가벼운 질환을 앓았는데, 안정되고 나서 재상에게 말했다.

"내년 봄에 태자를 책립하면 사마광과 여공저呂公著를 태자사보太子師保로 삼겠소."

신종은 두 공이 아니면 성자聖子를 맡길 수 없다고 생각했던 것이다. 하지만 이듬해 봄 삼월에 미처 태자를 책립하기 전에 신종이 승하했다. 신종이 온공을 깊이 인정함이 이와 같았다. 희녕熙寧 연간(1068~1077) 초에 왕형공이 신법을 건의하자 신종이 미혹되었지만, 원풍 연간 초에 이르러서는 성심聖心으로 깨닫고 왕형공을 물리쳐 7년 동안 등용하지 않았으며, 온공을 어사대부로 등용하고 동궁사보東宮師保(태자사보)로 등용하려 한 것은 대개 장차 그를 재상으로 삼고자 했기 때문이다. 아! 천하가 불행하게도 신종이 미처 온공을 등용하지 못하고 붕어했으니, 이는 후세에 붕당朋黨의 화가 생기게 된 까닭이다.

神宗皇帝初召王荊公於金陵, 一見奇之, 自知制誥進翰林學士. 荊公欲變更祖宗法度, 行新法, 退故老大臣, 用新進少年, 溫公以爲不然, 力爭之. 神宗用荊公爲參知政事, 用溫公爲樞密副使, 溫公以言不從, 辭不拜. 樞密呂公弼因奏事殿上, 謂帝曰: "陛下用司馬光爲樞密, 光以與王安石議論不同力辭, 今日必來決去就." 時溫公待對, 立庭下, 帝指之曰: "已來矣." 帝又歎曰: "汲黯在庭, 淮南寢謀!" 溫公堅求去, 帝不得已, 乃除端明殿學士, 知永興軍. 到官踰

로 입적되었다. 신종 희녕(熙寧) 3년(1070) 진사 출신으로, 감서경양료원(監西京糧料院)을 지냈다. 사마광이 『자치통감』을 수찬할 때 문장을 검토했으며, 첨서산남동도절도판관공사(簽書山南東道節度判官公事)를 거쳐 원풍(元豐) 8년(1085)에 비서성정자(秘書省正字)로 발탁되었다. 철종 원우(元祐) 원년(1086)에 교서랑(校書郎)이 되었고, 원우 4년(1089)에 『신종실록(神宗實錄)』의 검토관이 되었다. 원우 5년(1090)에 제거서산숭복궁(提擧西山崇福宮)으로 있다가 죽었다.

月, 上章曰: "臣之不才, 最出羣臣之下. 先見不如呂誨公, 直不如范純仁·程頴, 敢言不如蘇軾·孔文仲, 勇決不如范鎭. 誨於安石始參政事之時, 已言安石爲姦邪, 謂其必敗亂天下, 臣以爲安石止於不曉事與狠愎爾, 不至如誨所言. 今觀安石汲引親黨, 盤據要津, 擠排異己, 占固權寵. 常自以己意陰贊陛下內出手詔, 以決外庭之事, 使天下之威福在己, 而謗議悉歸於陛下. 臣乃自知先見不如呂誨遠矣. 純仁與頴皆安石素厚, 安石拔於庶僚之中, 超處淸要. 純仁與頴覩安石所爲, 不敢顧私恩廢公議, 極言其短. 臣與安石南北異鄕, 取舍異道, 臣接安石素疎, 安石待臣素薄. 徒以屢嘗同僚之故, 私心眷眷, 不忍輕絶而顯言之, 因循以至今日. 是臣不負安石而負陛下甚多, 此其不如純仁與頴遠矣. 臣承乏兩制, 逮事三朝, 於國家義則君臣, 恩猶骨肉. 覩安石專逞其狂愚, 使天下生民被荼毒之苦, 宗廟社稷有累卵之危, 臣畏懦惜身, 不早爲陛下別白言之. 軾與文仲皆疎遠小臣, 乃敢不避陛下雷霆之威, 安石虎狼之怒, 上書對策, 指陳其失, 隳官獲譴, 無所顧慮, 此臣不如軾與文仲遠矣. 人情誰不貪富貴, 戀俸祿, 鎭覩安石熒惑陛下, 以佞爲忠, 以忠爲佞, 以是爲非, 以非爲是, 不勝憤懣, 抗章極言, 因自乞致仕, 甘受醜詆, 杜門家居. 臣顧惜祿位, 爲妻子計, 包羞忍恥, 尙居方鎭, 此臣不如鎭遠矣. 臣聞居其位者必憂其事, 食其祿者必任其患, 苟或不然, 是爲竊盜. 臣雖無似, 嘗受教於君子, 不忍以身爲竊盜之行. 今陛下惟安石之言是信, 安石以爲賢則賢, 以爲愚則愚, 以爲是則是, 以爲非則非, 諂附安石者謂之忠良, 攻難安石者謂之讒慝. 臣之才識固安石之所愚, 臣之議論固安石之所非, 今日所言, 陛下之所謂讒慝者也, 伏望聖恩裁處其罪. 若臣罪與范鎭同, 則乞依范鎭例致仕, 若罪重於鎭, 或竄或誅, 所不敢逃." 帝必欲用公, 召知許州, 令過闕上殿. 方下詔, 帝謂監察御史裏行程頴曰: "朕召司馬光, 卿度光來否?" 頴對曰: "陛下能用其言, 光必來, 不能用其言, 光必不來." 帝曰: "未論用其言, 如光者嘗在左右, 人主自可無過."

公果辭召命, 乞西京留司御史臺, 以修『資治通鑑』. 後乞提擧嵩山崇福宮, 凡四任, 歷十五年. 帝取所修『資治通鑑』命經筵讀之, 所讀將盡, 而進未至, 則詔促之. 帝因與左丞蒲宗孟論人才, 及溫公, 帝曰: "如司馬光未論別事, 只辭樞密一節, 朕自卽位以來, 惟見此一人." 帝之眷禮於公不衰如此. 特公以新法不罷, 義不可起. 元豐官制成, 帝曰: "御史大夫非用司馬光不可." 蔡確進曰: "國是方定, 願少俟之." 至元豐七年秋, 『資治通鑑』書成進御, 特拜公資政殿學士, 賜帶如二府品數者, 修書官皆遷秩, 召范祖禹及公子康爲館職. 時帝初感微疾, 旣安, 語宰輔曰: "來春建儲, 以司馬光・呂公著爲師保." 帝意以謂非二公不可託聖子也. 至來春三月, 未及建儲而帝升遐. 神宗知公之深如此. 當熙寧初荊公建新法之議, 帝惑之. 至元豐初, 聖心感悟, 退荊公不用者七年, 欲用公爲御史大夫, 爲東宮師保, 蓋將倚以爲相也. 嗚呼! 天下不幸, 帝未及用公而崩, 此後世所以有朋黨之禍也.

11-2(117)

사마온공司馬溫公(사마광)은 서경유대西京留臺(서경유사어사대西京留司御史臺)로 있을 때, 매번 외출할 때마다 앞을 인도하는 의장이 셋을 넘지 않았다. 나중에 궁사宮祠(숭복궁사崇福宮使)로 있을 때는 말을 타더라도 수레덮개를 펼치지 않고 스스로 부채를 들고 햇볕을 가렸다. 정이천程伊川(정이)이 말했다.

"공은 외출할 때 뒤따르는 기병이 없어서 저자 사람들이 그를 알아보지 못했고 불편해하는 자가 없었다."

이에 대해 사마온공이 말했다.

"나는 사람들이 알아보지 못하길 바랐을 뿐이오."

왕형공王荊公(왕안석)은 재상을 그만두고 종산鍾山에서 거할 때 오직 나귀만 탔다. 어떤 사람이 그에게 가마를 타라고 권하자 왕형공이 정색하며 말했다.

"예로부터 왕공王公이 비록 무도하더라도 감히 사람으로 가축을 대신한 적이 없었소."

아! 두 공의 어짊이 대부분 같았으나 신법을 건의함에 이르러 뜻이 맞지 않아 절교했으니 애석하도다!

司馬溫公爲西京留臺, 每出, 前驅不過三節. 後官宮祠, 乘馬或不張蓋, 自持扇障日. 程伊川謂曰: "公出無從騎, 市人或不識, 有未便者." 公曰: "某惟求人不識爾." 王荊公辭相位, 居鍾山, 惟乘驢. 或勸其令人肩輿, 公正色曰: "自古王公雖不道, 未嘗敢以人代畜也." 嗚呼! 二公之賢多同, 至議新法不合絶交, 惜哉!

11-3(118)

사마온공司馬溫公(사마광)이 서락西洛(낙양)에서 한가로이 지낼 때, 책을 저술하고 남는 시간에 본조本朝의 일을 기록한 것이 많았는데, 『재기齋記』·『일기日記』·『기문記聞』이라고 이름 붙인 것이 한두 개가 아니었지만 지금은 망실되었다. 당시에는 왕개보王介甫(왕안석)와 이미 절교한 상태였는데, 왕개보에 대해 기록할 때 선악을 숨기지 않고 있는 그대로 적었다.

“왕안석王安石은 자가 개보이고 무주撫州 임천臨川 사람이다. 진사에 급제해 당시에 명성이 있었다. (인종) 경력慶曆 2년(1042)에 제5등으로 등과해 처음에 첨서양주판관簽署揚州判官이 되었다가 나중에 지은현知鄞縣이 되었다. 책 읽기를 좋아하고 기억력이 뛰어나 비록 후배의 투지投贄[11]나 정시程試[12]의 문장일지라도 훌륭한 것이 있으면, 한 번 읽고는 바로 입으로 외워서 종신토록 잊지 않았다. 그가 글을 지을 때는 붓을 나는 듯이 움직여 처음에는 마치 구상을 하지 않는 것 같지만 완성된 글을 본 사람들은 모두 그 정묘함에 탄복했다. 동생들과 우애가 깊었는데, 봉록이 집으로 들어와도 며칠 지나면 곧 없어진 것은 동생들이 써 버렸기 때문이었으며, 이로 인해 집안 살림이 자주 비었지만 한 번도 캐묻지 않았다. 의론이 탁월했는데, 뛰어난 논변과 박학함으로 자신의 주장을 견지할 수 있어서 사람들이 꺾을 수 없었다. 처음에 하급관리가 되었지만 벼슬길에서 입신 영달하는 데 급급해하지 않았다. 황우皇祐 연간(1049~1054)에 문노공文潞公(문언박)이 재상이 되어 염퇴恬退[13]한 왕안석과 장괴張瓌[14]·증공정曾公定[15]·한유韓維 네 명을 천거하

11 투지(投贄): 시문이나 예물을 드리고 뵙기를 청하는 것을 말한다. 당나라 때부터 과거시험에 응시하려는 자들은 정계나 문단에 영향력 있는 인물에게 자신이 지은 시문을 드리고 뵙기를 청해 이름을 알리고자 했는데, 이를 행권(行卷)이라 했다. 행권은 투지(投贄)·지알(贄謁)·투알(投謁)·투권(投卷)·헌소업(獻所業) 등으로도 불렸다.

12 정시(程試): 정해진 규정에 따른 정식(程式) 시험. 일반적으로 과거시험을 가리킨다.

13 염퇴(恬退): 명예나 이권에 뜻이 없어 벼슬을 내놓고 물러나는 것으로, 청렴결백하고 절조가 높은 사대부가 이를 통해 도(道)를 함양하는 것을 말한다.

14 장괴(張瓌, 1004~1073): 자는 당공(唐公). 북송의 관리로, 참지정사 장계(張洎)의 손자다. 인종 천성(天聖) 2년(1024) 진사 출신으로, 비각교리(秘閣校理)를 지냈다. 양절전운사(兩浙轉運使)·지영주(知潁州)·지양주(知揚州)·회남전운사(淮南轉運使)를 역임한 뒤, 조정으로 들어와 수기거주(修起居注)·지제고(知制誥)에 제수되었다. 옛 재상 유항(劉沆)에게 벼슬을 추증하는 조서를 작성하면서 그를 폄하하는 말을 했다는 이유로 지황주(知黃州)로 나갔다. 영종 때 좌간의대부(左諫議大夫)·한림시독학사(翰林侍讀學士)가 되었다가 다시 사건에 연루되어 지호주(知濠州)로 나갔다. 관직에 있는 동안 부당한 일에 대해 비판하다

면서, 조정에서 차서를 따르지 말고 파격적으로 이들을 등용해 명리를 좇는 경박한 기풍을 억제하길 청했더니, 그들의 성명을 모두 관적官籍에 기록하라는 칙지가 내려졌다. 지화至和 연간(1054~1056)에 왕안석을 불러 관직館職에 임명했는데, 왕안석은 고사하고 나아가지 않았다. 그래서 군목판관羣牧判官에 제수했더니 또 사양했지만 윤허하지 않자 그제야 직임에 나아갔다. 얼마 후에 지방관을 간절히 청해 지상주知常州로 나갔는데, 이로 말미암아 이름이 천하에 크게 알려지자 사대부들은 그의 얼굴을 알지 못하는 것을 한스러워했다. 조정에서 일찍이 그에게 높고 중요한 벼슬을 제수하려 했지만, 다만 그가 나아가려 하지 않을 것을 걱정했다. 지상주에서 제점강남서로형옥提點江南西路刑獄으로 전임되었다. 가우嘉祐 연간(1056~1063)에 관직館職·삼사탁지판관三司度支判官에 제수되자 고사했지만 윤허하지 않았다. 얼마 후에 수기거주修起居注에 임명되자, 자신은 새로 들어왔고 관직館職에 선배가 매우 많으므로 그들보다 높은 자리에 앉는 것이 마땅하지 않다며 사양했다. 10여 통의 주장奏章을 올렸지만, 조정에서 칙지를 내려 합문리閤門吏에게 임명조서를 가지고 삼사三司로 가서 제수하게 했는데, 왕안석이 받지 않자 합문리가 그를 좇아가 임명하려 했더니 왕안석이 측간으로 피했다. 합문리가 책상에 임명조서를 놓고 떠나자, 왕안석이 사람을 보내 좇아가서 돌려주었다. 조정에서 끝내 그의 뜻을 꺾을 수 없었다. 1년 남짓 지나서 다시 이전의 임명을 시행하자, 왕안석은 또 사양하면서 7~8통의 주장을 올리고 나서야 비로소 받았다. 얼마 후 지제고知制誥에 제수되었는데,

---

가 권세가를 거슬러 자주 폄적되었지만 끝내 후회하지 않았다.

15 증공정(曾公定): 자는 계생(季生). 북송의 관리로, 재상 증공량(曾公亮)의 동생이다. 인종 경력(慶曆) 2년(1042) 진사 출신으로, 비서승(秘書丞)과 집현전교리(集賢殿校理) 등을 역임했다.

그때부터는 더 이상 벼슬을 사양하지 않았다."

나(소백온)는 이 일이 세상에 전해지지 않는 것을 안타까워하기 때문에 드러내 밝힌다.

司馬溫公閒居西洛, 著書之餘, 記本朝事爲多, 曰『齋記』, 曰『日記』, 曰『記聞』者不一也, 今亡矣. 時與王介甫已絶, 其記介甫則直書善惡不隱, 曰: "王安石字介甫, 撫州臨川人. 擧進士, 有名於時. 慶曆二年第五人登科, 初簽署揚州判官, 後知鄞縣. 好讀書, 能強記, 雖後進投藝[1]及程試文有美者, 讀一過輒成誦在口, 終身不忘. 其屬文動筆如飛, 初若不措意, 文成觀者皆服其精妙. 友愛諸弟, 俸祿入家, 數日輒無, 爲諸弟所費用, 家道屢空, 一不問. 議論高奇, 能以辯博濟其說, 人莫能詘. 始爲小官, 不汲汲於仕進. 皇祐中, 文潞公爲宰相, 薦安石及張瓌・曾公定・韓維四人恬退, 乞朝廷不次進用, 以激澆競之風, 有旨皆籍記其名. 至和中, 召試館職, 固辭不就. 乃除羣牧判官, 又辭, 不許, 乃就職. 少時懇求外補, 得知常州, 由是名重天下, 士大夫恨不識其面. 朝廷嘗欲授以美官, 惟患其不肯就也. 自常州徙提點江南西路刑獄. 嘉祐中, 除館職・三司度支判官, 固辭, 不許. 未幾, 命修起居注, 辭以新入, 館職中先進甚多, 不當超處其右. 章十餘上, 有旨令閤門吏齎敕就三司授之, 安石不受, 吏隨而拜之, 安石避之於廁. 吏置敕於案而去, 安石使人追而與之. 朝廷卒不能奪. 歲餘, 復申前命, 安石又辭, 七・八章乃受. 尋除知制誥, 自是不復辭官矣." 伯溫惜其不傳於代, 故表出之.

[1] 예(藝): 명초본에는 "지(贄)"라 되어 있는데, 문맥상 보다 타당하다.

11-4(119)

(신종) 희녕熙寧 연간(1068~1077) 초에 조정에서 대리시승大理寺丞 채천신蔡天申을 경서찰방京西察訪으로 파견했는데, 그는 추밀부사樞密副使 채정蔡挺[16]의 아들이었다. 채천신은 서경西京(낙양)에 도착한 후 남쪽 자복원資福院을 행대行臺[17]로 삼고, 부친의 위세를 등에 업고 망령되이 권세를 부려 경서로京西路 전체를 진동시켰다. 하남윤河南尹 이중사李中師[18] 대제待制와 전운사轉運使 이남공李南公[19] 등이 날마다 아침부터 저녁까지 관아에서 그를 매우 공

16 채정(蔡挺, 1014~1079): 자는 자정(子政) 또는 자정(子正), 시호는 민숙(敏肅). 북송의 관리. 인종 경우(景祐) 원년(1034) 진사 출신으로, 건주추관(虔州推官)을 거쳐 박주(博州)·저주(滁州)·경주(慶州) 등의 지주(知州)를 지냈다. 신종이 즉위한 후 천장각대제(天章閣待制)로서 지위주(知渭州)가 되었다. 의용병(義勇兵)을 훈련시키고 변경의 황무지를 개간해서 백성을 모집해 경작시킴으로써 변방의 비축물자를 늘렸으며, 희녕채(熙寧砦)를 축조했다. 그 공으로 희녕 5년(1072)에 추밀부사(樞密副使)에 제수되었는데, 나중에 병이 들어 그만두고 자정전학사(資政殿學士)로서 판남경유사어사대(判南京留司御史臺)가 되었다.

17 행대(行臺): 조정의 고관이 지방을 순시할 때의 임시 주재소. 지방관의 임시 관서나 주재소를 말하기도 한다.

18 이중사(李中師, 1015~1075): 자는 군석(君錫). 북송의 관리. 인종 경우(景祐) 원년(1034) 진사 출신이다. 집현전교리(集賢殿校理)·제점개봉부계(提點開封府界)가 되어 도둑 체포를 감독해 일망타진했다. 회남전운사(淮南轉運使)로 있을 때 양절(兩浙) 지역에 기근이 들자 회남의 곡식을 옮겨 기민을 구휼했다. 신종 때 탁지부사(度支副使)·천장각대제(天章閣待制)·섬서도전운사(陝西都轉運使)를 거쳐 용도각직학사(龍圖閣直學士)로서 지하남부(知河南府)가 되었는데, 관리의 구습을 엄정하게 다스려 '치판(治辦)'으로 불렸다. 하지만 법 집행이 너무 각박하고 번잡했으며, 조정 권신과의 결탁에만 힘썼다.

19 이남공(李南公): 자는 초로(楚老). 북송의 관리. 진사 출신으로, 포강현령(浦江縣令)을 지냈다. 신종 때 하북전운부사(河北轉運副使)·직비각(直秘閣)·지연안부(知延安府)·지성도부(知成都府)·지하남부(知河南府)·호부상서 등을 역임했다. 지연안부로 있을 때 서하(西夏)가 경원(涇原) 지방을 침범하자 군사를 이끌고 그 허점을 공격해 물리쳤다. 나중에 용도각직학사(龍圖閣直學士)로 벼슬을 마쳤으며, 83세에 죽었다. 60년 동안 벼슬하면서 분명하고 예리하게 일을 처리했지만, 시비를 가리지 않고 권신을 추종해 지조가 없었으므로 식자들에게 비난을 받았다.

손하게 접대했다. 당시 사마온공司馬溫公(사마광)이 판서경유사어사대判西京留司御史臺로 있었는데, 응천원應天院 신어전神御殿에서 조알朝謁할 때 채천신이 혼자 한 반열에 서 있었으니, 대개 하남윤 이하로 감히 그를 제어하지 못한 것이었다. 반열이 정렬되었다고 보고하자 사마온공이 지반知班[20]을 불러 말했다.

"채시승蔡寺丞(채천신)을 데려가 본래 반열로 돌아가게 하라."

지반이 채천신을 데려가 감죽목무관監竹木務官 부찬선富贊善 아래에 세웠다. 대개 조정 의례에서 신하의 반열 위치[21]는 벼슬로 고하를 정했으며, 응천원에서 조알하는 것은 유대留臺(유사어사대)의 직임이었다. 채천신은 그날로 떠났다.

熙寧初, 朝廷遣大理寺丞蔡天申爲京西察訪, 樞密挺之子也. 至西京, 以南資福院爲行臺, 挾其父勢, 妄作威福, 震動一路. 河南尹李中師待制·轉運使李南公等日蚤晩衙待之甚恭. 時司馬溫公判留司御史臺, 因朝謁應天院神御殿, 天申者獨立一班, 蓋尹以下不敢相壓也. 旣報班齊, 溫公呼知班曰: "引蔡寺丞歸本班." 知班引天申立監竹木務官富贊善之下. 蓋朝儀位著以官爲高下, 朝謁應天院, 留臺職也. 天申卽日行.

---

20 지반(知班): 조회 때 반열의 의절(儀節)을 관장하는 관리.

21 신하의 반열 위치: 원문은 "위저(位著)". 위저(位宁)라고도 한다. 옛날에 궁전에서 중정(中庭)의 좌우 양측을 '위'라 하고 문병(門屛)의 사이를 '저'라 했기 때문에 나중에 조정에서 관리의 반열 위치를 '위저'라 했다.

11-5(120)

사마온공司馬溫公(사마광)이 낙양洛陽에서 거할 때, 고향 하현夏縣으로 가서 성묘하고 형 낭중공郎中公(사마단)을 찾아뵈었으며, 무리 지어 따라온 마을 사람을 위해 경서를 해설하고 학문을 강론했다. 간혹 흥이 오르면 형산荆山과 화산華山을 유람하고 돌아왔다. 수안산壽安山을 자주 유람했는데, 도자기 굽는 가마 옆에 집을 사서 휴식할 곳을 마련했다. 일찍이 범경인范景仁(범진)과 함께 한성韓城을 지나 등봉登封에 이르러 준극하원峻極下院에서 쉬었다가 숭산嵩山의 정상에 올라 숭복궁崇福宮 회선사會善寺로 들어갔으며, 환원도轘轅道[22]를 통해 용문龍門에 이르러 광애사廣愛寺와 봉선사奉先寺를 유람하고 화엄각華嚴閣과 천불암千佛嵓에 올라 고공당高公堂을 찾았으며, 잠계潛溪를 건너 광화사廣化寺로 들어가 당나라 곽분양郭汾陽(곽자의)의 철상鐵像을 구경하고 이수伊水를 건너 향산香山의 황감사皇龕寺에 이르러 석루石樓에서 쉬면서 팔절탄八節灘을 굽어본 후 백공영당白公影堂[23]에 들렀다. 무릇 지나온 곳에 대해 지은 많은 시편에 스스로 서문을 지어 『유산록遊山錄』이라 했는데, 사대부들이 다투어 이를 전했다. 사마온공은 가마를 좋아하지 않아 산속에서도 말을 탔으며 길이 험할 땐 지팡이를 짚고 걸어갔다. 그래서 숭산에 이렇게 제자題字했다.

"산을 오르는 데 방법이 있으니, 천천히 걸으면 피곤하지 않고, 평탄한

22 환원도(轘轅道): 환원산(轘轅山)을 말한다. 지금의 허난성[河南省] 옌스현[偃師縣] 동남쪽, 궁현[鞏縣] 서남쪽, 덩펑현[登封縣] 서북쪽에 위치하는데, 산길이 구불구불 굽이지고 몹시 험준하기 때문에 예로부터 '환원도'라 불렀다.

23 백공영당(白公影堂): 당나라 백거이(白居易)의 영정을 모신 사당.

곳에 발을 디디면 넘어지지 않으니, 조심할지어다!"

그 뜻이 심원하다. 사마온공이 물러나 낙양에서 거할 때는 물아物我를 같게 여기고 궁통窮通을 하나로 여겨 마치 종신토록 그렇게 할 것 같았다. 하지만 어느 날 세상으로 나가 재상이 되자 공덕이 사직에 미치고 은택이 생민에게 미쳤다. 아! 진정 옛날에 이른바 대장부로다!

司馬溫公居洛時, 往夏縣展墓, 省其兄郎中公, 爲其羣從鄉人說書講學. 或乘輿遊荊·華諸山以歸. 多游壽安山, 買屋毖窰畔, 爲休息之地. 嘗同范景仁過韓城, 抵登封, 憩峻極下院, 登嵩頂, 入崇福宮會善寺, 由轘轅道至龍門, 遊廣愛·奉先諸寺, 上華嚴閣·千佛嵓, 尋高公堂, 渡潛溪, 入廣化寺, 觀唐郭汾陽鐵像, 涉伊水至香山皇龕, 憩石樓, 臨八節灘, 過白公影堂. 凡所經從多有詩什, 自作序曰『遊山錄』, 士大夫爭傳之. 公不喜肩輿, 山中亦乘馬, 路險策杖以行. 故嵩山題字曰: "登山有道, 徐行則不困, 措足於平穩之地則不跌, 愼之哉!" 其旨遠矣. 方公退居於洛也, 齊物我, 一窮通, 若將終身焉. 一日出相天下, 則功被社稷, 澤及生靈. 嗚呼! 眞古所謂大丈夫矣!

11-6(121)

(신종) 원풍元豐 4년(1081)에 관제서官制書가 완성되자 신종神宗이 궁중에서 확정된 도본圖本을 꺼내 먼저 재상에게 말했다.

"관제를 장차 시행하려 하는데 신당인과 구당인 양쪽을 등용하려 하오."

또 말했다.

"어사대부御史大夫는 사마광司馬光이 아니면 안 되오."

채확蔡確이 나아가 말했다.

"나라가 이제 막 안정되었으니 잠시만 늦춰 주시길 바랍니다."

왕규王珪도 그 말을 거들었다. 또 범순인范純仁과 이상李常[24]을 태상소경太常少卿에 제수하라는 칙지를 내리자 왕규와 채확이 상주해 말했다.

"범순인은 이미 병들었으니 이상만 등용할 수 있습니다."

나중에 범순인의 동생 범순수范純粹[25]가 경동제거상평京東提擧常平에서 섬서전운판관陝西轉運判官으로 전임되어 대전에 올랐을 때 신종이 물었다.

"순인은 별 탈이 없소?"

범순수가 말했다.

"신의 형 순인은 별 탈이 없습니다."

신종은 그제야 깨달았다. 당시 범순인은 서경유대西京留臺(서경유사어사대)로 있었는데, 얼마 후 직용도각直龍圖閣·지하남부知河南府에 제수되고 경양

---

24 이상(李常, 1027~1090): 자는 공택(公擇). 북송의 관리. 젊어서 여산(廬山)의 백석승사(白石僧舍)에서 공부했는데, 과거에 급제한 후에 보았더니 베껴 쓴 책이 9천 권이나 되었기에 그 승사를 이씨산방(李氏山房)이라 했다. 인종 황우(皇祐) 연간 진사 출신으로 강주판관(江州判官)을 지냈다. 신종 희녕(熙寧) 연간에 우정언(右正言)과 지간원(知諫院)을 역임했다. 왕안석(王安石)과 사이가 좋았는데, 왕안석이 신법을 시행하자 그것의 부당함을 적극 비판했다. 철종 때 여러 벼슬을 거쳐 어사중승(御史中丞)에 올랐다가 지등주(知鄧州)로 나갔다. 지성도부(知成都府)로 전임되었다가 임지에서 죽었다.

25 범순수(范純粹, 1046~1117): 자는 덕유(德孺). 북송의 관리로, 범중엄(范仲淹)의 넷째 아들이다. 음서(蔭敍)로 벼슬길에 올랐다. 성품이 침착하고 강직했으며 재략을 지니고 있었다. 신종 원풍(元豐) 연간에 섬서전운판관(陝西轉運判官)이 되었는데, 당시 오로(五路)의 군대가 서하(西夏)를 공격했지만 모두 전공을 세우지 못했다. 신종이 다시 공격하려 하자 그가 불가하다고 상주해 마침내 그만두었다. 철종이 즉위한 후 직용도각(直龍圖閣)으로서 경동전운사(京東轉運使)가 되었다가 지경주(知慶州)로 전임되었다. 나중에 원우당(元祐黨)으로 몰려 파직되어 지균주(知均州)로 나갔다. 휘종 때 휘유각대제(徽猷閣待制)로 벼슬을 마쳤다.

안무사慶陽安撫使로 발탁되었다. 왕규와 채확은 신종이 그를 등용하려는 것을 알고 일부러 그를 입조하지 못하게 한 것이었다. 아! 왕규와 채확은 신당인과 구당인을 아울러 등용하려는 신종의 훌륭한 뜻을 따를 수 없어서 결국 붕당의 화를 일으켰으니 그 죄가 크도다!

元豐四年官制書成, 神宗自禁中帖定圖本出, 先謂宰輔曰: "官制將行, 欲取新舊人兩用之." 又曰: "御史大夫非司馬光不可." 蔡確進曰: "國是方定, 願少遲之." 王珪亦助之. 又有旨范純仁·李常除太常少卿, 珪·確奏曰: "純仁已病, 止用李常." 後純仁弟純粹自京東提舉常平移陜西轉運判官, 上殿, 帝問: "純仁無恙?" 純粹曰: "臣兄純仁無恙." 帝方悟. 時純仁爲西京留臺, 尋除直龍圖閣·知河南府, 擢慶陽帥. 珪·確知帝欲用之, 故不令入朝. 嗚呼! 王珪·蔡確者不能將順神宗美意, 取新舊人兼用之, 遂起朋黨之禍, 蓋其罪大矣!

11-7(122)

원풍변법元豐變法 이후에 큰 병란과 큰 옥사가 거듭 일어나고 천재지변이 자주 나타나고 도적이 어지럽게 일어나 백성들이 편안히 생활할 수 없었다. 신종은 (신법 시행을) 후회하면서 조종祖宗의 옛 제도를 회복하고 구당인을 다시 등용하려 했는데, 갑자기 붕어하는[26] 바람에 겨를이 없었지만 덕음德音[27]의 조서는 모두 준비되어 있었으니, 가히 한 시대의 통석할 만한 일이

26 붕어하는: 원문은 "염대(厭代)". 특별히 제왕이 승하하는 것을 가리킨다.

었다. 사마온공司馬溫公(사마광)은 왕형공王荊公(왕안석)과 의론이 부합하지 않아 추밀부사樞密副使의 임명을 받지 않은 후로 물러나 서락西洛(낙양)에 거하면서 15년 동안 천하의 높은 명망을 받았다. 그래서 철종哲宗이 즉위한 후 선인태후宣仁太后(고태후)가 함께 수렴청정할 때 맨 먼저 사마온공을 재상으로 기용했는데, (신법 중에서) 정사에 받아들이지 못하고 꺼리는 것이 있었으므로 사마온공은 백성에게 특히 심하게 해를 끼치는 것을 폐지했다. 왕형공이 일찍이 병들었을 때 탄식하며 말했다.

"시종 신법을 부당하다고 여긴 사람은 사마군실司馬君實(사마광)뿐이다!"

대개 그의 어짊을 알고 있었기에 감히 원망하지 않았던 것이다. 어떤 사람이 사마온공에게 말했다.

"(신종) 원풍元豐 연간(1078~1085)의 구신舊臣 중에서 장돈章惇·여혜경呂惠卿과 같은 무리는 모두 소인배인지라 훗날 부자父子의 도의를 가지고 황상께 아뢴다면 붕당의 화가 일어날 것이니 두렵지 않을 수 없습니다."

사마온공이 정색하며 말했다.

"하늘이 만약 송나라에 복을 내린다면 틀림없이 그런 일은 없을 것이오."

마침내 의심하지 않고 신법을 바꾸었다. 아! 사마온공의 용맹함은 맹가孟軻(맹자)도 그만 못하도다! 만약 마땅히 원풍 연간의 구신을 살펴 등용해 함께 신법을 바꾸어 훗날의 화를 끊었어야 했다고 말한다면, 이는 사실 사마온공이 취하지 못한 바였다. 국조國朝(본조)의 치란을 통해 논한다면 원우당元祐黨[28]이란 것은 어찌 하늘의 뜻이 아니겠는가! 후세에 사마온공의 말

---

27 덕음(德音): 제왕의 조서를 말한다. 당송대에는 조칙(詔敕) 외에 따로 '덕음'이라는 체재를 두어 널리 은혜를 베풀거나 구휼하는 일을 시행할 때 사용했는데, 은조(恩詔)와 같은 말이다.

28 원우당(元祐黨): 북송 원풍(元豐) 8년(1085)에 신종이 붕어하고 겨우 9세였던 철종이 즉위하자, 선인태후(宣仁太后)가 수렴청정하면서 사마광을 재상으로 등용해 원우 연간(1086~

을 생각해 보면 눈물을 흘리며 통곡하게 된다.

元豐變法之後, 重以大兵大獄, 天災數見, 盜賊紛起, 民不聊生. 神宗悔之, 欲復祖宗舊制, 更用舊人, 遽厭代未暇, 而德音詔墨具在, 可爲一時痛惜者也. 司馬溫公自與王荊公論不合, 不拜樞密副使, 退居西洛, 負天下重望十五年矣. 故哲宗卽位, 宣仁太后同聽政, 首起公爲宰相, 其於政事不容有回忌也, 故公取其害民之尤甚者罷之. 王荊公嘗有恙, 歎曰: "終始謂新法爲不便者, 獨司馬君實耳!" 蓋知其賢而不敢怨也. 或謂公曰: "元豐舊臣如章惇·呂惠卿輩皆小人, 它日有以父子之義聞上, 則朋黨之禍作矣, 不可不懼." 公正色曰: "天若祚宋, 當無此事." 遂改之不疑. 嗚呼! 公之勇猛, 孟軻不如也! 若曰當參用元豐舊臣, 共變其法, 以絶異時之禍, 實公所不取也. 自國朝治亂論之, 曰元祐黨者, 豈非天哉! 後世思公之言, 可以流涕痛哭矣.

11-8(123)

왕형공王荊公(왕안석)은 명주明州의 지은현知鄞縣으로 있을 때, 책을 읽고 문장을 지으면서 사흘에 한 번 현의 일을 처리했다. 제방을 쌓고 저수지를 쳐내서 수륙水陸의 이로움을 만들었고, 백성에게 곡식을 빌려줘 이자를 매겨 갚게 하고 햇곡식과 묵은 곡식을 서로 바꾸게 했으며, 학교를 일으키고

1094) 동안 9년에 걸쳐 전면적으로 왕안석의 신법을 폐지하고 옛 제도를 회복시켰다. 그래서 당시 사람들은 신법을 지지하던 일파를 '원풍당인'이라 하고 신법에 반대한 일파를 '원우당인'이라 했다.

보오保伍[29]를 엄하게 관리해 향읍 사람들이 편하게 여겼다. 그래서 (신종) 희녕熙寧 연간(1068~1077) 초에 집정에 의해 시행된 법은 모두 이것을 바탕으로 했는데, 왕형공의 법을 한 향읍에 시행하는 것은 가하지만 천하에 시행하는 것은 불가하다는 것을 알지 못했다. 또한 파견된 신법의 사자들은 대부분 각박한 소인으로 공적과 이익에 급급해, 마침내 하천을 터서 전답을 만들다가 사람들의 무덤과 가옥 및 기름진 땅을 파괴한 일이 이루 셀 수 없었다. 청묘법靑苗法은 비록 2할의 이자를 걷었지만 백성들이 요청받은 납부 비용은 7~8할에 이르렀다. 또한 관리가 함부로 세금 명목을 만들어 내고 신법과 구법이 서로 이어져 그 폐해가 더욱 가중되었다. 보갑법保甲法과 보마법保馬法[30]은 특히 폐해가 심해 천하가 소란스러워 쉴 수가 없었으니, 대개 조종祖宗의 법제가 모두 바뀐 것이었다. 유독 역법役法에서만 구법의 차역差役[31]과 신법의 모역募役[32]에 모두 폐해가 있었다. 오吳(지금의 장쑤성과 저장

---

29 보오(保伍): '오'는 민간의 다섯 가구를 묶은 단위이고, '보'는 그 '오'를 관리하는 책임자이다. 따라서 '보오'는 백성의 기본 호적 편제를 말한다.

30 보마법(保馬法): 왕안석의 신법 가운데 하나로, 말의 공급과 사육을 보호(保戶: 보갑법으로 조직된 민호)에게 부담시킨 제도다. 왕안석은 보갑법에 의해 군대를 강화했는데, 그것으로는 북방 기마민족에 대항할 수 없었으므로 기마대 육성이 시급한 문제였다. 그러나 재정 부족으로 말의 공급문제를 보호에 부담시키기로 하고, 보호에게 1~2필을 대여해 사육시켰다. 그러나 말이 죽으면 보호에게 배상시켰기 때문에 농민의 부담이 증대하는 등 폐해가 있어서 얼마 뒤 폐지되었다.

31 차역(差役): 태종 태평흥국(太平興國) 5년(980)에 시행한 역법(役法) 가운데 하나로, 민호를 등급에 의거해 여러 가지 직역(職役: 관청에서 말단 업무를 처리하거나 혹은 촌락의 책임자가 되어 조세징수 · 치안유지 · 관물수송 등을 담당하는 일)에 징발하는 것을 말한다. 이러한 직역 중에서 특히 아전(衙前)은 지주층인 상등호(上等戶)가 맡았으며, 주로 지방 관청의 창고를 관리하거나 세금으로 징수한 곡물을 운송하는 업무를 담당했는데, 만일 문제가 생기면 결손액을 전부 변상해야 했으므로 한번 아전이 되면 파산하는 자가 많았다. 따라서 아전과 같은 차역을 피하기 위해 갖가지 변칙적인 수단이 동원되어 사회적으로 문제가 되었다.

32 모역(募役): 신종 희녕 4년(1071)에 실시한 왕안석의 신법 가운데 하나로, 고역(雇役) 또는 면역(免役)이라고도 한다. 차역법의 폐단을 개선하기 위해 민호를 재산에 따라 5등급으로

성 지역)와 촉蜀(지금의 쓰촨성 지역)의 백성은 고역雇役(모역)을 타당하게 여겼고 진秦(지금의 산시성[陝西省] 지역)과 진晉(지금의 산시성[山西省] 지역)의 백성은 차역을 타당하게 여겼는데, 왕형공과 사마온공司馬溫公(사마광)은 모두 일찍 존귀해져서 주현州縣을 다스린 경험이 적었기 때문에 사방의 풍속을 두루 알 수 없었다. 그래서 왕형공은 고역을 주장하고 사마온공은 차역을 주장했는데, 비록 옛 제도라 하더라도 폐해가 있었다. 소내한蘇內翰(소식)과 범충선范忠宣(범순인)은 사마온공의 문하생이었음에도 차역을 타당하지 않다고 여겼으며, 장자후章子厚(장돈)는 왕형공의 문하생이었음에도 고역을 타당하지 않다고 여겼다. 소내한 · 범충선 · 장자후는 비록 그 현명함의 여부가 같지 않았지만, 모두 총명해 관리로서의 일처리에 밝았고 남북의 풍속을 아울러 알았기에, 논한 바가 매우 공정하고 각자 주인으로 모시는 사람에게 사사로이 동조하지 않았다. (철종) 원우元祐 연간(1086~1094) 초에 사마온공이 차역을 회복시켜 고역을 바꾸자, 장자후가 논의하며 말했다.

"보갑법과 보마법은 하루를 폐지하지 않으면 하루의 피해가 생깁니다. 역법의 경우는 희녕 연간 초에 고역으로 차역을 대체하면서 논의가 상세하지 않았고 시행이 너무 빨랐기 때문에 나중에 폐해가 생겼습니다. 지금 다시 차역으로 고역을 대체하면서 마땅히 상세하고 충분하게 논의해 시행할 수 있기를 바라야 하는데, 겨우 닷새를 기한으로 하는 것은 너무 빠르니 나중에 필시 폐해가 생길 것입니다."

하지만 사마온공은 그렇게 생각하지 않았다. 장자후는 태황태후太皇太后(선인태후 고씨)의 수렴垂簾을 마주 대하고 사마온공과 논쟁하다가 "훗날 어려

나눠 요역(徭役)을 대신해 면역전(免役錢)을 내게 하고 이를 재원으로 정부가 인부를 저임금으로 고용하는 제도다. 그 과정에서 그동안 요역을 면제받았던 호족 · 관리 · 사관(寺觀) · 상인 등에게도 약 반액의 조역전(助役錢)을 내게 해 이들의 반감을 샀다.

움에 처해 죽임을 당할 것입니다"라고 말해 버렸다. 태황태후는 그의 불손함에 노해 장자후에게 벌을 내려 파직시켰다. 채경蔡京은 당시 지개봉부知開封府로 있었는데, 닷새를 기한으로 정하고 경기 지역 현의 고역을 모두 차역으로 바꾸었으며, 정사당政事堂에 이르러 사마온공에게 아뢰었더니 사마온공이 기뻐하며 말했다.

"만약 사람들이 대제待制(채경)처럼만 한다면 법이 시행되지 못하는 것을 어찌 걱정하겠소?"

소성紹聖 연간(1094~1098) 초에 장자후가 재상으로 입각한 후 다시 고역으로 차역을 바꾸는 논의를 하면서 제치사制置司에서 토론했지만 오래도록 결정하지 못했다. 제거提擧[33]를 겸직하고 있던 채경이 장자후에게 아뢰었다.

"희녕 연간과 원풍 연간의 역법을 가져와 시행할 뿐이니 무슨 논의를 한단 말입니까?"

장자후는 그 말을 믿고 마침내 고역으로 결정했다. 채경은 앞뒤로 관망을 반복하면서 어질 때는 사마온공 같았고 거칠 때는 장자후 같아서 모두를 속이기에 충분했으니 진짜 소인배일 따름이었다. 사마온공은 병이 들자 역법을 고치면서 닷새를 기한으로 정하고 속히 시행하고자 했으므로 이해관계를 미처 다 살피지 못했다. 논자들은 차역과 고역 두 법을 함께 사용하면 시행해도 된다고 생각했다. 고역법은 가산이 300관貫에 달하는 자들로 충당했으며 또한 관청의 서리 명목을 빌려 고용하는 것이 허용되어 아전衙前에게 피해를 끼치지는 않았지만, 상등호上等戶 중에서 물자를 잘 관리하는 사람을 고용하지 않으면 관청의 물자를 주관하거나 강운綱運[34]을 호송

33 제거(提擧): 본래 '관리하다'라는 뜻으로, 송대 이후에 전문적인 업무를 주관하는 관직에 '제거'라는 명칭을 붙였다. 송대에는 제거상평(提擧常平)·제거시박(提擧市舶)·제거학사(提擧學事) 등이 있었다.

하는 데 도둑맞을 근심이 있었다. 오직 관부의 창고와 주방 등을 관리하는 일은 혁파하는 것이 마땅하므로, 방장전坊場錢과 하도전河渡錢[35]으로 그 노역에 품삯을 주지 않아도 되었다. 고역에는 모두 믿음직하지 못한 젊은이들이 응모했는데, 자중하지 않고 함부로 행동해 그 폐해가 이루 말로 할 수 없을 정도였다. 그래서 차역과 고역 두 법을 함께 사용하면 시행해도 된다고 말한 것이다. 왕형공의 신법은 당시 농경지 수리사업상 본디 오래 시행할 수 없었고, 보갑법과 보마법 등도 차례대로 폐지되었으며, 오직 청묘법만 염산斂散[36]을 계속하다가 (남송 고종) 건염建炎 연간(1127~1130) 초에 이르러 나라가 어지러워졌을 때 비로소 폐지되었다. 아! 왕형공은 신법을 시행하지 않는다고 해서 재상이 되지 않았고 사마온공은 신법을 시행한다고 해서 추밀부사樞密副使가 되지 않았는데, 신종은 사마온공을 물리치고 왕형공을 등용했으니, 두 공이 이때부터 절교했다.

王荊公知明州鄞縣, 讀書爲文章, 三日一治縣事. 起堤堰, 決陂塘, 爲水陸之利, 貸穀於民, 立息以償, 俾新陳相易, 興學校, 嚴保伍, 邑人便之. 故熙寧初爲執政所行之法皆本於此, 然荊公之法行於一邑則可, 不知行於天下不可也. 又所遣新法使者, 多刻薄小人, 急於功利, 遂至決河爲田, 壞人墳墓室廬

---

34 강운(綱運): 일정한 수량의 수레나 선박으로 조직을 편성해 대량의 화물을 운송하는 것을 말한다.

35 방장전(坊場錢)과 하도전(河渡錢): '방장전'은 초시(草市)와 집시(集市)에서 거둔 세금을 말하고, '하도전'은 나루터에서 거둔 세금을 말한다. 신종 때 모역법(募役法: 면역법)을 시행하면서 원래 관아의 아전들이 경영하던 26,000여 곳의 '방장'과 '하도'를 회수해 가장 많은 보증금을 낸 계약자에게 세금 징수권을 주어 경영하도록 했다. 방장전과 하도전은 모두 상평사(常平司)에 귀속되었다.

36 염산(斂散): 적렴조산(糴斂糶散)의 줄임말. 풍년이 들어 쌀값이 쌀 때 관아에서 쌀을 사들였다가 흉년이 들어 쌀값이 비쌀 때 백성에게 싸게 파는 일을 말한다.

膏腴之地, 不可勝紀. 青苗雖取二分之利, 民請納之費, 至十之七八. 又公吏冒民[1], 新舊相因, 其弊益繁. 保甲·保馬尤爲害, 天下騷然不得休息, 蓋祖宗之法益變[2]矣. 獨役法新舊差募二議俱有弊. 吳·蜀之民以雇役爲便, 秦·晉之民以差役爲便, 荊公與司馬溫公皆早貴, 少歷州縣, 不能周知四方風俗. 故荊公主雇役, 溫公主差役, 雖舊典亦有弊. 蘇內翰·范忠宣, 溫公門下士, 復以差役爲未便, 章子厚, 荊公門下士, 復以雇役爲未便. 內翰·忠宣·子厚雖賢否不同, 皆聰明曉吏治, 兼知南北風俗, 其所論甚公, 各不私於所主. 元祐初, 溫公復差役, 改雇役, 子厚議曰: "保甲·保馬, 一日不罷有一日害. 如役法則熙寧初以雇役代差役, 議之不詳, 行之太速, 速故[3]有弊. 今復以差役代雇役, 當詳議熟講, 庶幾可行, 而限止五日太速, 後必有弊." 溫公不以爲然. 子厚對太皇太后簾下與溫公爭辯, 至言"異日難以奉陪喫劍". 太后怒其不遜, 子厚罪去. 蔡京者, 知開封府, 用五日限盡改畿縣雇役之法爲差役, 至政事堂白溫公, 公喜曰: "使人人如待制, 何患法之不行?" 紹聖初, 子厚入相, 復議以雇役改差役, 置司講論, 久不決. 蔡京兼提舉, 白子厚曰: "取熙寧·元豐役法施行之耳, 尙何講爲?" 子厚信之, 雇役遂定. 蔡京前後觀望反覆, 賢如溫公, 暴如子厚, 皆足以欺之, 眞小人耳. 溫公已病, 改役法限五日, 欲速行之, 故利害未盡. 議者謂差役·雇役二法兼用則可行. 雇役之法, 凡家業至三百千者聽充, 又許假借府吏胥徒雇之, 無害衙前, 非雇上戶有物力行止之人, 則主官物·護綱運有侵盜之患矣. 唯當革去管公庫·公廚等事, 雖不以坊場·河渡酬其勞可也. 雇役則皆無賴少年應募, 不自愛惜, 其弊不可勝言. 故曰差·雇二法並作並用則可行也. 荊公新法, 農田水利當時自不能久行, 保甲·保馬等相繼亦罷, 獨青苗散斂, 至建炎初中國亂始罷. 嗚呼! 荊公以不行新法不作宰相, 溫公以行新法不作樞密副使, 神宗退溫公而用荊公, 二公自此絶交.

[1] 민(民): 명초본에는 "명(名)"이라 되어 있는데, 문맥상 보다 타당하다.

[2] 익변(益變): 명초본에는 "일변진(一變盡)"이라 되어 있는데, 문맥상 보다 타당하다.
[3] 속고(速故): 원초본 · 명초본 · 『학진토원』본에는 모두 "고후(故後)"라 되어 있는데, 문맥상 보다 타당하다.

11-9(124)

왕형공王荊公(왕안석)은 타고난 성품이 효성스럽고 우애로웠는데, 봉록이 집에 들어오면 동생들이 번번이 가져다 다 써 버렸지만 캐묻지 않았다. 그의 아들 왕방王雱[37]이 장성하고 나서 가계를 전담하면서부터는 그렇게 하지 않았다. 왕형공의 동생들은 모두 문장과 학술에 뛰어났는데, 왕안례王安禮는 자가 화보和甫이고 신종神宗을 섬겨 우승右丞이 되었으며, 호탕한 기개로 세상을 업신여겨 군주 앞에서도 뜻을 굽히지 않았다. 하루는 재상과 함께 마주 대하고 있을 때 황상이 인재가 없다는 탄식을 하자, 좌승左丞 포종맹蒲宗孟이 대답했다.

"인재의 절반을 사마광司馬光이 그릇된 설로 망쳐 놓았기 때문입니다."

황상이 말없이 한참 동안 포종맹을 똑바로 쳐다보자, 포종맹은 몹시 두려워하면서 얼굴을 들지 못했다. 황상이 다시 말했다.

37 왕방(王雱, 1044~1076): 자는 원택(元澤). 북송의 관리이자 학자로, 재상 왕안석(王安石)의 아들이다. 영종 치평(治平) 4년(1067) 진사 출신이다. 신종 희녕(熙寧) 4년(1071)에 태자중윤(太子中允)과 숭정전설서(崇政殿說書)에 제수되었으며, 칙명을 받고 『시의(詩義)』와 『서의(書義)』를 찬해 천장각대제(天章閣待制) 겸 시강(侍講)으로 발탁되었다. 책이 완성된 후 용도각직학사(龍圖閣直學士)로 승진되었지만 병을 이유로 사양했으며, 희녕 9년(1076)에 33세로 죽었다. 왕방은 매우 명민해서 『논어해(論語解)』 · 『맹자주(孟子注)』 · 『신경상서(新經尙書)』 · 『신경시의(新經詩義)』 · 『왕원택이아(王元澤爾雅)』 · 『노자훈전(老子訓傳)』 · 『남화진경신전(南華眞經新傳)』 · 『불서의해(佛書義解)』 등 많은 책을 저술했다.

"포종맹은 사마광을 받아들이지 못하겠소? 사마광과 같은 경우 다른 일은 아직 따져 보지 않았지만, 추밀樞密을 사양한 그 한 가지만 놓고 보면 짐이 즉위한 이래로 오직 이 한 사람만 보았을 뿐이오. 다른 사람은 떠나라고 다그쳐도 떠나려 하지 않는데 말이오."

또 고금의 인물을 두루 논하다가 포종맹이 (한나라) 양웅揚雄[38]의 현능함을 극찬하자, 황상이 정색하며 말했다.

"양웅이 지은 「극진미신劇秦美新」[39]은 좋지 않소."

황상은 불쾌했다. 포종맹이 또 주장奏章을 올려 속관들에게 은정을 내리길 청하자 황상이 말했다.

"수찬한 책에 오류가 심해 은정을 내릴 수 없소."

포종맹이 다시 서국書局과 의란사儀鸞司[40] 등을 예로 들며 비단을 하사함이 마땅하다고 했지만, 황상은 사소한 이유를 대며 대답하지 않았다. 왕안례가 나아가 말했다.

"수찬한 책의 오류에는 아마도 의란사가 참여하지는 않았을 것입니다."

황상이 그 말 때문에 웃었다. 조회를 마치고 나서 왕안례가 포종맹을 놀리며 말했다.

---

38 양웅(揚雄, BC 53~18): 자는 자운(子雲). 전한의 문학자 · 철학자 · 언어학자. 고문자를 잘 알았고 사부(辭賦)에 뛰어났는데, 대부분 사마상여(司馬相如)의 부를 모방했다. 「감천부(甘泉賦)」 · 「우렵부(羽獵賦)」 · 『태현경(太玄經)』 · 『법언(法言)』 · 『방언(方言)』 등을 지었다. 성제(成帝) 때 급사황문랑(給事黃門郞)을 지냈고, 왕망(王莽)이 제위를 찬탈했을 때 대부(大夫)를 지냈기에 후세에 비난을 받았다.

39 「극진미신(劇秦美新)」: 양웅이 왕망(王莽)에게 아첨해 지은 글. 전한(前漢) 말에 외척인 왕망이 제위를 찬탈하고 국호를 신(新)이라 했는데, 양웅이 이 글을 지어 진나라의 실정(失政)을 비난하고 신나라의 덕을 찬양했다.

40 의란사(儀鸞司): 송나라 때 궁중에서 의례를 관장하던 관서. 황제의 교묘(郊廟) 제사와 순행 · 연회 및 내정(內廷)의 기물 설치 등의 일을 관장했다.

"양웅이 공 때문에 괜히 연루되었소이다."

당시 소자첨蘇子瞻(소식)이 어사대御史臺의 감옥에 하옥되어 있었는데, 어떤 소인이 황상에게 그를 죽이라고 권했지만 왕안례는 불가하다고 말했다. 왕안국王安國은 자가 평보平甫이고 특히 올곧고 문장에 뛰어났다. 하루는 왕형공이 여혜경呂惠卿과 함께 신법을 논하고 있었는데, 왕평보가 안에서 피리를 불자 왕형공이 사람을 보내 고하게 했다.

"청컨대 학사學士(왕안국)는 정성鄭聲[41]을 그만두시게."

그러자 왕평보王平甫(왕안국)가 즉시 응대했다.

"원컨대 상공相公(왕안석)은 아첨꾼을 멀리하십시오."

그래서 여혜경은 그에게 깊은 원한을 품었다. 나중에 왕형공이 재상에서 물러나자, 왕평보는 마침내 여혜경에게 모함당해 쫓겨나 향리로 돌아갔다가 결국 곤궁하게 살다 죽었다. 왕방은 자가 원택元澤이고 성격이 험악했는데, 왕형공이 인지상정에 가깝지 않은 일을 한 것은 모두 왕포가 부추긴 것이었다. 여혜경의 무리는 종처럼 그를 상전으로 섬겼다. 왕형공은 조례사條例司를 설치하고 처음에 정호程顥 백순伯淳을 속관으로 기용했다. 정백순程伯淳(정호)은 어진 선비였는데, 하루는 무더운 여름에 왕형공이 정백순과 마주 앉아 얘기하고 있을 때, 왕방이 흐트러진 머리[42]에 맨발로 부인의 의관을 손에 들고 나오더니 왕형공에게 물었다.

"무슨 일을 얘기하고 있습니까?"

왕형공이 말했다.

---

41 정성(鄭聲): 본래는 춘추전국시대 정나라의 음악을 말하는데, 공자가 제창한 아악(雅樂)과 달리 음탕하다고 여겨져 유가의 배척을 받았다. 나중에는 음란하고 외설적인 노래를 비유할 때 흔히 '정성'이라 했다.

42 흐트러진 머리: 원문은 "수수(囚首)". 죄수처럼 머리를 빗지 않아 헝클어진 것을 말한다.

"신법이 자주 사람들에게 저지당하기에 정군程君(정호)과 의논하고 있느니라."

그러자 왕방이 다리를 쭉 뻗고 앉아 큰 소리로 말했다.

"한기韓琦와 부필富弼의 머리를 저잣거리에 매달면 신법이 시행될 것입니다."

왕형공이 황급히 말했다.

"아들놈이 실언했소."

정백순이 정색하며 말했다.

"한창 참정參政과 국사를 논하고 있는지라 자제는 참여할 수 없으니 잠시 물러가시게."

왕방은 불쾌해하며 나갔다. 정백순은 이때부터 왕형공과 화합하지 못했다. 조종祖宗의 제도에 따르면 재상의 자제 중에서 (본직 외에) 겸직한 자는 없었는데, 신종이 특별히 왕방을 시종관에 임명했지만 왕방은 이미 병이 들어 조알朝謁할 수 없었다. 왕방이 죽자 왕형공은 재상을 그만두고 애도하며 잊지 못했으며, "하루아침에 봉새가 떠나가고, 천년의 대들보가 부러졌다"라는 시[43]를 지었는데, 대개 왕방을 공자孔子에 견준 것이었다. 왕형공은 종산鍾山에 있을 때, 왕방이 마치 중죄인처럼 쇠 칼[枷]과 쇠고랑을 차고 있는 것을 어렴풋하게 보았기에, 마침내 살고 있던 반산원半山園의 저택을 보시해 절을 짓고 그의 복을 빌어 주었다. 나중에 왕형공은 등창을 앓아 몹시 고생했는데, 한번은 그의 조카에게 말했다.

"나의 이른바 『일록日錄』이란 것을 빨리 불태워라."

그러나 조카는 왕형공을 속이고 다른 책을 대신 불태웠으며, 왕형공은

43 시: 제목은 「제방사당(題雱祠堂)」이다.

마침내 죽었다. 혹자는 그 책을 본 사람이 또 있다고도 한다.

王荊公天資孝友, 俸祿入門, 諸弟輒取以盡, 不問. 其子雱既長, 專家政, 則不然也. 荊公諸弟皆有文學, 安禮者字和甫, 事神宗爲右丞, 氣豪玩世, 在人主前不屈也. 一日宰執同對, 上有無人材之歎, 左丞蒲宗孟對曰: “人材半爲司馬光以邪說壞之.” 上不語, 正視宗孟久之, 宗孟懼甚, 無以爲容. 上復曰: “蒲宗孟乃不取司馬光耶? 司馬光者未論別事, 只辭樞密一節, 朕自卽位以來, 唯見此一人. 他人則雖迫之使去, 亦不肯矣.” 又因泛論古今人物, 宗孟盛稱揚雄之賢, 上作色而言曰: “揚雄著「劇秦美新」, 不佳也.” 上不樂. 宗孟又因奏書請官屬恩, 上曰: “所修書謬甚, 無恩.” 宗孟又引例書局·儀鸞司等當賜帛, 上以小故未答. 安禮進曰: “修書謬, 儀鸞司者恐不預.” 上爲之笑. 罷朝, 安禮戲宗孟曰: “揚雄爲公坐累矣.” 方蘇子瞻下御史獄, 小人勸上殺之, 安禮言其不可. 安國者字平甫, 尤正直有文. 一日, 荊公與呂惠卿論新法, 平甫吹笛於內, 荊公遣人諭曰: “請學士放鄭聲.” 平甫卽應曰: “願相公遠佞人.” 惠卿深銜之. 後荊公罷, 竟爲惠卿所陷, 放歸田里, 卒以窮死. 雱者字元澤, 性險惡, 凡荊公所爲不近人情者皆雱所教. 呂惠卿輩奴事之. 荊公置條例司, 初用程顥伯淳爲屬. 伯淳賢士, 一日盛暑, 荊公與伯淳對語, 雱者囚首跣足, 手携婦人冠以出, 問荊公曰: “所言何事?” 荊公曰: “以新法數爲人沮, 與程君議.” 雱箕踞以坐, 大言曰: “梟韓琦·富弼之頭於市, 則新法行矣.” 荊公遽曰: “兒誤矣.” 伯淳正色曰: “方與參政論國事, 子弟不可預, 姑退.” 雱不樂去. 伯淳自此與荊公不合. 祖宗之制, 宰相之子無帶職者, 神宗特命雱爲從官, 然雱已病不能朝矣. 雱死, 荊公罷相, 哀悼不忘, 有“一日鳳鳥去, 千年梁木摧”之詩, 蓋以比孔子也. 荊公在鍾山, 嘗恍惚見雱荷鐵枷杻如重囚者, 荊公遂施所居半山園宅爲寺, 以薦其福. 後荊公病瘡良苦, 嘗語其姪曰: “亟焚吾所謂『日錄』者.” 姪給公, 焚他書代之, 公乃死. 或云又有所見也.

11-10(125)

왕형공王荆公(왕안석)이 지제고知制誥로 있을 때, 오 부인吳夫人이 그를 위해 첩 한 명을 샀는데, 왕형공이 그녀를 보고 말했다.

"뭐 하는 사람이냐?"

여자가 말했다.

"부인께서 나리를 곁에서 모시라고 했습니다."

왕안석王安石이 말했다.

"너는 누구냐?"

여자가 말했다.

"첩의 남편은 군대의 대장으로 세미稅米 운송을 감독하다가 배를 잃어버렸는데, 가산을 다 털어 넣어도 부족해 다시 첩을 팔아 배상했습니다."

왕형공이 근심스러운 얼굴로 말했다.

"부인이 돈을 얼마나 주고 너를 샀느냐?"

여자가 말했다.

"90만 냥입니다."

왕형공은 그녀의 남편을 불러 예전처럼 부부가 되게 했으며 돈도 모두 주었다. 사마온공司馬溫公(사마광)은 방영공龐穎公(방적)[44]의 초징을 받아 태원

44 방영공(龐穎公): 방적(龐籍, 988~1063). 자는 순지(醇之), 시호는 장민(莊敏). 북송의 대신.

부통판太原府通判이 되었는데, 그때까지 자식이 없었다. 방영공의 부인이 사마온공의 부인에게 말해 그를 위해 첩 한 명을 샀는데, 사마온공은 거의 거들떠보지도 않았다. 그래서 부인은 사마온공이 꺼리는 바가 있을 것이라고 생각해 하루는 그 첩에게 시켰다.

"내가 외출하기를 기다렸다가 너는 스스로 단장하고 서원으로 가거라."

이렇게 해서 사마온공이 한번 돌아봐 주기를 바랐다. 첩이 그 말대로 했더니 사마온공이 의아해하며 말했다.

"부인이 외출했는데 너는 어찌하여 여기로 왔느냐?"

그러면서 급히 돌려보냈다. 방영공은 그 사실을 알고 속관들에게 그의 어짊을 칭찬했다. 왕형공과 사마온공은 가무와 여색을 좋아하지 않고 관직에 애착이 없으며 재물의 이익을 늘리지 않는 것이 모두 같았다. 두 공은 수기거주修起居注에 제수되었을 때, 둘 다 6~7번이나 사양한 끝에 하는 수 없이 받았다. 사마온공은 지제고에 제수되자 사령辭令을 잘 짓지 못한다고 누차 사양한 끝에 겨우 임명을 면하고 대제待制로 전임되었다. 왕형공은 벼슬이 점차 높아졌는데, 봉록이 집에 들어오면 동생들이 마음껏 가져다 다 써 버려도 캐묻지 않았다. 사마온공은 태원부통판으로 있을 때, 월급에서 빈객을 접대하는 술값 외에는 달라고 하지 않았다. 만년에 낙양洛陽에 거주할 때는 전원의 저택을 사서 오히려 형 낭중郎中(사마단)을 호주戶主로 삼았

진종 대중상부(大中祥符) 8년(1015) 진사 출신으로, 황주사리참군(黃州司理參軍)을 지냈는데, 지주(知州) 하송(夏竦)이 그를 크게 칭찬하고 재상의 재목이라고 인정하면서 훗날 필시 대성할 것이라고 했다. 그 후에 강주군사판관(江州軍事判官)·개봉부사법참군(開封府司法參軍)·형부상복관(刑部詳復官)·군목판관(群牧判官)·대리시승(大理寺丞)·전중시어사(殿中侍御史)를 거쳐 마침내 추밀부사(樞密副使)·추밀사에 올랐으며, 영국공(潁國公)에 봉해졌다. 방적은 한기(韓琦)·범중엄(范仲淹) 등과 친분이 두터웠으며, 사마광(司馬光)과 적청(狄青) 등을 이끌어 주었다.

다. 그래서 두 공(왕형공과 사마온공)은 평소에 서로 사이가 좋았는데, 신법을 논의하면서 뜻이 맞지 않아 비로소 편지를 써서 절교했다.

王荊公知制誥, 吳夫人爲買一妾, 荊公見之, 曰: "何物也?" 女子曰: "夫人令執事左右." 安石曰: "汝誰氏?" 曰: "妾之夫爲軍大將, 部米運失舟, 家資盡沒猶不足, 又賣妾以償." 公愀然曰: "夫人用錢幾何得汝?" 曰: "九十萬." 公呼其夫, 令爲夫婦如初, 盡以錢賜之. 司馬溫公從龐穎公辟爲太原府通判, 尙未有子. 穎公夫人[1]言之, 爲買一妾, 公殊不顧. 夫人疑有所忌也, 一日教其妾: "候我出, 汝自裝飾至書院中." 冀公一顧也. 妾如其言, 公訝曰: "夫人出, 汝安得至此?" 亟遣之. 穎公知之, 對僚屬咨其賢. 荊公·溫公不好聲色, 不愛官職, 不殖貨利皆同. 二公除修注, 皆辭至六·七, 不獲已方受. 溫公除知制誥, 以不善作辭令屢辭, 免, 改待制. 荊公官浸顯, 俸祿入門, 任諸弟取去盡, 不問. 溫公通判太原時, 月給酒饋待賓客外, 輒不請. 晩居洛, 買園宅, 猶以兄郎中爲戶. 故二公平生相善, 至議新法不合, 始著書絶交矣.

[1] 부인(夫人): 명초본에는 이 뒤에 "여공부인(與公夫人)" 4자가 있는데, 문맥상 보다 타당하다.

邵氏聞見錄
卷十二

12-1(126)

여회숙呂晦叔(여공저)과 왕개보王介甫(왕안석)가 함께 관직館職에 있었는데, 당시 합하閤下[1]는 모두 이름난 명사들이었으며, 매번 고금의 인물과 치란에 대해 논평할 때마다 다른 사람들의 의론은 반드시 왕개보에게 막혔고 왕개보의 의론은 또 여회숙에게 막히곤 했다. 하루는 유향劉向[2]이 한漢나라 말에 "천하의 일은 멈추지 않고 반복된다"라고 말한 것에 대해 논했는데, 어떤 사람은 그가 충의를 알았다고 주장하고 어떤 사람은 그가 시대의 변화

1 합하(閤下): 존귀한 분에 대한 경칭. 여기서는 관직(館職)이 속해 있는 소문관(昭文館)·사관(史館)·집현원(集賢院) 등의 수장을 말한다.

2 유향(劉向, BC 77?~BC 6): 본명은 갱생(更生), 자는 자정(子政). 전한의 종실(宗室)로서, 유흠(劉歆)의 부친이다. 선제(宣帝) 때 산기간대부급사중(散騎諫大夫給事中)이 되었으며, 『춘추곡량전(春秋穀梁傳)』을 연구하고 석거각(石渠閣)에서 오경(五經)을 강론했다. 원제(元帝) 때 산기종정급사중(散騎宗正給事中)이 되었고, 일찍이 음양의 재이(災異) 변화로 시정(時政)의 득실을 논했으며, 외척과 환관의 전횡을 탄핵하는 상소문을 누차 올렸다가 서인(庶人)으로 폄적되었다. 성제(成帝)가 즉위한 후 다시 등용되어 이름을 '향(向)'으로 바꾸었으며, 광록대부(光祿大夫)와 중루교위(中壘校尉)를 역임했다. 유향은 경학·문학·천문학 등에 뛰어났을 뿐만 아니라 역대 전적을 교감·정리하는 데 힘을 기울여 중국 최초의 목록서(目錄書)인 『별록(別錄)』을 완성했다. 저작에는 『열녀전(列女傳)』·『열선전(列仙傳)』·『신서(新序)』·『설원(說苑)』·『홍범오행전(洪範五行傳)』 등이 있다.

에 통달하지 못했다고 주장하면서 결론을 내리지 못했다. 왕개보가 오자 사람들이 물었더니 왕개보가 마침내 대답했다.

"유향은 그저 시끄럽게 떠드는 사람이었을 뿐이오!"

사람들은 만족스럽지 못하다고 생각했다. 여회숙이 오자 또 물었더니 여회숙이 말했다.

"(한나라 황실과) 같은 성의 공경公卿에 불과하지요!"

그제야 사람들이 수긍했다. 그래서 왕개보는 평소에 여회숙을 매우 공손하게 대했으며, 일찍이 여회숙에게 편지를 보내 말했다.

"도성에서 2년을 있다 보니 마음에 비루함이 쌓여 매번 스스로 견딜 수 없었는데, 한번 존장자를 찾아뵙고는 즉시 씻은 듯이 사라져 본래 마음으로 돌아왔습니다. 대저 이른바 '덕인德人의 풍모는 사람 마음의 근심을 없애게 해 준다'[3]는 것을 회숙에게서 얻었습니다. 저 안석은 불초해서 오랫동안 옆에서 따를 수 없지만, 마음에서 반성을 구해 점점 도道에 가까워지고 있습니다."

또 말했다.

"사우師友(스승으로 삼을 만한 벗)의 도의를 진실로 회숙에게서 바랍니다."

그래서 왕개보는 재상이 되었을 때 여회숙을 천거해 어사중승御史中丞으로 삼았다. 하지만 여회숙이 천하의 공론公論에 좇겨 오히려 신법이 부당하다고 비판하자, 왕개보는 처음으로 그를 달가워하지 않으면서 여회숙에게 환두驩兜와 공공共工[4]의 간사함이 있다고 말했다.

---

3 덕인(德人)의 풍모는 사람 마음의 근심을 없애게 해 준다: 원문은 "덕인지용사인지의소(德人之容使人之意消)". "덕인지용"은 『장자(莊子)』「외편(外篇) · 천지(天地)」에 나오고, "사인지의소"는 『장자』「외편 · 전자방(田子方)」에 나온다.

4 환두(驩兜)와 공공(共工): 둘 다 전설상 요(堯)임금 때의 간신으로, 삼묘(三苗) · 곤(鯀)과

呂晦叔·王介甫同爲館職, 當時閤下皆知名士, 每評論古今人物治亂, 衆人之論必止於介甫, 介甫之論又爲晦叔止也. 一日論劉向當漢末言"天下事反復不休", 或以爲知忠義, 或以爲不達時變, 議未決. 介甫來, 衆問之, 介甫卒對曰: "劉向強聒人耳!" 衆意未滿. 晦叔來, 又問之, 則曰: "同姓之卿歟!" 衆乃服. 故介甫平生待晦叔甚恭, 嘗簡晦叔曰: "京師二年, 鄙吝積於心, 每不自勝, 一詣長者, 卽廢然而反. 夫所謂'德人之容使人之意消'者, 於晦叔得之矣. 以安石之不肖, 不得久從左右, 以求於心而稍近於道." 又曰: "師友之義, 實有望於晦叔." 故介甫作相, 薦晦叔爲中丞. 晦叔迫於天下公議, 及[1]言新法不便, 介甫始不悅, 謂晦叔有驩兜·共工之姦矣.

[1] 급(及): 『진체비서』본에는 "반(反)"이라 되어 있는데, 문맥상 보다 타당하다.

12-2(127)

왕형공王荊公(왕안석)과 여신공呂申公(여공저)은 평소에 서로 교분이 두터웠는데, 왕형공이 일찍이 말했다.

"여십륙呂十六(여공저)[5]이 재상이 되지 않으면 천하가 태평하지 못할 것이다."

또 말했다.

"회숙晦叔(여공저)이 재상이 된다면 우리들은 벼슬한다고 말할 수 있다."

왕형공이 여신공을 중시함이 이와 같았다. 천거를 논의할 때만 해도 그들의 견해는 같았다. 그래서 왕형공은 여신공을 천거해 어사중승御史中丞으

함께 '사흉(四凶)' 또는 '사죄(四罪)'로 불렸다.

5 여십륙(呂十六): '십륙'은 여공저의 집안 항렬이다.

로 삼아 그의 도움을 받고자 했기 때문에 여신공은 처음에 조례사條例司 소속의 사람을 대관臺官으로 많이 거용했다. 하지만 얼마 후에 천하 사람들이 조례사가 백성들에게 해를 끼치는 것을 고통스러워하자, 여신공은 신법의 부당함을 비판했다. 그러자 왕형공은 그가 자신을 배반했다고 분노해 처음으로 여신공을 축출할 마음을 품었다. 왕형공은 여신공을 어사중승으로 천거할 때는 그에게 팔원八元과 팔개八凱[6]의 현능함이 있다고 말했지만, 반년도 되지 않아 견해가 달라지자 다시 그에게 환두驩兜와 공공共工[7]의 간사함이 있다고 말했으니, 왕형공의 기뻐함과 노여워함이 이와 같았다. 처음에는 아직 여신공의 죄를 찾지 못하고 있었는데, 때마침 신종神宗이 집정에게 말하길, 여공저呂公著가 일찍이 "한기韓琦가 청묘전靑苗錢 폐지를 청했지만 자주 집행자에게 저지당하자, 장차 진양晉陽의 군대를 일으켜 임금 측근의 악을 제거하려 한다"[8]라고 말했다고 했다. 왕형공은 이것을 가지고 여신공의 죄로 삼아 그를 시독학사侍讀學士에 제수하고 지영주知潁州로 내보냈다. 송차도宋次道(송민구)[9]가 조서를 작성할 때 왕형공은 그에게 (여공저가 했다고

---

6 팔원(八元)과 팔개(八凱): '팔원'은 전설상의 전욱(顓頊) 고양씨(高陽氏) 때의 선량한 여덟 재자(才子)를 말하고, '팔개'는 제곡(帝嚳) 고신씨(高辛氏) 때의 온화한 여덟 재자를 말한다. '팔개'는 팔개(八愷)라고도 한다. '원'은 선(善)의 뜻이고, '개'는 화(和)의 뜻이다.

7 환두(驩兜)와 공공(共工): 본서 12-1(126) 각주 참조.

8 장차 진양(晉陽)의 군대를 일으켜 임금 측근의 악을 제거하려 한다: 본서 9-8(103) 각주 참조.

9 송차도(宋次道): 송민구(宋敏求, 1019~1079). 자는 차도. 북송의 관리로, 송수(宋綬)의 아들이다. 인종 보원(寶元) 2년(1039) 진사 출신으로, 관각교감(館閣校勘)·첨서집경군판관(簽書集慶軍判官)을 지냈으며, 편수관(編修官)에 임명되어 『신당서(新唐書)』 편찬에 참여했다. 영종 치평(治平) 연간에 공부낭중(工部郞中)으로 수기거주(修起居注)에 임명되어 『인종실록(仁宗實錄)』 편찬에 참여했으며, 판태상시(判太常寺)가 되었다. 신종 때 사관수찬(史館修撰)·집현원학사(集賢院學士)·용도각직학사(龍圖閣直學士)에 임명되어 『양조정사(兩朝正史)』를 수찬했다. 3만 권의 장서를 소장하고 조정의 제도에 익숙했다. 많은 저서를 남겼는데, 송대의 의식과 제도 및 역사적 사실과 시사(時事)를 기록한 『춘명퇴조록(春明退朝錄)』, 장안의 고적을 고증한 지리지(地理誌)인 『장안지(長安志)』, 『당대조령집(唐大

하는) 그 말을 분명하게 드러내라고 했는데, 재상 진양숙陳暘叔(진승지)[10]이 불가하다고 여기자 송차도는 단지 이렇게 적었다.

"상주한 것이 사실과 부합하지 않고 그 근거가 마땅하지 않다."

그러자 왕형공은 노하며 스스로 그것을 고쳤다.

"근자에 대신이 주장奏章을 올리며 편전便殿에서 함께 얘기하다가 갑자기 방진方鎭에게 (임금 측근의) 악을 제거하려는 음모가 있다고 무고해 나를 매우 놀라게 했으니, 사리의 실상이 없도다."

여신공은 평소 신중하고 치밀했으니 실제로 그런 말을 하지 않았을 것이다. 어떤 사람이 말하길, 손각孫覺[11] 신로莘老가 일찍이 황상께 "지금 번진의 대신이 (신법의) 죄상을 열거하며 논하지만 좌절당하고 있으니, 만약 당말 오대 때라면 필시 진양의 군대를 일으켜 임금 측근의 악을 제거하려는 자

詔令集)』 등을 지었다.

10 진양숙(陳暘叔): 진승지(陳升之, 1011~1079). 본명은 진욱(陳旭), 자는 양숙, 시호는 성숙(成肅). 북송의 대신. 인종 경우(景祐) 원년(1034) 진사 출신으로, 지봉주(知封州) · 지한양군(知漢陽軍)을 거쳐 감찰어사 · 관문전학사(觀文殿學士) · 상서좌승을 지냈다. 영종 치평(治平) 2년(1065)에 추밀부사(樞密副使)에 임명되었으나, 연로한 모친 때문에 지방관을 청해 지월주(知越州)로 나갔다. 재지(才智)를 지녔으며 변방의 일에 밝았다. 신종 희녕(熙寧) 원년(1068)에 지대명부(知大名府)에 임명되었으며, 이듬해(1069)에 지추밀원(知樞密院) · 동제치삼사조례사(同制置三司條例司)가 되어 왕안석(王安石)과 함께 일했다. 그 후 동중서문하평장사(同中書門下平章事) · 집현전대학사(集賢殿大學士)가 되었는데, 왕안석과 뜻이 맞지 않아 조례사를 그만두었으며 얼마 후 병을 이유로 귀향했다. 희녕 7년(1074)에 진강군절도사(鎭江軍節度使) · 동평장사(同平章事)로서 판양주(判揚州)가 되었다가 이듬해에 다시 귀향했다.

11 손각(孫覺, 1028~1090): 자는 신로(莘老). 북송의 관리이자 문인. 일찍이 호원(胡瑗)에게서 수학했다. 인종 황우(皇祐) 원년(1049) 진사 출신으로, 가우(嘉祐) 연간에 소문관(昭文館)의 전적을 편교(編校)해 관각교감(館閣校勘)에 제수되었다. 신종이 즉위한 후 우정언(右正言) · 지간원(知諫院) · 동수기거주(同修起居注) · 지심관원(知審官院)을 역임했다. 희녕(熙寧) 연간에 청묘법(靑苗法)에 반대했다가 지광덕군(知廣德軍)으로 폄적되었으며, 나중에 태상소경(太常少卿)에 제수되고 비서소감(秘書少監)으로 전임되었다. 철종이 즉위한 후 어사중승에 제수되었지만 병이 들어 제거서주영선관(提擧舒州靈仙觀)으로 전임되었다.

가 있었을 것입니다"라고 진언했는데, 황상이 그 사람의 성명을 잊어버리고 단지 그의 멋진 수염만 기억하고서 여신공이라고 잘못 여겼다고 했다. 희녕熙寧 4년(1071)에 여신공은 제거숭산숭복궁提擧嵩山崇福宮이 되어 낙양에서 지낼 때 흥교사興教寺의 승방에 임시로 머물면서 집을 사려고 강절선생康節先生(소옹)과 의논했다. 강절선생이 말했다.

"땅은 골랐습니까?"

여신공이 말했다.

"아닙니다."

"목재는 골랐습니까?"

"아닙니다."

강절선생이 말했다.

"공은 곧 집을 갖게 될 것입니다."

얼마 후에 여신공은 백사자항白師子巷에 있는 재상 장문절張文節(장지백)[12]의 저택 서쪽에 땅을 얻어 지세의 높낮이를 따라 원택園宅을 조성했는데, 그다지 웅장하지는 않았다. 강절선생 · 사마온공司馬溫公(사마광) · 여신공은 때때로 서로 왕래했는데, 여신공은 과묵해 강절선생을 만날 때도 늘 조용히 있으면서 종일토록 불과 몇 마디 말만 할 뿐이었다. 그런데 하루는 강절선생에게 길게 탄식하며 말했다.

---

12 장문절(張文節): 장지백(張知白, ?~1028). 자는 용회(用晦) 또는 회지(晦之), 시호는 문절(文節). 북송의 대신. 태종 단공(端拱) 2년(989) 진사 출신으로, 용도각대제(龍圖閣待制) · 어사중승 · 참지정사 등을 역임했으며, 검주(劍州) · 등주(鄧州) · 청주(青三)의 지주(知州)와 하양절도판관(河陽節度判官)을 지냈다. 진종 함평(咸平) 연간에 중요한 시무(時務)에 대해 진언해 우정언(右正言)에 제수되었다. 인종 천성(天聖) 3년(1025)에 공부상서 · 동중서문하평장사로 재상에 올랐다. 성품이 신중했으며, 비록 현달했지만 매우 절검(節儉)해 빈한한 선비처럼 청렴했다.

"백성들이 명운을 감당하지 못할 것입니다!"

당시 왕형공이 권력을 장악하고 신법을 추진하는 자들이 모두 음험하고 경박한 신진 인사들이어서 천하가 소란스러운 것을 여신공이 탄식한 것이었다. 강절선생이 말했다.

"왕개보王介甫(왕안석)는 조정을 멀리한 사람인데, 공과 군실君實(사마광)이 그를 천거해서 이 지경에 이르렀으니 무슨 말을 하겠습니까?"

여신공이 일어나며 말했다.

"저의 죄입니다."

희령 10년(1077) 봄에 여신공이 지하양군知河陽軍으로 기용되자, 하남윤河南尹 가창형賈昌衡[13]이 사마온공과 정백순程伯淳(정호)을 데리고 복선사福先寺 상동원上東院에서 전별했는데, 강절선생은 병 때문에 참석하지 못했다. 다음 날 정백순이 강절선생에게 말했다.

"군실과 회숙이 전별석상에서 각자 출사와 은퇴에 대해 논쟁하면서 그치지 않자, 내가 다음과 같은 시로 해결해 주었습니다. '두 마리 용이 낙수洛水의 맑은 물결에 한가로이 누워 있는데, 어느 해에나 낙양성에서 유유히 노닐려나? 두 공이 나란히 출사해, 같은 때에 함께 창생蒼生을 위해 기용되길 바라네.'"

여신공은 1년 남짓 하양을 진수한 뒤 추밀부사樞密副使에 임명되었으며, 그 후에 자정전학사資政殿學士로서 지정주知定州가 되고 또 대학사大學士로서

---

13 가창형(賈昌衡): 자는 자평(子平). 북송의 관리로, 가창조(賈昌朝)의 동생이다. 진사 출신으로, 재주로전운판관(梓州路轉運判官)·회남제형(淮南提刑)·광동전운사(廣東轉運使)·양절로전운사(兩浙路轉運使)를 지냈다. 신종 희녕(熙寧) 연간에 신법을 시행하면서 관리를 탄핵할 때 그 이해득실을 자주 상주했는데, 신종이 그의 상주가 충성스런 보탬이 된다고 칭찬했다. 호부부사(戶部副使)·제거시역사(提擧市易司)·우간의대부(右諫議大夫)·지하남부(知河南府)를 역임한 뒤 정의대부(正議大夫)로 벼슬을 마쳤다.

지양주知揚州가 되었다. 철종哲宗이 즉위한 후에는 좌승左丞에 임명되었다가 문하시랑門下侍郎으로 승진해 사마온공과 함께 원우元祐 연간(1086~1094)에 재상이 되었으니, 정백순의 시대로 되었다. 내(소백온)가 경명행수經明行修[14]로 관리에 임명되었을 때 동부東府(승상부)에서 여신공을 뵈었는데, 여신공이 강절선생을 언급하며 한참 동안 탄식하다가 나에게 말했다.

"과거의 명목은 다만 벼슬길에 나아가는 문일 뿐이니 그 고하는 마음에 두지 마시게. 자신을 수양하고 도의를 행하면서 노력하지 않으면 안 되네."

나는 일어나 감사를 드렸다. 여신공의 세 아들인 여희철呂希哲[15]·여희적呂希積[16]·여희순呂希純이 모두 강절선생을 스승으로 섬겼기 때문에 나는 그들과 매우 두텁게 교유했다. (원우) 3년(1088)에 여신공은 재상을 그만두고 사공司空·평장군국사平章軍國事에 임명되었으며, 이듬해(1089)에 죽었다.

王荊公與呂申公素相厚, 荊公嘗曰: "呂十六不作相, 天下不太平." 又曰: "晦叔作相, 吾輩可以言仕矣." 其重之如此. 議按擧時, 其論尙同. 荊公薦申公爲中丞, 欲其爲助, 故申公初多擧條例司人作臺官. 旣而天下苦條例司之爲民

---

14 경명행수(經明行修): 경학에 밝고 품행이 단정하다는 뜻으로, 송나라 때 과거시험의 제과(諸科) 가운데 하나. 줄여서 '경행(經行)'이라고도 한다. 당시에는 진사과(進士科)를 가장 높이 여겼고 나머지 제과는 낮게 여겼다.

15 여희철(呂希哲, 1039~1116): 자는 원명(原明). 북송의 관리이자 학자로, 여공저(呂公著)의 장자다. 일찍이 초천지(焦千之)·석개(石介)·호원(胡瑗)에게서 수학했고, 나중에 다시 정호(程顥)·정이(程頤)·장재(張載)·소옹(邵雍)에게서 수학했다. 학자들은 그를 '형양선생(滎陽先生)'이라 불렀다. 과거를 포기하고 학문에 전념했다. 음서(蔭敍)로 벼슬길에 올라 병부원외랑을 지냈다. 철종 소성(紹聖) 연간 초에 지회주(知懷州)에 제수되었다가 원우당적(元祐黨籍)에 연루되어 화주(和州)로 폄적되었다. 휘종이 즉위한 후 지단주(知單州)에 제수되었다가 조정에 불려와 광록소경(光祿少卿)이 되었지만, 얼마 후 숭녕당화(崇寧黨禍)를 만나 면직되고 지상주(知相州)로 나갔다가 지형주(知邢州)로 전임되었다.

16 여희적(呂希積): 자세한 행적은 미상.

害, 申公乃言新法不便. 荆公怒其叛己, 始有逐申公意矣. 方其薦申公爲中丞, 其辭以謂有八元·八凱之賢, 未半年, 所論不同, 復謂有驩兜·共工之姦, 荆公之喜怒如此. 初亦未有以罪申公也, 會神宗語執政, 呂公著嘗言"韓琦乞罷青苗錢, 數爲執事者所沮, 將興晉陽之甲以除君側之惡". 荆公因用此爲申公罪, 除侍讀學士, 知潁州. 宋次道當制辭, 荆公使之明著其語, 陳相暘叔以爲不可, 次道但云: "敷奏失實, 援據非宜." 荆公怒, 自改之曰: "比大臣之抗章, 因便殿之與對, 輒誣方鎭有除惡之謀, 深駭予聞, 無事理之實." 申公素謹密, 實無此言. 或云孫覺莘老嘗爲上言"今藩鎭大臣如此論列而遭挫折, 若當唐末·五代之際, 必有興晉陽之甲以除君側之惡者矣", 上已忘其人, 但記美鬚, 誤以爲申公也. 熙寧四年, 申公以提擧嵩山崇福宮居洛, 寓興敎僧舍, 欲買宅, 謀於康節先生. 康節曰: "擇地乎?" 曰: "不." "擇材乎?" 曰: "不." 康節曰: "公有宅矣." 未幾, 得地于白師子巷張文節相宅西, 隨高下爲園宅, 不甚宏壯. 康節·溫公·申公時相往來, 申公寡言, 見康節必從容, 終日亦不過數言而已. 一日, 對康節長歎曰: "民不堪命矣!" 時荆公用事, 推行新法者皆新進險薄之士, 天下騷然, 申公所歎也. 康節曰: "王介甫者遠人, 公與君實引薦至此, 尙何言?" 公怍曰: "公著之罪也." 十年春, 公起知河陽, 河南尹賈公昌衡率溫公·程伯淳餞于福先寺上東院, 康節以疾不赴. 明日, 伯淳語康節曰: "君實與晦叔席上各辯論出處不已, 某以詩解之曰: '二龍閒臥洛波淸, 幾歲優游在洛城? 願得二公齊出處, 一時同起爲蒼生.'" 申公鎭河陽歲餘, 召拜樞密副使, 後以資政殿學士知定州, 又以大學士知揚州. 哲宗卽位, 拜左丞, 遷門下侍郎, 與溫公並相元祐, 如伯淳之詩云. 伯溫以經明行修命官, 見公于東府, 公語及康節, 咨歎久之, 謂伯溫曰: "科名特入仕之門, 高下勿以爲意. 立身行道, 不可不勉." 伯溫起謝焉. 公三子, 希哲·希積·希純, 皆師事康節, 故伯溫與之游甚厚. 三年, 公辭位, 拜司空·平章軍國事, 次年薨.

12-3(128)

왕개보王介甫(왕안석)와 소자첨蘇子瞻(소식)은 처음에 틈이 없었는데, 여혜경呂惠卿이 소자첨의 재주가 뛰어난 것을 꺼려 해 그들을 이간질했다. 신종神宗은 소자첨을 동수기거주同修起居注로 삼고자 했는데, 왕개보가 난색을 표했다. 또 왕개보는 소자첨이 문사文士로서 관리 업무에 밝지 못하다고 생각했기 때문에 그를 개봉부추관開封府推官으로 임용해 괴롭혔다. 하지만 소자첨이 더욱 거리낌 없이 사안을 논하면서 정시廷試의 책문策問을 본떠 만언서萬言書를 바치고 시정時政을 매우 절실하게 비판하자, 왕개보는 더욱 소자첨을 좋아하지 않게 되었다. 소자첨은 결국 지방관에 보임되었다. 어사중승御史中丞 이정李定[17]은 왕개보의 문객이었다. 이정이 모친상의 상기를 지키지 않자 소자첨이 불효라고 여겨 그를 미워했는데, 이정은 이에 앙심을 품고 소자첨이 시를 지어 (임금과 조정을) 비방했다고 탄핵했다. 소자첨은 지호주知湖州로 있다가 어사대의 감옥에 하옥되어 처형될 처지였는데, 신종이 끝내 차마 처형시키지 못하고 산관散官으로 폄적시켜 황주黃州에 안치했다. 그 후 소자첨은 여주汝州로 옮겨 가면서 금릉金陵(남경)에 들렀다가 왕

17 이정(李定, 1028~1087): 자는 자심(資深). 북송의 대신. 일찍이 왕안석(王安石)에게서 수학했다. 진사 출신으로, 정원현위(定遠縣尉)·수주판관(秀州判官)을 지냈다. 신종 희녕(熙寧) 연간 초에 신법 추진을 도와 집현교리검정중서이방(集賢校理檢正中書吏房)·직사인원(直舍人院)·동판태상시(同判太常寺)를 역임한 후, 희녕 8년(1075)에 지명주(知明州)로 나갔다. 원풍(元豐) 2년(1079)에 동지간원(同知諫院)·지제고(知制誥)·권어사중승(權御史中丞)이 되어 소식(蘇軾)의 시문에 시정(時政)을 공격하고 조정과 임금을 비방하는 내용이 있다고 탄핵해 소식을 체포해 어사대의 감옥에 하옥시켰다. 이를 '오대시안(烏臺詩案)'이라 한다. '오대'는 어사대를 말한다. 철종이 즉위한 후 사마광(司馬光)이 집정해 신법당을 폄적시킬 때, 이정도 지청주(知青州)로 나갔다가 지강녕부(知江寧府)를 거쳐 지저주(知滁州)로 폄적되었다.

개보를 만나 매우 기뻐했다. 소자첨이 말했다.

"내가 공에게 할 말이 있습니다."

왕개보는 안색이 변하면서 소자첨이 예전의 일을 따지려 한다고 생각했다. 소자첨이 말했다.

"내가 말하고자 하는 것은 천하의 일입니다."

그러자 왕개보가 안색을 안정시키며 말했다.

"일단 말해 보시오."

소자첨이 말했다.

"큰 병란과 큰 옥사는 한나라와 당나라가 멸망할 징조였습니다. 우리 조종祖宗은 인후仁厚함으로 천하를 다스려 이를 혁파하고자 했습니다. 지금 서쪽에서는 군대를 동원하지만 해마다 해결하지 못하고 있으며 동남쪽에서는 자주 큰 옥사를 일으키고 있는데, 공은 유독 이를 구제할 한 마디 말도 하지 않는 것입니까?"

왕개보는 손을 들어 두 손가락을 소자첨에게 보여 주며 말했다.

"그 두 가지 일은 모두 여혜경이 시작했고, 나는 조정 밖에 있으니 어찌 감히 진언할 수 있겠소!"

소자첨이 말했다.

"진정 그렇긴 합니다만, 조정에 있을 때는 진언하고 조정 밖에 있을 때는 진언하지 않는 것이 임금을 섬기는 상례라고 한다면, 황상께서 공을 대우하는 것이 상례가 아닌데 공이 황상을 섬기는 것을 어찌 상례로 할 수 있겠습니까?"

왕개보가 언성을 높이며 말했다.

"내가 말 좀 해야겠소!"

그러면서 또 말했다.

"내 입에서 나온 말이 자첨의 귀로 들어갔소!"

대개 왕개보는 일찍이 여혜경이 자신의 "황상에게 알게 하지 말라"라는 내용의 사적인 편지를 공개했기[18] 때문에 여전히 여혜경을 두려워하고 있었는데, 아마도 소자첨이 그 말을 누설한 것이라고 생각했던 것이다. 왕개보는 또 소자첨에게 말했다.

"사람은 모름지기 한 가지 의롭지 못한 일을 행하거나 한 명의 무고한 사람을 죽여서 천하를 얻는다 하더라도 하지 않아야[19] 옳다는 것을 알아야 하오."

소자첨이 놀리며 말했다.

"지금의 군자는 반년의 공적 심사[20]를 줄이려고 다투면서 사람을 죽이는 일도 합니다."

왕개보는 웃으면서 말하지 않았다.

王介甫與蘇子瞻初無隙，呂惠卿忌子瞻才高，輒間之．神宗欲以子瞻爲同修起居注，介甫難之．又意子瞻文士，不曉吏事，故用爲開封府推官以困之．子瞻益論事無諱，擬廷試策，獻萬言書，論時政甚切，介甫滋不悅子瞻．子瞻外補官[1]. 中丞李定, 介甫客也. 定不服母喪, 子瞻以爲不孝, 惡之. 定以爲恨, 劾子瞻作詩謗訕．子瞻自知湖州下御史獄，欲殺，神宗終不忍，貶散官，黃州安置. 移汝州, 過金陵, 見介甫甚歡. 子瞻曰: "某欲有言于公." 介甫色動, 意子

---

18 "황상에게 알게 하지 말라"라는 내용의 사적인 편지를 공개했기: 이 일은 본서 9-5(100)에 나왔으니 참조하기 바람.

19 한 가지 의롭지 못한 일을 행하거나 한 명의 무고한 사람을 죽여서 천하를 얻는다 하더라도 하지 않아야: 원문은 "행일불의(行一不義), 살일불고(殺一不辜), 득천하불위(得天下弗爲)". 『맹자(孟子)』 「공손추(公孫丑)상」에 나오는데, "득천하불위"가 "이득천하(而得天下), 개불위야(皆不爲也)"라 되어 있다.

20 공적 심사: 원문은 "마감(磨勘)". 당송대에 정기적으로 관원의 공적을 심사해 승직 또는 강직시키던 제도.

瞻辨前日事也. 子瞻曰: "某所言者, 天下事也." 介甫色定, 曰: "姑言之." 子瞻曰: "大兵大獄, 漢·唐滅亡之兆. 祖宗以仁厚治天下, 正欲革此. 今西方用兵, 連年不解, 東南數起大獄, 公獨無一言以救之乎?" 介甫擧手兩指示子瞻曰: "二事皆惠卿啟之, 某在外安敢言!" 子瞻曰: "固也, 然在朝則言, 在外則不言, 事君之常禮耳, 上所以待公者非常禮, 公所以事上者豈可以常禮乎?" 介甫厲聲曰: "某須說!" 又曰: "出在安石口, 入在子瞻耳." 蓋介甫嘗爲惠卿發其"無使上知"私書, 尙畏惠卿, 恐子瞻泄其言也. 介甫又語子瞻曰: "人須是知行一不義, 殺一不辜, 得天下弗爲, 乃可." 子瞻戲曰: "今之君子爭減半年磨勘, 雖殺人亦爲之." 介甫笑而不言.

[1] 외보관(外補官): 명초본에는 "보외관(補外官)"이라 되어 있는데, 문맥상 보다 타당하다.

12-4(129)

왕형공王荊公(왕안석)은 만년에 종산서원鍾山書院에서 "복건자福建子"[21] 세 글자를 많이 썼는데, 이는 대개 여혜경呂惠卿에 대해 후회하고 한스러워한 것으로, 여혜경에게 모함당한 것을 한스러워하고 여혜경에 의해 일을 그르친 것을 후회한 것이었다. 왕형공은 산행을 할 때마다 대부분 멍한 채로 마치 미친 사람처럼 혼잣말을 하곤 했다. 전주田晝[22] 승군承君이 이르길, 왕형

21 복건자(福建子): 복건 놈이란 뜻으로, 송나라 때 복건 지방 사람을 멸시해 부르던 말. 여기서는 복건 천주(泉州) 출신인 여혜경(呂惠卿)을 가리킨다.

22 전주(田晝): 자는 승군(承君). 북송의 관리로, 전황(田況)의 조카다. 처음에 교서랑(校書郎)으로 있다가 자주녹사참군(磁州錄事參軍)과 지서하현(知西河縣)을 지냈는데 선정을 베풀었다. 철종 원부(元符) 연간(1098~1100)에 감경성문(監京城門)이 되었을 때, 추호(鄒浩)와 함

공이 일찍이 그의 조카 왕방王防에게 "나는 예전에 아주 많은 사람들과 교유하길 좋아했는데 모두 나랏일 때문에 서로 절교하게 되었다. 지금 한가로이 지내다 보니 다시 편지를 써서 안부를 묻고 싶구나"라고 말하자, 왕방이 기뻐하며 책상 위에 종이와 붓을 준비했더니, 왕형공이 누차 붓을 들어 편지를 쓰려다가 번번이 길게 탄식하며 그만두곤 했는데, 마음속에 마치 부끄러운 바가 있는 것 같았다고 했다. 왕형공이 병이 들고 나서 (동생) 왕화보王和甫(왕안례)가 저리邸吏[23] 임명장을 왕형공에게 보여 주었는데, 때마침 사마온공司馬溫公(사마광)이 재상에 임명되었다고 알려 오자 왕형공이 낙담하며 말했다.

"사마십이司馬十二(사마광)[24]가 재상이 되었구나!"

그러고는 왕형공의 이른바 『일록日錄』이란 것을 왕방에게 가져오게 했다. 왕형공은 병이 심해지자 왕방에게 그것을 불태워 없애게 했는데, 왕방이 다른 책을 대신 불태웠다. 나중에 조정에서 채변蔡卞의 청을 받아들여 그를 지강녕부知江寧府로 내려보냈는데, 채변이 왕방의 집으로 가서 『일록』을 가져와 바쳤다. 채변은 역사를 기술하면서 화를 두려워한 나머지 『일록』을 빙자해 사실을 삭제하고 고쳐서 내용을 그릇되고 거짓되게 만들었으며, 위로는 신종神宗을 모욕하고 아래로는 옛 신하를 비방해 (철종) 원우元祐 연간(1086~1094)에 수찬한 『신종정사神宗正史』를 완전히 바꿔 버렸다. 대개 왕

께 기개와 절조로 서로를 격려했으며, 병이 들어 귀향하던 중에 추호가 간언하다 죄를 얻자 도중에 그를 맞이했다. 휘종 건중정국(建中靖國) 초(1101)에 입조해 대종정승(大宗正丞)이 되었는데, 증포(曾布)가 여러 차례 그에 관한 죄명을 날조했지만 끝까지 뜻을 굽히지 않았다. 지회양군(知淮陽軍)으로 나갔을 때 역병이 돌자 의원을 데리고 백성들을 구호하다 역병에 걸려 죽었다.

23 저리(邸吏): 도성에 주재하면서 지방 관청의 도성에 대한 일을 처리하는 관리. 주로 해당 지방의 공물이나 요역 등의 일을 처리했다.

24 사마십이(司馬十二): '십이'는 사마광(司馬光)의 집안 항렬.

형공은 처음 재상이 되었을 때 사신師臣[25]으로 자처했고, 신종은 그를 매우 후하게 예우했다. 하지만 왕형공이 다시 재상이 되었을 때는 신종이 좋아하지 않았고 의론에 이동異同이 많았기 때문에, 이후의 『일록』은 신종을 기만했으므로 왕형공이 감추었던 것이다. 지금 세상에 보이는 것은 70여 권뿐인데, 진영중陳瑩中(진관)이 말한 "사사로운 역사를 존중해 종묘를 억압했다"라는 것이다. 내(소백온)가 삼가 생각건대, 왕형공은 사마온공이 재상으로 입각했다는 소식을 듣고 "사마십이가 재상이 되었구나!"라고 말했으니, 대개 두 공은 평소 서로 사이가 좋았다가 왕형공은 신법을 시행하고자 재상이 되었고 사마온공은 신법을 시행하지 못하게 하고자 추밀부사樞密副使를 사양했으며, 서로 반복해서 논쟁하면서 세 차례 편지가 오간 뒤에 절교했지만, 왕형공은 사마온공을 존장자로 알고 있었으므로 오랜 원한을 품지는 않았던 것이다. 왕형공이 죽었을 때 사마온공은 병가病暇 중에 소식을 듣고 여신공呂申公(여공저)에게 편지를 보내 말했다.

"개보介甫(왕안석)는 다른 것은 없고 단지 고집스럽게 자기 뜻을 견지했을 뿐이니, 사후에 베푸는 전례[26]는 후하게 함이 마땅합니다."

크도다! 사마온공의 성덕盛德은 따라갈 수 없도다!

王荊公晩年於鍾山書院多寫"福建子"三字, 蓋悔恨於呂惠卿者, 恨爲惠卿所陷, 悔爲惠卿所誤也. 每山行多恍惚, 獨言若狂者. 田晝[1]承君云, 荊公嘗謂其姪防曰"吾昔好交游甚多, 皆以國事相絕. 今居閒復欲作書相問", 防忻然

25 사신(師臣): 사보(師保)의 지위에 있거나 태사(太師)의 직함을 더해 받은 집정대신에 대한 존칭.

26 사후에 베푸는 전례: 원문은 "증휼지전(贈卹之典)". '증휼'은 증휼(贈恤)과 같다. 조정에서 죽은 관리에게 장례나 제사 비용을 내리는 은전(恩典)을 말한다.

爲設紙筆案上，公屢欲下筆作書，輒長歎而止，意若有所愧也．公旣病，和甫以邸吏狀視公，適報司馬溫公拜相，公悵然曰："司馬十二作相矣!" 公所謂『日錄』者，命防收之．公病甚，令防焚去，防以他書代之．後朝廷用蔡卞請，下江寧府，至防家取『日錄』以進．卞方作史，懼禍，乃假『日錄』減落事寔，文致姦僞，上則侮薄神宗，下則誣毁舊臣，盡改元祐所修『神宗正史』．蓋荊公初相，以師臣自居，神宗待遇之禮甚厚．再相，帝滋不悅，議論多異同，故以後『日錄』卞欺神宗，匿之．今見於世止七十餘卷，陳瑩中所謂"尊私史以壓宗廟"者也．伯溫竊謂，荊公聞溫公入相則曰："司馬十二作相矣!" 蓋二公素相善，荊公以行新法作相，溫公以不行新法辭樞密使，反復相辯論，三書而後絶，荊公知溫公長者，不修怨也．至荊公薨，溫公在病告中聞之，簡呂申公曰："介甫無他，但執拗耳，贈卹之典宜厚." 大哉! 溫公之盛德不可及矣!

[1] 전주(田晝): 저본에는 전화(田畫)라 되어 있지만, 오기로 보이므로 원초본(元鈔本), 『송사』 권345 「추호전(鄒浩傳)」, 『동도사략(東都事略)』에 의거해 "전주"로 고쳤다.

12-5(130)

범촉공范蜀公(범진)은 시종관으로서 인종仁宗을 섬길 때는 태자 책립을 맨 처음 건의했으며, 영종英宗을 섬길 때는 또 (영종의 생부인) 복안의왕濮安懿王(조윤양)을 부친이라 칭하는 것이 예법이 아니라고 언급했는데, 이로써 천하에 명성이 높아졌다. (신종) 희녕熙寧 연간(1068~1077) 초에 왕형공王荊公(왕안석)이 처음 국정을 장악했을 때, 범촉공은 직언과 정론으로 그를 꺾으려 했지만 이길 수 없자 소장疏章을 올려 사직을 청하며 말했다.

"폐하께서는 간언을 채납하는 품성을 지니셨지만 대신은 간언을 물리치는 계책을 올리며, 폐하께서는 백성을 사랑하는 성품을 지니셨지만 대신은 백성을 해치는 술수를 씁니다."

왕형공이 이를 보고 매우 분노하며 그 소장을 들고 손을 부르르 떨자, 풍당세馮當世(풍경)가 그의 화를 풀어 주며 말했다.

"참정參政은 어찌 굳이 이러십니까?"

마침내 범촉공은 한림학사翰林學士로 내려갔다가 본관本官인 호부시랑戶部侍郎으로 벼슬을 마쳤다. 사인舍人 채연경蔡延慶[27]이 (범촉공에 대한) 조서를 작성할 때, 왕형공이 불쾌해하며 스스로 조서를 작성하면서 아주 심하게 비방했다. 다음 날 채연경이 범촉공에게 하례하면서 조서의 글이 모두 왕형공에게서 나왔다고 해명하자, 범촉공이 웃으며 그 글을 외우면서 말했다.

"밖으로는 직분을 맡을 능력이 없었지만 아무개가 흉금을 열어 대했고, 안으로는 이득을 품은 실상이 있음은 선생이 스스로 말했다."

범촉공이 표문을 올려 감사드렸는데, 그 대략은 다음과 같다.

"비록 사직을 청하며[28] 떠나겠다고 말씀드리지만 어찌 감히 나라를 근심하는 마음을 잊겠습니까?"

27 채연경(蔡延慶, 1029~1090): 자는 중원(仲遠). 북송의 관리로, 채제(蔡齊)의 조카다. 진사 출신으로, 명주통판(明州通判)을 지냈다. 신종 때 천장각대제(天章閣待制)·지하중부(知河中府)·진봉등로도전운사(秦鳳等路都轉運使)·용도각직학사(龍圖閣直學士)를 역임했으며, 서하(西夏)와의 희하지전(熙河之戰)에서 공적을 세워 지성도부(知成都府) 겸 병마도검할(兵馬都鈐轄)에 제수되어 서천(西川) 지역을 진수하는 최고 군정장관이 되었다. 병법에 통달해 신종의 칭찬을 받아 지개봉부(知開封府)에 제수되고 한림학사에 임명되었다. 철종이 즉위한 후 공부시랑과 이부시랑을 지냈다. 학문을 좋아하고 시비를 명확히 판단해 일을 처리했으며, 부임하는 곳마다 모두 선정을 베풀었다.

28 사직을 청하며: 원문은 "걸신(乞身)". 옛날에는 관리가 되는 것을 임금에게 자신의 몸을 맡기는 것으로 여겼기 때문에 사직을 청하는 것을 '걸신'(자신의 몸을 돌려 달라고 청한다)이라 했다.

또 말했다.

“바라건대 폐하께서는 중의衆議를 모아 귀와 눈으로 삼으시어 성총을 가리는 간사한 자를 없애시고, 덕망 높은 노숙한 사람을 심복으로 임명하시어 화평한 복을 키우십시오.”

천하 사람들이 그 말을 듣고 장하다고 여겼다. 범촉공은 벼슬에서 물러난 후에 오로지 책 읽고 시 짓는 것으로 스스로의 즐거움을 삼았으며, 손님이 오면 술자리를 마련해 마음껏 즐거워했다. 어떤 사람이 범촉공에게 병들었다 핑계 대고 문을 걸어 잠그라고 권했더니, 범촉공이 말했다.

“생사와 화복은 하늘의 뜻이니 내가 하늘을 어떻게 할 수 있겠소?”

그렇게 한동안 지낸 후에 범촉공은 두 사람이 메는 가마를 타고 촉蜀으로 돌아가, 산천명승을 마음껏 유람하고 친족 중에 가난한 자들을 구휼하고서 만 1년 후에 돌아왔다. 원우元祐 연간(1086~1094) 초에 철종哲宗이 제위에 오르자, 선인태후宣仁太后(고태후)가 수렴청정하면서 맨 먼저 범촉공을 특별 기용한다는 조서를 내렸는데, 조서에서 이렇게 말했다.

“서백西伯(문왕)이 노인을 잘 봉양했기에 두 노인이 귀복歸服했고,[29] 한나라 황실에서 겸손한 말로 초빙했기에 네 신하가 입조해 섬겼소.[30] 공은 날

---

29 서백(西伯: 문왕)이 노인을 잘 봉양했기에 두 노인이 귀복(歸服)했고: 은(殷)나라 주왕(紂王)의 폭정을 피해 있던 백이(伯夷)와 강태공(姜太公)이 서백 문왕(文王)이 노인을 잘 봉양한다는 말을 듣고 문왕에게 귀복했다. ‘두 노인’은 백이와 강태공을 말한다. 『맹자』「진심(盡心)상」에 나온다.

30 한나라 황실에서 겸손한 말로 초빙했기에 네 신하가 입조해 섬겼소: 한나라 고조(高祖) 유방(劉邦)이 척부인(戚夫人)을 총애해 적자 유영(劉盈)을 폐하고 척부인의 소생인 조왕(趙王) 여의(如意)를 태자로 책봉하려 했으나, 장량(張良)의 계책으로 유영이 겸손한 말과 후한 예물로 네 명의 은사(隱士)를 초빙함으로써 그들의 보좌를 받아 유영이 제위를 계승해 혜제(惠帝)가 되었다. ‘네 신하’는 한나라 초의 은사인 동원공(東園公) · 기리계(綺里季) · 하황공(夏黃公) · 녹리선생(甪里先生)으로, 모두 나이가 많고 머리가 백발이었기에 ‘사호(四皓)’라 불렀다. 『사기』「유후세가(留侯世家)』에 나온다.

위해 억지로라도 몸을 일으킴을 혹시라도 꺼려 하지 말지니, 천하는 공과 온공溫公(사마광)이 함께 (재상에) 오르길 바라고 있소."

범촉공이 사양하며 말했다.

"63세에 떠나길 청한 것은 대개 노령으로 은퇴한 것인데, 79세에 다시 나온다면 어찌 예법에 맞는다고 하겠습니까?"

결국 벼슬길에 나가지 않았다. 그전에 신종神宗이 붕어했을 때 범촉공이 산릉山陵의 장례에 참석했는데, 채경蔡京이 범촉공을 보고 말했다.

"황상께서 장차 공을 기용하실 것입니다."

범촉공이 정색하며 말했다.

"나는 신법을 논하다 뜻이 맞지 않아 선제先帝(신종)께 죄를 얻었는데, 하루아침에 선제께서 천하를 버리셨다(붕어하셨다)고 해서 어찌 그것으로 이로움을 삼을 수 있겠소?"

그래서 범촉공은 결국 원우元祐의 두 성상[31]을 위해 벼슬하지 않았다. 소성紹聖 연간(1094~1098) 초에 장돈章惇과 채변蔡卞이 (이미 죽은) 범촉공까지 원우당元祐黨으로 몰아 추폄追貶[32]하려고 하자 채경이 말했다.

"내가 직접 들었는데, 촉공이 예전에 이렇게 말했으니 원우당이 아니오."

그래서 장돈과 채변은 그만두었다. 어떤 사람이 말했다.

"사마온공과 범촉공은 함께 청렴하고 고결한 덕행으로 천하에 이름이 알려졌는데, 그들이 처음 신법의 부당함을 논할 때는 마치 한 사람에게서 나온 말과 같았지만 만년에 그 출사와 은퇴가 같지 않았던 것은 어째서입니까?"

---

31 원우(元祐)의 두 성상: 철종과 선인태후를 말한다.

32 추폄(追貶): 추후 또는 사후에 벼슬을 깎는 것을 말한다.

내(소백온)가 말했다.

"희녕 연간 초에 사마온공과 범촉공은 신법을 비판한 죄에 연루되었는데, 범촉공은 사직했지만 사마온공은 추밀부사樞密副使의 임명을 받지 않고 궁사宮祠(숭복궁사崇福宮使)를 청해 15년 동안 지냈습니다. 원풍元豐 연간(1078~1085) 말에 신종이 승하하신 뒤에 철종과 선인태후는 맨 먼저 사마온공을 재상으로 등용했습니다. 하지만 범촉공은 희녕 연간 초에 이미 사직했으므로, 도의상 원우元祐(철종과 선인태후)를 위해 벼슬하지 않은 것입니다. 이것이 두 공의 출사와 은퇴가 같지 않은 이유이지만, 그들이 추구한 도는 같습니다."

范蜀公以侍從事仁宗, 首建立皇子之議, 事英宗又言稱親濮安懿王爲非禮, 以此名重天下. 熙寧初王荊公始用事, 公以直言正論折之不能勝, 上章乞致仕, 曰: "陛下有納諫之資, 大臣進拒諫之計, 陛下有愛民之性, 大臣用殘民之術." 荊公見之怒甚, 持其疏至手戰, 馮當世解之曰: "參政何必爾?" 遂落翰林學士, 以本官戶部侍郎致仕. 舍人蔡延慶行詞, 荊公不快之, 自草制, 極於醜詆. 明日, 蔡延慶因賀公, 具以制詞出於荊公爲解, 公笑誦其詞曰: "外無任職之能, 某披襟當之, 內有懷利之實, 則夫子自道也." 公上表謝, 其略曰: "雖曰乞身而去, 敢忘憂國之心?" 又曰: "望陛下集羣議爲耳目, 以除壅蔽之姦, 任老成爲腹心, 以養和平之福." 天下聞而壯之. 公旣退居, 專以讀書賦詩自娛, 客至輒置酒盡歡. 或勸公稱疾杜門, 公曰: "死生禍福, 天也, 吾其如天何?" 久之, 以二人肩輿歸蜀, 極江山登臨之勝, 賑其宗族之貧者, 朞年而後還. 元祐初, 哲宗登位, 宣仁后垂簾同聽政, 首以詔特起公, 詔曰: "西伯善養, 二老來歸, 漢室卑詞, 四臣入侍. 爲我強起, 無或憚勤, 天下望公與溫公同升矣." 公辭曰: "六十三而求去, 蓋以引年, 七十九而復來, 豈云中禮?" 卒不起. 先是神宗山陵, 公會葬陵下, 蔡京見公曰: "上將起公矣." 公正色曰: "某以論新法不合, 得罪先帝, 一旦先帝棄天下, 其可因以爲利?" 故公卒不爲元祐二聖一起. 紹聖初, 章惇·蔡卞欲并斥公爲元祐黨, 將加追貶, 蔡京曰: "京親聞蜀公之言如此, 非黨也." 惇·卞乃已. 或曰: "司馬溫公·范蜀公同以淸德聞天下, 其初論新法不便, 若出於一人之言, 而晩乃出處不同, 何也?" 伯溫曰: "熙寧初, 溫公·蜀公坐言新法, 蜀公致仕, 溫公不拜樞密副使, 請宮祠者十五年. 元豐末, 神宗升遐, 哲宗·宣仁太后首用溫公爲宰相. 蜀公旣致政於熙寧之初, 義不爲元祐起也. 此二公出處之不同, 其道則同也."

12-6(131)

미산眉山의 소명윤蘇明允(소순)[33] 선생이 (인종) 가우嘉祐 연간(1056~1063) 초에 도성에서 지낼 때, 왕형공王荊公(왕안석)의 명성이 막 홍성해 그 당여黨與가 한 시대를 기울일 정도였으며, 구양문충공歐陽文忠公(구양수)도 그를 훌륭히 여겼다. 선생은 구양문충공의 문객이었기에 구양문충공이 선생에게 왕

33 소명윤(蘇明允): 소순(蘇洵, 1009~1066). 자는 명윤, 호는 노천(老泉). 북송의 문학가. 27세에야 비로소 발분하고 공부해 1년여 뒤에 진사과와 무재이등과(茂才異等科)에 응시했지만 모두 낙제했다. 결국 과거를 포기하고 두문불출한 채 학문에 전념해 육경과 백가의 설에 정통했다. 인종 가우(嘉祐) 원년(1056)에 아들 소식(蘇軾)과 소철(蘇轍)을 데리고 도성에 왔는데, 구양수(歐陽修)가 그가 지은 문장 22편을 진상해 비서성교서랑(秘書省校書郎)에 제수되었다. 문안현주부(文安縣主簿)로서 태조 건륭(建隆) 연간(960~963) 이래의 예서(禮書)를 종합한 『태상인혁례(太常因革禮)』 편찬에 참여했으며, 책이 완성된 후 죽었다. 고문에 뛰어나 당송팔대가 중 하나가 되었으며, 아들 소식·소철과 함께 '삼소(三蘇)'로 불렸다. 특히 정론문(政論文)에 뛰어났는데, 의론이 명쾌하고 문장의 기세가 웅건하다.

형공을 만나 보라고 권했으며, 왕형공도 선생과 교유하길 원했다. 하지만 선생이 말했다.

“나는 그의 사람됨을 알고 있으니, 인정에 가깝지 못한 자는 천하의 근심이 되지 않는 경우가 드물다.”

그러고는 「변간론辯(辨)姦論」 한 편을 지었는데, 왕형공 때문에 지은 것이었다. 그 문장은 다음과 같다.

“일에는 필연적인 결과가 있고 이치에는 본디 그러한 원칙이 있다. 오직 천하의 냉철한 사람만이 미세한 조짐을 보고 나중에 드러날 일을 미리 알 수 있다. 달무리가 지면 바람이 불고 주춧돌이 축축하면 비가 온다는 것은 사람마다 다 알고 있다. 일의 추이와 이치의 상관관계는 실제와 멀어서 알기 어려우니, 변화해서 헤아릴 수 없는 것은 그 무엇을 천지음양의 일과 견주겠는가! 하지만 현자賢者도 알지 못하는 것이 있으니 그 까닭은 무엇인가? 호오의 감정이 그 심중을 어지럽히고 이해의 득실이 그 행위를 동요시키기 때문이다. 옛날에 (진晉나라의) 양숙자羊叔子(양호)[34]는 왕연王衍[35]을 보고 ‘천하의 백성을 그르칠 자는 반드시 이 사람일 것이다’라고 했으며, (당나라

34 양숙자(羊叔子): 양호(羊祜, 221~278): 자는 숙자. 위진대(魏晉代)의 대신이자 명장. 처음에 위나라에서 상례리(上計吏)로 있다가 중령군(中領軍)으로 승진해 숙위(宿衛)를 통솔하면서 병권을 장악했으며, 순욱(荀勖)과 함께 국가의 기밀을 관장했다. 진나라가 들어선 뒤 상서좌복야(尚書左僕射)가 되었다. 진 무제 태시(泰始) 5년(269)에 도독형주제군사(都督荊州諸軍事)가 되어 양양(襄陽)을 10년 동안 진수하면서, 둔전(屯田)을 실시하고 농경지를 개간해 군량을 비축하는 등 오나라 정벌을 위한 준비를 착실히 했지만, 결국 이루지 못하고 죽었다.

35 왕연(王衍, 256~311). 자는 이보(夷甫). 서진(西晉)의 대신이자 청담가 · 서예가. 용모가 준수하고 재능이 출중했으며, 노장(老莊)을 좋아하고 현담(玄談)에 뛰어나 당시에 명성이 높았다. 여러 요직을 두루 거친 뒤 상서령(尚書令)과 태위(太尉)에까지 올랐다. 회제(懷帝) 영가(永嘉) 5년(311)에 동해왕(東海王) 사마월(司馬越)이 죽자 그의 영구를 모시고 동해군으로 가던 도중에 석륵(石勒)의 공격을 받아 포로로 잡혔다가 죽었다.

의) 곽분양郭汾陽(곽자의)은 노기盧杞[36]를 보고 '이 사람이 뜻을 얻으면 내 자손은 살아남은 자가 없을 것이다'라고 했다. 지금에서 이 일을 말해 보자면, 이치상 진실로 예견할 수 있는 것이 있다. 내가 살펴보기에, 왕연의 사람됨은 용모와 언변에 진실로 세상을 속여서 명성을 훔칠 만한 점이 있었지만, 사람을 해치거나 탐욕을 추구하지 않고 세상과 함께 부침했으니, 만약 진晉나라에 혜제惠帝(사마충)[37]가 없었고 중간 정도의 군주만 있었더라면, 비록 수백 수천의 왕연이 있었다 한들 어찌 천하를 어지럽혔겠는가? 노기의 간사함은 진실로 나라를 망하게 하기에 충분했지만, 그는 학문을 하지 않았고 문재가 없었기에 용모는 사람을 움직이기에 부족했고 언변은 세상을 현혹시키기에 부족했으니, 덕종德宗(이괄)[38]의 비루함과 우매함이 아니었다면 또한 어찌 그를 등용했겠는가? 이로 말미암아 말해 보자면, 두 공(양호와 곽자의)이 두 사람(왕연과 노기)을 헤아려 본 것은 또한 아마도 반드시 그렇지만

---

36 노기(盧杞, ?~785?): 자는 자량(子良). 당나라 덕종(德宗) 때의 재상이자 간신. 사람됨이 간사하고 현능한 사람을 시기했으며, 조금이라도 자기 뜻을 거스르면 곧장 사지로 몰아넣었다. 일찍이 양염(楊炎)·두우(杜佑)·안진경(顏眞卿) 등을 음해했으며, 백성들의 재물을 맘대로 수탈해 원성이 천하에 가득했다. 건중(建中) 4년(783)에 경원(涇原) 지방의 군대가 반란을 일으켜 도성이 함락되자 삭방절도사(朔方節度使) 이회광(李懷光)이 누차 상소해 그의 죄를 성토한 끝에 그제야 덕종이 깨닫고 그를 신주사마(新州司馬)로 좌천시켰다. 노기는 용모가 몹시 추했지만 언변이 뛰어났다. 일찍이 곽자의(郭子儀)가 병들었을 때 병문안하러 왔는데, 곽자의가 주변 사람을 모두 물러가게 하자, 사람들이 그 까닭을 물었더니 곽자의가 말하길, 노기는 용모가 추하고 마음이 음험해서 사람들이 그를 보면 필시 비웃을 것이니 훗날 그가 뜻을 얻게 되면 내 친족 중에 살아남은 자가 없게 될 것이라고 했다.

37 혜제(惠帝): 사마충(司馬衷). 서진(西晉)의 제2대 황제(290~306 재위). 무능한 국정 운영으로 황후인 가남풍(賈南風)을 비롯한 외척들이 권력을 잡게 만들었으며, 팔왕(八王)의 난까지 일어나 서진이 몰락하게 된 원인을 제공했다. 성품이 어리석고 무능했다.

38 덕종(德宗): 이괄(李适). 당나라의 제9대 황제(779~805 재위). 문벌에 구애받지 않고 인재를 등용했으며 양세법(兩稅法)을 시행해 재정 충당을 도모했지만, 절도사들의 반란으로 군벌 시대를 초래했으며 환관의 발호와 관료의 붕당(朋黨) 현상도 심각했다. 성품이 탐욕스럽고 비루했다.

은 않은 것 같다. 지금 어떤 사람은 입으로는 공자孔子와 노자老子의 말을 읊조리고 몸으로는 백이伯夷와 숙제叔齊의 덕행을 실천하면서, 명성을 좋아하는 선비와 뜻을 얻지 못한 사람을 불러 모아 서로 함께 터무니없는 말을 날조하고 사사로이 명호名號를 세워 안연顏淵과 맹가孟軻(맹자)가 다시 나왔다고 여기지만, 그 음험함과 잔악함이 다른 사람과 취향을 달리하니, 이는 왕연과 노기가 합쳐져 한 사람이 된 것 같으니 그 화를 어찌 말로 다할 수 있겠는가! 대저 얼굴이 더러우면 잊지 않고 씻으며 옷이 더러우면 잊지 않고 빠는 것이 지극히 인지상정이다. 지금은 그렇지 않아 오랑캐나 입는 옷을 입고 개돼지나 먹는 음식을 먹으며 죄수처럼 머리를 풀어헤치고 상주처럼 더러운 얼굴로 『시詩』와 『서書』를 얘기하고 있으니, 이것이 어찌 인지상정이겠는가? 무릇 일처리가 인지상정에 가깝지 않은 자는 크게 간특한 짓을 하지 않는 경우가 드무니, (춘추시대 제나라의) 수조豎刁・역아易牙・개방開方[39]이 그러하다. 세상을 덮을 만한 명성을 가지고 아직 드러나지 않은 악을 키우고 있으니, 비록 나라를 잘 다스리길 원하는 군주와 현자를 좋아하는 재상이 있다 하더라도 이런 자를 거용한다면, 천하의 근심이 되리라는 것은 필연적이며 의심의 여지가 없으니 단지 두 사람(왕연과 노기)에 비할 바가 아니다. 손자孫子는 '용병을 잘하는 장수는 혁혁한 전공이 없다'[40]고 했는

39 수조(豎刁)・역아(易牙)・개방(開方): 모두 춘추시대 제(齊)나라 환공(桓公)이 총애하던 측근 신하다. 수조는 스스로 거세해 환관이 되어 환공을 섬겼고, 역아는 환공이 새롭고 기이한 음식을 맛보길 원하자 자기 자식을 죽여 음식을 만들어 바쳤으며, 개방은 위(衛)나라의 세자 신분을 버리고 제나라로 와서 환공을 섬기면서 부왕이 죽었을 때도 본국으로 돌아가지 않았다. 당시 재상이었던 관중(管仲)은 이들의 행위가 인지상정에 맞지 않는 비정상적인 것이라고 여겨 환공에게 이들을 멀리하라고 간언했지만 환공은 듣지 않았다. 결국 관중이 병사하고 환공도 죽은 뒤 이들의 권력 다툼으로 제나라는 혼란에 빠졌다.

40 용병을 잘하는 장수는 혁혁한 전공이 없다: 원문은 "선용병자무혁혁지공(善用兵者無赫赫之功)". 현행 『손자(孫子)』에는 이 구절이 없고, 조조(曹操)의 『손자약해(孫子略解)』「형편

데, 만약 이 사람을 등용하지 않는다면 내 말은 잘못된 것이 되고 이 사람은 회재불우懷才不遇의 탄식을 할 것이니, 화가 그런 지경에까지 이르게 될 것을 누가 알겠는가! 그렇지 않다면(이 사람을 등용한다면) 천하는 장차 그 화를 입을 것이고 나는 사리에 밝은 말을 했다는 명성을 얻게 될 것이니 슬프구나!"

이 글이 세상에 나오자 일시에 논자들은 대부분 그렇지 않을 것이라고 여겼으며, 선생의 두 아들(소식과 소철)조차도 너무 심하다고 탄식할 정도였다. 하지만 10여 년 후에 왕형공은 처음 지위를 얻어 간사한 일을 했는데, 선생의 말대로 되지 않은 것이 없었다. 어사중승御史中丞 여헌가呂獻可(여회)는 (신종) 희녕熙寧 연간(1068~1077) 초에 왕형공이 참지정사參知政事로 임명되던 날에 그의 간사함을 극력 진언하면서 매번 왕형공을 가리키며 말했다.

"천하를 어지럽히는 자는 필시 이 사람일 것입니다."

또 말했다.

"천하는 본래 태평무사한데 단지 용렬한 사람이 어지럽힐 뿐입니다."

사마온공司馬溫公(사마광)도 처음에는 그렇지 않을 것이라고 여겼는데, 왕형공이 백성을 학대하고 정치를 문란하게 하자 황상께 심각하게 진언했지만 받아들여지지 않자 추밀부사樞密副使 임명을 받지 않고 조정을 떠났다. 또 왕형공에게 세 차례 편지를 보내 매우 고통스럽게 말해서 왕형공이 혹 따르기를 바랐지만, 왕형공이 따르지 않자 마침내 그와 절교했다. 사마온공이 탄식하며 말했다.

"여헌가의 선견지명은 내가 미치지 못한다!"

(形篇)」에서 "고선자지전(故善者之戰), 무기승(無奇勝), 무지명(無智名), 무용공(無勇功)"이라는 구절에 대해 조조가 "적병형미성(敵兵形未成), 승지무혁혁지공야(勝之無赫赫之功也)"라고 주석했는데, 아마도 이 구절에 근거한 것으로 보인다.

소명윤 선생 같은 경우는 그가 왕형공을 간파한 것이 또한 여헌가보다 10여 년 전이었는데, 어찌하여 사마온공은 그의 「변간론」을 보지 못했단 말인가? 장문정공張文定公(장방평)이 선생의 묘지명을 지으면서 이 글을 함께 실었다.

眉山蘇明允先生, 嘉祐初游京師時, 王荊公名始盛, 黨與傾一時, 歐陽文忠公亦善之. 先生, 文忠客也, 文忠勸先生見荊公, 荊公亦願交於先生. 先生曰: “吾知其人矣, 是不近人情者, 鮮不爲天下患.” 作「辯姦論」一篇, 爲荊公發也. 其文曰: “事有必至, 理有固然. 惟天下之靜者, 乃能見微而知著. 月暈而風, 礎潤而雨, 人人知之. 事之推移, 理之相因, 其疎闊而難知, 變化而不可測者, 孰與天地陰陽之事! 而賢者有不知, 其故何也? 好惡亂其中, 而利害奪其外也. 昔者羊叔子見王衍, 曰: ‘誤天下蒼生者必此人也.’ 郭汾陽見盧杞, 曰: ‘此人得志, 吾子孫無遺類矣.’ 自今言之, 其理固有可見者. 以吾觀之, 王衍之爲人也, 容貌言語固有以欺世而盜名者, 然不忮不求, 與物浮沉, 使晉無惠帝, 僅得中主, 雖衍百千, 何從而亂天下乎? 盧杞之姦固足以敗國, 然不學無文, 容貌不足以動人, 言語不足以眩世, 非德宗之鄙暗, 亦何從而用之? 由是言之, 二公之料二子, 亦容有未必然也. 今有人口誦孔·老之言, 身履夷·齊之行, 收召好名之士·不得志之人, 相與造作語言, 私立名字, 以爲顏淵·孟軻復出, 而陰賊險狠與人異趣, 是王衍·盧杞合而爲一人也, 其禍可勝言哉! 夫面垢不忘洗, 衣垢不忘澣, 此人之至情也. 今也不然, 衣夷狄之衣, 食犬彘之食, 囚首喪面而談『詩』·『書』, 此豈其情也哉? 凡事之不近人情者, 鮮不爲大姦慝, 豎刁·易牙·開方是也. 以蓋世之名而濟未形之惡, 雖有願治之主, 好賢之相, 猶當擧而用之, 則其爲天下之患必然而無疑者, 非特二子之比也. 孫子曰: ‘善用兵者無赫赫之功.’ 使斯人而不用也, 則吾之言爲過, 而斯人有不遇之歎, 孰知禍之至於此哉! 不然, 天下將被其禍, 而吾獲知言之名, 悲夫!" 斯文出, 一時論者多以爲不然, 雖其二子, 亦有嘻其甚矣之嘆. 後十餘年, 荊公始得位爲姦, 無一不如先生言者. 呂獻可中丞於熙寧初荊公拜參知政事日, 力言其姦, 每指荊公曰: "亂天下者, 必此人也." 又曰: "天下本無事, 但庸人擾之耳." 司馬溫公初亦以爲不然, 至荊公虐民亂政, 溫公乃深言於上, 不從, 不拜樞密副使以去. 又貽荊公三書, 言甚苦, 冀荊公之或從也. 荊公不從, 乃絶之. 溫公悵然曰: "呂獻可之先見, 余不及也!" 若明允先生, 其知荊公又在獻可之前十餘年矣, 豈溫公不見「辯姦」耶? 獨張文定公表先生墓, 具載之.

12-7(132)

전조청錢朝請[41]은 이름이 경심景諶이고 (오대십국 오월의) 충의왕忠懿王(전숙)의 증손으로, (인종) 가우嘉祐 연간(1056~1063)에 전직殿直(시종관)과 순할서경마체포巡轄西京馬遞鋪를 지냈다. 쇄청鎖廳[42]에서 진사에 급제했고 강절선생康

41 전조청(錢朝請): 전경심(錢景諶). 북송의 관리로, 오대십국 오월(吳越)의 충의왕(忠懿王) 전숙(錢俶)의 증손자이자 전유연(錢惟演)의 손자다. 진사 출신이다. 처음 개봉부(開封府)의 해시(解試)에 응시했을 때, 왕안석(王安石)이 그의 문장을 공경대부들에게 칭찬함으로써, 마침내 왕안석에게 제자의 예를 갖췄다. 일찍이 청묘법(青苗法)과 조역법(助役法)이 이득은 적고 피해는 많아 훗날 필시 백성들의 근심이 될 것이라고 비판했다. 결국 왕안석이 대로해 마침내 그와 절교했다. 신종 희녕(熙寧) 연간 말에 지영주(知瀛州) 장경헌(張景憲)의 속관으로 초징되었으며, 종신토록 지방관을 지내다가 조청랑(朝請郞)에 오른 뒤 죽었다. 그래서 본문에서 '전조청'이라 한 것이다.

42 쇄청(鎖廳): 쇄원(鎖院)을 말한다. 태종 순화(淳化) 3년(922)에 한림학사승지(翰林學士承旨) 소이간(蘇易簡) 등이 지공거(知貢擧)가 되어 칙지를 받은 후에 곧장 과거시험장으로 들어가서 시험이 끝날 때까지 외부와 단절되었기에 '쇄원'이라 했으며, 이후로 하나의 제도가

節先生(소옹)을 사사했으며 중부仲父[43]와 함께 과거시험을 치렀다. 그래서 중부의 장례 때 강절선생이 그에게 묘지명을 지어 달라고 부탁했다. (신종) 희녕熙寧 8년(1075)에 왕십삼장조王十三丈詔[44] 경유景猷와 함께 영수瀛帥(지영주知瀛州) 장간의팔장경헌張諫議八丈景憲[45] 정국定國의 속관으로 초징되었는데, 강절선생이 전장錢丈(전경심)과 왕장王丈(왕조)에게 시를 보냈더니, 장장張丈(장경헌)이 그 시를 보고 강절선생에게 다음과 같은 시를 보냈다.

"다리 옆 처사의 글은 비단 같고, 변새 장군의 머리카락은 서리 같네."

전장은 왕형공王荊公(왕안석)과 사이가 좋았는데, 나중에 왕형공이 권력을 장악했을 때 신법을 논하다가 뜻이 맞지 않아 마침내 절교하고 종신토록 지방관을 지냈다. 그의 집에 「답연수조탁지서答兗守趙度支書」가 있는데, 스스로 매우 상세히 기술했다. (편지에서) '피彼(그)'는 왕형공을 가리킨다. 이를

되었다. 나중에는 과거시험장 또는 과거시험을 '쇄원'이라 했다.

43 중부(仲父): 본서의 찬자 소백온의 둘째 작은아버지를 말하는데, 자세한 행적은 미상이다.

44 왕십삼장조(王十三丈詔): 왕조(王詔)를 말한다. '십삼'은 왕조의 집안 항렬이고, '장'은 장년배(長年輩)에 대한 존칭이다. 다음에 나오는 성명 표기도 마찬가지다. '왕조'는 자가 경헌(景獻) 또는 경유(景猷)다. 북송의 관리로, 왕거원(王擧元)의 아들이다. 문음(門蔭)으로 벼슬길에 올라 광신군통판(廣信軍通判)과 지박주(知博州)를 지냈다. 철종 원우(元祐) 연간에 개봉부추관(開封府推官)으로 발탁되었고, 탁지낭중(度支郎中)으로 요나라에 사신으로 다녀왔다. 숭녕(崇寧) 연간에 대리소경(大理少卿)에서 사농경(司農卿)으로 승진했다. 예전에 지저주(知滁州)로 있을 때 소식(蘇軾)에게 「취옹정비(醉翁亭碑)」를 써 달라고 청했다고 어사가 탄핵해 숭복궁사(崇福宮使)로 좌천되었다가 얼마 후 지여주(知汝州)가 되었다. 그 후로 직비각(直秘閣)·태부경(太府卿)·형부시랑·호부시랑·개봉윤(開封尹) 등을 역임했다.

45 장간의팔장경헌(張諫議八丈景憲): 장경헌(張景憲, 1004~1080)을 말한다. '간의'는 간의대부, '팔'은 장경헌의 집안 항렬, '장'은 장년배에 대한 존칭이다. 장경헌은 자가 정국(正國) 또는 정국(定國)이다. 북송의 관리로, 장사덕(張師德)의 아들이다. 인종 천성(天聖) 4년(1026)에 부친의 문음(門蔭)으로 장작감부(將作監簿)가 되었으며, 대리평사(大理評事)·위위시승(衛尉寺丞)을 거쳐 회남전운부사(淮南轉運副使)·경서경동전운사(京西京東轉運使)를 지냈는데, 속관 중에 불법을 저지른 자를 엄하게 다스렸다. 신종 희녕(熙寧) 연간에 호부부사(戶部副使)·집현전수찬(集賢殿修撰)·하동도전운사(河東都轉運使)·지영주(知瀛州)를 역임했고, 원풍(元豊) 연간에 지하양(知河陽)·지동주(知同州)를 지냈다.

통해 전장의 어짊을 충분히 엿볼 수 있다. 그 편지는 다음과 같다.

"경심이 독부탁지督府度支 기지팔형器之八兄(조변)[46] 집사執事께 재배합니다. 전사專使(특사)가 당도해 보내 주신 서찰을 받고 자세히 읽어 본 후 감격하고 위안이 되었습니다. 아울러 독부의 정무가 한산해 편안히 지내면서 한가한 시간이 많다고 하시니 정말 잘되었습니다. 제가 귀형貴兄과 작별한 지 이미 8~9년이 되었는데, 그사이에 슬픔과 근심에 젖은 채 온갖 집안일에 환난은 많고 기쁨은 적어 예전의 즐거움이 전혀 없었습니다. 비록 사람 일이 그렇게 만들었다 하더라도 나이가 들어 쇠해지니 심사가 좋지 않을 뿐입니다. 매번 멋진 경치와 즐거운 일을 만나 많은 사람들이 모여 있을 때마다 오히려 종일토록 근심하며 감상에 젖어 슬퍼하며 떠나곤 했습니다. 귀형의 회포는 또 어떠하신지 모르겠습니다. 8~9년 사이에 얻은 것과 잃은 것에 대해 하문하셨고, 아울러 당시 재상이 맡기고자 한 일을 거절한 것을 물으시면서 제게 화와 치욕을 멀리하는 방도를 권하셨습니다. 귀형께서는 다른 사람의 말을 전해 들었는지라 미처 그 시비를 판단하지 못하셨기 때문에 그런 말씀을 하신 것 같습니다. 저 역시 스스로 그것이 옳은지 그른지 알지 못하지만, 단지 자신의 능력을 헤아리고 자신의 소견을 행할 따름입니다. 시험 삼아 귀형께 하나둘 말씀드리고자 합니다. 처음 제가 진사가 되었을 때, 그(왕안석)는 태상박사太常博士로서 별두시別頭試[47]를 주재하면서 수백 명 중에서 저를 뽑아 도리를 아는 사람이라고 여겼으며, 저는 추천자 명단에

46 기지팔형(器之八兄): 조기지(趙器之), 즉 조변(趙抃, 1008~1084)을 말한다. '팔'은 조변의 집안 항렬이다. 조변은 일찍이 영종 때 탁지부사(度支副使)를 지냈기에, 전경심이 그에게 보낸 편지 제목에서 '조탁지'라고 했다.

47 별두시(別頭試): 당송대에 실시한 특수한 과거제도 중 하나로, 응시자가 시험관과 친척 관계이거나 기타 사유가 있을 경우 혐의를 피하기 위해 별도의 장소에서 시험을 치르게 하는 제도. 당나라 때는 '별두'라 했고 송나라 때는 '별시'라 했는데, 이를 합쳐 '별두시'라 했다.

들어 춘관春官(예부)으로 보내졌습니다. 그는 또 공경들 사이에서 중시를 받았기에 훗날 그의 문하에서 노닐면서 스승과 제자의 예를 갖추었으며, 경서를 전수받고 문장을 논하면서 이제二帝 · 삼왕三王[48]의 도와 공자孔子 · 맹가孟軻(맹자)의 말씀이 아니면 말하지 않았습니다. 그가 제점기내提點畿內[49]가 되었을 때 저는 기부畿簿[50]가 되었습니다. 당시에 학사대부學士大夫들 중에서 그를 따르는 자가 한둘이 아니었지만, 저만 문장과 덕행으로 추천받게 되어 그를 가까이하는 사람들과도 이미 친숙해졌습니다. 제가 형양滎陽의 택현령澤縣令이 되었다가 이어서 친상을 당했는데, 그가 대정大政에 참여하게 되었다는 소식을 듣고 천하 사람들이 모두 기뻐하고 고무되면서 그가 반드시 삼대三代(하 · 은 · 주)의 기풍을 회복시켜 오로지 태평성대를 이룩할 수 있을 것이라고 생각했습니다. 그때 제가 허창許昌에서 개인적인 일로 도성으로 갔다가 사저에서 그를 만났습니다. 한창 무더운 여름이었는데, 그는 승려 지연智緣과 함께 바닥에 누워 있었고 또 그와 가장 친한 사람 한 명이 웃통을 벗고 옆에 앉아 있었습니다. 그는 제가 모자를 벗고 옷을 풀어헤치는 것을 돌아보더니 애당초 다른 말은 하지 않고 갑자기 '청묘법青苗法과 조역법助役法은 어떤가?'라고 묻기에, 저는 '이득은 적고 피해는 많아서 훗날 필시 평민들의 근심이 될 것입니다'라고 대답했습니다. 또 '누가 쓸 만한 사람인가?'라고 묻기에, 저는 '상중이라 사람들과 교유하지 않지만 사람을 알아보는 어려움은 특히 작은 일이 아닙니다'라고 대답했습니다. 그는 즐

48 이제(二帝) · 삼왕(三王): '이제'는 요(堯)와 순(舜)을 말하고, '삼왕'은 하나라의 우왕(禹王), 은나라의 탕왕(湯王), 주나라의 문왕(文王)과 무왕(武王)을 말한다.

49 제점기내(提點畿內): '제점'은 송나라 때 설치된 관직으로, 제거(提擧)와 점검(點檢)의 뜻을 담고 있다. 사법 · 형옥(刑獄) · 하거(河渠) 등에 관한 일을 관장했다. 여기에서는 제점개봉부계공사(提點開封府界公事)를 말한다.

50 기부(畿簿): 제점기내(提點畿內)의 주부(主簿).

거위하지 않았습니다. 저는 개인적으로 스스로 생각하길, 대현大賢이 천하에 정치를 펼칠 때는 반드시 사람들이 예상하지 못하는 기묘하고 원대한 묘책을 가지고 있으며 또한 감히 확신하지는 못하지만 법도를 어지럽히지는 않을 것이라 여겼습니다. 그런데 허창으로 돌아왔을 때 보았더니, 조종祖宗의 법도를 바꾸고 오로지 가혹하게 백성을 수탈하는 것으로 정치를 하면서 신기한 것에만 힘쓰는 것을 신법이라 했습니다. 그래서 천하의 벼슬길에 나아가길 좋아하는 사람들이 어지럽게 이득 때문에 나아가니, 지난날에 학문을 강론하면서 들었던 바가 전혀 아니었습니다. 다시 2~3년 후에 제가 관직 선임 때문에 도성에 왔을 때 그가 재상이 되어 국정을 담당하고 있었기에 또 그를 만나러 갔습니다. 그는 제가 온 것을 기뻐하며 먼저 그의 동생인 왕평보王平甫(왕안국)를 만나 보라 했습니다. 왕평보는 예전부터 친구로서 나를 알고 있었는데, 역시 기뻐하며 '상군相君(왕안석)이 그대에게 관각館閣 직책을 주어 일을 맡기려 하오'라고 말했습니다. 저는 장난삼아 왕평보에게 투덜대며 '온갖 일은 모두 괜찮지만 알지 못하는 것은 새로 반포한 역법役法뿐이오'라고 했습니다. 왕평보는 비록 나를 너무 고지식하다고 생각하지만, 무릎을 치면서 찬탄하며 내가 도리에 맞는 말을 했다고 여겼습니다. 그를 만났더니 맨 처음 하는 말이 저에게 협로峽路[51]에서 역법을 시행하게 하고 싶고 또 융로戎瀘(융주와 노주)의 오랑캐 일을 맡기겠다고 했습니다. 하지만 저는 협로의 민정民情을 알지 못하고, 융로에서의 용병은 조정의 조치에 달렸으며, 협로 전체 백성들의 화복에 관계된 것이므로, 군대 일을 잘 알고 백성을 사랑하는 사람을 선발하길 바란다고 했습니다. 그는

51 협로(峽路): 당송대의 행정구역으로, 기주(夔州: 치소는 지금의 쓰촨성 싼샤[三峽] 펑제현[奉節縣])를 중심으로 한 지역을 말한다.

크게 노했습니다. 그때 좌중의 빈객 수십 명 중에서 저를 위해 마음을 졸이지 않은 사람이 없었습니다. 물러나와 빈객을 위한 객사로 갔더니, 어떤 사람은 저를 칭찬하고 격려했으며, 어떤 사람은 저에게 손가락질하면서 제가 속마음을 숨긴다고 비난하기도 했습니다. 저는 진실로 마음속에 스스로 만족하면 또한 남이 하는 말의 시비를 달가워하지 않습니다. 제가 매번 보기에 자고 이래로 이로움을 좋아하는 자는 많고 의로움을 고려하는 자는 적기 때문에, 천하의 온갖 일은 모두 남에게서 말미암고 자기에게 달려 있지 않습니다. 왜입니까? 이로움이 의로움을 이기기 때문입니다. 그래서 군자는 남에게서 말미암는 것(즉 이로움)을 버리고 자기에게 달려 있는 것(즉 의로움)을 행하므로, 진퇴와 거취는 내가 본디 가지고 있는 것입니다. 반드시 의로움에 근본해서 나에게 달려 있는 것을 행한다면 (죽더라도) 하지 않는 바가 있게 됩니다. 만약 이로움에 동요되어 또한 남에게서 말미암으면 도둑질도 하게 됩니다. 대저 도둑이 도둑이 되는 까닭은 이로움이 의로움을 이겨 왜 도둑질하게 되었는지를 알지 못하기 때문입니다. 저는 일찍이 이러한 기풍이 천하에 유행한 지 너무 오래되어 천백 년이 지나도록 그 폐단을 바로잡고 그 풍속을 잘 아는 사람이 한 명도 없음을 걱정했는데, 이것이 세상에 유행할수록 더욱 스스로 믿어 의심치 않으니, 또한 어찌 남이 하는 말을 돌아보겠습니까? 우러러 하늘에 부끄럽지 않고 굽어보아 사람에게 부끄럽지 않으며 속으로 마음에 부끄럽지 않으니, 제가 터득한 것이 이와 같습니다. 당시에는 비록 개인적으로 화에 이르지 않은 것을 스스로 기뻐하면서 정말 다행이라고 여겼지만, 또한 그 사람(왕안석)의 식견이 얕고 사려가 막혀서 치란과 흥망의 근본을 알지 못하고 치국의 본체에 어두움을 딱하게 여겼습니다. 국조國朝 이래로 임금이 이처럼 독단적인 자를 만난 적이 없으며, 바야흐로 천자의 총명하고 신성함과 조종祖宗의 쌓은 덕으로 백 년 동안 어진 은덕의 혜택이 사람들의 골수까지 스며들었지만 아직 이를 누리지 못하는 자가 있습니다. 그러니 마땅히 도덕으로 천자를 보좌해 충직하고 순후한 교화를 베풀어 열성列聖의 훌륭함을 계승하고 백 년의 은택을 누리면서, 만백성을 편안히 양육하고 천하 사람들과 함께함으로써 태평성대의 위업을 이룩하고 만세토록 뽑아낼 수 없는 기틀을 마련해 무궁토록 자손들에게 남겨 주어야 합니다. 하지만 오히려 경솔하게 군대를 움직이고 형벌을 남발해 하늘의 상도常道를 어지럽힘으로써 조종을 본받기에 부족하다고 여기며, 임금의 총명함을 가리고 천하 사람들의 마음을 떠나게 함으로써 화근禍根을 키우고 있으니, 이는 충신과 의사義士가 특히 몹시 애석해하는 바입니다. 그 후에 제가 번주繁州와 등주鄧州에서 벼슬하고 있을 때, 그는 국정을 맡아 더욱 권력을 장악해 한 시대의 지켜 오던 법도 가운데 남아 있는 것이 한두 가지도 없었습니다. 백성들이 원망하고 고통스러워하며 군현郡縣의 관리들이 근심과 두려움에 벌벌 떨면서 죄를 얻어 파직당할까 걱정하는 것은 단지 그 법제를 바꾸었기 때문만은 아닙니다. 사람을 가르치는 도리와 사람을 다스리는 치술에 대해 경전의 뜻과 문장으로 스스로 일가의 학문을 이루었다고 하면서도, 관리로서 정사에 임할 때 모두 옛것을 버리고 신기한 것에 힘써 천하에 이러한 풍조가 만연하게 되었습니다. 그래서 육경을 천착해 허무한 도가道家로 들어가고 억설을 견강부회해 『자해字解』[52]를 짓고 이를 일러 '시학時學'이라 하며, 『춘추春秋』의 일왕지법一王之法[53]을 유독 버리고 채용하지 않았습니다. 또 황당무계한 말로 옛날을 그

52 『자해(字解)』: 왕안석이 신종 원풍(元豐) 3년(1080)에 지은 문자학 저서 『자설(字說)』을 말하는 것으로 보인다. 『자설』은 대부분 허신(許愼)의 『설문해자(說文解字)』와 전통적인 해설을 따르지 않고 스스로 새로운 견해를 내세웠다. 지금은 망실되어 전하지 않는다.
53 일왕지법(一王之法): 일대 왕조의 법칙이나 규범을 말한다. 이 말은 『사기』 「태사공자서

르다 하고 지금을 옳다 하면서 조리가 없는 것을 일러 '시문時文'이라 합니다. 또 음험한 마음으로 이득을 좇아 백성을 해치면서도 부끄러움이 없는 자를 일러 '시관時官'이라 합니다. 천하의 사람들을 몰아 '시학'에 힘쓰게 하고, '시문'으로 '시관'을 불러들입니다. 저는 관리의 명적名籍에 오르고 나서 배운 것은 성현의 사업이고 오로지 『춘추』를 위주로 했는데, 모두 지극히 중정中正한 삼강오상三綱五常의 도리입니다. 지은 문장은 육경을 배워서 한 것으로 반드시 도덕과 천성을 근본으로 하고 한결같이 인의에 귀결됩니다. 관리에게 적용하면 또한 충후하고 백성을 사랑하며 아울러 천하를 선하게 하는 도리입니다. 스스로 돌아보니 시류에 부합하지 않아 이를 배우고자 했으나 그럴 수 없었기에 불안해하며 몸 둘 곳이 없었는데, 친구인 장간의 정국이 저를 고양안무사高陽安撫使의 막료로 불러 주어 부임한 지 이미 1년이 넘었습니다. 다행히 주장主將이 인후하고 신중하며 변방에 일이 없어서 문장을 지으며 여유롭게 지낼 수 있었습니다. 그사이에 아들 하나를 낳아 지금 이미 3살이 되었고 딸 하나는 일찍 훌륭한 가문에 시집보냈으니, 저 자신을 돌아보매 마음에 걸리는 것이 전혀 없습니다. 하지만 가난하고 늙은 형이 있고 또 동생 하나가 일찍 죽어 남겨진 자식이 어리며 아직 혼사를 마치지 못했습니다. 곧 주장이 수부帥府를 그만두면 저는 마땅히 관문을 지키거나 밤에 순찰을 도는 하급 관직을 청해 가난하게 몸을 숨겨 집정자의 노기를 피하고자 합니다. 금년 봄에 소요부邵堯夫(소옹) 선생이 또 저에게 편지를 보내 낙중洛中(낙양)으로 놀러 오라고 초대하면서, 아울러 시를 보내 '세월이 덧없이 흘러가니, 인간사가 더욱 호젓하네'라고 했습니다. 저는 다만 가난하고 늙은 형의 생활이 조금이나마 넉넉해지고, 어리고 홀로

(太史公自序)」에 나온다.

남겨진 조카들에게 돌아갈 곳이 생기길 기다렸다가, 또한 서쪽 낙중으로 돌아가 선조의 묘를 지키면서 유락有洛(낙수)의 끝에서 한가로이 노닐 수 있다면 저의 소원이 이루어지는 것입니다. 귀형은 평소 후하게 저를 아끼며 저의 이런 뜻을 알고 계시기 때문에 저의 소회를 모두 말씀드렸습니다. 이 편지를 보고 난 후에는 찢어 버리시고, 다른 사람에게 보여 주어 저의 화를 재촉하지 말아 주십시오. 귀형도 맑은 물가에 거처를 마련하신다고 들었는데, 언제쯤 돌아와 정착하실지 모르겠습니다. 편지가 곧 도착하겠지만 서로 너무 멀리 떨어져 있고 다시 만날 기약도 정하지 못했으니, 오직 백성을 사랑하고 스스로를 잘 보양하십시오. 그 밖에는 기원드릴 만한 게 없습니다."

錢朝請者名景諶, 忠懿王孫[1], 嘉祐間官殿直, 巡轄西京馬遞鋪. 鎖廳登進士第, 師事康節先生, 與仲父同場屋. 仲父之葬, 康節屬以爲誌. 熙寧八年, 與王十三丈詔景猷[2]同從瀛帥張諫議八丈景憲定國[3]辟爲屬官, 因康節寄錢丈·王丈詩, 張丈見之, 寄康節詩曰: "橋邊處士文如錦, 塞上將軍髮似霜." 錢丈與王荆公善, 後荆公用事, 論新法不合, 遂相絶, 終身爲外官. 其家集有「答兗守趙度支書」, 自序甚詳云. 彼者, 指荆公也, 足以見錢丈之賢矣. 其書曰: "景諶再拜督府度支器之八兄執事. 專使至, 蒙賜書周悉, 旣感且慰. 兼審府政淸閒, 晏居多暇豫, 甚善甚善. 某與吾兄別已八九年, 其間悲哀離憂, 家事百出, 患難多而懽意少, 都無日前之樂. 雖人事使然, 亦年齒將衰, 情悰不佳耳. 每遇美景樂事, 羣居衆處之際, 反戚戚感傷至終日, 慘然而去. 不知吾兄懷抱又如何也. 及蒙垂問八九年間所得所失, 并問及拒時宰事, 乃勸僕以遠禍辱計. 吾兄以人言之聞未判其是非, 故此及之也. 僕亦不自知其爲是爲非, 但量己之力行己之見而已. 試爲吾兄一二陳之. 始僕爲進士時, 彼爲太常博士主別頭試,取僕于數百人之中, 以爲知道者, 得預薦, 送于春官. 彼又稱重於公卿間, 是後日遊其門, 執師弟子之禮, 授經論文, 非二帝 · 三王之道, 孔子 · 孟軻之言不言. 及其提點畿內, 僕爲畿簿. 當是時, 學士大夫趨之者不一, 獨以文行稱薦, 則親其人亦已熟矣. 及僕調滎陽澤令, 繼丁家難, 聞其參大政, 天下之人無不懽喜鼓舞, 謂其必能復三代之風, 一致太平. 是時僕自許昌以私事來京師, 因見之于私第. 方盛夏, 與僧智緣者並臥於地, 又與其最親者一人袒露而坐於傍. 顧僕脫帽褫服, 初不及其他, 卒然問曰: '青苗 · 助役如何?' 僕對以'利少而害多, 後日必爲平民之患'. 又問曰: '孰爲可用之人?' 則對以'居喪不交人事, 而知人之難尤非淺淺事'. 彼不樂. 僕私自謂, 大賢爲政於天下, 必有奇謀遠業, 出人意表, 亦不敢必其無亂. 及歸許, 見變易祖宗法度, 專以聚斂苛刻爲政, 而務新奇, 謂爲新法. 而天下好進之人, 紛紛然以利進矣, 殊非前日之所講而聞者. 又二三年, 僕以調官來京師, 當其作相當國, 又往見之. 彼喜僕之來, 令先見其弟平甫. 平甫固故人知我者, 亦喜曰: '相君欲以館閣處君而任以事.' 僕戲與平甫相誚, 以謂'百事皆可, 所不知者新書役法耳'. 平甫雖以僕爲太方, 然擊節賞歎, 以僕爲知言. 及見彼, 首言欲僕治峽路役書, 又以戎瀘蠻事見委. 僕以不知峽路民情, 而戎瀘用兵繫朝廷舉動, 一路生靈休戚, 願擇知兵愛人者. 彼大怒. 是時, 坐客數十人無不爲僕寒心者. 及退, 就謁舍, 有爲僕賞激者, 有指僕以爲矯而詆者. 僕固已自得於胸中, 亦不屑人言之是非也. 僕每觀自古以來, 好利者衆, 顧義者寡, 故天下萬事率皆由人而不在於己. 何也? 利勝於義也. 是以君子置其由人者, 而行其在己者, 故出處去就, 我固有者也. 必本於義, 而行之在我, 則有所不爲. 苟爲利所動, 而亦由於人, 則盜亦可爲也. 夫盜之所以爲盜者, 利勝於義, 而不知所以爲之者. 僕嘗病此風行之於天下也甚久, 歷千百年無一人正其弊而曉其俗者, 以是行之於世, 愈益自信而不疑, 又何人言之卹哉? 仰不愧於天, 俯不愧於人, 內不愧於心, 僕之所得如此. 當時雖私自喜得不致於禍以爲厚幸, 然又以哀其人識淺而慮闇困, 不知治亂興亡之本, 而暗於治體. 自國朝以來, 得君未有如此之專者, 方天子聰明神聖, 祖宗積德, 百年仁恩惠澤淪人骨髓, 而未有享之者. 正當輔天子以道德, 施忠厚之化, 以承列聖之休, 享百年之澤, 安養元元之民, 與天下共之, 致太平之業, 成萬世不可拔之基, 以貽子孫於無窮. 而反玩兵黷刑, 變亂天常, 以祖宗爲不足法, 蔽塞人主聰明, 離天下之心, 以基亂階, 此忠臣義士尤所痛惜也. 後僕官繁·鄧, 彼益任政用事, 而一代成法無一二存者. 百姓怨苦, 而郡縣吏惴惴憂懼, 虞以罪去者, 不但變其法制而已. 至于教人之道, 治人之術, 經義文章, 自名一家之學, 而官人蒞政皆去故舊而務新奇, 天下靡然向風矣. 乃以穿鑿六經, 入於虛無, 牽合臆說, 作爲『字解』者, 謂之時學, 而『春秋』一王之法獨廢而不用. 又以荒唐誕怪, 非昔是今, 無所統紀者, 謂之時文. 傾險趨利, 殘民而無耻者, 謂之時官. 驅天下之人務時學, 以時文邀時官. 僕既預仕籍, 而所學者聖賢事業, 專以『春秋』爲之主, 皆大中至正三綱五常之道. 其所爲文, 學六經而爲, 必本于道德性命, 而一歸於仁義. 其施於官者, 則又忠厚愛人, 兼善天下之道. 自顧不合於時, 而學之又不能, 方惶惶然無所容其迹, 而故人張諫議定國[4]辟僕爲高陽帥幕, 到官已逾一年矣. 幸而主人仁厚鎮靜, 邊鄙無事, 得優游於文史. 而才到又得一子, 今已三歲, 一女早嫁令族, 顧一身都無所累. 然有貧老之兄, 又一弟早卒, 孤遺藐然, 未畢婚嫁. 卽主人罷府, 當求抱關擊柝之仕以爲貧藏身, 避當塗之怒. 今春邵堯夫先生亦有書招我爲洛中之游, 兼有詩云: '年光空去也, 人事轉蕭然.' 止俟貧而老者生事粗足, 幼而孤者有分有歸, 亦西歸洛中, 守先人墳墓, 徜徉于有洛之表, 吾願畢矣. 吾兄愛我素厚, 知我此志, 故盡僕所懷. 看訖裂去, 無以示人, 以速吾禍. 聞吾兄亦治明水之居, 不知何時定歸. 因書垂及, 相去甚遠, 未有占會之期, 唯愛民自厚. 他無足禱云."

[1] 손(孫): 전경심(錢景諶)의 숙부가 전훤(錢暄)이고, 전훤의 아버지가 전유연(錢惟演)이며, 전유연의 아버지가 오대십국 오월(吳越)의 충의왕(忠懿王) 전숙(錢俶)이므로, 전경심은 충의왕의 증손이다. 따라서 "손"은 "증손"의 오기로 보인다.

[2] 경유(景猷): 『송사』 권266 「왕조전(王詔傳)」에는 "경헌(景獻)"이라 되어 있다.

[3] 정국(定國): 『송사』 권330 「장경헌전(張景憲傳)」에는 "정국(正國)"이라 되어 있다.

[4] 정국(定國): 『진체비서』본에는 "정국(正國)"이라 되어 있다.

邵氏聞見錄 卷十三

13-1(133)

유중통劉仲通(유항)은 사마온공司馬溫公(사마광)과 여헌가呂獻可(여회)의 현능함을 흠모했는데, 사마온공이 여헌가의 묘지명을 지으려고 할 때 유중통이 자청해서 그것을 묘지석에 쓰겠다고 했다. 사마온공의 문장이 나왔는데 왕개보王介甫(왕안석)의 죄를 숨기지 않고 사실대로 기술했기에 유중통은 처음으로 두려운 마음이 들었다. 그의 아들 유안세劉安世는 자가 기지器之로 사마온공의 문하를 출입했는데, 그가 부친을 대신해 그것을 써서 이때부터 명성이 더욱 알려졌다. 사마온공이 원우元祐(철종) 조정[1]에 재상으로 들어갔을 때 유기지劉器之(유안세)를 관직館職에 추천하면서 유기지에게 말했다.

"그대는 내가 그대를 추천한 이유를 아는가?"

유기지가 말했다.

"제가 공을 따른 지 오래되었기 때문이겠지요."

사마온공이 말했다.

---

1 원우(元祐: 철종) 조정: 구체적으로는 철종이 즉위한 후 선인태후(宣仁太后)가 수렴청정하던 시기를 말한다.

"아니네. 내가 한거할 적에 그대는 때마다 끊이지 않고 안부를 물었지만, 내가 정부政府(재상부)에 있게 되자 그대 혼자만 편지를 보내지 않았네. 이것이 내가 그대를 추천한 이유이네."

사마온공이 죽을 즈음에 유기지는 관직이 점점 높아졌고 사마온공의 학문을 더욱 독실하게 실천했기 때문에, 대간臺諫에서 충직하고 과감한 직언으로 당시에 이름이 알려졌다. (철종) 소성紹聖 연간(1094~1098) 초에 당화黨禍가 일어나자, 유기지는 특히 장돈章惇과 채변蔡卞에게 미움을 받아 멀리 영외嶺外로 폄적되었다. 한여름에 노모를 모시고 갔더니 길 가는 사람들이 모두 가엽게 여겼지만 유기지는 굴하지 않았다. 한 군에 당도했을 때 도성에서 온 사자가 있다는 소문이 들리자 사람들은 유기지를 위해 걱정해 주었다. 군장郡將이 자신의 막객을 보내 유기지에게 (사후의) 뒷일을 처리하라고 권하게 하자, 막객이 울면서 유기지에게 말했다. 유기지는 그 말을 듣고도 안색이 변하지 않은 채 막객을 붙들어 함께 식사하면서 태연히 담소를 나누었다. 그러고는 막객에게 붓을 달라고 해서 글을 몇 장 쓰더니 천천히 종복을 불러 조용히 그에게 말했다.

"조정에서 나에게 사약을 내렸다는 소식을 들으면 즉시 죽을 테니, 이 종이에 적힌 대로 처리해 주게."

그러고는 웃으며 막객에게 말했다.

"죽는 것은 어렵지 않소이다."

막객이 그 종복에게 유기지가 쓴 종이를 달라고 해서 읽어 보았더니, 모두 자신의 집안일과 함께 폄적당해 죽게 될 사람들의 집안일을 아주 상세하게 안배해 놓은 것이었다. 막객은 놀라 감탄하면서 그를 따라갈 수 없다고 여겼다. 유기지가 그곳에서 머문 지 며칠 후에 사자가 해도海島로 들어가 내신內臣(환관) 진연陳衍[2]을 곤장 쳐 죽였으니, 대개 장돈과 채변이 일부러 사자에게 여러 군을 멀리 돌아서 가게 함으로써 유배당한 사람들을 핍박해 자결하게 하려고 했던 것이다. 유기지가 하루는 산속을 가면서 노모의 가마를 모시고 나무 아래에서 쉬고 있었는데, 커다란 뱀이 굼실거리며 다가오면서 초목이 모두 쓸려 쓰러지자 가마꾼이 놀라 도망쳤지만 유기지는 꿈쩍하지 않았다. 뱀이 마치 서로 바라보는 것처럼 한참 동안 있다가 떠나갔다. 그러자 마을 사람들이 유기지를 둘러싸고 절하며 말했다.

"나리는 이인異人이십니다. 그 뱀은 우리 산의 신인데 나리를 보고 기뻐하며 맞이한 것입니다. 나리는 먼 길에 무탈하실 것입니다!"

(휘종) 건중정국년建中靖國年(1101) 초에 상황上皇(휘종)이 등극한 후에 유기지는 사은을 받고 돌아와 남경南京에서 지냈다. 얼마 후에 다시 시종관으로서 정무군定武軍을 진수했지만, 채경蔡京이 권력을 장악한 후에 다시 파직당했다가 죽었다. 아, 사마온공의 문하에 선비가 많았지만 유기지와 같은 사람은 엄숙하게 지조를 지켜 생사와 화복에도 변하지 않았으니 진정 원우당인元祐黨人이로다! 유기지는 평생 『맹자孟子』를 즐겨 읽었기 때문에 그 굽히지 않는 강대剛大한 기개가 맹자와 비슷했다.

劉仲通慕司馬溫公・呂獻可之賢, 方溫公欲誌獻可墓時, 仲通自請書石. 溫公之文出, 直書王介甫之罪不隱, 仲通始有懼意. 其子安世字器之, 出入溫公門下, 代其父書, 自此益知名. 至溫公入相元祐, 薦器之爲館職, 謂器之曰: "足下知所以相薦否?" 器之曰: "某獲從公遊舊矣." 公曰: "非也. 某閒居, 足下時

2 진연(陳衍): 북송의 환관. 내시급사전정(內侍給事殿廷)으로 있다가 양유간(梁惟簡)의 추천으로 선인태후(宣仁太后)를 모셨다. 나중에 좌장고사(左藏庫使)・문주자사(文州刺史)로서 진정로도감(眞定路都監)으로 나갔다. 철종이 친정(親政)하면서 장돈(章惇)이 재상이 되어 원우(元祐)의 노신들이 진연의 무리와 결탁해 철종 폐위를 모의했다고 무고해 대역 죄인으로 몰려 처형되었다.

節問訊不絶, 某位政府, 足下獨無書. 此某之所以相薦也." 至溫公薨, 器之官浸顯, 爲溫公之學益篤, 故在臺諫以忠直敢言聞於時. 紹聖初, 黨禍起, 器之尤爲章惇·蔡卞所忌, 遠謫嶺外. 盛夏奉老母以行, 途人皆憐之, 器之不屈也. 抵一郡, 聞有使者自京師來, 人爲器之危之. 郡將遣其客來勸器之治後事, 客泣涕以言. 器之色不動, 留客飯, 談笑自若. 對客取筆書數紙, 徐呼其紀綱之僕, 從容對曰: "聞朝廷賜我死卽死, 依此數紙行之." 笑謂客曰: "死不難矣." 客從其僕取其所書紙閱之, 則皆經紀其家與經紀其同貶當死者之家事甚悉. 客驚歎以爲不可及也. 器之留數日, 使者入海島, 杖死內臣陳衍, 蓋章惇·蔡卞固令迂往諸郡, 逼諸流人自盡耳. 器之一日行山中, 扶其母籃輿憩樹下, 有大蛇冉冉而至, 草木皆披靡, 擔夫驚走, 器之不動也. 蛇若相向者, 久之乃去. 村民羅拜器之曰: "官異人也. 蛇, 吾山之神也, 見官喜相迎耳. 官遠行無恙乎!" 建中靖國初, 以上皇登極, 赦恩得歸, 居南京. 尋復從官帥定武, 蔡京用事, 再落職以死. 嗚呼, 溫公門下士多矣, 如器之者所守凜然, 死生禍福不變, 眞元祐人也! 器之平生喜讀『孟子』, 故其剛大不枉之氣似之.

13-2(134)

(신종) 희녕熙寧 연간(1068~1077)에 상서한 자가 말했다.

"진주秦州의 한전閑田[3] 만여 경頃을 부역민賦役民이 경작하면 해마다 3만 석의 곡식을 얻을 수 있으니, 부역 대상자를 호적에 올려 궁전수弓箭手로 삼

3 한전(閑田): 양쪽 변계(邊界) 사이에 있는 땅으로, 경작하는 사람이 없는 황무지를 말한다.

아야 합니다. 아울러 변경에 몇 년 동안 사용하지 않고 적체된 돈이 있는데, 그것으로 촉蜀 지방의 물자를 옮겨 와 변경의 주州에서 팔고 관에서 고위채古渭砦[4]에 시역무市易務를 설치하며, 이를 통해 하황河湟 지역을 개척하고 옛 영토를 수복함으로써 흉노의 오른팔을 잘라야 합니다."

재상은 그 건의를 시행하려고 힘썼는데, 지진주사知秦州事 이사중李師中[5]이 그 일의 불가함을 극력 진언하고 개봉부추관開封府推官 왕요신王堯臣에게 명해 내시압반內侍押班 이약우李若愚[6]와 함께 사실을 조사하게 했다. 왕요신이 돌아와서 상주했다.

"신이 조사해 보니 이른바 '한전'이란 것은 전혀 없었습니다. 또한 물자를 징수해 변경에 쌓아 두면, 사실 오랑캐의 침범하려는 마음을 일으키고 변경의 허술한 틈을 열어 주어 나중에 아주 큰 해가 될 것이니, 신은 삼가 불가하다고 생각합니다."

---

4 고위채(古渭砦): 북송의 군진(軍鎭). 인종 황우(皇祐) 4년(1052)에 설치해 진주(秦州)에 귀속시켰다. 신종 희녕(熙寧) 5년(1072)에 이곳에 통원군(通遠軍)을 설치하고 왕소(王韶)에게 군사(軍事)를 맡게 했다. 나중에 철종 원우(元祐) 5년(1090)에 농서현(隴西縣)으로 승격되었다. 지금의 간쑤성[甘肅省] 룽시현[隴西縣]에 해당한다.

5 이사중(李師中, 1013~1078): 자는 성지(誠之). 북송의 대신. 15세 때 시정(時政)을 논한 상소문을 올려 이름이 알려졌다. 나중에 진사에 급제했다. 광서형옥(廣西刑獄)이 되어 장족(壯族) 수령 농지고(儂智高)의 아들 농종단(儂宗旦)을 투항시켰고 변방의 백성을 잘 위무해 당시에 '계주이대부(桂州李大夫)'로 불렸다. 신종 희녕(熙寧) 연간 초에 지봉상부(知鳳翔府)·하동도전운사(河東都轉運使)·지진주(知秦州)를 역임했다. 왕소(王韶)가 희하(熙河) 지역을 개방하는 것을 반대하다 지서주(知舒州)로 쫓겨났다가 다시 지영주(知瀛州)가 되었다. 사마광(司馬光)과 소식(蘇軾) 등을 등용해야 한다고 주청하고 시정의 득실을 강하게 논하다가 여혜경(呂惠卿)의 탄핵을 받아 화주단련부사(和州團練副使)로 폄적되었다. 다시 조정으로 돌아와 우사낭중(右司郎中)이 되었다가 죽었다.

6 이약우(李若愚): 북송의 환관. 일찍이 진주절도판관(秦州節度判官)을 지냈으며, 신종 희녕(熙寧) 연간 초에 내시성압반(內侍省押班)·동제점제치하북둔전사(同提點制置河北屯田事)·제거봉천사(提擧奉天寺)·공비고부사(供備庫副使)·경원로권주박병마검할(涇原路權駐泊兵馬鈐轄) 등을 역임했다.

이를 들은 사람들은 그가 하기 어려운 말을 했다고 여겼다. 왕요신은 나중에 현능한 시종관이 되었다. 그의 묘지명에 실려 있는 것이 이와 같다. 내(소백온)가 말한다.

"상서한 자는 왕소王韶이고, 시행하려고 힘쓴 재상은 왕개보王介甫(왕안석)이며, 지진주 이사중은 운주鄆州의 명신인 대제待制 이성지李誠之(이사중)다. 왕개보는 왕소의 주장을 받아들여 희하熙河의 전쟁을 벌였지만, 천하의 선비 중에 그것이 불가하다고 감히 진언한 자가 없었는데, 왕공王公(왕요신) 혼자만 진언했으니 어려운 일이었도다!"

熙寧間上書者言: "秦州閒田萬餘頃, 賦民耕之, 歲可得穀三萬石, 因籍所賦者爲弓箭手. 並邊有積年滯鈔不用, 用之以遷蜀貨而鬻於邊州, 官於古渭砦置市易務, 因之可以開河湟, 復故土, 斷匈奴右臂." 宰相力行其議, 知秦州事李師中極言其不可, 乃命開封府推官王堯臣同內侍押班李若愚按其實. 堯臣還奏曰: "臣按所謂閒田者皆無之. 且興貨以積境上, 實啟戎心, 開邊隙, 爲後害甚大, 臣竊以謂不可也." 聞者以其言爲難. 堯臣後爲賢從官. 其墓誌所載如此. 伯溫曰: "上書者, 王韶也, 宰相力行者, 王介甫也, 知秦州李師中者, 鄆州名臣李誠之待制也. 介甫主韶之說, 爲熙河之役, 天下之士無敢言其不可者, 王公獨能言之, 難哉!"

13-3(135)

(신종) 희녕熙寧 연간(1068~1077)에 조정에 "생로병사고生老病死苦"란 말이

있었다. 당시 왕형공王荊公(왕안석)은 신법으로 개혁하면서 날마다 일을 만들었고(생), 증노공曾魯公(증공량)은 연로하다고(로) 그 사이에서 우물쭈물했으며, 부공富公(부필)과 한공韓公(한기)은 병을 핑계 대고(병) 나오지 않았고, 당 참정唐參政(당개)은 왕형공과 논쟁하면서 따져 물을 때 이치로 바로잡으려 했지만 이길 수 없자 등창이 생겨 죽었으며(사), 조청헌趙淸獻(조변)은 다만 괴롭다고(고) 소리쳤다. 당시 시어사侍御史로 있던 범충선공范忠宣公(범순인)이 이들을 모두 탄핵했는데, 왕형공을 탄핵한 주장奏章에서 말했다.

"뜻은 눈앞의 공에 있고 옛 학문을 잊어버렸습니다."

부공을 탄핵한 주장에서 말했다.

"자신을 위해 도모하는 것이 나라를 위해 도모하는 것보다 지나칩니다."

증공曾公(증공량)과 조공趙公(조변)을 탄핵한 주장에서 말했다.

"우물쭈물하면서 가부를 판단하지 못합니다."

범충선공이 매번 말했다.

"왕개보王介甫(왕안석)는 왕망王莽[7]과 동탁董卓[8]에 비해 낫지만, 공리功利에 급급해하다가 결국 평소의 지조를 잊어버렸다."

---

7 왕망(王莽, BC 45~23): 자는 거군(巨君). 신(新) 왕조의 건립자. 전한 원제(元帝) 왕황후(王皇后)의 조카로, 대사마(大司馬)를 지냈으며, 전한 말 성제(成帝) 때 신도후(新都侯)에 봉해졌다. 원시(元始) 5년(5)에 평제(平帝)를 독살한 뒤 초시(初始) 원년(8)에 칭제하고 국호를 '신'이라 했다. 지황(地皇) 4년(23)에 농민 봉기군에게 살해당하고 나라도 망했다.

8 동탁(董卓, ?~192): 자는 중영(仲穎). 후한 말 소제(少帝) · 헌제(獻帝) 때의 권신(權臣)이자 양주(涼州)의 군벌. 벼슬은 태사(太師)에까지 이르렀고 미후(郿侯)에 봉해졌다. 본래 양주에 군대를 주둔하고 있었는데, 영제(靈帝) 말년에 십상시(十常侍)의 난이 일어났을 때 대장군 하진(何進)의 부름을 받고 군대를 이끌고 도성 낙양(洛陽)으로 진격해 난을 평정했으며, 얼마 후에는 헌제를 옹립하고 조정의 대권을 장악했다. 사람됨이 잔인무도하고 온갖 횡포를 자행하자, 원소(袁紹)를 맹주로 하는 동탁 토벌군이 조직되었다. 이에 동탁은 낙양성을 불태운 뒤 헌제를 모시고 장안(長安)으로 천도했다. 나중에 사도(司徒) 왕윤(王允)의 모략에 걸려 심복 부장 여포(呂布)에게 살해당했다.

왕형공은 그래도 범충선공을 동수기거주同修起居注로 기용하고자 했지만, 범충선공은 따르지 않고 섬서로전운사陝西路轉運使로 나갔다가 다시 성도로전운사成都路轉運使로 전임되었다. 왕형공은 불쾌해하다가 결국 다른 일로 그를 파직시켰다.

熙寧中, 朝廷有"生老病死苦"之語. 時王荆公改新法, 日爲生事, 曾魯公以年老依違其間, 富・韓二公稱病不出, 唐參政與荆公爭, 按問欲理直不勝, 疽發背死, 趙淸獻唯聲苦. 時范忠宣公爲侍御史, 皆劾之, 言荆公章云: "志在近功, 忘其舊學." 言富公章云: "謀身過於謀國." 言曾公・趙公章云: "依違不斷可否." 忠宣每曰: "以王介甫比莽・卓過矣, 但急於功利, 遂忘素守." 荆公猶欲用忠宣爲同修起居注, 忠宣不從, 出爲陝西漕, 又移成都漕. 荆公不悅, 竟以事罷之.

13-4(136)

(신종) 원풍元豐 연간(1078~1085) 초에 채확蔡確은 오충吳充[9]을 배척해 재상

9 오충(吳充, 1021~1080): 자는 충경(沖卿), 시호는 정헌(正憲). 북송의 대신. 인종 경우(景祐) 5년(1038) 진사 출신으로, 국자감직강(國子監直講)・집현교리(集賢校理)・개봉부추관(開封府推官)・지섬주(知陝州)・경서회남하동전운사(京西淮南河東轉運使)를 지냈다. 신종 희녕(熙寧) 원년(1068)에 지제고(知制誥)・동지간원(同知諫院)・하북안무사(河北安撫使)・한림학사(翰林學士), 희녕 3년(1070)에 추밀부사(樞密副使), 희녕 8년(1075)에 추밀사가 되었다. 그의 아들이 왕안석(王安石)의 사위였지만, 그는 신법을 지지하지 않았다. 희녕 9년(1076)에 왕안석이 재상을 그만두자 그를 대신해 동중서문하평장사로 재상에 올라 사마광(司馬光) 등을 기용했다. 왕규(王珪)와 함께 재상직을 수행했지만, 왕규와 채확(蔡確)의 배

을 그만두게 했으며, 왕규王珪를 오충의 도당으로 지목해 함께 축출하려고 했다. 왕규는 채확을 두려워해 그를 집정執政으로 기용했다. 당시 왕규는 혼자 재상을 지낸 지 오래되어 신종神宗이 그를 싫어하고 무시했지만 왕규는 깨닫지 못했다. 채확은 눈치가 빠르고 민첩해 이를 알아차렸는데, 하루는 은밀히 왕규에게 물었다.

"근자에 공에 대한 황상의 대우 정도는 어떠합니까?"

왕규가 말했다.

"별다른 점은 없습니다."

채확이 말했다.

"황상은 공을 싫어하십니다!"

왕규가 말했다.

"어떻게 하면 좋겠습니까?"

채확이 말했다.

"황상께서는 오랫동안 영무靈武를 수복하고 싶지만 그 일을 책임질 사람이 없음을 걱정하고 계십니다. 공이 그 일을 책임질 수 있다면 재상의 지위를 지킬 수 있을 것입니다."

왕규는 기뻐하며 그에게 감사했다. 때마침 강동전운사江東轉運使 장완張琬[10]이 국법을 어긴 일이 있었는데, 신종이 왕규에게 말해 관리를 파견해 사건을 처리하려고 하자 왕규가 신종의 뜻을 도검정都檢正 유충俞充[11]에게 알

척을 받았다. 원풍(元豐) 3년(1080)에 재상을 그만두고 관문전대학사(觀文殿大學士)로서 서태일궁사(西太一宮使)가 되었다.

10 장완(張琬): 북송의 관리로, 참지정사와 추밀사를 지낸 장승(張昇)의 아들이다. 위위승(衛尉丞)·지수주(知秀州)·조산대부(朝散大夫)·섬서제점형옥(陝西提點刑獄)·광동전운부사(廣東轉運副使) 등을 역임했다.

11 유충(俞充, 1033~1081): 자는 공달(公達). 북송의 관리. 인종 가우(嘉祐) 4년(1059) 진사 출

려 주었다. 유충은 장완과 가까운 사이였기에 장완에게 편지를 보내 그 사실을 알렸다. 장완이 주장奏章을 올려 스스로를 변호하자 신종이 왕규에게 물었다.

"장완의 일은 오직 경에게만 말했는데 장완이 어떻게 알고 있소?"

왕규는 황상의 말을 누설했기에 퇴조한 후에 몹시 걱정하면서 유충을 불러 물었더니 유충이 사실대로 대답했다. 왕규가 말했다.

"나와 그대는 모두 죄를 지었소. 하지만 한 가지 계책이 있으니, 그대가 환경로안무사環慶路安撫使에 제수되었을 때 영무를 취할 주장을 빨리 올리면 황상께서 기뻐해 화를 면할 수 있을 것이오."

그러고는 유충을 대제待制와 환경로안무사에 제수했는데, 유충이 과연 영무를 취할 주장을 올렸다. 하지만 얼마 되지 않아 유충이 갑자기 죽자 고준유高遵裕[12]로 그를 대신하게 했으며, 고준유에게 오로五路의 대군을 지휘해 영무의 전쟁을 치르게 하라는 칙지가 내려졌다. 경원로안무부사涇原路安

신으로, 우향현령(虞鄉縣令)을 지냈다. 신종 희녕(熙寧) 연간에 도수승(都水丞) · 성도로전운사(成都路轉運使) · 집현전수찬(集賢殿修撰)을 역임했다. 원풍(元豐) 원년(1078)에 왕규(王珪)가 서하(西夏) 정벌을 계획하고 유충을 우정언(右正言) · 천장각대제(天章閣侍制) · 지경주(知慶州) · 환경로경략안무사(環慶路經略安撫使)에 임명했는데, 정벌을 실행하지 못하고 원풍 4년(1081)에 갑자기 병사했다.

12 고준유(高遵裕, 1022 또는 1026~1086): 자는 공작(公綽). 북송의 장수로, 선인황후(宣仁皇后) 고씨(高氏)의 백부다. 언변에 뛰어나고 무략(武略)에 밝았다. 진종 때 문음(門蔭)으로 벼슬길에 올라 공비고부사(供備庫副使)를 지냈고, 영종 때 진융군주박도감(鎮戎軍駐泊督監)을 지냈다. 신종이 즉위한 후 서하(西夏)와 교섭을 잘해 지보안군(知保安軍)이 되었다. 희녕(熙寧) 연간 초에 진봉로연변안무부사(秦鳳路沿邊安撫副使)가 되어 지통원군(知通遠軍)에 제수되었다. 희녕 2년(1069)에 야인관(野人關)에서 서하군을 격파하고 무승성(武勝城)을 점령한 공으로 지진조군군사(知鎮洮軍軍事) · 진서상합문사(進西上閤門使) · 영주자사(榮州刺史)에 제수되었다. 원풍(元豐) 연간에 제로(諸路)의 군대와 함께 서하 토벌에 나섰는데, 유창조(劉昌祚)의 계책을 따르지 않았다가 영주단련부사(郢州團練副使)로 좌천되었다. 철종이 즉위한 후 우둔위장군(右屯衛將軍)에 다시 기용되었다가 죽었다.

撫副使 유창조劉昌祚[13]가 대군을 거느리고 먼저 영무성 아래에 도착했는데, 고준유가 아직 도착하지 않아 감히 진격하지 못했다. 희하로熙河路의 이헌李憲[14]의 군대도 도착하지 않았고, 부연로안무부사鄜延路安撫副使 충악种諤만 철군을 청했다. 고준유가 도착하자 서하西夏 군대가 크게 집결해 황하黃河의 물을 터뜨려 우리 군대를 물에 잠기게 해, 얼고 굶주린 채 물에 빠져 싸우지도 못하고 죽은 자가 10여만 명이나 되었다. 고준유가 허겁지겁 도망치자, 오랑캐가 뒤쫓아 가서 습격했다. 충악은 군대를 주둔시킨 채 구원하지 않음으로써 자신의 철군 주장을 실행했는데, 전쟁의 발단은 왕규가 황상의 말을 누설한 죄를 피하기 위해 일으킨 것이라고 추측했다. (철종) 소성紹聖 연간(1094~1098) 초에 왕규는 철종哲宗을 책립할 때 다른 의론을 가지고

13 유창조(劉昌祚, 1022?~1089): 자는 자경(子京), 시호는 의숙(毅肅). 북송의 명장. 부친이 전사하자 우반전직(右班殿直)으로 기용되었다가 서로도순검(西路都巡檢)으로 승진했다. 서하(西夏)가 침범하자 적은 군사로 적군의 대병에 항거해 희하로도감(熙河路都監)으로 발탁되었다. 원풍(元豐) 4년(1081)에 경원부도총관(涇原副都總管)이 되어 서하의 영주(靈州)를 공격했는데, 주수(主帥) 고준유(高遵裕)와 화합하지 못해 대패하고 철군해 영흥군검할(永興軍鈐轄)로 좌천되었다. 이듬해(1082)에 다시 경원으로 옮겨가 지연주(知延州)가 되었다. 철종이 즉위한 후 보군도우후(步軍都虞侯)·웅주단련사(雄州團練使)·지위주(知渭州)가 되었다. 한전(閑田) 만 경(頃)을 개척해 병사 5천 명을 모집했으며, 서하에 네 개의 성채를 돌려주는 것에 반대했다. 다시 전전부도지휘사(殿前副都指揮使)·무강군절도사(武康軍節度使)가 되었다.

14 이헌(李憲, 1042~1092): 자는 자범(子範), 시호는 충민(忠敏). 북송의 환관이자 장군. 인종 황후(皇祐) 연간에 내황문(內黃門)으로 들어와 공봉관(供奉官)으로 승진했다. 신종 때 서북의 변방에서 활약하면서 왕소(王韶)와 함께 하주(河州)를 수복했다. 강족(羌族: 토번)을 공격해 투항시키고 난주(蘭州)를 점령했으며, 진봉로(秦鳳路)와 희하로(熙河路)의 군무를 관장했다. 그 공으로 선경사(宣慶使)에 오르고 재정을 총괄해 쓸데없는 비용을 10분의 6으로 줄였다. 하지만 한 차례 군령을 어겼다가 승리할 수 있는 기회를 놓치는 바람에 계속 탄핵을 받았다. 철종이 즉위한 후 선인태후(宣仁太后) 고씨(高氏)가 수렴청정할 때 "탐공기망(貪功欺罔)"했다고 탄핵받아 우천우위장군(右千牛衛將軍)으로 좌천되어 진주(陳州)에 머물렀다. 연복궁사(延福宮使)·선주관찰사(宣州觀察使)·제거명도궁(提擧明道宮)으로 벼슬을 마쳤다.

있었다고 여겨져 신하로서 불충했다고 해서 추후에 폄적되었는데, 이는 사실 그의 죄가 아니고 영무의 참화가 바로 그의 죄였다. 채확의 죄는 특히 커서 신주新州로 폄적되었다가 죽었으니 그럴 만한 이유가 있었다. 이전에 채확이 상주相州의 옥사를 국문할 때 조정의 인사 중에서 체포된 자를 옥졸에게 그들과 함께 같은 방에서 지내게 하고 같은 자리에서 자게 하고 식사와 대소변을 한 방에서 함께 하게 했으며, 앞에 커다란 동이를 놓아 두고 국·밥·떡과 같은 먹을 것을 모두 그 안에 던져 넣고 국자로 휘저어 그들에게 개돼지처럼 나누어 먹이면서 그대로 내버려 두고 심문하지 않았다. 그래서 체포된 자는 심문받는 것을 다행으로 여기면서 모든 죄를 인정했다. 채확은 오로지 옥사를 일으켜 재상의 지위에 올랐다고 한다.

元豐初, 蔡確排吳充罷相, 指王珪爲充黨, 欲并逐之. 珪畏確, 引用爲執政. 時珪獨相久, 神宗厭薄之, 珪不悟. 確機警, 覺之, 一日密問珪曰: "近上意於公厚薄何如?" 珪曰: "無他." 確曰: "上厭公矣!" 珪曰: "奈何?" 確曰: "上久欲收復靈武, 患無任責者. 公能任責, 則相位可保也." 珪喜謝之. 適江東漕張琬有違法事, 帝語珪欲遣官按治, 珪以帝意告都檢正俞充. 充與琬善, 以書告琬. 琬上章自辯, 帝問珪曰: "張琬事唯語卿, 琬何從知?" 珪以漏上語, 退朝甚憂, 召俞充問之, 充對以實. 珪曰: "某與君俱得罪矣. 然有一策, 當除君帥環慶, 亟上取靈武之章, 上喜之可免." 乃除充待制, 帥環慶, 充果建取靈武之章. 未幾, 充暴卒, 以高遵裕代之, 有旨以遵裕節度五路大兵, 爲靈武之役. 涇原副帥劉昌祚領大兵, 先至靈武城下, 以遵裕未至, 不敢進. 熙河李憲兵不至, 鄜延副帥种諤獨乞班師. 遵裕至, 夏人大集, 決黃河水以灌我師, 凍餒沉溺不戰而死者十餘萬人. 遵裕狼狽以遁, 虜追襲之. 諤擁兵不救, 以實其說, 推其兵端由王珪避漏泄上語之罪所致. 紹聖初, 謂珪策立哲宗有異議, 以爲臣不忠追貶,實非其罪, 而靈武之禍其罪也. 蔡確罪尤大, 貶死新州, 有以也夫. 蔡確鞠相州獄, 朝士被繫者, 確令獄卒與之同室而處, 同席而寢, 飮食旋溷共在一室, 置大盆於前, 凡饋食者羹飯餠餌悉投其中, 以杓勻攪, 分飼之如犬豕, 置不問. 故繫者幸其得問, 無罪不承. 確專以起獄致位宰相云.

13-5(137)

장돈章惇은 장순공章郇公(장득상)의 먼 친족으로, 진사시험에 응시하러 도성에 있을 때 장순공의 저택에서 머물렀다. 그런데 친족 아저씨의 첩과 사통하다가 다른 사람에게 들켜서 담을 넘어 나오다가 길거리의 한 노파를 잘못 밟아 그 노파에게 소송을 당했다. 당시 포공包公(포증)이 지개봉부知開封府로 있었는데, 더 이상 깊이 조사하지 않고 동전만 납부받고 대속해 주었다. 장돈은 나중에 5~6등으로 과거에 급제하자 크게 불만스러워하면서 고시관考試官을 비난했다. 어떤 사람이 그에게 급제문서를 보여 달라고 청하자 그가 땅바닥에 던져 보여 주었는데, 선비들이 그의 공손치 못함에 분노했다. (신종) 희녕熙寧 연간(1068~1077) 초에 장돈은 관직館職에 임명되었는데, 어사가 그의 품행이 좋지 않다고 탄핵해 파면되었다. 왕개보王介甫(왕안석)가 정권을 장악했을 때, 장순張郇과 이승지李承之[15]가 장돈을 기용할 만하

15 이승지(李承之, ?~1091): 자는 봉세(奉世). 북송의 관리로, 재상 이적(李迪)의 아들이다. 영종 때 진사 출신으로, 명주사법참군(明州司法參軍)을 지냈다. 일찍이 면역법(免役法)을 건의해 왕안석(王安石)의 칭찬을 받았다. 신종 희녕(熙寧) 연간 초에 조례사검상문자(條例司檢詳文字)가 되었고, 또 검정중서형방(檢正中書刑房)에 임명되어 회절(淮浙) 지역의 농전수리(農田水利)와 차역(差役) 상황을 조사하고 돌아와 『역서(役書)』 20편을 상주했으며,

다고 추천하자 왕개보가 말했다.

"장돈은 품행이 매우 좋지 않다고 들었소."

이승지가 말했다.

"제가 추천한 것은 재주인데, 다만 장돈의 재주가 지금 쓸 만할 뿐이니 평소의 품행이 어찌 걸림돌이 되겠습니까! 공께서 시험 삼아 그를 불러 함께 얘기해 보면 자연히 응당 좋아하실 것입니다."

그래서 왕개보가 그를 불러 만났는데, 장돈은 평소 언변이 좋았고 또 상대방의 뜻을 잘 맞추었기에 왕개보는 크게 기뻐하면서 그를 늦게 얻은 것을 한스러워했다. 장돈은 발탁된 지 몇 년 만에 양제兩制[16]와 삼사사三司使[17]에 이르렀다. 사마온공司馬溫公(사마광)이 장돈에 대해 기록한 것이 이와 같았다. 내(소백온)가 「장돈전」을 지으면서 「변무辯誣」를 아주 상세하게 실었다.

章惇者, 郇公之疎族, 擧進士, 在京師館於郇公之第. 私族父之妾, 爲人所掩, 踰垣而出, 誤踐街中一嫗, 爲嫗所訟. 時包公知開封府, 不復深究, 贖銅而已. 惇後及第在五六人間, 大不如意, 誚讓考試官人. 或求觀其敕, 擲地以示之, 士論忿其不恭. 熙寧初, 試館職, 御史言其無行, 罷之. 及介甫用事, 張

집현전교리(集賢殿校理)를 더해 받고 또 섬서(陝西) 지역을 조사했다. 희녕 8년(1075)에 하동찰방사(河東察訪使)에 임명되어 조서를 받고 번병법(蕃兵法) 제정에 참여했다. 그 후로 보문각대제(寶文閣待制)·추밀도승지(樞密都承旨)·권삼사사(權三司使)·급사중(給事中)·이부시랑·호부상서를 역임하고, 추밀직학사(樞密直學士)로서 지청주(知靑州)로 있다가 죽었다.

16 양제(兩制): 정식 조칙(詔勅)을 관장하는 중서사인(中書舍人)을 외제(外制)라 하고, 임시 특별 조령(詔令)을 관장하는 한림학사(翰林學士)를 내제(內制)라 했는데, 이 둘을 합쳐 '양제'라 했다.

17 삼사사(三司使): 당송대에 조세·재정출납·염철 업무를 나누어 관장하던 호부(戶部)·탁지(度支)·염철(鹽鐵)을 말한다.

郇·李承之薦惇可用, 介甫曰: "聞惇大無行." 承之曰: "某所薦者才也, 顧惇才可用於今日耳, 素行何累焉! 公試召與語, 自當愛之." 介甫召見之, 惇素辯, 又善迎合, 介甫大喜, 恨得之晩. 擢用數年, 至兩制·三司使. 右司馬溫公記惇如此. 伯溫作「惇傳」, 載「辯誣」甚詳.

13-6(138)

양원소楊元素(양회)[18]가 어사중승御史中丞이 되어 유지劉摯[19]와 함께 조역법助役法에 십해十害가 있다고 비판했다. 그러자 왕형공王荊公(왕안석)이 장호張琥(장조)[20]에게 십난十難을 작성해 반박하게 했는데, 장호가 사양하며 작성하

18 양원소(楊元素): 양회(楊繪, 1027~1088). 자는 원소, 호는 무위자(無爲子). 북송의 관리. 인종 황우(皇祐) 5년(1053) 진사 출신으로, 개봉부추관(開封府推官)·지흥원부(知興元府)를 지냈는데 모두 치적이 있었다. 신종이 즉위한 후 수기거주(修起居注)에 제수되고 지제고(知制誥)·지간원(知諫院)으로 발탁되었다. 재상 증공량(曾公亮)의 뜻을 거슬러 시독(侍讀)으로 강직되자 "간관이 간언을 마음대로 할 수 없으면 떠난다"라고 하면서 임명을 받지 않았다. 나중에 한림학사와 어사중승을 역임했는데, 면역법(免役法)에 대해 10가지 폐해를 진언했다가 왕안석(王安石)의 뜻을 거슬러 지박주(知亳州)로 폄적되었다. 철종 원우(元祐) 연간 초에 천장각대제(天章閣待制)로서 지항주(知杭州)로 있다가 임지에서 죽었다.

19 유지(劉摯, 1030~1097): 자는 신로(莘老), 시호는 충숙(忠肅). 북송의 관리. 인종 가우(嘉祐) 4년(1059) 진사 출신으로, 강릉관찰추관(江陵觀察推官)·감찰어사이행(監察御史裏行) 등을 지냈다. 신종 희녕(熙寧) 연간에 신법의 폐단을 누차 상주했다가 감형주염창(監衡州鹽倉)으로 폄적되었고, 원풍(元豐) 연간에 지활주(知滑州)로 재기했다. 철종이 즉위한 후 이부낭중·시어사로 발탁되어 신당인 채확(蔡確)과 장돈(章惇) 등을 탄핵하고, 상평법(常平法)과 면역법(免役法) 폐지를 주청했다. 원우(元祐) 원년(1086)에 어사중승에 임명되고 상서우승·상서좌승·중서시랑·문하시랑을 역임한 뒤 원우 6년(1091)에 상서우복야(尙書右僕射)에 임명되었다. 학문을 좋아해 손에서 책을 놓지 않았고, 집안의 장서를 대부분 직접 교정했으며, 만년에는 『춘추(春秋)』를 즐겨 읽었다. 철종이 친정(親政)을 시작한 후 간관에게 탄핵당해 지운주(知鄆州)로 나가 신주(新州)에 안치되었다가 병사했다.

지 않았더니 증포曾布가 말했다.

"제가 작성하길 청합니다."

그러면서 두 사람(양회와 유지)의 향배와 호오의 감정이 어디에 있는지 캐묻자, 양원소가 두려워하며 청했다.

"신이 어리석어 조역법의 이로움이 그러한지 알지 못했으니, 마땅히 망언의 죄를 달게 받겠습니다."

그러자 유지가 격분하며 말했다.

"신하가 되어서 어찌 권세에 눌려 군주로 하여금 이해의 실상을 알지 못하게 할 수 있단 말이오?"

즉시 다시 증포가 반박한 것에 조목조목 대답하면서 이전의 주장을 개진했으며 아울러 말했다.

"신이 향하는 것은 폐하이고 등지는 것은 권신이며, 좋아하는 것은 충직함이고 미워하는 것은 간사함입니다. 신이 지금 죄를 얻어 쫓겨나는 데에는 본디 그럴 만한 이유가 있겠지만, 조역법은 결국 천하의 환난이 될 것이니 원컨대 폐하께서는 신의 말을 잊지 마십시오."

---

20 장호(張琥): 장조(張璪, ?~1093). 본명은 장호, 자는 수명(邃明), 시호는 간익(簡翼). 북송의 관리로, 참지정사 장계(張洎)의 손자다. 인종 가우(嘉祐) 2년(1057) 진사 출신으로, 봉상부법조(鳳翔府法曹)·진운현령(縉雲縣令)을 지냈다. 신종 희녕(熙寧) 연간에 왕안석(王安石)의 천거로 동편수중서조례(同編修中書條例)가 되었으며, 얼마 후에 집현전교리(集賢殿校理)·지간원(知諫院)·직사인원(直舍人院)·동수기거주(同修起居注)를 역임했다. 원풍(元豐) 연간 초에 권탁지부사(權度支副使)·지제고·지간원·판국자감(判國子監), 원풍 4년(1081)에 참지정사, 이듬해(1082)에 중서시랑에 올랐다. 철종이 즉위한 후 간관과 어사에 의해 그가 왕안석과 여혜경(呂惠卿)에게 빌붙어 풍경(馮京)과 소식(蘇軾) 등을 모함에 빠뜨렸다고 탄핵당해 지정주(知鄭州)로 나갔다가 양주(揚州)로 옮겨 갔다. 장조는 본래 소식과 같은 해에 진사에 급제하고 봉상부에서 2년간 함께 일하면서 친밀한 사이였기에, 장조가 도성 변경(汴京)으로 돌아갈 때 소식이 「가설(稼說)」을 지어 보내기도 했다. 하지만 오대시안(烏臺詩案) 사건이 일어났을 때, 장조는 지간원으로서 심문에 참여해 결국 소식을 사지로 몰아넣었다.

그래서 양원소는 지정주知鄭州로 나갔고, 유지는 강릉江陵으로 좌천되었으며, 장호도 이로 인해 왕형공의 뜻을 거슬러 사건에 연루되어 수기거주修起居注로 강직되었다.

楊元素爲中丞, 與劉摯言助役有十害. 王荊公使張琥作十難以詰之, 琥辭不爲, 曾布曰: "請爲之." 仍詰二人向背好惡之情果何所在, 元素惶恐, 請曰: "臣愚不知助役之利乃爾, 當伏妄言之罪." 摯奮曰: "爲人臣豈可壓於權勢, 使人主不知利害之實?" 卽復條對布所難者, 以伸明前議, 且曰: "臣所向者陛下, 所背者權臣, 所好者忠直, 所惡者邪姦. 臣今獲罪譴逐, 固自其分, 但助役終爲天下之患害, 願陛下勿忘臣言." 于是元素出知鄭州, 摯責江陵[1], 琥亦由此忤荊公意, 坐事落修注.

[1] 강릉(江陵): 원초본 · 명초본 · 『진체비서』본 · 『학진토원』본에는 모두 "감림(監臨)"이라 되어 있는데, 『송사』 권340 「유지전(劉摯傳)」에는 "적감형주염창(謫監衡州鹽倉)"이라 되어 있고 『동도사략(東都事略)』의 기록도 같다. 따라서 "임(臨)"은 "염(鹽)"의 오자로 보인다.

13-7(139)

여혜경呂惠卿이 부친상을 당해 떠나자, 왕형공王荊公(왕안석)은 의지하는 심복 중에서 함께 일을 도모할 수 있는 사람이 누군지 알지 못했다. 증포曾布는 당시 저작좌랑著作佐郎으로서 편칙編敕[21]을 담당했는데, 교활하게 왕형

21 편칙(編敕): 개별적인 칙령을 정리해 책으로 만든 것으로, 일반적인 법률 제정을 뛰어넘는 일종의 입법 과정이다. '편칙'은 송대에 빈번하게 시행된 중요한 입법 활동이었는데, 인종은 기본적으로 "칙률병행(敕律並行)"의 원칙하에서 『송형통(宋刑統)』 외에 '편칙'을 독립적

공의 뜻에 잘 영합했기에 왕형공이 그를 좋아했다. 며칠 사이에 증포는 잇달아 중윤中允·관직館職·판사농시判司農寺에 제수되어, 고사告謝[22]하는 날에 임명장을 안고서 대여섯 차례 고사했다. 증포는 도검정都檢正으로 있을 때, 관례에 따라 왕형공에게 아뢰고 즉시 일을 시행했다. 당시 풍당세馮當世(풍경)와 왕우옥王禹玉(왕규)이 함께 참지정사參知政事로 있었는데, 어떤 사람이 말했다.

"마땅히 또한 두 공(풍당세와 왕우옥)에게 아뢰어야 합니다."

증포가 말했다.

"승상丞相(왕안석)이 이미 결정했는데 뭐 하러 그들에게 묻는단 말입니까? 칙령이 나오길 기다렸다가 서명하게만 하면 됩니다."

그래서 당형唐坰이 양부兩府(중서성과 추밀원)에 왕형공을 탄핵하며 말했다.

"여혜경과 증포는 왕안석王安石의 심복이고, 왕규王珪와 원강元絳[23]은 왕안석의 노복입니다."

또 "왕규는 노복처럼 왕안석을 섬기면서도 오히려 두려워하지 않는다"라고 말했다고도 한다.

으로 시행했으며, 신종 때는 칙령의 지위가 높아져 법률에 실려 있지 않은 것은 모두 칙령에 의거해 판단함으로써 법률을 뛰어넘거나 대체하게 되었다.

22 고사(告謝): 관원이 관직에 임명된 후 조정에 들어와 은혜에 감사드리는 것으로, 중사(中謝)라고도 했다.

23 원강(元絳, 1009~1084): 자는 후지(厚之), 시호는 장간(章簡). 북송의 관리로, 오대 오월(吳越)의 승상 원덕소(元德昭)의 손자다. 인종 천성(天聖) 8년(1030) 진사 출신으로, 지영신현(知永新縣)·지해문현(知海門縣)을 지냈는데, 옥사를 잘 다스려 탁지판관(度支判官)으로 발탁되었다. 황우(皇祐) 연간에 농지고(儂智高)가 영남(嶺南)을 점거하자, 원강은 광동전운사(廣東轉運使)로서 군량을 공급하는 데 공을 세워 공부낭중(工部郎中)으로 승진했다. 신종 희녕(熙寧) 연간 초에 한림학사와 삼사사(三司使)에 제수되었고, 희녕 8년(1075)에 참지정사에 임명되었다. 나중에 사건에 연루되어 지박주(知亳州)로 나갔다가 영주(潁州)로 옮겨졌으며, 태자소보(太子少保)로 벼슬을 마쳤다.

呂惠卿丁父憂去, 王荊公未知心腹所託可與謀事者. 曾布時以著作佐郎編敕, 巧黠善迎合荊公意, 公悅之. 數日間相繼除中允·館職, 判司農寺, 告謝之日, 抱勑告五六通. 布爲都檢正, 故事白荊公卽行. 時馮當世·王禹玉並參政, 或曰: "當更白二公." 布曰: "丞相已定, 何問彼爲? 俟勑出令押字耳." 故唐詗對兩府彈荊公云: "呂惠卿·曾布, 安石之心腹, 王珪·元絳, 安石之僕隸." 又曰"珪奴事安石, 猶懼不了"云.

13-8(140)

토번土蕃은 당나라 때 가장 강성했고, 본조本朝(송나라)에 이르러 쇠퇴하기 시작했다. 지금의 하황河湟·막천邈川·청당青唐·조洮·민岷으로부터 계階·이利·문文·정政·면綿·위威·무茂·여黎·아주雅州에 이르는 지역의 오랑캐가 모두 그 남겨진 종족이다. 유독 곡시라唃厮囉(청당토번) 일족이 가장 강성했는데, 서하西夏도 그를 두려워했고, 우리 조정에서는 그를 서평왕西平王에 봉해 변방의 울타리로 삼았다. 섬서로陝西路의 주현州縣에 특별히 역驛을 설치해 곡가위唃家位라 불렀는데, 세공歲貢을 끊이지 않고 바쳤다. 희하熙河를 개척하기 전에 관중關中의 선비들이 그 이해관계에 대해 많은 말을 했었는데, 현명한 장횡거張橫渠(장재)[24] 선생도 젊었을 때 호걸들과 뭉쳐 그곳을

24 장횡거(張橫渠): 장재(張載, 1020~1077). 자는 자후(子厚), 호는 횡거, 별칭은 장자(張子)·횡거선생, 시호는 명(明). 북송의 사상가이자 교육가로, 이학(理學) 창시자 가운데 하나다. 청년 시절에 병법을 논하길 좋아해 「변의구조(邊議九條)」를 진언했다. 범중엄(范仲淹)과 교분이 두터웠으며 유가의 육경을 연구했다. 인종 가우(嘉祐) 2년(1057) 진사 출신으로, 기주사법참군(祁州司法參軍)과 운암현령(雲岩縣令)을 지낸 뒤 저작좌랑(著作佐郎)과 숭문원

취하고자 했었다. 범문정공范文正公(범중엄)이 연안안무사延安安撫使로 있을 때 그를 불러 관저에 머물게 하고 제과制科(과거)를 준비하게 했는데, 장횡거 선생은 진사에 급제하고 나서야 (희하를 취하려는) 뜻을 그만두었다. 인종 황제仁宗皇帝 때 한기韓琦와 부필富弼 두 공이 재상이 되자, 변방 개척에 대한 진언을 모두 받아들이지 않았다. (신종) 희녕熙寧 연간(1068~1077) 초에 왕형공王荆公(왕안석)이 집정하면서 처음으로 변방 개척에 대한 논의를 했다. 왕소王韶는 신안현주부新安縣主簿를 그만두고 변방을 여행하면서 그 말을 듣고 마침내 희하 개척의 계책을 올렸다. 왕형공은 그것을 훌륭한 계책이라고 여겨 마침내 희하의 전쟁을 하게 되었다. 그런데 민주岷州의 백석현白石縣·대원현大原縣과 진주秦州의 관할 현에서만 세금을 거두었고 그 나머지 지역에서는 한 말의 곡식이나 한 척의 베도 나오지 않았으므로, 오직 섬서로의 주현과 조정의 탕고帑庫에서 군비를 공급했다. 그래서 희하를 개척한 이래로 섬서의 백성들은 날로 곤궁해졌고 조정의 재용은 더욱 줄어들었다. 처음에 곡시라는 아들들을 희·하·조·민 지역에 나누어 배치했는데, 곡시라가 죽은 후에 아들들이 모두 쇠약해졌기 때문에 왕소가 그곳을 취할 수 있었다. 곡시라의 아들들 중에서 동선董氈[25]만이 황선湟鄯에서 가장 강성

교서랑(崇文院校書郎)을 역임했다. 신종 희녕(熙寧) 연간에 사직하고 고향으로 돌아온 후, 관중(關中)에서 학문을 강론해 '관학(關學)'이라는 학파를 세웠다. 주돈이(周敦頤)·소옹(邵雍)·정이(程頤)·정호(程顥)와 함께 '북송오자(北宋五子)'로 불린다. "천지를 위해 마음을 세우고, 생민을 위해 명을 세우며, 이전의 성인을 위해 끊어진 학문을 잇고, 만세를 위해 태평성대를 연다[爲天地立心, 爲生民立命, 爲往聖繼絶學, 爲萬世開太平]"라는 명언은 현대 철학자 펑유란[馮友蘭]에 의해 "횡거사구(橫渠四句)"로 칭송받았다. 저서로 『정몽(正蒙)』·『횡거역설(橫渠易說)』 등이 전해진다.

25 동선(董氈, ?~1086): 동전(董氈) 또는 동전(董氊)이라고도 쓴다. 곡시라국(唃廝囉國)의 제2대 찬보(贊普: 왕)로, 곡시라의 둘째 아들이다. 영종 치평(治平) 2년(1065)에 곡시라가 죽은 후 부족 간에 분열이 일어났는데, 그의 세력이 가장 강해 하북 지역을 점거했으며 아울러 부왕을 이어 보순군절도사(保順軍節度使)와 검교사공(檢校司空)이 되었다. 신종이 즉위한 후

했다. 왕소의 세력은 하주河州를 취하는 데 그쳤는데, 왕소가 잠시 입조한 사이에 (청당토번의 장수) 귀장鬼章이 이미 군대를 일으켜 하주를 공격했으며, 결국 송군은 답백성踏白城 전투에서 패하고 경사립景思立[26]이 전사했다. (철종) 소성紹聖 연간(1094~1098) 초에 장돈章惇이 재상이 되고 증포曾布가 추밀사樞密使가 되었을 때, 이미 자립했던 동선은 강신强臣 아리골阿里骨[27]에게 왕위를 찬탈당해 나라 사람들이 그를 두려워했다. 아리골이 죽고 그의 아들 할정瞎征[28]이 즉위했는데, 나라 사람들이 옛 군주를 그리워해 할정을 따르

태보(太保)와 태부(太傅)를 더해 받았다. 희녕(熙寧) 3년(1070)에 서하(西夏)가 환경(環慶)을 공격하자, 부족을 이끌고 서하군을 격퇴시킨 공으로 평서절도사(平西節度使)에 봉해졌다. 원풍(元豐) 4년(1081)에 송군이 서하를 공격할 때, 병사 15만 명을 집결시켜 송군과 연합해 서하를 공략한 공으로 무위군왕(武威郡王)에 봉해졌다. 철종이 즉위한 후 검교태위(檢校太尉)를 더해 받고 죽었다.

26 경사립(景思立): 북송의 무장으로, 경사충(景思忠)의 동생이다. 문음(門蔭)으로 벼슬길에 올라 지보안군(知保安軍)이 되었다. 서하(西夏)가 공격하자 군대를 이끌고 지원에 나섰는데, 다른 장수들은 모두 패했지만 그의 군대만 온전해 그 공으로 지덕순군(知德順軍)에 임명되었다. 왕소(王韶)가 하주(河州)를 취할 때, 당천보(當川堡)를 축조하고 토번의 향자성(香子城)과 가낙성(珂諾城)을 공략해 하주를 평정함으로써 위세를 크게 떨쳤다. 동상합문사(東上閤門使)로 발탁되고 지하주(知河州)에 제수되었다. 나중에 토번의 장수 귀장(鬼章)이 습격했을 때 적을 가볍게 여겼다가 패해 답백성(踏白城)에서 전사했다.

27 아리골(阿里骨, 1040~1096): 곡시라국(唃廝囉國)의 제3대 찬보(贊普: 왕)로, 제2대 찬보 동선(董氈)의 양자다. 신종 원풍(元豐) 연간에 난주(蘭州)의 전투에서 큰 공을 세워 숙주단련사(肅州團練使)에서 방어사(防禦使)로 승진했다. 철종 원우(元祐) 원년(1086)에 동선이 죽자 왕위를 계승했으며, 관군대장군(冠軍大將軍)·검교사공(檢校司空)·하서군절도사(河西軍節度使)에 제수되고 영새군공(寧塞郡公)에 봉해졌다. 원우 2년(1087)에 금자광록대부(金紫光祿大夫)와 검교태보(檢校太保)를 더해 받았다.

28 할정(瞎征, ?~1102): 방표전(邦彪籛)이라고도 한다. 곡시라국(唃廝囉國)의 제4대 찬보(贊普: 왕)로, 제3대 찬보 아리골(阿里骨)의 아들이다. 신종 원우(元祐) 연간에 선주방어사(鄯州防禦使)와 정주단련사(庭州團練使)를 역임했다. 철종 소성(紹聖) 3년(1096)에 아리골이 죽자 왕위를 계승했으며, 하서군절도사·검교사공·영새군공에 봉해졌다. 원부(元符) 2년(1099)에 송나라 조정에서 장수 왕섬(王贍)을 파견해 막천(邈川)과 청당(青唐)을 정벌하자, 도망쳐 처자식과 함께 삭발하고 중이 되었다가 결국 종가성(宗哥城)에서 투항했다. 송나라 조정에서는 그를 차례로 막천·희주(熙州)·황주(湟州)로 돌아가게 했는데, 그는 자립할 수 없다고 생각해 송나라의 내지로 옮겨 달라고 청했다. 결국 휘종 건중정국(建中靖國) 원

지 않았다. 할정은 나약해 중이 되고자 했는데, 나라 사람들이 또 죽이려 하자 할정은 마침내 땅을 바치고 조정에 귀항歸降하길 청했다. 당시 왕후王厚[29]는 희하안무사熙河安撫使로 있었고 동관童貫은 처음 변방의 일을 맡았는데, 이들이 할정의 귀항을 받아 조정으로 호송했다. 할정은 관작을 봉해 받고 하주로 보내져 기거했다. (휘종) 건중정국년建中靖國年(1101) 초에 한충언韓忠彦이 재상이 되고 안도安燾가 추밀사가 되었을 때 마침내 황주湟州와 선주鄯州를 포기하고 곡시라의 후예를 찾아 왕으로 옹립했는데, 한충언이 재상을 그만두고 채경蔡京이 재상이 되었을 때 황주와 선주를 수복하고 안도와 희하안무사 요사웅姚師雄 및 황주·선주 포기를 주장했던 모든 사람을 문책함으로써 변방의 사태가 다시 일어났다. 아! 조정에서 소국의 반신叛臣이 바친 땅을 받고 그의 죄를 바로잡지 못한 채 관작까지 상으로 준 것은 이치상 맞지 않다. (흠종) 정강靖康 연간(1126~1127) 초에 논자가 청당의 종족을 찾아 황주와 선주의 땅을 하사하길 청하자, 조정에서 희하안무사에게 하달해 논의한 뒤 보고하게 했는데, 감히 그 책임을 지려고 하는 자가 없어서 그만두었다. 그러다가 대금大金이 섬서의 6로路를 함락시키고 군대가 희

년(1101)에 등주(鄧州)로 옮겨 갔다가 이듬해에 죽었다.

29 왕후(王厚, ?~1106): 자는 처도(處道), 시호는 장민(莊敏). 북송의 명장으로, 명장 왕소(王韶)의 아들이다. 여러 벼슬을 거쳐 통직랑(通直郎)을 지냈다. 철종 원우(元祐) 연간에 조정에서 하주(河州)와 황주(湟州)를 포기하는 논의를 하자, 상소해 불가하다고 진언했지만 받아들여지지 않았다. 토번의 할정(瞎征)과 농찰(隴拶)이 서로 권력을 다투자, 하주수장(河州守將) 왕섬(王贍)과 함께 그 지역을 수복할 계책을 올렸다. 원부(元符) 원년(1098)에 왕섬과 함께 막천(邈川)을 공격해 할정이 투항했고 청당(青唐)을 취해 농찰이 귀항함으로써 이 지역을 평정했으며, 청당을 선주(鄯州)로 개칭하고 막천을 황주(湟州)로 편입시켰다. 그 공으로 동상합문부사(東上閤門副使)·지황주(知湟州)에 제수되었다. 하지만 얼마 후에 토번의 공격으로 얻은 땅을 모두 잃어버려 하주별가(賀州別駕)로 좌천되었다. 휘종 숭녕(崇寧) 2년(1103)에 고영년(高永年)과 함께 다시 황주를 공격해 차지했다. 역사에서는 이를 '희하개변(熙河開邊)'이라 한다.

하로 들어가 (청당토번의) 황주와 선주의 옛 귀족을 찾아 그 땅을 모두 돌려 주었다. 아! 대금도 오랑캐이거늘 능히 정도를 행할 줄 아는 것이 이와 같았으니, 이것이 그들이 중국을 멸시한 까닭이로다!

土蕃在唐最盛, 至本朝始衰. 今河湟·邈川·青唐·洮·岷, 以至階·利·文·政·綿州·威·茂·黎·雅州夷人, 皆其遺種也. 獨唃厮囉一族最盛, 雖西夏亦畏之, 朝廷封西平王, 用爲藩翰. 陝西州縣特置驛, 謂之唃家位, 歲貢奉不絶. 未開熙河前, 關中士人多言其利害, 雖張横渠先生之賢, 少時亦欲結客以取. 范文正公帥延安, 招置府第, 俾修制科, 至登進士第, 其志乃已. 仁宗皇帝朝, 韓琦·富弼二公爲宰相, 凡言開邊者皆不納. 熙寧初, 王荆公執政, 始有開邊之議. 王韶者, 罷新安縣主簿, 遊邊得其說, 遂上開熙河[1]之策. 荆公以爲奇謀, 乃有熙河之役. 獨岷州白石大原·秦州屬縣有賦稅, 其餘無㪷粟尺布, 唯仰陝西諸郡[2]朝廷帑藏供給. 故自開熙河以來, 陝西民日困, 朝廷財用益耗. 初, 唃厮囉分處諸子於熙·河·洮·岷之地, 唃厮囉死, 諸子皆衰弱, 故韶能取之. 唃厮囉諸子唯董氈[3]者在湟鄯最盛. 韶之勢止能取河州, 韶暫入朝, 鬼章已舉兵攻河州, 遂有踏白之敗, 景思立死之. 紹聖初, 章惇作相, 曾布作樞密, 董氈已自立, 爲強臣阿里骨所簒, 國人畏之. 阿里骨死, 其子瞎征立, 國人思故主, 不輔[4]瞎征. 瞎征懦弱, 欲爲僧, 國人又欲殺之, 瞎征遂欲[5]納土歸朝廷. 時王厚帥熙河, 童貫初領邊事, 乃受之送于朝. 封官爵, 遣居河州. 建中靖國初, 韓忠彦爲相, 安燾爲樞密, 遂棄湟鄯, 求唃氏苗裔立之, 韓忠彦罷, 蔡京作相, 復湟鄯, 責安燾與熙河帥姚師雄及凡議棄者, 邊事復興矣. 嗚呼! 朝廷受小國叛臣所納地, 不能正其罪, 又賞以官爵, 在理爲不順. 靖康初, 言者乞求青唐種族, 以湟鄯之地賜之, 朝廷下熙河帥議以聞, 無敢任其責者, 乃已. 至大金陷陝之六路, 兵入熙河, 卽求湟鄯舊族, 盡以其地與之. 嗟! 大金亦夷狄也, 能知行正道如此, 所以蔑視中國歟!

[1] 희하(熙河): 원초본 · 명초본 · 『진체비서』본 · 『학진토원』본에는 모두 "희" 자가 없다. 『송사』 권328 「왕소전(王韶傳)」에 따르면, 신종 희녕(熙寧) 원년(1068)에 왕소가 평융책(平戎策)을 올렸는데, 서하(西夏)를 취하려면 마땅히 먼저 하(河) · 황(湟)을 수복해야 한다고 했으며, 또 왕소는 처음에 희하로(熙河路)를 설치하려고 하지 않았다. 따라서 왕소가 처음에 건의한 것은 하주(河州) 개척이었지 희하 개척이 아니었으므로, "희" 자는 삭제하는 것이 타당하다.

[2] 제군(諸郡): 원초본 · 명초본 · 『진체비서』본 · 『학진토원』본에는 모두 "주현(州縣)"이라 되어 있는데, 송나라의 행정구역은 노(路) · 주(州) · 현(縣)으로 편성되었기 때문에 "주현"이라고 하는 것이 타당하다.

[3] 동선(董蟺): 명초본과 만력본(萬曆本)에는 "동전(董氈)"이라 되어 있고, 『송사』 권492 「외국전(外國傳)」에는 "동전(董氈)"이라 되어 있는데, 대개 같은 이름을 달리 음역한 것으로 보인다.

[4] 보(輔): 명초본에는 "부(附)"라 되어 있는데, 문맥상 보다 타당하다.

[5] 욕(欲): 원초본 · 명초본 · 『진체비서』본에는 "걸(乞)"이라 되어 있는데, 문맥상 보다 타당하다.

13-9(141)

(신종) 원풍元豐 8년(1085) 3월 5일에 신종神宗이 승하하고 유조遺詔가 낙양洛陽에 도착했는데, 옛 재상 한강공韓康公(한강)이 서경유수西京留守(낙양유수)로 있었다. 종정승宗正丞 정백순程伯淳(정호)은 감찰어사監察御史로서 여주감주관汝州監酒官으로 나가 있었는데, 갑자기 격문이 오자 관저에서 통곡하며 애도했다. 애도를 마치고 나서 한강공의 아들인 병부시랑兵部侍郞 한종사韓宗師에게 말했다.

"나는 신법의 부당함을 비판했다가 대신大臣의 뜻을 거슬렀는데, 동료들은 모두 폄적되었지만 나 혼자만 감사監司에 제수되었소. 나는 감히 감당할 수 없으니 사직하려 하오. 이제 선제先帝(신종)께 인정받은 은혜를 끝내 갚을 길이 없게 되었소."

그러고는 한동안 울었다. 병부시랑이 말했다.

"지금 조정의 일은 어떻게 될 것 같습니까?"

종정승이 말했다.

"사마군실司馬君實(사마광)과 여회숙呂晦叔(여공저)이 재상이 될 것이오."

병부시랑이 말했다.

"두 공이 과연 재상이 된다면 마땅히 어떻게 해야 합니까?"

종정승이 말했다.

"마땅히 원풍 연간의 대신들과 함께해야 하오. 만약 먼저 당파를 나눈다면 훗날 근심하게 될 것이오."

병부시랑이 말했다.

"무슨 근심입니까?"

종정승이 말했다.

"원풍 연간의 대신들은 모두 이득을 좋아하는 자이니, 만약 저들이 백성들에게 너무 심한 해를 끼친 신법을 스스로 바꾼다면 좋겠지만, 그렇지 않는다면 사대부들의 화가 끊어지지 않을 것이오. 사마군실은 충직해서 저들과 함께 논의하기 어렵고, 여회숙은 사리에 밝지만 능력이 부족한 게 걱정일 뿐이오."

얼마 후에 두 공이 과연 함께 재상이 되었고 조정에서 종정승을 불렀지만, 종정승은 미처 떠나기 전에 병으로 죽었다. 사마온공과 여신공呂申公(여공저)도 잇달아 죽었다. 급공汲公 여미중呂微仲(여대방)과 충선공忠宣公 범요부范堯夫(범순인)가 함께 재상이 되었다. 충선공의 소견은 종정승과 같았기 때문에 채확蔡確이 신주新州로 폄적되었을 때, 충선공 혼자만 불가하다고 여겼으며 급공에게 가서 말했다.

"공이 만약 다시 이 길을 열어 놓는다면 우리들은 장차 화를 면치 못할 것입니다."

충선공은 결국 재상을 그만두고 떠났다. 아! 종정승은 사마온공과 여신공에게 존중받았으니, 만약 일찍 죽지 않았다면 그 명성과 지위가 반드시 충선공과 같았을 것이며, 서로 보호하면서 조정에서 협력하고 지지했다면 원우붕당元祐朋黨의 논란은 처음부터 일어나지 않았을 것이다. 종정승은 선견지명을 지녔다고 이를 만하다. 종정승이 한병부韓兵部(한종사)와 이 일을 논할 때, 범순부范醇夫(범조우)·주공염朱公掞(주광정)[30]·두효석杜孝錫(두순)[31]·내(소백온)가 함께 그 말을 들었다. 지금 40년이 지났지만 그 말이 더욱 증험되기 때문에 드러내 밝힌다.

元豐八年三月五日, 神宗升遐, 遺詔至洛, 故相韓康公爲留守. 程宗丞伯淳

30 주공염(朱公掞): 주광정(朱光庭, 1037~1094). 자는 공염. 북송의 관리이자 철학자. 인종 가우(嘉祐) 2년(1057) 진사 출신으로, 어려서는 손복(孫復)에게서 수학했고 나중에는 정이(程頤)를 사사했으며, 당시에 낙당(洛黨)의 주요 인물이었다. 일찍이 만년현주부(萬年縣主簿)와 경주판관(慶州判官) 등을 지냈다. 신종 희녕(熙寧) 연간 말에 신법의 부당함을 진언했으며, 첨서하양판관(簽書河陽判官)이 되었다. 철종이 즉위한 후 사마광(司馬光)의 추천으로 좌정언(左正言)이 되어, 맨 먼저 제거상평사(提擧常平司)와 청묘법(靑苗法)·보갑법(保甲法) 등의 폐지를 주청했으며, 신당파인 장돈(章惇)과 채확(蔡確) 등을 탄핵했다. 급사중(給事中)을 지낸 뒤 지호주(知亳州)로 강직되었다가 지노주(知潞州)로 옮겨졌다.

31 두효석(杜孝錫): 두순(杜純, 1032~1095). 자는 효석. 북송의 관리. 문음(門蔭)으로 벼슬길에 올라 천주사호참군(泉州司戶參軍)을 지냈다. 신종 희녕(熙寧) 연간 초에 하서현령(河西縣令)으로서 시정(時政)에 대해 진언했는데, 왕안석(王安石)이 그를 조례사(條例司)에 두고서 자주 함께 일을 논했으며 심형상의관(審刑詳議官)으로 추천했다. 나중에 대리정(大理正)이 되었는데, 왕안석의 뜻을 거슬러 그만두고 귀향했다. 철종 원우(元祐) 원년(1086)에 범순인(范純仁) 등의 추천으로 하북전운판관(河北轉運判官)에 제수되었다. 갱역서(更役書)를 바쳐 사마광(司馬光)으로부터 의론이 치밀하다는 칭찬을 받았다. 형부원외랑(刑部員外郎)·대리소경(大理少卿)·시어사(侍御史)를 거쳐 집현원수찬(集賢院修撰)으로 벼슬을 마쳤다.

自御史出爲汝州監酒官, 會以檄來, 擧哀於府第. 旣罷, 謂康公之子宗師兵部曰: "某以言新法不便, 忤大臣, 同列皆謫官, 某獨除監司. 某不敢當, 辭之. 念先帝見知之恩, 終無以報." 已而泣. 兵部曰: "今日朝廷之事何如?" 宗丞曰: "司馬君實 · 呂晦叔作相矣." 兵部曰: "二公果作相, 當何如?" 宗丞曰: "當與元豐大臣同. 若先分黨與, 他日可憂." 兵部曰: "何憂?" 宗丞曰: "元豐大臣皆嗜利者, 若使自變已甚害民之法則善矣, 不然, 衣冠之禍未艾也. 君實忠直, 難與議, 晦叔解事, 恐力不足耳." 旣二公果並相, 召宗丞, 未行, 以疾卒. 溫公 · 申公亦相繼薨. 呂汲公微仲 · 范忠宣公堯夫並相. 忠宣所見與宗丞同, 故蔡確貶新州, 忠宣獨以爲不可, 至謂汲公曰: "公若重開此路, 吾輩將不免矣." 忠宣竟罷去. 嗚呼! 宗丞爲溫公 · 申公所重, 使不早死, 名位必與忠宣等, 更相調護, 協濟於朝, 則元祐朋黨之論, 無自而起也. 宗丞可謂有先見之明矣. 與韓兵部論此事時, 范醇夫 · 朱公掞 · 杜孝錫 · 伯溫同聞之. 今四十年而其言益驗, 故爲表而出之.

13-10(142)

철종哲宗이 즉위하고 선인태후宣仁太后(고태후)가 수렴청정하게 되자, 현자들이 조정에 모두 모여 오로지 충후하고 어지럽지 않음으로 정치를 하면서 오랑캐와 평화를 맺어 전쟁을 그만두고 백성을 사랑하고 곡식을 중시했으니, 거의 (인종) 가우嘉祐 연간의 기풍에 가까웠다. 하지만 현자라 할지라도 부류끼리 어울리는 것을 면하지 못했기 때문에 당시에 낙당洛黨[32] · 천당川

32 낙당(洛黨): 철종 원우(元祐) 연간에 왕안석의 신법에 반대한 구당삼파(舊黨三派) 가운데

黨[33]·삭당朔黨[34]이란 말이 있었다. 낙당은 시강侍講 정정숙程正叔(정이)을 영수로 하고 주광정朱光庭과 가역賈易[35] 등이 보좌했다. 천당川黨은 소자첨蘇子瞻(소식)을 영수로 하고 여도呂陶[36] 등이 보좌했다. 삭당朔黨은 유지劉摯·양도梁燾[37]·왕암수王巖叟·유안세劉安世를 영수로 했으며 보좌하는 사람이 특

하나로, 영수인 정이(程頤)가 낙양(洛陽) 출신이기에 '낙당'이라 했다.

33 천당(川黨): 철종 원우 연간에 왕안석의 신법에 반대한 구당삼파 가운데 하나로, 영수인 소식(蘇軾)이 사천(四川) 출신이기에 '천당'이라 했다. 촉당(蜀黨)이라고도 했다.

34 삭당(朔黨): 철종 원우 연간에 왕안석의 신법에 반대한 구당삼파 가운데 하나로, 영수인 유지(劉摯) 등이 모두 북방 출신이기에 '삭당'이라 했다.

35 가역(賈易): 자는 명숙(明叔). 북송의 관리. 인종 가우(嘉祐) 6년(1061) 진사 출신으로, 상주사법참군(常州司法參軍)을 지냈다. 철종 원우(元祐) 연간 초에 좌사간(左司諫)이 되었는데, 여도(呂陶)가 소식(蘇軾) 형제와 결탁해 붕당을 만들었다고 탄핵했다가 선인태후(宣仁太后)의 노여움을 사 지회주(知懷州)로 나갔다. 이듬해에 다시 조정으로 들어와 시어사(侍御史)가 되었다. 소식 형제를 심하게 비방해 논자들로부터 멸시를 받아 지선주(知宣州)로 나갔다. 원부(元符) 연간에 여러 차례 폄적되어 소주(邵州)에 안치되었다. 휘종이 즉위한 후 태상소경(太常少卿)·우간의대부(右諫議大夫)를 지냈으며, 보문각대제(寶文閣待制)·지등주(知鄧州)로 벼슬을 마쳤다.

36 여도(呂陶, 1028~1104): 자는 원균(元鈞). 북송의 관리. 인종 황우(皇祐) 연간 진사 출신으로, 태원부판관(太原府判官)을 지냈다. 신종 희녕(熙寧) 3년(1070)에 지팽주(知彭州)가 되었고, 감회안상세(監懷安商稅)로 좌천되었다. 철종 원우(元祐) 2년(1087)에 당쟁에 휘말려 지재주(知梓州)·성도로전운부사(成都路轉運副使)로 폄적되었다. 원우 7년(1092)에 조정으로 들어와 기거사인(起居舍人)과 중서사인(中書舍人)을 지냈다. 철종이 친정(親政)할 때 다시 지방으로 쫓겨나 지진주(知陳州)·지노주(知潞州)가 되었다. 휘종 숭녕(崇寧) 원년(1102)에 사직하고 고향으로 돌아가 은거하다가 죽었다.

37 양도(梁燾, 1034~1097): 자는 황지(況之). 북송의 관리. 인종 가우(嘉祐) 4년(1059) 진사 출신으로, 편교비각서적(編校秘閣書籍)·검상추밀원오방문자(檢詳樞密院五房文字) 등을 지냈다. 신종 원풍(元豐) 연간에 신법의 추진으로 백성들이 심한 피해를 당한다고 상주문을 올렸다가 지선주(知宣州)로 쫓겨났다. 철종이 즉위한 후 공부낭중(工部郎中)·태상소경(太常少卿)·우간의대부(右諫議大夫)를 역임했다. 사건에 연루되어 지노주(知潞州)로 나갔는데, 기근이 들자 명을 기다리지 않고 상평창(常平倉)을 열어 굶주린 백성들을 구휼했다. 다시 조정으로 들어와 좌간의대부가 되어 유안세(劉安世)와 함께 전(前) 재상 채확(蔡確)이 시를 지어 조정을 비방했다고 탄핵해, 어사중승(御史中丞)으로 승진했다. 한림학사와 상서좌승으로 있다가 병이 들어 그만두고 지영창(知潁昌)으로 나갔다. 소성(紹聖) 연간에 원우당(元祐黨)으로 몰려 지악주(知鄂州)로 쫓겨났다가 다시 폄적되어 화주(化州)에 안치되었다.

히 많았다. 이 당파들은 서로 공격을 멈추지 않았다. 정정숙은 대부분 고례古禮를 사용했는데, 소자첨은 그가 왕개보王介甫(왕안석)처럼 인정에 가깝지 않다고 여겨 심하게 미워했으며 간혹 거세게 모욕하기도 했다. 그래서 주광정과 가역이 불평하면서 모두 소자첨을 비방하고 무고하자, 집정執政이 양쪽을 다스렸다. 이때에 이미 한직으로 물러나 있던 원풍元豊 연간의 대신들이 모두 뼈에 사무치는 원한을 품은 채 은밀히 틈을 엿보고 있었는데, 현자들은 이를 깨닫지 못하고 스스로 당파를 나눠 서로 헐뜯었다. 소성紹聖 연간(1094~1098) 초에 이르러 장돈章惇이 재상이 되어 이들을 한꺼번에 원우당元祐黨으로 지목해 모두 영해嶺海[38]의 밖으로 귀양 보냈으니 정말로 슬프다. 여미중呂微仲(여대방)은 진秦 땅 사람으로 우직해 당파가 없었고, 범순부范醇夫(범조우)는 촉蜀 땅 사람으로 사마온공司馬溫公(사마광)을 본받아 당파를 세우지 않았지만, 역시 유배되어 죽음을 면치 못했으니 더욱 정말로 슬프다.

哲宗卽位, 宣仁后垂簾同聽政, 羣賢畢集於朝, 專以忠厚不擾爲治, 和戎偃武, 愛民重穀, 庶幾嘉祐之風矣. 然雖賢者不免以類相從, 故當時有洛黨・川黨・朔黨之語. 洛黨者, 以程正叔侍講爲領袖, 朱光庭・賈易等爲羽翼. 川黨者, 以蘇子瞻爲領袖, 呂陶等爲羽翼. 朔黨者, 以劉摯・梁燾・王巖叟・劉安世爲領袖, 羽翼尤衆. 諸黨相攻擊不已. 正叔多用古禮, 子瞻謂其不近人情如王介甫, 深疾之, 或加抗侮. 故朱光庭・賈易不平, 皆以謗訕誣子瞻, 執政兩平之. 是時旣退元豐大臣於散地, 皆銜怨刺骨, 陰伺間隙, 而諸賢者不悟, 自分黨相毀. 至紹聖初, 章惇爲相, 同以爲元祐黨, 盡竄嶺海之外, 可哀也. 呂微仲

38 영해(嶺海): 북쪽으로는 오령(五嶺)에 닿고 남쪽으로는 남해(南海)에 닿는 지역. 즉 지금의 광둥성[廣東省]과 광시성[廣西省] 지역을 말한다.

秦人, 戇直無黨, 范醇夫蜀人, 師溫公不立黨, 亦不免竄逐以死, 尤可哀也.

13-11(143)

(신종) 희녕熙寧 연간(1068~1077)에 승상 양적梁適[39]의 부음이 전해지자, 광헌후光獻后(광헌태황태후 조씨)가 교지를 내려 상국사相國寺에서 승려들에게 음식을 베풀고 (양적의 혼을) 천도해 주게 했다. 신종이 물었다.

"혹시 양적이 인종仁宗의 옛 재상이기 때문입니까?"

광헌후가 말했다.

"양적이 없었다면 나는 오늘이 없었을 것입니다."

신종이 그 까닭을 물었더니 광헌후가 말했다.

"내가 처음 황후로 책봉되었을 때, 인종이 하루는 재상에게 '짐이 궁중에 거하는데 전후좌우로 모두 황후의 당여黨與들이오'라고 말하자, 재상 진집중陳執中이 외정外廷(조정)에 회부해 조치하길 청했더니, 양적이 나아가 '여항의 사람이 오늘 한 처를 내쫓고 내일 또 한 처를 내쫓는 것도 오히려 불가하거늘 하물며 천자임에랴? 집중의 말은 옳지 않습니다!'라고 말했습니

39 양적(梁適, 1001~1070): 자는 중현(仲賢), 시호는 장숙(莊肅). 북송의 대신으로, 한림학사 양호(梁顥)의 아들이다. 진종 때 문음(門蔭)으로 벼슬길에 올라 비서성정자(秘書省正字)와 지오주(知梧州)를 지냈다. 인종 경우(景祐) 원년(1034)에 진사에 급제해 지회양군(知淮陽軍)과 지연주(知兗州) 등을 역임했는데, 경동로(京東路)의 명주 구매 비용 130만 전을 절감하고 연주의 철광업을 발전시켰다. 우정언(右正言)·추밀부사(樞密副使)·참지정사(參知政事)를 거쳐 동평장사(同平章事)에 올라 재상이 되었다. 나중에 권세를 믿고 이득을 탐했다고 어사에게 탄핵당해 지정주(知鄭州)로 좌천되었다. 다시 관문전대학사(觀文殿大學士)에 임명되었으며, 태자태보(太子太保)로 벼슬을 마쳤다.

다. 인종은 말없이 한참 동안 있다가 '양적의 말이 충언忠言이오'라고 말씀하셨습니다."

아! 오직 인종의 성스러움과 양공梁公(양적)의 현명함으로 인해 우리 광헌후가 송나라의 국모[40]가 되었도다!

熙寧間, 梁丞相適薨聞, 光獻后有旨於相國寺飯僧資薦. 神宗問曰: "豈以梁適爲仁宗舊相耶?" 后曰: "微梁適吾無今日矣." 帝問其故, 曰: "吾初冊后, 仁宗一日對宰輔言: '朕居宮中, 左右前後皆皇后之黨.' 宰相陳執中請付外施行, 梁適進曰: '閭巷之人, 今日出一妻, 明日又出一妻, 猶爲不可, 況天子乎? 執中之言非是!' 仁宗不語, 久之曰: '梁適忠言也.'" 嗚呼! 唯仁宗之聖, 梁公之賢, 吾光獻后所以爲宋之任姒歟!

13-12(144)

대제待制(천장각대제天章閣待制) 이성지李誠之(이사중)는 특출한 선비로, 소자첨蘇子瞻(소식)이 "이육장李六丈(이사중)[41]은 인걸이다"라고 말한 사람이다. 그가 어렸을 때 조정에서 부친 이위李緯[42]의 공을 논했지만 오랫동안 비답이

40 국모: 원문은 "임사(任姒)". 주(周)나라 문왕(文王)의 어머니인 태임(太任)과 무왕(武王)의 어머니인 태사(太姒). 이 둘은 예로부터 현숙한 후비와 국모의 전범으로 여겨졌다.

41 이육장(李六丈): 이사중(李師中)을 말한다. '육'은 이사중의 집안 항렬이고, '장'은 장년배에 대한 존칭이다.

42 이위(李緯): 자는 중문(仲文). 북송의 관리로, 이굉(李紘)의 동생이다. 처음 삼반차직(三班借職)에 보임되었다가 두연(杜衍)의 추천으로 합문지후(閤門祗候)·진융군와정채도감(鎭

내려지지 않자, 스스로 대궐에 나아가 장계를 올려 승상 한위공韓魏公(한기)에게 아뢰었더니 한위공이 말했다.

"그대가 정말 열심히 공부하면 저절로 당연히 과거 급제의 명성을 얻을 것이니, 분분하게 논공행상할 필요가 없네."

그러자 이성지가 말했다.

"선친의 공과가 아직 판별되기 전인데, 제가 먼저 죽어 개나 말처럼 도랑이나 골짜기에 버려진다면 지하에서 선친을 뵐 면목이 없을까 봐 심히 걱정하기 때문에 비통함을 참고 스스로 말씀드리는 것입니다. 만약 벼슬을 구하고자 한다면 글자를 조금만 알면 2등으로 급제하는 것은 진실로 어렵지 않습니다."

한위공과 왕요신王堯臣이 2등으로 과거에 급제했기 때문에 이성지가 그렇게 말한 것이었다. 한위공은 그 말을 듣고 깜짝 놀랐다. 혹자는 한위공의 덕량이 한 시대를 감복시켰지만 유독 이성지만은 종신토록 만족시킬 수 없었다고 말했다. 이성지는 과거에 급제하고 나서 벼슬이 점차 높아졌고 더욱 올곧다는 명성을 얻었다. 참지정사參知政事 당개唐介가 대관臺官으로 있을 때, 문노공文潞公(문언박)이 등롱금燈籠錦을 장귀비張貴妃에게 바친 일[43]을 탄핵했는데, 황상(인종)이 매우 노해 당개를 춘주春州로 폄적시켰다. 그러자 이성지가 시[44]를 지어 그에게 보냈는데, 그 시에 "나라 떠나는 한 몸은 나뭇

戎軍瓦亭砦都監)을 거쳐 하북연변안무부사(河北緣邊安撫副使)가 되었다. 한기(韓琦)의 추천으로 지보주(知保州)에 임명되었으며, 나중에 좌기기사(左騏驥使)·영주자사(榮州刺史)로서 지웅주(知雄州)가 되었다. 군대를 매우 엄격하게 다스렸고 자주 환관들과 이해를 다투었다. 또한 공사전(公使錢: 관리 접대비용)을 모아 쌀 3천 곡(斛)을 저장해 상평창(常平倉)을 만들었는데, 조정에서 조서를 내려 그 법을 다른 주에서도 시행하도록 했다. 서상합문사(西上閤門使)로 벼슬을 마쳤다.

43 문노공(文潞公: 문언박)이 등롱금(燈籠錦)을 장귀비(張貴妃)에게 바친 일: 이 일은 본서 2-5(024)에 나왔다.

잎처럼 가볍고, 천고에 빛날 고명高名은 산처럼 무겁네. 함께 노닐던 준재는 얼굴이 얼마나 두꺼운가? 이미 죽은 간웅奸雄은 뼈가 아직 차갑네"라는 구절이 있었다. 나중에 당개가 문노공의 추천을 받아 조정에서 벼슬했을 때 진언한 바가 없자, 이 때문에 이성지는 당개에게 예전에 자기가 보내 준 시를 달라고 했는데, 당개는 답장하지 않고 그 시를 가져와 돌려주면서 말했다.

"나는 진실로 낙운시落韻詩[45]를 짓지 않소."

(이성지의 시에서) "산山"과 "한寒" 두 글자의 운이 같지 않기[46] 때문에 당개가 그렇게 말한 것이었다. 이성지의 강직함을 엿볼 수 있다. 이성지가 인종仁宗조에 주현州縣에서 벼슬하고 있을 때, 저리邸吏가 포증包拯이 참지정사에 임명되었다고 보고하자, 어떤 사람이 말했다.

"이제부터 조정에 일이 많아지겠습니다."

그러자 이성지가 정색하며 말했다.

"포공包公(포증)은 일을 만들어 내는 사람이 아닙니다. 대신 지금 지은현知鄞縣으로 있는 왕안석王安石이란 자는 눈에 흰자위가 많아서 (동진 때 반란을 일으켰던) 왕돈王敦[47]과 매우 흡사하니, 훗날 천하를 어지럽히는 자는 이 사람

---

44 시: 제목은 「송당자방지폄소(送唐子方之貶所)」다.

45 낙운시(落韻詩): 근체시의 압운 규정에 맞지 않는 시. 출운시(出韻詩)라고도 한다.

46 "산(山)"과 "한(寒)" 두 글자의 운이 같지 않기: '산'은 상평성(上平聲) 산(刪) 운부(韻部)에 속하고, '한'은 상평성 한(寒) 운부에 속하므로 운이 다르다.

47 왕돈(王敦, 266~324): 자는 처중(處仲). 동진의 권신이자 장수. 왕도(王導)의 사촌형이며, 무제(武帝) 사마염(司馬炎)의 딸 양성공주(襄城公主)의 남편이다. 원제(元帝) 사마예(司馬睿)가 강남으로 건너왔을 때 사촌동생 왕도와 함께 충심으로 보좌해, 동진이 세워진 후 진동대장군(鎭東大將軍)에 제수되고 육주제군사도독(六州諸軍事都督)·강주자사(江州刺史)에 임명되었으며 한안후(漢安侯)에 봉해졌다. 나중에는 병권을 장악하고 조정을 위협했다. 영창(永昌) 원년(322)에 유외(劉隗) 등을 토벌한다는 명목으로 군사를 일으켜 석두(石頭)를 공략하고 주의(周顗)·조협(刁協)·대연(戴淵) 등의 대신들을 살해한 뒤 스스로 승상이

일 것입니다."

나중에 왕형공王荊公(왕안석)이 신종神宗의 재상이 되어, '천명부족외天命不足畏(하늘의 명은 두려워하기에 부족하다)', '조종부족법祖宗不足法(조종은 본받기에 부족하다)', '인언부족휼人言不足卹(사람들의 말은 근심하기에 부족하다)'을 책략으로 삼자, 이성지가 그를 호되게 꾸짖었다. 어사중승御史中丞 여헌가呂獻可(여회)가 죽자 이성지가 시를 지어 그를 위해 곡했는데, 그 시에 "간신이 나아감에 현신은 물러나야 하니, 충신은 죽어서도 나라를 걱정하네. 내가 살아서 결국 무슨 보탬이 되겠는가? 구천九泉(황천)을 찾아 노닐길 원하네"라는 구절이 있었다. 왕형공의 도당인 여혜경呂惠卿은 더욱 그에게 원한을 품었지만 미처 드러내지 못하고 있었다. 때마침 이성지가 자신에 대해 서술한 주장奏章을 올리자 신종이 그것을 궁중에 남겨 두었는데, 여혜경이 그것을 수령하길 한사코 청했다. 여혜경은 그 문장의 뜻을 뭉뚱그려 "하늘이 미천한 신을 태어나게 하신 것은 진실로 폐하를 위한 것입니다" 등의 말로 황상의 마음을 격노하게 해, 결국 이성지는 군주를 우롱했다는 문책을 받아 종신토록 크게 등용되지 못했다. 아! 이성지와 같은 선비라면 어찌 공자孔子가 말한 강직한 자가 아니겠는가!

李承之[1]待制, 奇士, 蘇子瞻所謂李六丈人豪也. 爲童子時, 論其父緯之功於朝, 久不報, 自詣漏舍以狀白丞相韓魏公, 公曰: "君果讀書, 自當取科名, 不用紛紛論賞也." 承之云: "先人功罪未辨, 深恐先犬馬溝壑[2], 無以見於地下, 故忍痛自言. 若欲求官, 稍識字, 第二人及第固不難." 魏公·王堯臣榜第二人

되었다. 명제(明帝) 사마소(司馬紹) 태녕(太寧) 원년(323)에 군대를 고숙(姑熟)으로 이동하고 스스로 양주목(揚州牧)이 되었으며, 이듬해(324)에 온교(溫嶠)를 토벌한다는 구실을 내세우고 반란을 일으켰다가 도중에 병으로 죽었다.

登科, 承之故云. 公聞其語矍然. 或云魏公德量服一世, 獨於承之終身不能平. 承之旣登第, 官浸顯, 益有直聲. 唐介參政爲臺官時, 言文潞公燈籠錦獻張貴妃事, 上怒甚, 謫介春州. 承之送以詩, 有"去國一身輕似葉, 高名千古重如山. 並遊英俊顏何厚, 已死英[3]雄骨尙寒"之句. 後介用潞公薦, 官於朝廷, 無所言, 承之以故從介索所送詩, 介無以報, 取詩還之曰: "我固不用落韻詩也." 以"山"·"寒"二字韻不同, 故云. 可見承之之剛正也. 承之在仁宗朝官州縣, 因邸吏報包拯拜參政, 或曰: "朝廷自此多事矣." 承之正色曰: "包公無能爲. 今知鄞縣王安石者, 眼多白, 甚似王敦, 他日亂天下者, 此人也." 後荊公相神宗, 以天命不足畏·祖宗不足法·人言不足卹爲術, 承之深詆之. 至呂獻可中丞死, 承之以詩哭之, 有"奸進賢須退, 忠臣死國憂. 吾生竟何益, 願卜九泉游"之句. 荊公之黨呂惠卿益怨之, 未有以發也. 會承之上章自敍, 神宗留其章禁中, 惠卿堅請領之. 惠卿因節略文意, 以"天生微臣, 實爲陛下"等語激上意, 遂有愚弄人主之責, 終其身不至大用. 嗚呼! 士若承之, 豈孔子所謂剛者歟!

[1] 승지(承之): 마땅히 "성지(誠之)"로 고쳐야 한다. 이하도 마찬가지다. 본문의 고사는 이사중(李師中)에 관한 것인데, 이사중은 자가 성지(誠之)다. 『송사』 권332 「이사중전」에 "이사중(李師中), 자성지(字誠之)"라 되어 있다. 또한 이 고사는 명대 『세설신어보(世說新語補)』 「식감(識鑒)」에도 실려 있는데, 역시 "이성지"라 되어 있다.

[2] 구학(溝壑): 명초본에는 이 앞에 "전(塡)" 자가 있는데, 문맥상 보다 타당하다.

[3] 영(英): 명초본에는 "간(奸)"이라 되어 있는데, 문맥상 보다 타당하다.

13-13(145)

주수창朱壽昌[48]은 젊었을 때 어머니의 소재를 알지 못하자 벼슬을 버리고 천하를 돌아다니면서 찾았으며, 손가락을 찔러 흐르는 피로 불경을 썼는데 그 마음이 매우 간절했다. (신종) 희녕熙寧 연간(1068~1077) 초에 마침내 동주同州에서 어머니를 만나 모시고 돌아오자, 조정의 인사들이 대부분 시를 지어 그를 찬미했다. 내한內翰(한림학사) 소자첨蘇子瞻(소식)이 시[49]를 지어, "그대의 이별과 만남에 느꺼워 내 마음 쓰라리니, 이런 일은 지금은 없고 옛날에는 혹 들어 보았네"라고 했다. 왕형공王荊公(왕안석)이 이정李定을 대관臺官으로 추천했는데, 이정이 일찍이 모친상을 지키지 않았기에 대간臺諫과 급사給舍[50]가 모두 그의 불효를 논해 기용할 수 없다고 했다. 소내한蘇內翰(소식)이 주수창을 위해 시를 지으면서 이정을 폄하했기 때문에 "이런 일은 지금은 없고 옛날에는 혹 들어 보았네"라고 말했던 것이다. 나중에 이정은 어사중승御史中丞이 되었을 때, 소내한이 시를 지어 황상을 비방한 일이 많다고 탄핵했다. 그래서 소내한은 지호주知湖州로 있다가 조옥詔獄에 갇혔는데, 소인배들이 반드시 그를 죽이고자 했다. 장문정공張文定公(장방평)과 범충선공范忠宣公(범순인)이 상소해 그를 구원하고자 했지만, 비답이 내려오지 않자 세상 사람들은 그가 화를 면치 못할 것으로 알았다. 소내한이 옥중에서

48 주수창(朱壽昌, 1014~1083): 자는 강숙(康叔). 북송의 관리이자, 중국 고대 '이십사효(二十四孝)' 가운데 하나로 꼽힌다. 문음(門蔭)으로 벼슬길에 올라 장작감주부(將作監主簿)·지악주(知嶽州)·지광덕군(知廣德軍) 등을 역임하면서 훌륭한 치적을 남겼다. 모친 유씨(劉氏)는 부친 주손(朱巽)의 첩이었는데, 막 그를 임신했을 때 민간으로 출가했으며, 그는 태어난 지 몇 년 뒤에 혼자 돌아왔고 모친과는 50년 동안 소식이 끊어졌다. 신종 희녕(熙寧) 연간 초에 노모를 찾기 위해 벼슬을 버리고 혈서로 『금강경(金剛經)』을 쓰면서 사방을 찾아다닌 끝에 마침내 동주(同州)에서 모친을 만나 모친과 두 동생을 함께 데리고 돌아왔다. 소식(蘇軾)과 왕안석(王安石) 등이 모두 시를 지어 그를 찬미했다. 경조부(京兆府)에서 그 일을 상주하자 조정에서 그를 원래 관직으로 복직시키라는 조서를 내렸지만, 그는 노모를 봉양해야 한다면서 하중부통판(河中府通判)을 자청했다. 벼슬은 중산대부(中散大夫)에까지 이르렀으며 70세에 죽었다.

49 시: 제목은 「주수창낭중(朱壽昌郎中), 소부지모소재(少不知母所在), 자혈사경(刺血寫經), 구지오십년(求之五十年), 거세득지촉중(去歲得之蜀中), 이시하지(以詩賀之)」다.

50 급사(給舍): 급사중(給事中)과 중서사인(中書舍人)의 병칭(竝稱).

시[51]를 지어 황문공黃門公 소자유蘇子由(소철)[52]에게 보냈는데, "그대와 대대로 형제가 되어, 아직 끊어지지 않은 내생의 인연을 다시 맺어 보세"라고 했다. 어떤 사람이 이를 황상에게 알렸더니, 황상이 이를 보고 슬퍼하면서 마침내 그를 사면해 단련부사團練副使로 황주黃州에 안치하는 데 그쳤다.

朱壽昌者, 少不知母所在, 棄官走天下求之, 刺血書佛經, 志甚苦. 熙寧初見於同州, 迎以歸, 朝士多以詩美之. 蘇內翰子瞻詩云: "感君離合我酸辛, 此事今無古或聞." 王荊公薦李定爲臺官, 定嘗不持母服, 臺諫・給舍俱論其不孝, 不可用. 內翰因壽昌作詩貶定, 故曰"此事今無古或聞"也. 後定爲御史中丞, 言內翰多作詩訕上. 內翰自知湖州赴詔獄, 小人必欲殺之. 張文定・范忠宣二公上疏救, 不報, 天下知其不免矣. 內翰獄中作詩寄黃門公子由云: "與君世世爲兄弟, 更結來生未斷因." 或以上聞, 上覽之悽然, 卒赦之, 止以團練副使安置黃州.

51 시: 제목은 「옥중기자유(獄中寄子由)」다. 모두 2수인데 인용된 구절은 제1수의 마지막 두 구절이다.

52 소자유(蘇子由): 소철(蘇轍, 1039~1112). 자는 자유 또는 동숙(同叔), 별칭은 소황문(蘇黃門)・소소(小蘇), 만년의 호는 영빈유로(潁濱遺老), 시호는 문정(文定). 북송의 대신이자 문학가. 인종 가우(嘉祐) 2년(1057) 진사 출신으로, 비서성교서랑(秘書省校書郞)과 상주군사추관(商州軍事推官)을 지냈다. 신종 때 왕안석(王安石)의 신법에 반대했다가 하남유수추관(河南留守推官)으로 나갔다. 그 후로 장방평(張方平)과 문언박(文彦博) 등을 따라 여러 지방관을 역임했다. 철종이 즉위한 후 입조해 우사간(右司諫)・어사중승(御史中丞)・상서우승(尙書右丞)・문하시랑(門下侍郞) 등을 지냈으며, 나중에 상서해 간언하다가 지여주(知汝州)로 강직되었다. 재상 채경(蔡京)이 정권을 장악했을 때 다시 조청대부(朝請大夫)로 강직되었고 태중대부(太中大夫)로 벼슬을 마쳤다. 부친 소순(蘇洵), 형 소식(蘇軾)과 함께 이름을 나란히 해 '삼소(三蘇)'로 불렸다. 그의 학문은 부친과 형의 영향을 크게 받았고, 당송팔대가 중 하나로 정론(政論)과 사론(史論)에 뛰어났으며, 서법에도 일가견이 있었다.

13-14(146)

(신종) 원풍元豊 7년(1084) 갑자년甲子年 6월 26일에 낙중洛中(낙양)에 큰비가 내려 이수伊水와 낙수洛水가 불어나 천진교天津橋가 무너지고 물결이 상양궁上陽宮의 담장까지 찼다. 밤에 서쪽과 남쪽의 성이 파괴되고 이수와 낙수의 남북 물길이 합쳐져 하나로 흘러 공경과 사서인士庶人의 저택과 여염집이 모두 무너졌는데, 오직 이수의 동쪽 물길에 땔나무를 쌓아 수문의 입구를 막았기 때문에 물이 관저로는 들어오지 않았다. 승상 한강공韓康公(한강)이 당시 낙양윤洛陽尹으로 있었는데, 백성들을 잘 위무하고 구휼해 도적을 경계할 필요가 없어지자 사람들이 다소 안정되었다. 그런데 이틀 후에 못된 젊은 몇몇 무리가 물이 다시 들이닥친다고 떠들어 대자 사람들이 모두 울부짖었는데, 한강공이 그들을 붙잡아 유배형에 처결하자 비로소 안정되었다. 이러한 사실이 조정에까지 알려졌다. 남쪽 신성新城에 새로운 제방을 쌓아 물을 막고 남쪽에 나성羅城[53]을 증축했다. 이듬해 여름에 낙수가 다시 불어나 신성의 제방 아래까지 이르렀지만 성안으로 들어오지 못했기에 낙양 사람들이 감사했으니, 낙양윤 한강공의 뛰어난 치적 덕분이었다. 이는 그의 치적 중 큰 것이었다.

元豐七年甲子六月二十六日, 洛中大雨, 伊·洛漲, 壞天津橋, 波浪與上陽宮牆齊. 夜, 西南城破, 伊·洛南北合而爲一流, 公卿士庶第宅廬舍皆壞, 唯伊水東渠有積薪塞水口, 故水不入府第. 韓丞相康公尹洛, 撫循賑貸, 無盜賊之

53 나성(羅城): 안팎의 이중으로 된 성곽의 바깥 성벽.

警, 人稍安. 後兩日, 有惡少數輩聲言水再至, 人皆號哭, 公命擒至決配之, 乃定. 聞於朝. 築水南新城新堤, 增築南羅城. 明年夏, 洛水復漲, 至新城隄下, 不能入, 洛人德之, 康公尹洛之異政也. 此其大者.

邵氏聞見錄
卷十四

14-1(147)

(신종) 원풍元豐 연간(1078~1085) 말에 신종神宗의 산릉山陵을 조성할 때, 낙양윤洛陽尹 한강공韓康公(한강)이 제례에 올리는 물품을 모두 미리 준비했는데, 비록 중귀인中貴人[1]이라 할지라도 감히 함부로 요구하는 바가 없었다. 대개 한강공의 아들인 한종사韓宗師가 낙양의 어진 사대부를 따라 노닐다가 들은 바가 있으면 반드시 한강공에게 아뢰어 시행하도록 했다. 또 주광정朱光庭 공염公掞과 두순杜純 효석孝錫은 모두 하남부河南府의 관리로 있었는데, 한강공이 그들을 추천해 산릉사山陵司의 속관으로 삼았다. 두 사람은 매우 충직하고 신실했으며 시비곡직을 논정한 바가 많았기에, 산릉 조성이 완공되고 백성들이 그 은사恩賜를 받았다. 한강공은 그 공으로 사상使相으로서 판대명부判大名府에 임명되었다. 한강공이 낙양을 떠나고 나서 사람들은 더욱 그를 그리워했다. 그전에 신종의 영가靈駕가 영안永安에 도착하자 한강공이 교외에서 맞이했는데, 주태비朱太妃[2]가 뒤에서 영가를 수행하자

1 중귀인(中貴人): 황제가 총애하고 믿는 환관.
2 주태비(朱太妃): 신종의 둘째 황후인 흠성황후(欽成皇后) 주씨(朱氏)로 철종의 모후(母后)다.

한강공이 또한 주태비를 맞이했다. 주태비가 궁중으로 돌아와서 우연히 선인태후宣仁太后(고태후)에게 그 일을 말했더니 선인태후가 노하며 말했다.

"한 아무개는 선조先朝의 노신인데, 네가 어찌 망진望塵의 예[3]를 받았단 말이냐?"

주태비가 울면서 사죄했다. 공의 높은 명성이 이와 같았다.

元豐末, 治神宗山陵, 韓康公尹洛, 凡上供之物皆預辦, 雖中貴人不敢妄有所求. 蓋公之子宗師從洛之賢士大夫游, 有所聞, 必白公施行之. 又朱光庭掞·杜純孝錫皆府官, 公薦爲山陵司屬. 二人忠信有餘, 多所論列, 役成而民被其賜. 公以功拜使相, 判大名. 旣去, 而人益思之. 先是神宗靈駕次永安, 公迎於郊. 朱太妃護駕於後, 公亦迎之. 太妃還禁中, 偶爲宣仁太后言, 宣仁怒曰: "韓某先朝老臣, 汝安得當望塵之禮?" 太妃泣謝. 公之名重如此也.

14-2(148)

대자大資(자정전대학사資政殿大學士) 한지국韓持國(한유)이 지영창부知潁昌府로 있을 때, 시언時彥[4]이 장원으로 급제해 영창부의 첨판簽判이 되었다. 그가

3 망진(望塵)의 예: 현귀(顯貴)한 사람의 행차를 기다렸다가 멀리서 수레가 일으키는 먼지를 바라보며 절하는 것으로, 극진한 예를 올리는 것을 말한다. 여기서는 한강(韓絳)이 주태비를 맞이하며 예를 올린 것을 가리킨다.

4 시언(時彥, ?~1107): 자는 방미(邦美). 북송의 관리. 신종 원풍(元豐) 2년(1079) 진사 출신으로, 첨서영창판관(簽書潁昌判官)을 거쳐 집현교리(集賢校理)로 전임되었다. 철종 소성(紹聖) 연간에 요나라에 사신으로 가서 직무를 제대로 수행하지 못해 파직당했다가 얼마

처음 한지국을 배알할 때 알자謁者가 그를 “장원”이라 칭했더니 한지국이 노하며 말했다.

“장원은 관직이 없더냐?”

그 후로는 시언을 “첨판”이라 불렀는데, 시언은 종신토록 이를 마음에 담아 두었다. 마연馬涓[5] 거제巨濟도 장원으로 급제해 진주첨판秦州簽判이 되었는데, 처음에 “장원”이라 부르자 안무사安撫使로 있던 여진백呂晉伯(여대충)이 그에게 말했다.

“장원이라 이르는 것은 급제하고 나서 아직 관직을 제수받지 못했을 때의 호칭이네. 이미 판관이 되었으니 ‘장원’이라 말해서는 안 되네.”

마거제馬巨濟(마연)가 부끄러워하며 사죄하자, 여진백이 다시 마거제에게 말했다.

“이제 과거科擧의 학문은 이미 쓸모가 없으니, 수신과 위기爲己[6]의 학문에 힘써야 하네.”

당시 사양좌謝良佐[7] 현도顯道가 주학교수州學教授가 되었는데, 사현도謝顯

후에 집현교리로 복직되고 제점하동형옥(提點河東刑獄)에 제수되었다. 휘종이 즉위한 후 이부원외랑·기거사인(起居舍人)을 지냈으며, 이부상서로 벼슬을 마쳤다.

5 마연(馬涓): 자는 거제(巨濟). 북송의 관리. 철종 원우(元祐) 6년(1091) 진사 출신으로, 첨서진주판관(簽書秦州判官)을 지냈다. 조정에 들어가 대관(臺官)이 되어 올곧다는 명성을 얻었다. 휘종 숭녕(崇寧) 2년(1103)에 상소해 채경(蔡京)의 뜻을 거슬렀다가 길주(吉州)로 폄적되어 안치되었다. 나중에 원우당적(元祐黨籍)에 들어갔다.

6 위기(爲己): 자기 자신을 위해 도덕을 함양하고 학문을 증진시키는 것을 말한다. 『논어(論語)』「헌문(憲問)」에 나온다.

7 사양좌(謝良佐, 1050~1103): 자는 현도(顯道), 시호는 문숙(文肅). 북송의 관리이자 학자. 정호(程顥)·정이(程頤)에게서 수학했으며, 유작(游酢)·여대림(呂大臨)·양시(楊時)와 함께 ‘정문사선생(程門四先生)’으로 불렸다. 신종 원풍(元豐) 8년(1085) 진사 출신으로, 지응성현(知應城縣)을 지냈다. 휘종 때 감서경죽목장(監西京竹木場)이 되었는데, 사건에 연루되어 하옥된 후 서민으로 강등되었다. 기억력이 강하고 지식이 해박해 전대의 역사를 인용할 때 한 글자도 틀리지 않았다. 저서에 『논어설(論語說)』·『상채어록(上蔡語錄)』 등이 있다.

道(사양좌)는 이천伊川 정씨程氏(정이)의 학문을 연마했다. 여진백이 매번 수고롭게 수레와 말을 타고 마거제와 함께 찾아가면 사현도는 『논어論語』를 강론했는데, 여진백은 옷깃을 바로 하고 엄숙한 몸가짐으로 경청하면서 말했다.

"성인의 언행이 여기에 있으니 내가 감히 엄숙해지지 않을 수 없습니다."

또 자주 공무에 관한 문서를 마거제에게 맡겨 상세히 검토하게 하면서 말했다.

"수신과 위기의 학문을 뒤로 미룰 수 없지만, 정사를 펼쳐 백성을 다스리는 일을 어찌 몰라서야 되겠는가?"

마거제는 훌륭한 스승을 얻었다고 스스로 생각했는데, 나중에 조정에 들어가 대관臺官이 되어 명성을 얻자 매번 이렇게 말했다.

"여공呂公(여대충)께서 나를 가르쳐 주신 은혜 덕분입니다."

마거제는 시언보다 훨씬 어진 사람이었다.

韓持國大資知潁昌府, 時彦以狀元及第, 爲簽判. 初見持國, 通謁者稱"狀元", 持國怒曰: "狀元無官耶?" 自此呼時彦"簽判"云, 彦終身銜之. 馬涓巨濟亦以狀元及第爲秦州簽判, 初呼"狀元", 呂晉伯爲帥, 謂之曰: "狀元云者, 及第未除官也. 旣爲判官, 不可曰'狀元'也." 巨濟愧謝, 晉伯又謂巨濟曰: "科擧之學旣無用, 修身爲己之學其勉之." 時謝良佐顯道作州學敎授, 顯道爲伊川程氏之學. 晉伯每屈車騎, 同巨濟過之, 則顯道爲講『論語』, 晉伯正襟肅容聽之, 曰: "聖人言行在焉, 吾不敢不肅." 又數以公事案牘委巨濟詳覆, 且曰: "修身爲己之學不可後, 爲政治民其可不知." 巨濟自以爲得師, 後立朝爲臺官有聲, 每曰: "呂公數載[1]之恩也." 賢於時彦遠矣.

[1] 수재(數載): 원초본과 『학진토원』본에는 "교아(教我)"라 되어 있는데, 문맥상 보다 타당하다.

14-3(149)

(철종) 원우元祐 연간(1086~1094) 초에 철종哲宗이 어렸기에 문노공文潞公(문언박)을 기용해 군국軍國의 중요한 일을 논정하고, 정이程頤 정숙正叔을 불러 숭정전설서崇政殿說書로 삼았다. 정정숙程正叔(정이)은 스승의 도리로 자처해 매번 황상을 모시고 강론할 때마다 안색을 매우 장중하게 하고 이어서 풍간을 했기에 황상이 그를 어려워했다. 문노공은 황상을 대할 때 매우 공손했는데, 진사進士를 창명唱名[8]할 때 하루 종일 시립하고 있자 황상이 자주 말했다.

"태사太師는 좀 쉬시오."

하지만 문노공은 머리를 조아리고 감사하면서 떠나지 않고 계속 서 있었는데, 그때 문노공의 나이가 90세였다. 어떤 사람이 정정숙에게 말했다.

"당신은 거만하니 문노공의 공손함을 보십시오. 논자들은 당신이 최선을 다하지 않는다고 여깁니다."

그러자 정정숙이 말했다.

"문노공은 세 조정의 대신으로 어린 군주를 섬기고 있으니 공손하지 않을 수 없습니다. 나는 포의布衣로서 황상의 사부가 되었으니 어찌 감히 자중하지 않을 수 있겠습니까? 이것이 나와 문노공이 같지 않은 까닭입니다."

식자들은 그 말에 탄복했다.

8 창명(唱名): 전시(殿試)가 끝난 후에 황제가 급제한 진사를 호명하고 불러 접견하는 것을 말한다.

元祐初, 哲宗幼冲, 起文潞公以平章軍國重事, 召程頤正叔爲崇政殿說書. 正叔以師道自居, 每侍上講, 色甚莊, 繼以諷諫, 上畏之. 潞公對上恭甚, 進士唱名, 侍立終日, 上屢曰: "太師少休." 公頓首謝, 立不去, 時公年九十矣. 或謂正叔曰: "君之倨, 視潞公之恭. 議者爲未盡." 正叔曰: "潞公三朝大臣, 事幼主, 不得不恭. 吾以布衣爲上師傅, 其敢不自重? 吾與潞公所以不同也." 識者服其言.

14-4(150)

(철종) 원우元祐 3년(1088)에 범충선공范忠宣公(범순인)이 상서우복야尚書右僕射로 있을 때, 오처후吳處厚[9]란 자가 채확蔡確의 「제안주거개정題安州車蓋亭」[10]

9 오처후(吳處厚): 자는 백고(伯固). 북송의 관리. 인종 황우(皇祐) 5년(1053) 진사 출신으로, 장작감승(將作監丞)을 지냈다. 일찍이 채확(蔡確)이 오처후에게서 부(賦)를 배웠는데, 채확이 재상이 되자 오처후가 편지를 보내 자신을 이끌어 달라고 부탁했지만 채확은 그를 추천할 뜻이 없었다. 왕규(王珪)가 오처후를 관직(館職)에 제수하길 청했을 때도 채확에게 저지당했다. 결국 오처후는 지통리군(知通利軍)으로 나갔다가 지한양군(知漢陽軍)으로 옮겨갔다. 철종 원우(元祐) 연간에 채확이 지안주(知安州)로 좌천되었을 때 「거개정(車蓋亭)」 시를 지었는데, 오처후가 그 시를 입수해 상주하면서 선인태후(宣仁太后)를 비방했다고 무고했다. 결국 채확은 영주별가(英州別駕)로 폄적되고 신주(新州)에 안치되었다. 오처후는 지위주(知衛州)로 발탁되었다가 얼마 후에 죽었으며, 소성(紹聖) 연간에 흡주별가(歙州別駕)로 추폄(追貶)되었다.

10 「제안주거개정(題安州車蓋亭)」: 채확이 지안주(知安州)로 폄적되어 있을 때 거개정을 유람하면서 지은 10수의 연작시인데, 본래 제목은 「하일등거개정(夏日登車蓋亭)」이다. 채확에게 앙심을 품고 있던 오처후가 이 시를 입수해 여기에 선인태후를 비방하는 뜻이 담겨 있다고 무고했다. 채확은 결국 영남(嶺南)의 신주(新州)로 6년간 유배되었다가 그곳에서 죽었다. 이를 '거개정시안(車蓋亭詩案)'이라 한다.

시를 가져와 상주하면서 비방의 뜻이 담겨 있다고 하자, 선인태후宣仁太后(고태후)가 그것을 보고 진노하며 말했다.

"채확이 나를 (당나라) 측천무후則天武后[11]에 견주었으니 멀리 귀양 보내는 것이 마땅하다!"

여급공呂汲公(여대방)이 좌승左丞으로 있었는데 감히 말하지 못했다. 범충선공이 채확의 죄를 경감해 주길 청했지만 받아들여지지 않았다. 처음에 채확을 신주新州로 폄적시키는 일을 논의할 때 범충선공이 여급공에게 말했다.

"이 길은 가시나무로 우거진 지 이미 70~80년이 되었는데, 우리들이 이 길을 열어 놓는다면 스스로 화를 면치 못할까 걱정입니다."

여급공이 또 감히 말을 하지 못하자, 범충선공은 재상을 그만두길 청해 관문전대학사觀文殿大學士로서 지영창부知潁昌府로 나갔다. 유지劉摯가 재상을 그만두자, 철종哲宗과 선인태후는 다시 범충선공을 우상右相으로 등용했다. 선인태후가 병석에 눕자 재상들이 입조해 위문했는데, 선인태후가 범충선공을 남게 해 말했다.

"경의 부친인 범중엄范仲淹은 가히 충신이라 이를 만하니, 장헌태후章獻太后(유태후)조에는 태후에게 어머니의 도리를 다하라고 권했고 인종仁宗조에는 황제에게 자식의 도리를 다하라고 권했소. 경은 마땅히 이같이 해야 할 것이오."

---

11 측천무후(則天武后, 624~705): 당나라 여황제(690~705 재위)로, 무사확(武士彠)의 딸이다. 14세에 태종(太宗)의 재인(才人)이 되었고, 고종(高宗) 때 소의(昭儀)가 되었다가 뒤에 황후가 되어 천후(天后)로 불렸다. 683년부터 690년까지 중종(中宗)과 예종(睿宗)의 황태후가 되어 조정을 장악하고 섭정했다. 이 기간에 이름을 조(曌)로 개명했다. 690년에 스스로 황제가 되어 도성을 낙양(洛陽)으로 정하고 무주(武周) 왕조를 개국해 705년까지 통치했다. 705년에 정변으로 중종이 복위된 후 병사했다.

아! 선인태후가 범충선공에게 바랐던 바는 다른 신하들이 미칠 수 없었도다! 철종이 친정親政할 때, 여급공이 전중시어사殿中侍御史 양외楊畏[12]를 간의대부諫議大夫로 승진시키고자 했는데, 범충선공이 말했다.

"천자의 간관諫官은 마땅히 올곧은 사람을 등용해야 하니, 양외는 등용해서는 안 됩니다."

여급공은 양외에게 도와주겠다고 약속한 상태였는데, 범충선공에게 말했다.

"혹시 양외가 일찍이 공을 탄핵한 적이 있습니까?"

범충선공이 말했다.

"모르겠습니다."

대개 황상이 처음 범충선공을 불렀을 때 양외가 탄핵한 적이 있었는데, 황상이 따르지 않았기 때문에 범충선공이 몰랐던 것이다. 그래서 범충선공이 재상을 그만두길 청했지만 황상은 윤허하지 않았다. 나중에 양외는 맨 먼저 여급공을 배반했으며, 여급공을 해칠 수 있는 일이라면 하지 않은 것이 없었다. 또 이청신李淸臣은 맨 먼저 소술紹述(신법 계승)을 건의해 올곧은

12 양외(楊畏, 1044~1112): 자는 자안(子安). 북송의 관리. 진사 출신이다. 왕안석(王安石)의 학문을 존숭해 왕안석이 성인의 뜻을 얻었다고 여겼다. 서경국자감교수(西京國子監教授)를 거쳐 신종 원풍(元豐) 연간에 서단(舒亶)의 추천으로 감찰어사이행(監察御史裏行)이 되었다. 철종 원우(元祐) 연간 초에 사마광(司馬光)의 덕을 칭송했다가 사마광이 죽자 다시 그를 비난했다. 여대방(呂大防) · 유지(劉摯)와 사이가 좋아 여대방을 도왔고, 소송(蘇頌) · 범순인(范純仁)을 공격했으며, 소철(蘇轍)을 등용해서는 안 된다고 비방해, 백관들의 미움을 받았다. 전중시어사(殿中侍御史)로 승진되었다. 철종이 친정(親政)하면서 다시 희풍신법(熙豐新法: 신종 희녕 · 원풍 연간에 시행한 신법)을 주창하자, 양외는 은밀히 장돈(章惇)과 결탁해 이부시랑에 올랐다. 그 후에 다시 장돈의 정적(政敵)인 이청신(李淸臣) · 안도(安燾)에게 붙었다가 지진정부(知眞定府)로 나갔다. 휘종 숭녕(崇寧) 연간에 원우당적(元祐黨籍)에 들어갔는데, 나중에 채경(蔡京)의 도움을 받아 원우당적에서 제외되었다. 사람됨이 간사하고 변덕이 심해 사람들이 그를 '양삼변(楊三變)'이라고 조롱했다.

사람을 많이 해쳤다. 하루는 철종이 진노해 문하시랑門下侍郎 소철蘇轍에게 말했다.

"경은 어떻게 진시황秦始皇과 한무제漢武帝를 선제先帝(신종)에 견줄 수 있단 말이오?"

소문하蘇門下(소철)는 대전을 내려가 처벌을 기다렸다. 여급공 등은 감히 쳐다보지 못하고 있었는데, 범충선공이 조용히 말했다.

"역사에서는 한무제가 뛰어난 재능과 원대한 책략으로 한나라의 제7대 군주가 되었다고 칭송하니 대개 근세의 어진 임금입니다. 소철이 정말 그를 선제에 견주었다면 비방이 아닙니다. 폐하께서 친정하시는 처음에 대신大臣을 임면任免하면서 큰 소리로 노복을 꾸짖듯이 하시는 것은 마땅치 않습니다."

철종은 노기가 조금 걷혔다. 조회를 마치고 나서 소문하가 홀笏을 들고 범충선공에게 감사하며 말했다.

"공은 불지위佛地位[13]에 계시는 분입니다."

소공蘇公(소철)과 범충선공이 함께 집정했는데, 범충선공은 과묵했다. 소공은 이전부터 의심하는 바가 있었는데, 이때에 이르러 비로소 그의 어짊을 알게 되었다. 범충선공은 누차 재상을 그만두길 청해 지진주知陳州로 나갔다. 장돈章惇이 권력을 장악하고 나서 원우당화元祐黨禍가 일어났지만, 범충선공만 당화에 걸리지 않았다. 여급공이 남쪽으로 좌천되었을 때 범충선공이 재계하고 상서해 여급공을 구하고자 했는데, 장돈이 노해 범충선공도

13 불지위(佛地位): 불교에서 부처의 경지에 도달하는 과정을 십신위(十信位)·십주위(十住位)·십행위(十行位)·십회향위(十廻向位)·십지위(十地位)·불지위의 6위(位)로 나누는데, 각 단계별로 원인과 결과가 서로 이어지면서 차례차례 위 단계로 올라간다. 그 최상의 단계인 불지위는 묘각(妙覺)이라고도 한다.

무안군절도부사武安軍節度副使로 폄적되고 영주永州에 안치되었다. 범충선공은 기꺼이 떠났는데, 매번 자제들이 장돈을 원망할 때마다 범충선공은 반드시 성을 내며 그들을 제지시켰다. 강을 따라 유배지로 가던 중에 배가 전복되었는데, 겨우 구조되어 물속에서 나온 범충선공은 옷이 모두 젖어 있었다. 범충선공이 자제들을 돌아보며 말했다.

"이것이 어찌 장돈이 한 일이겠느냐?"

영주에 도착했을 때 범충선공의 자제들은 태자소사太子少師 한유韓維가 균주均州로 폄적되었다가 그의 아들이 장돈에게 태자소사가 집정했을 때 사마공司馬公(사마광)과 의론이 대부분 부합하지 않았다고 고해 유배를 면할 수 있었다는 소식을 듣고, 범충선공도 사마공과 역법役法에 대한 의론이 같지 않았다는 것을 구실로 삼아 유배를 되돌리길 청하고자 범충선공에게 아뢰었더니 범충선공이 말했다.

"나는 사마군실司馬君實(사마광)의 추천을 받아 재상에 이르러 같은 조정에서 국사를 논했는데, 그와 의론이 부합하지 않았다고 하는 것은 괜찮지만 너희들이 그것으로 오늘의 구실을 삼는 것은 불가하다. 부끄러움을 안고 살아가는 것은 부끄러움이 없이 죽느니만 못하다."

결국 자제들은 그만두었다. 원부元符 연간(1098~1100) 말에 철종이 승하하고 상황上皇(휘종)이 즉위한 초기에 흠성황태후欽聖皇太后(상태후)가 함께 수렴청정했는데, 범충선공을 영주로부터 먼저 광록경光祿卿으로 분사남경分司南京에 제수해 등주鄧州에 거주하게 했으니, 대개 두 성상(휘종과 흠성태후)이 범충선공을 등용하려고 했던 것이다. 그래서 중사中使(황궁의 사자)를 영주로 보내 다약茶藥(약으로 쓰는 차)을 하사하면서 은밀히 알렸다.

"황제(휘종)와 태황태후(상태후)께서 상공相公이 이전 조정에서 충직하게 국사에 대해 진언하고 의론했음을 잘 아시기에 지금 재상 자리를 비워 놓고 상공을 기다리고 계시는데, 눈병은 어떠하고 또 어떤 사람을 써서 치료하고 있는지 모르겠습니다. 다만 (지금 당장 상공을 불러들이지 못하는 것은) 황제의 주변에 상공을 가로막고 있는 올바르지 못한 사람이 있기 때문입니다."

범충선공은 머리를 조아리며 감사드렸다. 중사가 또 말했다.

"태후께서 상공에게 '황제가 즉위했으니 어떻게 일을 시행하는 게 좋겠소? 천하 사람들은 무슨 말을 하오?'라고 물으셨습니다."

범충선공이 말했다.

"노신은 먼 곳의 사람들과 함께 오직 성덕에 기뻐하고 있을 뿐입니다."

중사가 또 말했다.

"천하에 부당한 일이 있으면 그저 상주하기만 하시오."

범충선공이 말했다.

"감히 조서를 받들지 못하겠습니다."

중사가 또 말했다.

"장차 등주로 떠날 것이오?"

범충선공이 말했다.

"이미 기대하지 않았던 일이 생겼으니 마치 고향으로 돌아간 듯합니다."

중사가 또 말했다.

"대궐을 떠나던 날에 두 성상께서 재삼 말씀하시길, '태후가 궁중에 있고 황제가 번저藩邸에 있을 때부터 상공이 충직한 신하임을 잘 알고 있었소'라고 하셨습니다."

범충선공은 감읍해 마지않았다. 얼마 후에 우정의대부右正議大夫·제거숭산숭복궁提舉嵩山崇福宮에 임명하고 이어서 관문전대학사觀文殿大學士·중태일궁사中太一宮使에 복직시켜, 대궐로 불러 직무를 맡게 했는데 범충선공이 병이 났다. 조서에 "어찌 덕망 높은 노신을 존숭해 특별한 은총을 밝게 내보일 뿐이리오? 강직한 의론과 훌륭한 모책으로 날마다 충고를 듣길 바라오"라는 말이 있었기에, 범충선공은 조서를 받들고 울면서 말했다.

"황상께서 과연 나를 등용하시는구나. 시력을 완전히 잃고 중풍에 손발이 마비되어 제대로 쓰지 못하지만 성은은 무겁고 목숨은 가벼우니 죽어서도 남은 책임이 있겠구나!"

장차 경기 지역에 이를 즈음에 황상은 또 중사를 보내 다약이 담긴 은합銀合을 하사하면서 범충선공의 입근入覲을 재촉했으며, 아울러 알현하겠다는 뜻을 하교하자 범충선공이 말했다.

"노신은 정신이 흐려 잘 잊어버리니 억지로 무리할 수 없습니다."

중사가 말했다.

"조정에서 두터운 예우를 갖추었습니다."

범충선공이 말했다.

"노신이 박명해 헛되이 성은을 무릅쓰고 있습니다."

황상은 또 중사를 보내 은 500냥과 명주 500필을 하사해 여정의 비용에 보태게 했다. 또 국의國醫를 보내 진찰하고 필요한 것을 모두 내고內府(궁중 창고)에서 내주게 하면서 한 푼의 돈도 범충선공의 집에서 가져다 쓰지 못하게 했으며, 범충선공의 병이 낫기를 기다렸다가 바로 돌아오게 했다. 하지만 범충선공이 영창으로 돌아가 병을 요양하길 한사코 청하자, 황상은 마지못해 윤허했다. 황상은 매번 보신輔臣(재상)을 만날 때마다 범충선공의 안부를 물으면서 말했다.

"범 아무개를 한 번만 만날 수 있다면 만족할 텐데."

황상은 범충선공이 일어날 수 없음을 알고 나서야 비로소 다른 사람을 재상에 임명했다. 범충선공의 병이 조금 나아졌을 때 황상이 의원에게 그의 집에서 개인적인 사례를 받는 것을 허락하지 않자, 범충선공이 천녕절

天寧節[14]에 받은 관피冠帔[15]로 의원의 의복을 바꿔 주길 청했더니, 황상이 그의 주청에 비답했다.

"관피는 남겨 두어 혈육에게 주도록 하고, 의원의 의복은 주청한 대로 하시오. 경의 충직한 진언과 훌륭한 모책으로 때에 맞춰 상주함으로써, 짐이 덕망 높은 노신을 환대하고 치국의 방략을 구하는 뜻에 부응하도록 하시오."

범충선공은 감사의 표문을 올리고 늙음을 이유로 사직을 청했지만, 황상은 조서를 내려 윤허하지 않았다. 조서가 도착할 즈음에 범충선공은 이미 죽은 뒤였다. 황상과 태황태후는 그 소식을 듣고 놀라 슬퍼하며 눈물을 흘렸다. 그전에 범충선공은 병세가 매우 위중했지만 정신은 흐트러지지 않았는데, 자제들이 옆에서 모시고 있을 때 구술로 유표遺表를 작성했다. 유표는 모두 여덟 가지 일이었는데, 문하생 이지의李之儀[16]에게 명해 순서대로 정리하게 했다. 그중 한 가지 일은 다음과 같다.

"선인태후에 대한 비방 사건을 미처 밝히지 못해 보필의 근심과 수고를 드러내지 못하게 된 것은 모두 권신들이 사적인 원한을 푸는 데 힘썼기 때문이지 태릉泰陵(철종)[17]이 실제로 그것을 당연하다고 여기신 것은 아닙니다."

14 천녕절(天寧節): 북송 휘종의 탄신일.

15 관피(冠帔): 도사가 쓰는 관과 어깨걸이. 범충선공이 제거숭산숭복궁(提擧嵩山崇福宮)과 중태일궁사(中太一宮使)를 지냈기에 하사한 것이다.

16 이지의(李之儀, 1048~1128?): 자는 단숙(端叔), 자호는 고계거사(姑溪居士)·고계노농(姑溪老農). 북송의 관리이자 문인. 신종 원풍(元豐) 연간 진사 출신으로, 일찍이 범순인(范純仁)을 사사했다. 철종 원우(元祐) 연간 초에 추밀원편수관(樞密院編修官)과 원주통판(原州通判)을 지냈으며, 원우 연간 말에 정주(定州)의 막부에서 소식(蘇軾)을 따르면서 서로 시를 주고받았다. 원부(元符) 연간에 감내향약고(監內香藥庫)가 되었는데, 일찍이 소식의 막료로 있었으므로 경관(京官)으로 임명해서는 안 된다고 어사 석예(石豫)에게 탄핵당해 정직되었다. 휘종 숭녕(崇寧) 연간 초에 제거하동상평(提擧河東常平)이 되었다. 나중에 범순인의 유표(遺表)와 행장을 작성한 일에 연루되어 태평주(太平州)의 민호(民戶)에 편입되었다. 나중에 사면을 받아 복직되었으며, 조청대부(朝請大夫)로 벼슬을 마쳤다. 문장에 능했으며 특히 척독(尺牘)에 뛰어났다.

대개 범충선공은 선인태후의 의탁에 보답하려고 생각했던 것 같다. 범충선공의 자제들은 그가 언급한 것이 모두 조정의 대사였기에 일단 후환을 막기 위해 범충선공이 구술한 유표 한 통을 영창부에 보고하고 부인府印을 찍어 군자고軍資庫로 보냈다. 장차 범충선공의 장례를 치르려 할 때 이지의가 행장을 지으면서 또한 그가 평생 조정에서 벼슬하며 처신한 큰 절조를 논했다. 채경蔡京이 권력을 장악하자 소인배들이 그에게 빌붙어, 범충선공의 아들 범정평范正平[18] 등이 중사가 영주로 가서 전달한 성지聖旨를 날조해 유표로 만들었으며 그것은 범충선공의 뜻이 아니라고 탄핵했다. 범정평과 이지의는 모두 어사대의 감옥에 갇혀 모진 고초를 겪었다. 범정평과 이지의는 거짓으로 자복하려 했지만, 성지를 전달한 중사 혼자만 자복하지 않으면서 말했다.

"옛 관례에 무릇 성지를 전달할 때는 어전에서 원본을 받아 보인寶印(옥새)을 청해 가지고 나와서 내동문內東門[19]에서 장부에 기록한 뒤에 파견될 사자가 성지를 받습니다."

중사의 진술에 따라 범정평의 집에서 영주에서 전달한 성지의 원본을 찾아냈는데, 어보御寶가 찍혀 있는 것이 그가 말한 대로였다. 또 내동문에서 성지를 접수한 장부를 조사했더니 역시 같았다. 또 영창부로 내려가서 범정평이 군자고에 넣어 두었던 유표를 가져왔는데, 여덟 가지 일이 모두 사

---

17 태릉(泰陵): 철종의 능침. 본래는 영태릉(永泰陵)인데 흔히 '태릉'이라 불렀다. 여기서는 철종을 가리킨다.

18 범정평(范正平): 자는 자이(子夷). 북송의 관리로, 재상 범순인(范純仁)의 장자다. 철종 소성(紹聖) 연간에 개봉위(開封尉)를 지냈다. 채경(蔡京)이 조정을 장악했을 때 부친의 유표(遺表)를 날조했다고 무고당해 어사대로 보내져 하옥되었다. 상주(象州)로 유배되었다가 사면을 받아 영창(潁昌)으로 돌아갔다. 시에 능했으며 특히 오언시에 뛰어났다.

19 내동문(內東門): 내시성(內寺省)에 소속된 내동문사(內東門司)를 말한다.

실이었다. 그래서 마침내 옥사가 해결되었다. 그럼에도 불구하고 범정평은 상주象州로 유배되었고, 이지의는 태평주太平州로 유배되었다. 범정평의 일가 중에 영외嶺外에서 죽은 자가 10여 명이었으며, 범정평 혼자만 사면을 받아 돌아갈 수 있었다. 그 후로 범정평은 벼슬길에 나아가지 않고 종신토록 선인選人[20]으로 지냈다. 채경은 소성紹聖 연간(1094~1098) 초에 호부상서戶部尙書가 되었을 때, 후척后戚(상태후의 친척)인 상씨向氏와 결탁하고자 상씨의 분사墳寺[21]를 확장하길 주청하고 그 일을 개봉부開封府로 내려보냈는데, 개봉부의 현위縣尉로 있던 범정평이 그곳으로 가서 조사한 뒤에 말했다.

"상씨의 분사는 면적이 이미 충분하니 민전民田을 빼앗아서는 안 됩니다."

개봉부에서 그 말을 상주했더니 철종이 대로해 채경은 구리 20근의 벌금을 내고 죄를 면했다. 채경은 이 일로 인해 범정평에게 앙심을 품었기 때문에 그를 무고해 죽이고자 했다. 아! 만약 범충선공이 병들지 않아서 상황을 즉위 초기에 보필했다면, 어찌 천하에 다시 오늘의 화가 있었겠는가? 범충선공이 이미 병들어 알현할 수 없게 되자, 상황은 그제야 증포曾布와 채경을 재상에 임명했다고 한다.

元祐三年, 范忠宣公爲尙書右僕射, 有吳處厚者, 以蔡確「題安州車蓋亭」詩來上, 以爲謗訕, 宣仁太后得之, 怒曰: "蔡確以吾比武后, 當重謫!" 呂汲公爲左丞, 不敢言. 忠宣乞薄確之罪, 不從. 初議貶確新州, 忠宣謂汲公曰: "此路荆棘已七·八十年, 吾輩開之, 恐自不免." 汲公又不敢言, 忠宣因乞罷政, 以觀文殿大學士知潁昌府. 劉摯罷, 哲宗與宣仁太后復用忠宣爲右相. 宣仁太

20 선인(選人): 관리 선발을 대기하는 후보 관원을 말한다.

21 분사(墳寺): 대신(大臣)의 분묘와 이를 관리하고 제사를 지내기 위해 세운 사원을 말한다. 공덕원(功德院)·공덕분사(功德墳寺)·향화원(香火院) 등으로도 불렸다.

后寢疾, 宰輔入問, 后留忠宣曰: “卿父仲淹可謂忠臣, 在章獻太后朝勸后盡母道, 在仁宗朝勸帝盡子道. 卿當似之.” 嗚呼! 宣仁后之所以望忠宣者, 羣臣莫及也! 哲宗親政, 呂汲公欲遷殿中侍御史楊畏爲諫議大夫, 忠宣曰: “天子諫官當用正人, 楊畏不可用.” 汲公方約畏爲助, 謂忠宣曰: “豈以楊畏嘗言公耶?” 忠宣曰: “不知也.” 蓋上初召忠宣, 畏嘗有言, 上不行, 忠宣故不知也. 忠宣因乞罷政, 上不許. 後楊畏首叛汲公, 凡可以害汲公者無所不至. 又李淸臣首建紹述之議, 多害正人. 一日, 哲宗震怒, 謂門下侍郎蘇轍曰: “卿安得以秦皇·漢武上比先帝?” 蘇門下下殿待罪. 呂汲公等不敢仰視, 忠宣從容言曰: “史稱武帝雄材大略, 爲漢七制之主, 蓋近世之賢君. 蘇轍果以比先帝, 非謗也. 陛下親政之初, 進退大臣不當如訶叱奴僕.” 哲宗怒少霽. 罷朝, 蘇門下擧笏以謝忠宣曰: “公佛地位中人也.” 蘇公與忠宣同執政, 忠宣寡言. 蘇公平昔若有所疑, 至此方知其賢. 忠宣屢乞罷政, 出知陳州. 章惇用事, 元祐黨禍起, 忠宣獨不預. 至呂汲公南遷, 忠宣齋戒上書救汲公, 惇怒, 亦謫節度副使, 永州安置. 忠宣欣然而往, 每諸子怨章惇, 忠宣必怒止之. 江行赴貶所, 舟覆, 扶忠宣出, 衣盡濕. 顧諸子曰: “此豈章惇爲之哉?” 至永州, 公之諸子聞韓維少師謫均州, 其子告章惇以少師執政日與司馬公議論多不合, 得免行, 欲以忠宣與司馬公議役法不同爲言求歸, 白公, 公曰: “吾用君實薦以至宰相, 同朝論事, 不合卽可, 汝輩以爲今日之言, 不可也. 有愧而生者, 不若無愧而死.” 諸子遂止. 元符末, 哲宗升遐, 上皇卽位之初, 欽聖皇太后同聽政, 忠宣公自永州先以光祿卿分司南京, 鄧州居住, 蓋二聖欲用公矣. 遣中使至永州賜茶藥, 密諭曰: “皇帝與太皇太后甚知相公在先朝言事忠直, 今虛位以待相公, 不知目疾如何, 用何人醫治. 只爲左右有不是當人阻隔相公.” 公頓首謝. 又曰: “太后問相公: ‘官家卽位, 行事如何? 天下人何說?’” 公曰: “老臣與遠方之人唯知鼓舞聖德.” 又曰: “天下有不便事但奏來.” 公曰: “敢不奉詔.” 又曰: “鄧州且去否?” 曰: “已出望外, 如歸鄕里." 又曰: "離闕下日, 二聖再三言: '太后在宮中, 皇帝在藩邸, 甚知相公是直臣.'" 公感泣不已. 俄進右正議大夫, 提擧嵩山崇福宮, 繼復觀文殿大學士 · 中太一宮使, 召赴闕供職而公病. 詔書有"豈唯尊德尙齒, 昭示寵優? 庶幾鯁論嘉謀, 日聞忠告"之語, 公捧詔泣曰: "上果用我矣. 目明全失, 風痺不隨, 恩重命輕, 死有餘責!" 將至畿內, 上又遣中使賜銀合茶藥, 促公入覲, 仍宣諭見之意, 公曰: "老臣昏忘, 不可勉強." 中使曰: "朝廷有優禮." 公曰: "老臣命薄, 虛蒙聖眷." 又遣中使賜銀絹各五百, 以繼道路之費. 又遣國醫診視, 所須並出內府, 一錢不得取於公家, 候公疾愈乃得歸. 公乞歸潁昌養疾, 上不得已, 許之. 每見輔臣問安否, 乃曰: "范某得一識面足矣." 上知公不能起, 始命相. 公疾少間, 令醫者在門不許受私謝, 乃以天寧節所得冠帔請換服色. 上批其奏曰: "冠帔可留與骨肉, 醫者之服依所請. 卿忠言嘉謀, 宜時有陳奏, 以副朕眷待耆德求治之意." 公表謝, 復告老, 詔不允. 比詔至, 公已薨矣. 上與太皇太后聞之, 震悼出涕. 先是, 公疾革, 精識不亂, 諸子侍旁, 口占遺表. 凡八事, 命門生李之儀次第之. 內一事云: "若宣仁之謗議未明, 致保佑之憂勤不顯, 皆權臣務快其私憤, 非泰陵實謂之當然." 蓋忠宣思所以報宣仁后之託也. 諸子以其所言皆朝廷大事, 且防後患, 以公口占書一繳申潁昌府, 用府印, 寄軍資庫. 公將葬, 李之儀作行狀, 且論平生立朝行己之大節. 蔡京用事, 小人附會, 言公之子正平等撰造中使至永州傳宣聖語以爲遺表, 非公意也. 正平與李之儀皆下御史獄, 捶楚甚苦. 正平 · 之儀欲誣服, 其傳宣中使獨不服, 曰: "舊制凡傳聖語, 受本於御前, 請寶印, 出, 注籍於內東門, 遣使受聖語." 籍中使, 從其家得永州傳宣聖語本, 有御寶, 如所言. 又驗內東門受聖語籍, 亦同. 又下潁昌府取正平所繳納遺表, 八事皆實. 獄遂解. 正平猶羈管象州, 之儀羈管太平州. 正平之家死于嶺外者十餘人, 獨正平遇赦得歸. 不出仕, 終身爲選人. 蔡京者, 紹聖初爲戶部尙書, 欲結后戚向氏, 故奏展向氏墳寺, 事下開封府, 正平爲開封府縣尉, 往按視其地, 曰: "向氏寺地步已足, 民田不可奪." 府以其言聞, 哲宗怒, 京贖銅二十斤. 京由此恨正平, 故欲誣殺之. 嗚呼! 使忠宣無恙, 相上皇於初載, 天下豈復有今日之禍? 公旣病, 不能朝, 上皇始命相曰曾布與蔡京云.

14-5(151)

(인종) 가우嘉祐 연간(1056~1063)에 이삼李參[22]이 형남안무사荆南安撫使로 있다가 조정으로 불려 와 삼사사三司使가 되었는데, 참지정사參知政事 손변孫抃이 이삼은 백성의 재물을 가혹하게 수탈했으므로 기용할 수 없다고 해서 군목사羣牧使로 전임되었다. 대개 조종祖宗은 재물로 사람을 등용하지 않았으니, 인종仁宗조에 이르러 대신들이 존숭한 바가 이와 같았다. (신종) 원풍元豐 연간(1078~1085) 초에 설향薛向[23]이 삼사사에서 동지추밀원同知樞密院에

22 이삼(李參, 1006~1079): 자는 청신(淸臣). 북송의 명신. 문음(門蔭)으로 벼슬길에 올라 지염산현(知鹽山縣)이 되었는데, 흉년이 들자 부자들에게 곡식을 내놓게 해 싼값에 백성들에게 팔았고 곡식을 살 능력이 없는 자에게는 싸라기를 주어 수만 명을 살렸다. 회남경서섬서전운사(淮南京西陝西轉運使)로 있을 때는 먼저 백성들에게 돈을 빌려주었다가 곡식을 수확한 후에 곡식으로 갚게 했는데, 이를 '청묘전(靑苗錢)'이라 했다. 나중에 왕안석(王安石)의 신법 중 '청묘법'이 바로 여기에서 비롯되었다. 조정으로 불려 와 염철부사(鹽鐵副使)가 되었다가 하북도전운사(河北都轉運使)로 나갔다. 가우(嘉祐) 7년(1062)에 삼사사(三司使)에 제수되었다가 군목사(群牧使)로 전임되었으며 추밀직학사(樞密直學士)에 임명되었다. 영종 치평(治平) 연간 초에 지진주(知秦州)가 되었는데, 궁전수(弓箭手)를 모집하고 둔전(屯田) 500경(頃)을 경작해 몇 년 동안 계속 변방에 전쟁이 없었다. 신종은 오래전부터 이삼의 관리로서의 능력을 알고 그의 이름을 대전의 기둥에 써 놓았다고 한다. 나중에 지영흥군(知永興軍)에 임명되었는데 부임하지 못하고 죽었다.

23 설향(薛向, 1016~1081): 자는 사정(師正), 시호는 공민(恭敏). 북송의 관리. 문음(門蔭)으로

제수되었는데, 설향은 이치吏治에 능하고 재용財用에 밝아 기용되었다. 당시 조정에서 주현州縣에 하달해 민호民戶에게 말을 기르게 한 것을 천하 사람들이 부당하다고 여겼지만 재상은 시행을 견지했는데, 설향 혼자만 불가하다고 주장했기에 본관本官에서 지수주知隨州로 좌천되었다. 죽은 후에 (철종) 원우元祐 연간(1086~1094) 초에 그의 말을 검증해 공민恭敏이란 시호를 내렸다.

嘉祐中, 李參自荊南帥召爲三司使, 參政孫抃以[1]參刻剝聚斂之材, 不可用, 改羣牧使. 蓋祖宗不以財計用人, 至仁宗朝大臣所宗尙如此. 元豐初, 薛向自三司使除同知樞密院, 向雖以能吏治曉財用進. 時朝廷下州縣令民戶養保馬, 天下以爲不便, 宰執堅行之, 向獨以爲不可, 以本官責知隨州. 旣死, 至元祐初錄其言, 謚恭敏.

[1] 이(以): 원초본 · 명초본 · 『진체비서』본 · 『학진토원』본에는 모두 "왈(曰)"이라 되어 있다.

벼슬에 올라 영수주부(永壽主簿) · 지부주(知鄜州) · 개봉부탁지판관(開封府度支判官) · 섬서전운사(陝西轉運使) 등을 역임했다. 신종이 그의 재주를 알고 강절형회발운사(江浙荊淮發運使)에 제수했는데, 객주(客舟)와 관주(官舟)를 모집해 함께 운용해 해마다 조운(漕運)에 여유가 있었다. 희녕(熙寧) 연간에 권삼사사(權三司使)와 공부시랑을 지냈는데, 당시 하조(河洮) 지역에 전쟁이 일어나 막대한 비용이 들어갔지만 부족함 없이 공급할 수 있었다. 원풍(元豐) 원년(1078)에 동지추밀원사(同知樞密院事)가 되었는데, 양마법(養馬法)에 대한 의견이 맞지 않아 서단(舒亶)에게 탄핵당해 지영주(知潁州)로 좌천되었다가 지수주(知隨州)로 옮겨졌다.

邵氏聞見錄
卷十五

15-1(152)

정종승程宗丞 선생은 이름이 호顥이고 자가 백순伯淳이며, 동생인 시강선생侍講先生은 이름이 이頤이고 자가 정숙正叔이다. 강절康節(소옹) 선공先公은 그들의 부친인 태중공太中公(정향)을 형으로 모셨으며, 두 선생은 강절을 따라 교유했다. 그 스승은 주돈이周敦頤 무숙茂叔이다. 정종승程宗丞(정호)은 사람됨이 청화淸和하고 정시강程侍講(정이)은 사람됨이 엄준했는데, 매번 강절과 의론할 때 정종승은 마음이 서로 통해 물어볼 것이 없는 것 같았고, 정시강은 때때로 문답을 주고받았다. 그래서 강절이 일찍이 정종승에게 말했다.

"그대는 나를 도와주는 사람이 아니네."[1]

하지만 온전히 서로를 아는 것은 두 선생이 똑같았다. 횡거橫渠 장 선생張先生은 이름이 재載이고 자가 자후子厚이며, 동생 장전張戩[2]은 자가 천기天

1 나를 도와주는 사람이 아니네: 원문은 "비조아자(非助我者)". 스승과 제자가 가르치고 배우면서 서로 성장한다는 교학상장(敎學相長)에 도움을 주지 못한다는 뜻으로, 제자가 굳이 질문하지 않아도 스스로 스승의 가르침을 이해하고 실천한다는 칭찬의 말이다. 『논어(論語)』「선진(先進)」편에 나오는 구절이다.

2 장전(張戩, 1030~1076): 자는 천기(天祺). 북송의 관리이자 학자로 장재(張載)의 동생이다. 인종 황우(皇祐) 연간 진사 출신으로, 지금당현(知金堂縣)을 지내면서 선정을 베풀었다. 신

祺인데, 이정선생二程先生(정호·정이)의 외숙이다. 장자후張子厚(장재)는 젊었을 때 호탕한 재주를 지니고 호걸들과 결탁해 희하熙河와 황선鄖鄯의 땅을 취하고자 했었다. 범문정공范文正公(범중엄)이 연안안무사延安安撫使로 있을 때 그 소문을 듣고 그를 관저에 머물게 해 제과制科(과거)를 준비하게 했는데, 동생 장천기張天祺(장전)와 함께 모두 진사에 급제했다. 이들은 이정선생과 함께 『중용中庸』과 『대학大學』의 도를 닦았고, 특히 『예禮』에 조예가 깊었다. (신종) 희녕熙寧 연간(1068~1077) 초에 장자후는 숭문원교서崇文院校書가 되었고, 장천기와 정백순程伯淳(정호)은 함께 감찰어사監察御史가 되었다. 당시 왕개보王介甫(왕안석)가 신법을 시행했는데, 정백순은 조례사條例司의 관리로 있다가 감찰어사가 되어 대간臺諫의 관리들과 함께 신법의 부당함을 비판하다가 모두 파직되었다. 그럼에도 황상은 정백순을 중시했으며, 왕개보도 그에게 심하게 노하지는 않았다. 정백순은 경서북로제점京西北路提點에 제수되자 극력 사양하면서 동렬들과 함께 폄적되길 청해 전주첨판澶州簽判으로 개임改任되었다. 장천기는 더욱 뜻을 굽히지 않았는데, 하루는 정사당政事堂으로 가서 신법의 부당함을 진언했더니, 왕개보가 대답하지 않고 부채로 얼굴을 가린 채 웃자, 장천기가 성을 내며 말했다.

"참정參政은 나를 비웃지만, 천하 사람들이 참정을 비웃는 것은 알지 못하고 있습니다."

함께 대정大政에 참여하고 있던 조청헌공趙清獻公(조변)이 옆에서 말리자 장천기가 말했다.

종 희녕(熙寧) 연간 초에 감찰어사이행(監察御史裏行)이 되었다. 희녕 3년(1070)에 누차 주장(奏章)을 올려 왕안석(王安石)·한강(韓絳)·여혜경(呂惠卿) 등이 국법을 어지럽힌다고 탄핵했다가 지공안현(知公安縣)으로 폄적되었으며, 다시 봉상부사죽감(鳳翔府司竹監)으로 옮겨졌다. 성품이 돈후하고 너그러웠으며, 사람들의 장점을 얘기하길 좋아했다. 형 장재와 함께 관중(關中) 학자들에게 '이장(二張)'으로 불렸다.

"공도 죄가 없다고 말할 수 없습니다."

조청헌공은 부끄러운 기색을 띠었다. 장천기는 봉상부사죽감鳳翔府司竹監으로 폄적되었는데, 온 집안사람들이 죽순을 먹지 않았으니, 그 청정淸正함이 이와 같았다. 얼마 후에 관직에서 죽었다. 장자후도 떠나길 청했다. 희녕熙寧 10년(1077)에 승상 오충吳充이 국정을 담당했을 때, 장자후는 다시 불려 와 관직館職으로 돌아왔다. 강절이 이미 병들었을 때, 의술을 알고 또 운명을 논하길 좋아하던 장자후가 강절을 진맥하며 말했다.

"선생의 병은 걱정하지 않아도 됩니다."

또 말했다.

"자못 운명을 믿습니까?"

강절이 말했다.

"천명은 내가 스스로 알고 있지만, 세속에서 말하는 운명은 내가 알지 못합니다."

장자후가 말했다.

"선생은 천명을 알고 있으니 더 이상 무슨 말을 하겠습니까?"

장자후는 관직館職에 들어가서 몇 달 후에 병이 들어 귀향하다가 낙양洛陽에 들렀는데, 강절이 이미 세상을 떠났기에 나(소백온)에게 편지를 보내 매우 간곡하게 위로했다. 또 이정선생을 만나 말했다.

"내가 병들어 필시 일어나지 못하겠지만, 그래도 장안長安까지는 갈 수 있을 것입니다."

그러고는 길을 떠나 임동현臨潼縣에 이르러 목욕하고 옷을 갈아입고 잠자리에 들었는데, 아침에 보았더니 죽어 있었다. 문하생들이 상복을 입고 상여를 끌고 가서 봉상부의 횡거에 장사 지냈기에 그를 횡거선생이라 했다. 정백순은 전주첨판에서 감낙하목죽무監洛河木竹務를 청해 부모님을 가까이서 모셨다. 판무학判武學에 제수되었는데, 부임하기 전에 어사중승御史中丞 이정李定의 탄핵으로 파면되었다. 개봉부開封府 부구현扶溝縣의 지현知縣이 되었는데, 죄수를 놓쳐 여주감주汝州監酒로 폄적되었다. (철종) 원우元祐 연간(1086~1094) 초에 종정승宗正丞으로 불려 와 장차 크게 기용될 수 있었는데, 부임하기 전에 죽어 이천伊川에 장사 지냈으며, 문노공文潞公(문언박)이 그의 묘에 푯돌을 세우고 '명도선생明道先生'이라 했다. 정정숙程正叔(정이)은 원우 연간 초에 사마온공司馬溫公(사마광)과 여신공呂申公(여공저)의 추천으로 소대召對[3]한 뒤, 처음에 직사관職事官에 제수되었다가 다시 관직館職에 제수되고 숭정전설서崇政殿說書에 제수되었다. 1년 남짓 지나 판서경국자감判西京國子監으로 나갔으며, 두 번 직비각直秘閣에 제수되었지만 임명을 받지 않았다. 소성紹聖 연간(1094~1098)에 원우당元祐黨에 연좌되어 부주涪州로 폄적되었다가, 상황上皇(휘종)이 즉위하자 사면을 받아 돌아올 수 있었다. 한참 후에 관위官位를 회복했다가 죽었다. 이를 이천선생伊川先生(정이)이라 한다. 세 선생은 모두 강절을 따라 교유했는데, 강절은 특히 정명도程明道(정호)를 좋아해 그를 부한공富韓公(부필)·사마온공·여신공과 동등하게 칭찬했다. 그래서 강절의 「사현시四賢詩」에서 이렇게 말했다.

"언국彦國(부필)의 말은 자세히 진술하고, 회숙晦叔(여공저)의 말은 간결하고 타당하며, 군실君實(사마광)의 말은 유유자적하고, 백순伯淳(정호)의 말은 조화롭고 유창하네. 사현이 낙양을 둘러보았기에, 이로써 인간 세상에서, 송나라 희녕 연간에, 크게 한 시대의 문장이 되었네."

그런즉 강절이 정명도를 대우한 바가 높았던 것이다. 하루는 이정선생

3 소대(召對): 군주가 신하를 불러 접견하고 그에게 정사와 경의(經義) 등의 문제에 대답하게 하는 일.

이 부친 태중공을 모시고 천진교天津橋의 집으로 강절을 방문하자, 강절은 월피月陂[4]에서 술을 마시면서 매우 즐거워했으며, 자신의 평생 학술과 벼슬 진퇴의 대체大體를 얘기했다. 다음 날 정명도가 탄식하면서 강절의 문생 주순명周純明[5]에게 말했다.

"어제 요부선생堯夫先生(소옹)을 따라 노닐면서 그의 의론을 들었는데, 예로부터의 호걸이시네. 하지만 나이가 들어 세상에 쓰일 곳이 없음이 안타깝네."

주순명이 말했다.

"어떤 말씀을 하셨습니까?"

정명도가 말했다.

"내성외왕內聖外王[6]의 도였네."

그날 강절이 시[7]를 지었다.

"부드러운 풀과 고요한 물결에 바람은 살랑이고, 가벼운 구름과 옅은 햇살에 버들은 낮게 드리우네. 허튼소리는 기억하지 말지니 무슨 일을 말할까? 이번 술자리처럼 통쾌하게 마신 적은 없었네. 좋은 경치에 그저 한가롭게 발길 가는 대로 걷고, 벗들과의 즐거움에 바로 크게 속마음을 여네. 반

4 월피(月陂): 수택(水澤) 명칭. 수당대에 낙수(洛水)는 상양궁(上陽宮) 남쪽에서부터 크게 동쪽으로 흘렀는데, 우문개(宇文愷)가 비스듬히 제방을 쌓아 물을 동북쪽으로 흐르게 해 유속을 감소시키고 아홉 구비의 보를 만들었다. 그 모습이 언월(偃月: 반달)처럼 생겼기에 '월피'라고 불렀다.

5 주순명(周純明): 자는 전백(全伯). 북송의 학자로 주장유(周長孺)의 아들이다. 부친은 소옹(邵雍)에게서 수학했고 일찍 죽었다. 소옹은 주순명을 아들처럼 돌보고 그에게 공부를 시켰으며, 정이(程頤)의 조카딸에게 장가보냈다. 소옹이 죽은 후에는 정이에게서 학업을 마쳤다.

6 내성외왕(內聖外王): 안으로는 수양을 쌓은 성인이고 밖으로는 인정(仁政)을 펼친 군왕이라는 뜻으로, 학술과 덕행을 겸비한 사람을 말한다.

7 시: 제목은 「동정낭중부자월피상한보음(同程郎中父子月陂上閑步吟)」이다.

드시 흔쾌히 마음 즐겁게 하는 일 하기로 기약하지만, 도리어 마음 즐겁게 하는 일이 찾아오기 어려울까 걱정하네."

정명도가 화답했다.[8]

"선생과 함께 서가西街를 구경할 때, 소자가 직접 안석과 지팡이 들고 왔네. 가는 곳마다 격렬한 토론에 참여하고, 구석자리에 앉아 남은 술잔을 마시네. 난간 앞의 흐르는 물에 마음이 함께 즐겁고, 수풀 밖의 푸른 산에 눈이 다시 뜨이네. 편안한 시절과 한가로운 마음은 둘 다 얻기 어려우니, 모름지기 흥이 났을 때 자주 모시고 따라야겠네."

정명도가 강절을 공경하게 예우함이 이와 같았다. 그래서 강절의 장례 때 내(소백온)가 그에게만 묘지명을 지어 달라고 청했다. 슬프도다! 어른이신 선생은 이미 돌아가셨지만 그 유언은 아직 남아 있다. 내가 스스로 늘그막을 생각하니 마음이 아프지만, 후배들에게 들려주지 않을 수 없어서 자세히 갖추어 기재한다.

程宗丞先生名顥字伯淳, 弟侍講先生名頤字正叔. 康節先公以兄事其父太中公, 二先生皆從康節遊. 其師曰周敦頤茂叔. 宗丞爲人淸和, 侍講爲人嚴峻, 每康節議論, 宗丞心相契, 若無所問, 侍講則時有往復. 故康節嘗謂宗丞曰: "子非助我者." 然相知之盡, 二先生則同也. 橫渠張先生名載字子厚, 弟戩字天祺, 爲二程先生之表叔. 子厚少豪其才, 欲結客取熙河鄜鄯之地. 范文正公帥延安, 聞之, 館於府第, 俾修制科, 與天祺皆登進士第. 方同二程先生修『中庸』·『大學』之道, 尤深於『禮』. 熙寧初, 子厚爲崇文院校書, 天祺與伯淳同爲監察御史. 時介甫行新法, 伯淳自條例司官爲御史, 與臺諫官論其不便, 俱罷.

---

8 화답했다: 제목은 「화요부서가지십(和堯夫西街之什)」 2수 중 제1수다.

上猶主伯淳, 介甫亦不深怒之. 除京西北路提點, 伯淳力辭, 乞與同列俱貶, 改澶州簽判. 天祺尤不屈, 一日至政事堂言新法不便, 介甫不答, 以扇障面而笑, 天祺怒曰: "參政笑某, 不知天下人笑參政也." 趙清獻公同參大政, 從旁解之, 天祺曰: "公亦不可謂無罪." 清獻有愧色. 謫監[1]鳳翔府司竹監, 擧家不食筍, 其淸如此. 未幾, 卒於官. 子厚亦求去. 熙寧十年, 吳充丞相當國, 復召還館. 康節已病, 子厚知醫, 亦喜談命, 診康節脈曰: "先生之疾無慮." 又曰: "頗信命否?" 康節曰: "天命某自知之, 世俗所謂命, 某不知也." 子厚曰: "先生知天命矣, 尙何言?" 子厚入館數月, 以病歸, 過洛, 康節已捐館, 折簡慰撫伯溫勤甚. 見二程先生曰: "某之病必不起, 尙可及長安也." 行至臨潼縣, 沐浴更衣而寢, 及旦視之, 亡矣. 門生衰絰挽車, 葬鳳翔之橫渠, 是謂橫渠先生. 伯淳自澶州請監洛河木竹務以便親. 除判武學, 未赴, 以中丞李定言罷. 知開封府扶溝縣, 失囚, 謫汝州監酒. 元祐初, 以宗正丞召, 將大用, 未赴, 卒, 葬伊川, 文潞公表其墓曰明道先生. 正叔, 元祐初用司馬溫公·呂申公薦, 召對, 初除職官, 再除館職, 除崇政殿說書. 歲餘出判西京國子監, 兩除直秘閣, 不拜. 紹聖中, 坐元祐黨謫涪州, 遇上皇卽位, 赦得歸. 久之復官, 以卒. 是謂伊川先生. 三先生俱從康節遊, 康節尤喜明道, 其譽之與富韓公·司馬溫公·呂申公相等. 故康節「四賢詩」云: "彦國之言鋪陳, 晦叔之言簡當. 君實之言優游, 伯淳之言調暢. 四賢洛之觀望, 是以在人之上. 有宋熙寧之間, 大爲一時之狀." 則康節之所以處明道者盛矣. 一日, 二程先生侍太中公訪康節於天津之廬, 康節攜酒飮月陂上, 歡甚, 語其平生學術出處之大. 明日, 悵然謂門生周純明曰: "昨從堯夫先生遊, 聽其論議, 振古之豪傑也. 惜其老矣, 無所用於世." 純明曰: "所言何如?" 明道曰: "內聖外王之道也." 是日, 康節有詩云: "草軟波平風細溜, 雲輕日淡柳低摧. 狂言不記道何事, 劇飮未嘗如此盃. 好景只知閑信步, 朋歡那覺大開懷. 必期快作賞心事, 却恐賞心難便來." 明道和云: "先生相與賞西街, 小子親携几杖來. 行處每容參劇論, 坐隅還許瀝餘盃. 檻前流水心同樂, 林外青山眼重開. 時泰心閒兩難得, 直須乘輿數追陪.” 明道敬禮康節如此. 故康節之葬, 伯淵獨請誌其墓焉. 悲夫! 先生長者已盡, 其遺言尙存. 伯淵自念暮景可傷, 不可使後生無聞也, 因具載之.

[1] 감(監): 문맥상 연자(衍字)로 보이므로 삭제하는 것이 타당하다.

15-2(153)

(철종) 원부元符 연간(1098~1100) 말에 여혜경呂惠卿이 연안안무사延安安撫使에서 파직되자 육사민陸師閔[9]이 대신했다. 어떤 사람이 여혜경이 남의 공을 가로채 상을 받았다고 고변하자, 육사민이 그 사건을 담당 관리에게 회부했는데, 사건이 마무리되기 전에 육사민이 파직되어 떠났다. 추밀사樞密使로 있던 증포曾布는 본디 여혜경과 사이가 좋지 않았는데, 특별히 범덕유范德孺(범순수)를 태원부太原府에서 연안부로 전임시킨 것은 대개 범덕유도 여혜경과 사이가 좋지 않았기 때문이었다. 범덕유는 연안부에 도착해 그 사건을 가져와 직접 처리하면서 황성사皇城使[10]로부터 소사신小使臣[11]에 이르

9 육사민(陸師閔): 북송의 관리. 문음(門蔭)으로 벼슬길에 올랐다. 신종 희녕(熙寧) 연간 말에 제거성도로다장(提舉成都路茶場)·제거성도로상평(提舉成都路常平)이 되어 차 세금을 100만 전까지 증액했으며, 제거성도로각다(提舉成都路榷茶)·제거영흥군로각다(提舉永興軍路榷茶)로 승진했다. 우사간(右司諫) 소철(蘇轍)이 그 폐해를 탄핵해 폄적되었다가, 지기주(知蘄州)로 재기해 섬서전운사(陝西轉運使)에 임명되고 지진주(知秦州)로 전임되었다. 조정으로 들어가 호부시랑이 되었다가 얼마 후 사건에 연루되어 지은주(知鄞州)로 나갔다. 그 후로 지하남부(知河南府)·지영흥군(知永興軍)·지연안부(知延安府)를 역임하고 죽었다.

10 황성사(皇城使): 오대(五代) 때 설치된 황성사(皇城司)의 주관(主官)으로, 군주의 측근이

기까지 추적 징벌했기에, 이로 말미암아 변방 장수들의 마음을 크게 잃었다. 논자들은, 전임자 때 고소되어 이미 담당 관리에게 넘어간 사건을 범덕유가 가져와 직접 처리한 것은 잘못이었다고 생각했다. 범덕유는 총명함이 다른 사람보다 뛰어났는데 증포에게 부림을 당했으니 안타깝도다! 얼마 후에 범덕유도 역법役法을 비판하다가 파직되었다. 승상 범충선공范忠宣公(범순인)이라면 그렇지 않았을 것이다. 범충선공이 경양안무사慶陽安撫使로 있을 때, 총관總管 충고种詁[12]에게 이유 없이 조정에서 소송당했다. 황상은 어사를 파견해 조사해 다스리게 했는데, 충고는 직임을 정지당했고 범충선공도 안무사를 그만두었다. 범충선공이 다시 추밀부사樞密副使가 되었을 때까지도 충고는 여전히 정직상태였다가 다시 영흥군로검할永興軍路鈐轄로 추천되었고 또 지습주知隰州로 추천되었다. 범충선공은 매번 스스로를 탓하며 말했다.

"선친께서 충씨의 윗대와 우의를 맺으셨는데, 내가 불초해서 그 자손에게 소송을 당했으니 어찌 일의 시비곡직을 논하겠는가!"

아! 가히 덕으로 원한을 갚은 사람이라고 이를 만하도다! 그래서 범덕유

담당했으며 황성의 숙위를 맡았다. 송나라 때도 이어받아 설치했는데, 관품과 녹봉만 있고 실제 직임을 맡지 않는 기록관(寄祿官)이었다.

11 소사신(小使臣): 송나라 때 궁정의 하급 내시관원(內侍官員)에 대한 통칭.

12 충고(种詁, 1024?~1093?): 충고(种古)라고도 한다. 자는 대질(大質). 북송의 관리로, 충세형(种世衡)의 아들이다. 젊었을 때 종조부 충방(种放)의 인간됨을 흠모해 과거(科擧)를 일삼지 않아 '소은군(小隱君)'으로 불렸다. 부친이 죽은 후에야 비로소 천흥현위(天興縣尉)가 되었다. 영종 치평(治平) 연간 말에 경원로도감(涇原路都監)이 되었다. 신종 희녕(熙寧) 연간에 지원주(知原州)가 되어 토번의 침입을 막고 진융군(鎭戎軍)의 북쪽에 성을 쌓아 요충지를 점거했으며, 또 동생 충진(种診)과 함께 환주(環州)의 토번을 격퇴했다. 희녕 8년(1075)에 환경로제이장(環慶路第二將)으로서 환경로검할(環慶路鈐轄)과 지환주(知環州)에 임명되었다. 원풍(元豐) 연간에 영흥군로검할(永興軍路鈐轄)·지영주(知寧州)·지진융군(知鎭戎軍)·지습주(知隰州) 등을 역임했다.

의 어짊은 범충선공에 손색이 있다.

元符末, 呂惠卿罷延安帥, 陸師閔代之. 有訴惠卿多以人冒功賞[1]者, 師閔以其事付有司, 未竟, 罷去. 曾布爲樞密使, 素與惠卿有隙, 特自太原移德孺延安, 蓋德孺於惠卿亦有隙也. 德孺至, 取其事自治, 有自皇城使追奪至小使臣者, 德孺由是大失邊將之心. 議者謂其詞於前政, 事已在有司, 德孺乃取以自治, 失矣. 德孺聰明過人, 而爲曾布所使, 惜哉! 未幾, 德孺亦以論役法罷. 如忠宣丞相則不然. 公帥慶陽時, 爲總管种詁無故訟於朝. 上遣御史按治, 詁停任, 公亦罷帥. 至公再兼樞密副使, 詁尙停任, 復薦爲永興軍路鈐轄, 又薦知隰州. 公每自咎曰: "先人與种氏上世有契義, 某不肖, 爲其子孫所訟, 寧論事之曲直哉!" 嗚呼! 可謂以德報怨者也! 以德孺之賢, 於是乎有愧於忠宣矣.

[1] 인모공상(人冒功賞): 원초본(元鈔本)에는 "인공모상(人功冒賞)"이라 되어 있는데, 문맥상 보다 타당하다.

15-3(154)

전주田晝는 자가 승군承君이고 양적陽翟 사람으로, 옛 추밀사樞密使 전선간공田宣簡公(전황)[13]의 조카다. 인물이 헌걸차고 의론에 기개가 있었으며, 선

13 전선간공(田宣簡公): 전황(田況, 1003~1061 또는 1005~1063). 자는 원균(元均), 시호는 선간. 북송의 명신이자 학자. 인종 천성(天聖) 연간 진사 출신으로, 현량방정과(賢良方正科)에도 급제했다. 서하 국왕 이원호(李元昊)가 변방을 침범하자 치변십사사(治邊十四事)를 진언해 인종의 중시를 받아 섬서선무부사(陝西宣撫副使)에 제수되었다. 보주(保州) 운익군(雲翼軍)의 병변을 진압해 지성덕군(知成德軍)에 제수되었다. 지화(至和) 연간에 추밀부사에 제수되었고, 가우(嘉祐) 연간에 추밀사에 제수되었다. 그 후 병이 들어 추밀사를 그만두

배의 기풍을 함께 갖추고 있었다. 추호鄒浩[14] 지완志完은 영창부교수潁昌府敎授를 지내면서 전승군田承君(전주)과 교유하며 즐겁게 지냈다. 추호는 성품이 나약했는데 전승군을 만날 수 있었기 때문에 일이 생길 때마다 스스로를 격려했다. (철종) 원부元符 연간(1098~1100)에 전승군은 감경성문監京城門이 되었다. 하루는 황상이 추지완鄒志完(추호)을 불렀다는 소식을 듣고 전승군은 그를 위해 기뻐했다. 또 하루는 추지완이 사대賜對[15]를 받았다는 소식을 듣고 전승군은 더욱 기뻐했다. 감문監門은 국법에 성문을 나가는 것이 허락되지 않았고, 추지완도 그를 찾아오지 않았다. 오랜 후에 추지완이 언관言官에 제수되자, 전승군은 비로소 추지완을 찾아가 만나고자 했다. 추지완은 먼저 객을 보내 전승군을 만나 그의 뜻을 헤아려 보게 했다. 객이 전승군에게 물었다.

"근자에 어떤 책을 읽었습니까?"

전승군이 말했다.

"내가 『묵자墨子』를 보고 지은 시[16]에 '그대가 운제雲梯[17]를 얻었음을 알고

고 상서우승(尙書右丞)·관문전학사(觀文殿學士)·한림시독학사(翰林侍讀學士)·제거경령궁(提擧景靈宮)을 거쳐 태자소부(太子少傅)로 벼슬을 마쳤다. 성품이 민첩하고 관대했으며 문무의 재략을 지니고 있었다. 정사를 논할 때는 자신의 의견을 숨김없이 말했다.

14 추호(鄒浩, 1060~1111): 자는 지완(志完), 자호는 도향거사(道鄕居士), 시호는 충(忠). 북송의 관리. 신종 원풍(元豐) 5년(1082) 진사 출신으로, 양주(揚州) 영창부교수(潁昌府敎授)를 지냈다. 철종 때 우정언(右正言)이 되어 유후(劉后) 책봉의 부당함을 간언하고 재상 장돈(章惇)의 불충함을 탄핵했다가 삭탈관직당하고 신주(新州)에 안치되었다. 휘종이 즉위한 후 다시 우정언이 되고 중서사인(中書舍人)·병부시랑·이부시랑을 역임했는데, 권력을 장악한 채경(蔡京)이 유후 책봉을 간언한 추호의 상소문을 위조해, 그는 다시 영주(永州)로 폄적되었다. 숭녕(崇寧) 5년(1106)에 고향으로 돌아와 도향원(道鄕園)을 짓고 지내다가 죽었다.

15 사대(賜對): 임금이 신하를 불러서 묻는 말에 대답하게 하는 것을 말한다.

16 시: 제목은 「묵자(墨子)」다.

17 운제(雲梯): 성을 공격하는 데 쓰는 높은 사다리. 『묵자』「공수(公輸)」편에 나온다. 높은

난 후에, 응당 당시에 실 물들이는 것[18]을 보고 운 것을 후회했네'라는 구절이 있습니다."

이 말은 추지완을 염두에 두고 한 것이었다. 객이 추지완에게 말했더니 추지완이 편지를 보내 전승군에게 감사했는데 그 언사가 매우 괴로움에 차 있었다. 그래서 서로 만나기로 약속했는데 전승군이 말했다.

"이 사람은 여전히 두려워하는 바가 있지만 아직 끊어 내지 못한다."

그러고는 급히 만나러 가서 추지완에게 물었다.

"평소 그대와 다짐했던 것은 어찌 되었소? 지금 그대는 무슨 벼슬을 하고 있소?"

추지완은 부끄러워하면서 감사하며 말했다.

"황상께서 다른 신하들을 만날 때는 기쁜 목소리와 안색을 지은 적이 없으셨는데, 유독 나에게만은 기뻐하시는 것 같소. 지금 천하의 일은 진실로 이루 말할 수 없소. 그래서 황상으로 하여금 더욱 나를 믿으시게 한 후에 진언함으로써 그 유익함을 귀하게 할 생각이오."

전승군은 그 말을 인정했다. 얼마 후에 붕당의 화가 크게 일어나 당시의 일이 날마다 바뀌는 바람에 전승군은 병을 핑계 대고 양적의 시골집으로 돌아갔다. 하루는 황후 맹씨孟氏를 폐위시키고 유씨劉氏를 황후로 책립했다는 소식이 전해지자, 전승군이 자제들에게 말했다.

"지완이 진언하지 않으면 절교할 수 있다."

지위에 오름을 비유하는 데 쓰인다.

18 실 물들이는 것: 원문은 "염사(染絲)". 어느 날 묵자가 흰 실을 여러 색깔로 물들이는 것을 보고, 사람이나 나라도 이처럼 물들어진다고 생각해 슬퍼했다고 한다. 『묵자』「소염(所染)」편에 나온다. '묵자읍사(墨子泣絲)' · '묵자비염(墨子悲染)'이라는 성어가 여기에서 나왔다. 사람이 자신의 습관이나 주변의 환경에 따라 그 성품의 좋고 나쁨이 결정된다는 뜻으로 쓰인다.

또 하루는 추지완이 전승군에게 편지를 보내 영창부의 도중에서 만나자고 약속하면서 처벌받았다고 스스로 말했다. 전승군이 몹시 기뻐하며 급히 갔더니 추지완이 그간의 일을 갖추어 말했다.

"황후의 폐위와 책립을 간언할 때 나의 말은 우직했소. 황상께서는 처음에 노하지 않으셨는데, 내가 상주하면서 '신은 당장 죽어 더 이상 청광淸光[19]을 바라보지 못할 것입니다'라고 말했소. 대전을 내려가 하직의 절을 올리고 떠났는데, 궁전 문에 이르러 황상을 바라보니 여전히 일어나지 않은 채 조용히 마치 생각하시는 바가 있는 것 같았소. 다음 날 나는 처벌받았소."

추지완과 전승군은 함께 사흘 동안 머물렀다. 작별할 때 추지완이 눈물을 흘리자 전승군이 정색하고 꾸짖으며 말했다.

"만약 그대가 침묵하고 도성에서 벼슬하고 있었다면 '학질에 걸려 땀도 흘리지 못하고 닷새 만에 죽었을 것이니',[20] 어찌 영해嶺海의 밖으로 유배 가서 죽는 것뿐이겠소! 바라건대 그대는 이 일로 스스로 만족하지 말지니, 선비로서 마땅히 해야 할 일은 여기에서 그치지 않을 것이오."

추지완은 망연자실한 채 탄식하며 말했다.

"그대가 나에게 많은 것을 주었소!"

그러고는 작별하고 떠났다. (휘종) 건중정국년建中靖國年(1101) 초에 전승군은 조정으로 들어가 대종정승大宗正丞이 되었다. 재상 증포曾布가 그를 문하에 거두려고 했지만 그의 뜻을 굽힐 수 없었고, 제거상평提擧常平에 제수되

19 청광(淸光): 밝은 빛. 임금의 용안을 비유한다.
20 학질에 걸려 땀도 흘리지 못하고 닷새 만에 죽었을 것이니: 원문은 "한질불한(寒疾不汗), 오일사의(五日死矣)". 예로부터 민간에 전해지는 속담으로, 역병에 걸려 갑자기 죽는 것을 말한다. 여기서는 추호가 도성에 계속 남아 있었다면 정쟁에 휘말려 비명에 횡사했을 것이라는 뜻이다.

었지만 또한 사양했으며, 지회양군知淮陽軍을 청해 떠났다. 관리와 백성들이 그를 경외하고 사랑했는데, 어느 해에 크게 역병이 돌자 전승군은 날마다 직접 의원을 데리고 집집마다 병자를 문안하면서 정말로 열심히 치료해 주었다. 하루는 작은 병이 나서 나가지 않았는데, 대낮에 온 회양군의 사람들은 전승군이 말 탄 시종에 둘러싸여 하늘로 올라가 떠나는 것을 모두 보았다. 사람들이 문안하러 찾아갔더니 그는 이미 죽어 있었다. 어떤 사람은 그가 회양군의 토지신이 되었다고 말하기도 한다.

田晝者字承君, 陽翟人, 故樞密宣簡公姪也. 其人物雄偉, 議論慷慨, 俱有前輩之風. 鄒浩志完者, 教授潁昌, 與承君遊相樂也. 浩性懦, 因得承君, 故遇事輒自激勵. 元符間, 承君監京城門. 一日, 報上召志完, 承君爲之喜. 又一日, 報志完賜對, 承君益喜. 監門法不許出, 志完亦不來. 久之, 志完除言官, 承君始望志完矣. 志完遣客見承君, 以測其意. 客問承君: "近讀何書?" 承君曰: "吾觀『墨子』, 作詩有'知君旣得雲梯後, 應悔當年泣染絲'之句." 爲鄒志完發也. 客言於志完, 志完折簡謝承君, 辭甚苦. 因約相見, 承君曰: "斯人尙有所畏, 未可絶也." 趣往見之, 問志完曰: "平生與君相許者何如? 今君爲何官?" 志完愧謝曰: "上遇羣臣, 未嘗假以聲色, 獨於某若相喜者. 今天下事, 固不勝言. 意欲使上益相信而後言, 貴其有益也." 承君許之. 旣而朋黨之禍大起, 時事日變更, 承君謝病歸陽翟田舍. 一日, 報廢皇后孟氏, 立劉氏爲皇后, 承君告諸子曰: "志完不言, 可以絶交矣." 又一日, 志完以書約承君會潁昌中塗, 自云得罪. 承君喜甚, 亟往, 志完具言: "諫廢立皇后時, 某之言戇矣. 上初不怒也, 某因奏曰: '臣卽死, 不復望淸光矣.' 下殿拜辭以去, 至殿門, 望上猶未興, 凝然若有所思也. 明日某得罪." 志完·承君相留三日. 臨別, 志完出涕, 承君正色責曰: "使志完隱默, 官京師, 遇寒疾不汗, 五日死矣, 豈獨嶺海之外能死人哉! 願君無以此擧自滿, 士所當爲者, 未止此也." 志完茫然自失, 歎息曰: "君之贈我厚矣!" 乃別去. 建中靖國初, 承君入爲大宗丞. 宰相曾布欲收置門下, 不能屈, 除提擧常平, 亦辭, 請知淮陽軍以去. 吏民畏愛之, 歲大疫, 承君日自挾醫, 戶問病者藥之良勤. 一日小疾不出, 正晝一軍之人盡見承君擁騎從騰空而去. 就問之, 死矣. 或曰爲淮陽土神云.

15-4(155)

유가와 석가의 도는 비록 같지 않지만 특별히 뛰어난 선비가 아니라면 유가나 석가라고 이르기에 부족한데, 근자에 나(소백온)는 그런 두 사람을 듣거나 보았다. 대유大儒인 이천선생伊川先生 정정숙程正叔(정이)은 (철종) 원우元祐 연간(1086~1094) 초에 사마온공司馬溫公(사마광)의 추천으로 궁중의 시강侍講이 되었다. 당시 철종哲宗은 나이가 어렸는데 이천선생은 스승의 도리로 자처했다. 나중에 판서경국자감判西京國子監으로 나가고, 두 번이나 직비각直秘閣을 더해 받았지만 모두 사양했다. 당화黨禍가 일어나 부주涪州로 폄적되었지만 이천선생은 『주역周易』에 주를 달고 문하 제자들에게 학문을 강론하면서 근심으로 여기지 않았으며, 사면을 받아 돌아올 수 있었지만 기쁨으로 여기지 않았다. 장로長老 도해道楷는 (휘종) 숭녕崇寧 연간(1102~1106)에 조정의 명으로 도성의 법운사法雲寺에 머물렀다. 황상이 하루는 자색 방포方袍[21]와 선사禪師 칭호를 하사하자 도해가 말했다.

21 방포(方袍): 스님들이 입는 네모진 가사(袈裟).

"우리 불가의 법이 아닙니다."

그러면서 물리치고 받지 않았다. 중사中使(황궁 사자)가 황상에게 참소해 도해가 칙지를 땅에 던져 버렸다고 했다. 황상이 진노해 대리시大理寺에 명을 내려 그를 곤장 치게 했다. 판관은 도해가 도를 지니고 있음을 알고 그를 내보내 주려고 하면서 물었다.

"법사는 연세가 일흔이지요?"

도해가 말했다.

"예순 아홉입니다."

(다시 재판관이 물었다.)

"병이 있지요?"

도해가 정색하며 말했다.

"나는 평생 병이 없습니다. 황상께서 곤장형을 내리셨으니 판관은 이를 가볍게 다뤄서는 안 됩니다."

마침내 곤장을 맞으면서 한 마디 말도 하지 않았다. 이때부터 기주沂州의 부용계芙蓉溪에 은거했는데, 그를 따르는 자가 더욱 많아졌다. 조정에서 자주 칙지를 내려 다시 승려가 되라고 명했지만 따르지 않았다. 아! 두 사람은 비록 배운 바는 같지 않지만 모두 특별히 뛰어난 선비이도다! 유생이 되고 승려가 되어서 올바른 도를 행하지 않는 자가 두 사람의 기풍을 듣는다면 조금은 부끄러워할 것이다.

儒釋之道雖不同, 而非特立之士不足以名其家, 近時伯溫聞見者二人. 大儒伊川先生程正叔, 元祐初用司馬溫公薦, 侍講禁中. 時哲宗幼冲, 先生以師道自居. 後出判西京國子監, 兩加直秘閣, 皆辭之. 黨禍起, 謫涪州, 先生注『周易』, 與門弟子講學, 不以爲憂, 遇赦得歸, 不以爲喜. 長老道楷者, 崇寧中以朝廷命住京師法雲寺. 上一日賜紫方袍及禪師號, 楷曰: "非吾法也." 却不受. 中使譖於上, 以爲道楷擲敕於地. 上怒, 下大理寺杖之. 理官知楷爲有道者, 欲出之, 問曰: "師年七十乎?" 曰: "六十九矣." "有疾乎?" 楷正色曰: "某平生無病. 上賜杖, 官不可輒輕之." 遂受杖, 無一言. 自此隱沂州芙蓉溪, 從之者益盛. 朝廷數有旨, 復命爲僧, 不從. 嗚呼! 二人者雖學不同, 皆特立之士也! 爲儒爲釋而不以道者, 聞其風可以少愧矣.

15-5(156)

정백순程伯淳(정호) 선생이 일찍이 말했다.

"(신종) 희녕熙寧 연간(1068~1077) 초에 왕개보王介甫(왕안석)가 신법을 시행하면서 군자와 소인을 아울러 등용했다. 바르고 곧아서 불의에 영합하지 않는 군자에 대해 왕개보는 세상일을 알지 못하는 세속의 천박한 학자라고 여겨 배척했으며, 구차하게 남의 비위를 맞춰 아첨하는 소인에 대해 왕개보는 변통變通을 잘 아는 재능 있는 사람이라고 여겨 등용했다. 군자 중에서 사마군실司馬君實(사마광)은 동지추밀원同知樞密院을 임명받지 않고 떠났고, 범요부范堯夫(범순인)는 동수기거주同修起居注를 사양하고 죄를 얻었으며, 장천기張天祺(장전)는 감찰어사監察御史로서 면전에서 왕개보를 꾸짖었다가 폄적되었다. 왕개보는 성질이 사납고 고약해서 사람들이 안 된다고 여기는 것을 더욱 고집스럽게 견지했다. 군자들은 이미 떠났고 등용된 사람은 모두 소인이었는데, 이들이 각박함을 다투었기 때문에 천하에 해를 입힌 것이 더욱 심했다. 만약에 여러 군자들이 왕개보와 맞서지 않고 그의 세력이 저절로 약해지기를 오랫동안 기다렸다가, 사정을 자세히 헤아려 믿고 따를 만한 이치가 생기기를 바라면서 소인들이 파고들 틈을 없게 했다면, 그 폐해가 이렇게 심한 지경에까지는 이르지 않았을 것이다."

천하 사람들은 정백순 선생이 도리에 맞는 말을 했다고 여겼다.

程伯淳先生嘗曰: "熙寧初, 王介甫行新法, 並用君子小人. 君子正直不合, 介甫以爲俗學不通世務, 斥去, 小人苟容諂佞, 介甫以爲有材能知變通, 用之. 君子如司馬君實, 不拜同知樞密院以去, 范堯夫辭同修起居注得罪, 張天祺自監察御史面折介甫被謫. 介甫性狠愎, 衆人以爲不可, 則執之愈堅. 君子旣去, 所用皆小人, 爭爲刻薄, 故害天下益深. 使衆君子未用與之敵, 俟其勢久自緩, 委曲平章, 尙有聽從之理, 俾小人無隙以乘, 其爲害不至此之甚也." 天下以先生爲知言.

15-6(157)

진관陳瓘은 자가 영중瑩中이고 민閩 사람이다. 학문이 있어서 18세에 진사 갑과甲科에 급제했다. (철종) 소성紹聖 연간(1094~1098) 초에 장돈章惇의 추천을 받아 태학박사太學博士가 되었다. 그전에 장돈의 부인이 일찍이 장돈에게 원한을 맺지 말라고 권했는데, 장돈은 재상이 되고 나서 오로지 보복에 힘써 맨 처음 붕당의 화를 일으켰다. 장돈의 부인이 죽자 장돈은 슬픔을 감당하지 못했다. 진영중陳瑩中(진관)이 장돈의 얼굴이 몹시 슬픔에 잠겨 있는 것을 보고 장돈에게 말했다.

"공께서는 슬픔에 마음 아파해도 보탬이 없으니 차라리 어찌 부인이 평소에 했던 말을 생각하는 것이 낫지 않겠습니까?"

이는 대개 장돈이 원한에 보복하는 일을 간한 것이었다. 장돈은 자신을 거슬렀다고 생각해 더 이상 그를 기용하지 않았다. 증포曾布가 재상이 되었을 때 진영중을 간관諫官으로 추천하고 도지휘사사都指揮使司로 삼았다. 채변蔡卞이 왕안석王安石의 『일록日錄』에 근거해 『신종실록神宗實錄』을 고쳐 수찬했는데, 증포 또한 (신종) 희녕熙寧 연간(1068~1077)과 원풍元豐 연간(1078~1085)의 정치를 주도했었다. 진영중이 증포에게 상서해, 채변이 개인의 역사기록을 받들어 종묘를 억압했다고 말했으며 아울러 시정時政의 부당함을 논했다. 당시 증포 또한 자신을 거슬렀다고 생각해 그를 내쳤다. 진영중은 간관으로 있을 때 상황上皇(휘종)에게 채경蔡京과 채변을 등용해서는 안 되며 이들을 등용하면 분명 천하를 어지럽힐 것이라고 극언했다. 채경이 이를 깊이 원한으로 여겨 진영중은 누차 폄적되었다. 관례에 따라 사면을 받으면 방면되어 돌아가지만, 진영중은 여전히 통주通州에 안치되어 있었다. 하루는 진영중의 아들이 도성으로 달려가서 채경의 일을 진언했다. (진영중의 부자를) 하옥시키라는 조서가 내려지자 명주明州에서 매우 급하게 진영중을 체포했는데, 사민士民들이 울면서 그를 전송했지만 진영중은 동요하지 않았다. 진영중이 감옥으로 들어가서 아들이 묶여 있는 것을 보고 웃으며 말했다.

"불초한 자식이 나를 번거롭게 걸음하게 했구나!"

채경은 혹리酷吏 이효수李孝壽[22]를 기용해 그 일을 다스리게 했는데, 이효

---

22 이효수(李孝壽): 자는 경산(景山). 북송의 관리. 철종 원부(元符) 연간에 개봉부호조참군(開封府戶曹參軍)이 되었는데, 지개봉부로 있던 여가문(呂嘉問)이 장돈(章惇)과 채변(蔡卞)의 지시를 받고 상서한 사람들을 혹형으로 핍박하면서 그를 섭사록사(攝司錄事)에 임명해 그 옥

수는 청사의 주렴 안에 앉아 청사 마당에 삼목三木[23]을 벌여 놓은 채 진영중을 끌고 와 심문했다. 진영중이 조용히 말했다.

"채경의 죄는 사실 내가 알고 있고 불초한 자식은 알지 못하오."

그러면서 종이를 많이 달라고 해 직접 (채경의 죄를) 적었다. 이효수는 두려워하면서 진영중이 물정을 알지 못한다고 여겨 그날로 방면해 돌아가게 했다가 다시 통주에 안치했다. 그의 아들은 바닷가로 유배되었다. 진영중은 『존요집尊堯集』을 찬해, 왕안석이 함부로 『일록』을 지어 조종祖宗과 신종神宗을 비방한 사실을 밝혔는데 지금 세상에 전해진다. (흠종) 정강靖康 연간(1126~1127) 초에 진영중은 미처 크게 기용되지 못하고 죽었으며, 간의대부諫議大夫에 특별 추증되었다. 진영중은 만년에 강절선생康節先生(소옹)의 학문을 좋아했는데, 일찍이 나(소백온)에게 강절선생의 유서를 청하면서 말했다.

"내가 강절의 학문에 있어서 터득한 것이 있는 듯합니다."

陳瓘字瑩中, 閩人. 有學問, 年十八登進士甲科. 紹聖初用章惇薦, 爲太學博士. 先是惇之妻嘗勸惇無修怨, 惇作相, 專務報復, 首起朋黨之禍. 惇妻死, 惇悼念不堪. 瑩中見惇容甚哀, 謂惇曰: "公與其無益悲傷, 曷若念夫人平生之言?" 蓋譏惇之報怨也. 惇以爲忤, 不復用. 曾布爲相, 薦瑩中爲諫官, 爲都司. 蔡卞據王安石『日錄』改修『神宗實錄』, 曾布亦主熙寧 · 元豐之政. 瑩中上布書, 謂卞尊私史以壓宗廟, 及論時政之不當. 時布又以爲忤, 出之. 瑩中爲諫

사를 마무리하게 했다. 채경이 국정을 담당한 후 개봉윤(開封尹)이 되었다가 지흥인부(知興仁府)와 지개덕부(知開德府)를 지냈다. 휘종 정화(政和) 연간 초에 형부시랑에 제수되고 개봉윤으로 전임되었는데, 잔인하고 가혹한 정치를 했다. 그 후에 용도각학사(龍圖閣學士)로서 제거예천관(提擧醴泉觀)이 되었다.

23 삼목(三木): 죄인의 목 · 손 · 발에 채우던 세 가지 형구로, 칼[枷] · 수갑 · 차꼬를 말한다.

官時, 爲上皇極言蔡京·蔡卞不可用, 用之決亂天下. 蔡京深恨之, 屢竄謫. 例用赦放歸, 猶隸通州. 一日, 瑩中之子走京師, 言蔡京事. 詔獄下, 明州捕瑩中甚急, 士民哭送之, 瑩中不爲動. 旣入獄, 見其子被繫, 笑曰: "不肖子煩吾一行!" 蔡京用酷吏李孝壽治其事, 孝壽坐廳事簾中, 列五木[1]於庭, 引瑩中問之. 瑩中從容曰: "蔡京之罪, 某實知之, 不肖子不知也." 多求紙自書. 孝壽懼, 以瑩中爲不知情, 卽日放歸, 再隸通州. 其子配海上. 瑩中撰『尊堯集』, 以辯王安石妄作『日錄』以詆祖宗·詆神宗者, 今行於世. 靖康初, 不及大用以死, 特贈諫議大夫. 瑩中晩喜康節先生之學, 嘗從伯溫求遺書曰: "吾於康節之學, 若有得也."

[1] 오목(五木): 문맥상 "삼목(三木)"의 오기로 보인다.

15-7(158)

나(소백온)는 (철종) 소성紹聖 연간(1094~1098) 초에 영흥군전감永興軍錢監이 되었는데, 용도龍圖(용도각직학사) 여진백呂晉伯(여대충)이 마을의 저택에 살고 있어서 자주 찾아뵙고 그의 중시와 사랑을 크게 받았다. 나는 벼슬을 그만두었지만 가난해서 돌아갈 수 없었기에 다사茶司의 추천을 받아 속관이 되었다. 하루는 내가 여공呂公(여대충)을 만나 뵈었더니 여공이 말했다.

"그대가 또한 이런 벼슬을 하는 것은 어째서인가? 후보 관원이 여러 관서의 속관이 되고 사신이 주마走馬[24]가 되어 명을 받들다 보면, 일생 동안 다

24 주마(走馬): 말을 달려 군정(軍情)을 보고하거나 문서를 전달하는 사람을 말한다.

른 벼슬은 할 수 없을 것이네.”

내가 그 까닭을 대답했더니 여공이 말했다.

“부모님 때문이거나 가난 때문이라면 괜찮네.”

여공은 승상 여급공呂汲公(여대방)의 형으로, 성품이 강직하고 예법에 신중했다. 황제의 시종관이 되어 고향으로 돌아와 현령을 만날 때는 반드시 고향 사람에 대한 공경을 다했고, 부서의 관리를 자제처럼 대하면서 대부분 면전에서 그들의 단점을 꾸짖어 훌륭한 사람이 되게 하는 것을 좋아했다. 비록 승상(여대방)일지라도 일찍이 조금도 기쁜 안색을 지은 적이 없었다. 하루는 관저에 나가 당상에 앉아 있었는데, 승상의 부인이 뜰아래서 절하면서 하녀 두 명에게 자신을 부축하게 했다. 그러자 여공이 노하며 말했다.

“다른 사람들은 승상의 부인이라 여기지만 나는 단지 여이랑呂二郎(여대방)의 아내로만 알고 있을 뿐이다. 병이 들지도 않았는데 어째서 남의 부축을 받는단 말인가?”

승상은 그 일을 부끄러워하며 사죄할 뿐이었다. 여공은 매번 승상에게 사직함으로써 만영滿盈의 화[25]를 피하라고 권했다. 소성 연간에 결국 승상은 남쪽으로 좌천되었고, 여공은 평량안무사平涼安撫使로 있다가 변방의 일에 대한 의론이 맞지 않아 지진주知秦州로 전임되었으며, 또 종전鍾傳[26]과 의

---

25 만영(滿盈)의 화: 물이 가득 차면 기울어지는 화. 승상이라는 높은 지위에 스스로 만족해하다가는 필시 화를 겪게 될 것이라는 뜻이다.

26 종전(鍾傳): 종부(鍾傅)라고도 한다. 자는 약옹(弱翁). 북송의 관리. 본디 서생으로 추천을 받아 난주추관(蘭州推官)이 되었다. 철종 소성(紹聖) 연간에 서하(西夏)를 격파한 공으로 집현전수찬(集賢殿修撰)·지희주(知熙州)로 승진했다. 하지만 포로의 숫자를 거짓으로 늘렸다가 문책받아 감영주세(監永州稅)로 좌천되고 연주별가(連州別駕)로 폄적되었다. 휘종 숭녕(崇寧) 연간에 지하중부(知河中府)로 재기해, 지운주(知鄆州)·지영주(知瀛州) 등을 거쳐 용도각직학사(龍圖閣直學士)에 올랐다. 얼마 후 사건에 연루되어 지여주(知汝州)로 전출되었다가 다시 지항주(知杭州)·지진정부(知眞定府)·지연안부(知延安府) 등을 역임했다.

론이 맞지 않고 장돈章惇의 뜻에도 거슬러 대제待制로 강직되고 지동주知同州로 벼슬을 마쳤다가 다시 용도각직학사龍圖閣直學士가 되었다. 아! 여공은 지금의 옛사람이로다! 나는 아직 그를 만나 뵐 수 있으니, 그의 평생의 말씀을 이와 같이 기록한다.

伯溫紹聖初監永興軍錢監, 呂晉伯龍圖居里第, 數見之, 深蒙器愛. 伯溫罷官, 貧不能歸, 用茶司薦爲屬官. 一日, 見呂公, 公曰: "君亦爲此官何耶? 選人作諸司屬官, 使臣爲走馬承受, 則一生不可爲他官矣." 伯溫對以故, 公曰: "爲親爲貧則可也." 公丞相汲公之兄, 性剛直, 謹禮法. 爲從官, 歸鄕見縣令必致桑梓之恭, 待部吏如子弟, 多面折其短, 而樂於成人. 雖丞相亦未嘗少假顏色也. 一日至府第坐堂上, 丞相夫人拜庭下, 命二婢子掖之. 公怒曰: "人以爲丞相夫人, 吾但知呂二郞新婦耳. 不疾病, 輒用人扶何也?" 丞相爲之愧謝乃已. 每勸丞相辭位以避滿盈之禍. 紹聖中, 丞相南遷, 公帥平涼, 議邊事不合, 移帥秦, 又與鍾傳議不合, 亦忤章惇, 降待制, 知同州, 致仕, 復龍圖閣直學士. 嗚呼! 呂公, 今之古人也! 伯溫尙及見之, 記其平生之言如此.

15-8(159)

본조本朝의 고문은 유개柳開 중도仲塗와 목수穆脩 백장伯長이 맨 처음 주창했으며, 윤수尹洙 사로師魯 형제가 그 뒤를 이었다. 구양문충공歐陽文忠公(구양수)은 일찍 변려문騈儷文에 뛰어났기 때문에 국학國學(국자감)과 남성南省(상서성의 예부)에서의 시험에서 모두 천하의 으뜸을 차지했다. 진사 갑과에 급제하고 나서 하남河南에서 벼슬할 때, 처음 윤사로尹師魯(윤수)를 만나 한퇴지韓退之(한유)의 문장을 꺼내 공부했는데, 구양공이 자서自敍에서 그렇게 말했다. 대개 구양공과 윤사로는 문장에 있어서 비록 달랐지만, 구양공이 고문을 지은 것은 윤사로의 뒤에 위치한다. 『오대사五代史』[27]의 경우 구양공이 일찍이 윤사로와 함께 나누어 찬하기로 약속했기 때문에, 구양공이 이릉夷陵에 폄적되었을 때 윤사로에게 편지를 보내 이렇게 말했다.

"정월 초하루 이후로 일이 없는 것 같아서 비로소 전년에 지은 「십국지十國志」를 고치고 있는데, 대개 이것은 진상본進上本으로 많은 권수를 갖추는 것에 힘썼기에, 지금 만약 바로 정사正史를 수찬한다면 전체적으로 마땅히 삭제해서 그 중대한 것만 남겨야 합니다. 사소한 일은 비록 기록할 만한 것이 있다 하더라도 대체大體에 관련된 것은 아니며, 본래 남겨 둘 만한 소설은 정사에 누가 되지는 않습니다. 며칠간 구본舊本을 검토하면서 전체적으로 산거해 열에 서넛을 제거했습니다. 사로가 찬한 것은 내가 도성에 있을 때 자세히 보지 못했는데, 이곳으로 오는 도중에 자세히 읽어 보았더니 정말 훌륭합니다. 사로는 본디 사필史筆을 자부했는데, 과연 「하동전河東傳」 하나는 절묘합니다. 나는 본래 이 전을 본받았지만 또한 번잡하고 간략함에 적합지 못한 부분이 있으니, 바라건대 사로가 이를 산정해 준다면 완전해질 것입니다. 정사는 더 이상 다섯 나라의 국사로 구분하지 않고 기紀와 전傳으로 통합했습니다. 지금 「양본기梁本紀」에 「한본기漢本紀」와 「주본기周本紀」를 병합해 시험 삼아 수찬해 보려고 하며, 사로가 담당한 「당본기唐本紀」와 「진본기晉本紀」는 전년에 논의한 대로 하겠습니다. 기타 열전列傳은 간략히 줄이고 또 조대별로 공신功臣을 기紀에 따라 각자 전을 지으며, 이어

27 『오대사(五代史)』: 『신오대사(新五代史)』를 가리킨다.

진 순서가 끝나길 기다렸다가 오대 열전 인물의 성명을 적어 둘로 구분하고 전을 나누어 짓고자 하는데, 이러한 방법이 사로에게는 어떠한지 모르겠습니다. 우리들은 지금 세상에서 버려졌는데, 다만 이를 통해 그 뜻을 대충이나마 펼쳐 후세의 명성을 조금이나마 바라고자 합니다. 내 경우는 다행히도 사로와 서로 의지하고 있으니, 만약 이 책을 완성한다면 이 또한 영광스러운 일입니다. 지금 특별히 주공朱公에게 알리고 이것을 보내 삼가 물어보아 어떠한지 답을 청했다가 바로 각자 착수할 것이며, 기다렸다가 임진任進이 돌아오기만 하면 바로 국사國史의 초본을 가지고 가서 편찬하게 하겠습니다."

그 후에 윤사로는 죽었고 후사가 없었다. 지금 구양공의 『오대사』는 학관學官에 반포되어 세상에 널리 유행하고 있는데, 그 안에 과연 윤사로의 문장이 들어 있는가? 아니면 구양공이 그것을 모두 지었는가? 구양공이 윤사로의 묘지명을 지으면서 그의 문장을 논해 "간결하면서도 법도가 있다"라고 했으며, 또 구양공이 "공자孔子의 육경 중에서 오직 『춘추春秋』만이 대체로 합당하다"라고 했으니, 구양공은 윤사로에 대해서 가볍게 여기지 않았다. (휘종) 숭녕崇寧 연간(1102~1106)에 『신종정사神宗正史』를 고쳐 수찬하면서 「구양공전歐陽公傳」에서 "같은 시대에 윤수가 있었는데 또한 고문을 지었다. 하지만 윤수의 문재는 구양수歐陽修를 따라가기에는 부족하다"라고 했다. 대개 사관이 모두 만학의 소생이었기에 선배 문장의 연원에 본래 차례가 있음을 알지 못했다.

本朝古文, 柳開仲塗 · 穆脩伯長首爲之唱, 尹洙師魯兄弟繼其後. 歐陽文忠公早工偶儷之文, 故試於國學 · 南省, 皆爲天下第一. 旣擢甲科, 官河南, 始得師魯, 乃出韓退之文學之, 公之自敍云爾. 蓋公與師魯於文雖不同, 公爲古文則居師魯後也. 如『五代史』, 公嘗與師魯約分撰, 故公謫夷陵日, 貽師魯書曰: "開正以來始似無事, 始舊更前歲所作「十國志」, 蓋是進本, 務要卷多, 今若便爲正史, 盡合刪削, 存其大者. 細小之事雖有可紀, 非干大體, 自可存之小說, 不足以累正史. 數日, 檢舊本, 因盡刪去矣, 十亦去其三四. 師魯所撰, 在京師時不曾細看, 路中細讀乃大好. 師魯素以史筆自負, 果然, 「河東」一傳大妙. 修本所取法於此傳, 亦有繁簡未中者, 願師魯刪之, 則盡善也. 正史更不分五史, 通爲紀傳. 今欲將梁紀并漢·周, 修且試撰, 以唐·晉師魯爲之, 如前歲之議. 其他列傳, 約略且將逐代功臣隨紀各自撰傳, 待續次盡, 將五代列傳姓名寫出, 分爲二, 分手作傳, 不知如此於師魯如何. 吾輩棄於時, 聊欲因此粗伸其志, 少希後世之名. 如修者幸與師魯相依, 若成此書, 亦是榮事. 今特告朱公, 遣此介奉咨, 希一報如何, 便各下手, 只候任進歸, 便令賚[1]國志草本去次云云." 其後師魯死, 無子. 今歐陽公『五代史』頒之學官, 盛行於世, 內果有師魯之文乎? 抑歐陽公盡爲之也? 歐陽公誌師魯墓, 論其文曰"簡而有法", 公曰"在孔子六經中, 惟『春秋』可當", 則歐陽於師魯不薄矣. 崇寧間, 改脩『神宗正史』, 「歐陽公傳」乃云"同時有尹洙者, 亦爲古文. 然洙之才不足以望修"云. 蓋史官皆晚學小生, 不知前輩文字淵源自有次第也.

[1] 뇌(賚): 문맥상 "재(賫)"의 오기로 보인다.

邵氏聞見錄
卷十六

16-1(160)

소사少師 양응식楊凝式[1]은 당나라 소종昭宗 때 직사관直史館을 지냈고, 재상 양섭楊涉[2]의 아들이다. 주전충朱全忠(주온)이 당나라에 제위 선양을 강요할 때, 양섭이 봉전국보사奉傳國寶使가 되자 양응식이 말했다.

"대인께서는 당나라의 재상이 되셨는데 국가를 이 지경에 이르도록 했으니 잘못이 없다고 말할 수 없습니다. 게다가 천자의 옥새를 가져다 남에게 넘겨주려 하니 비록 부귀를 보장받는다 하더라도 어찌 천 년까지 가겠습니까? 어찌 그만두지 않으십니까!"

1 양응식(楊凝式, 873~954): 자는 경도(景度), 호는 허백(虛白). 당말 오대의 관리이자 서예가로, 문하시랑 양섭(楊涉)의 아들이다. 당나라 소종(昭宗) 때 진사 출신으로, 비서랑을 지냈다. 그 후로 후량(後梁)·후당(後唐)·후진(後晉)·후한(後漢)·후주(後周)의 오대에서 벼슬해 태자소사(太子少師)까지 올랐기에 세상에서 '양소사'라 불렀다. 그는 중국 서예사에서 당나라를 계승하고 송나라를 계도한 중요한 인물로 평가된다. 이른바 '송사가[宋四家: 소식(蘇軾)·황정견(黃庭堅)·미불(米芾)·채경(蔡京)]'가 모두 그의 영향을 깊이 받았다.

2 양섭(楊涉): 당 말과 오대 후량의 대신. 당나라 희종(僖宗) 건부(乾符) 연간 진사 출신이다. 소종(昭宗) 때 이부상서를 지냈고, 애제(哀帝)가 즉위한 후 중서시랑·동중서문하평장사에 임명되었다. 당나라가 멸망하자 후량 조정에서 문하시랑·동중서문하평장사를 역임한 뒤 좌복야(左僕射)와 지공거(知貢擧)를 지냈다.

양섭이 크게 놀라며 말했다.

"네가 우리 가문을 멸족시키려 하는구나!"

양섭은 며칠 동안 안색이 편치 못했다. 주전충이 제위를 찬탈하고 나서 양응식은 후량後梁 · 후당後唐 · 후진後晉의 세 조대가 지나도록 미친 척하고 실제 직무를 맡지 않았으며, 벼슬은 태자소사太子少師에 이르렀다. 그의 서예는 안진경顔眞卿[3]과 유공권柳公權[4]에서 나와 이왕二王(왕희지 · 왕헌지)[5]의 오묘함에 들어갔다. 양응식은 낙양洛陽의 연복방延福坊에서 살았는데, 매번 외출할 때면 대부분 앞을 인도하는 여마輿馬가 앞장서고 자신은 뒤에서 걸어갔다. 하루는 천관사天官寺를 유람하고자 했는데 종자가 말했다.

"어찌하여 광수사廣受寺로 가지 않으십니까?"

양응식은 또한 그 말을 따랐다. 지금 두 사원의 벽에는 그가 쓴 제자題字가 많으며, 다보탑원多寶塔院에는 그의 영정影幀이 아직도 남아 있다. 근년에 유수신劉壽臣이 유대留臺(유사어사대)로 있을 때, 옛 공문서 속에서 양소사楊少師(양응식)가 직접 쓴 휴가 신청 문서 10여 장을 찾아냈는데, 모두 해서楷書의 필법이 정교하고 절묘했다. 세상에서 양소사의 글씨를 행초서行草書에

---

3 안진경(顔眞卿, 709~785): 자는 청신(淸臣), 시호는 문충(文忠). 당나라의 관리이자 서예가. 현종(玄宗) 개원(開元) 연간 진사 출신으로, 평원태수(平原太守)로 있을 때 안녹산(安祿山)의 난을 진압하는 데 공을 세워 숙종(肅宗) 때 형부상서로 승진하고 노군공(魯郡公)에 봉해졌다. 덕종(德宗) 때 이희렬(李希烈)이 모반하자 위유사(慰諭使)로 갔다가 살해당했다. 문장에 능했고 특히 서예에 뛰어나 유공권(柳公權)과 함께 '안유(顔柳)'로 병칭되었다.

4 유공권(柳公權, 778~865): 자는 성현(誠懸). 당나라의 관리이자 서예가. 헌종(憲宗) 원화(元和) 연간 진사 출신으로, 목종(穆宗) · 경종(敬宗) · 문종(文宗)의 세 조정에서 벼슬했으며 우산기상시(右散騎常侍)를 지냈다. 나중에 태자소사(太子少師)에 이르렀다. 서예에 뛰어나 처음에 왕희지(王羲之)의 필법을 배운 뒤 나중에 제가(諸家)의 필법을 익혀 스스로 일가를 이루었다.

5 이왕(二王): 서성(書聖)으로 추앙받는 동진(東晉)의 왕희지(王羲之)와 왕헌지(王獻之) 부자를 말한다.

뛰어나다고 논평하는 것은 잘못이다.

楊凝式少師, 唐昭宗朝爲直史館, 宰相涉之子也. 朱全忠逼唐禪位, 涉爲奉傳國寶使, 凝式曰: "大人爲唐宰相, 使國家至此, 不可謂無過. 況乎持天子璽綬與人, 雖保富貴, 奈千載何? 盍辭之!" 涉大駭曰: "汝欲滅吾族!" 神色不寧者數日. 全忠旣簒弑, 凝式歷梁·唐·晉三朝, 陽狂不任事, 累官至太子少師. 其書法自顏·柳以入二王之妙. 居洛陽延福坊, 每出, 導從輿馬在前, 多步行於後. 一日欲遊天官[1]寺, 從者曰: "曷往廣受[2]寺?" 亦從之. 今兩寺壁間題字爲多, 多寶塔院有遺像尙存. 近歲劉壽臣爲留臺, 於故按牘中得少師自書假牒十數紙, 皆楷法精絶. 世論少師書以行草爲長, 誤矣.

[1] 관(官): 원초본·『학진토원』본에는 "궁(宮)"이라 되어 있다.
[2] 수(受): 원초본·명초본·『학진토원』본에는 "수(壽)"라 되어 있다.

16-2(161)

국초國初에 은사隱士 석비石砒가 낙양洛陽의 북망산北邙山에서 살았을 때, 시중侍中 풍증馮拯6이 유수留守로 있었다. 석비는 매번 나귀를 타고 곧장 풍

6 풍증(馮拯, 958~1023): 자는 도제(道濟), 시호는 문의(文懿). 북송의 대신. 태종 태평흥국(太平興國) 3년(978) 진사 출신으로, 대리평사(大理評事)·섬주통판(陝州通判)·삼사탁지판관(三司度支判官)을 지냈다. 순화(淳化) 연간에 태자 책봉을 주청한 일로 영외(嶺外)로 폄적되어 지단주(知端州)와 지정주(知鼎州)를 지냈다. 진종 때 황제의 뜻에 잘 영합해 추밀직학사(樞密直學士)·권판이부유내전(權判吏部流內銓)을 거쳐 우간의대부(右諫議大夫)로서 동지추밀원사(同知樞密院事)가 되었다. 경덕(景德) 2년(1005)에 참지정사에 제수되고, 대중상부(大中祥符) 연간에 지하남부(知河南府)가 되었으며, 천희(天禧) 4년(1020)에 동평

시중馮侍中(풍증)을 찾아가서 만나면 반드시 절을 올리고 취할 때까지 술을 마신 후에 떠났다. 석비는 시 짓기를 좋아했는데 도가道家의 말이 많았다. 이런 구절이 있었다.

"거미줄 치는 거미는 배를 뒤집어 드러내고, 나뭇가지 굴리는 딱따구리는 머리를 거꾸로 숙이네."

그 뜻은 이득을 도모하는 자가 이와 같음을 말한 것이다. 또 이런 구절도 있었다.

"달팽이 뿔 같은 좁은 세상에서 쓸데없는 일로 다투고, 석화 불빛같이 빠른 세월 속에 이 몸을 의탁하네."[7]

그 뜻은 이득을 좋아하는 자가 이와 같음을 말한 것이다. 꽤 많은 낙양 사람들이 그의 시를 외울 수 있었다. 하루는 성안에서 술을 마시고 크게 취해 나귀를 타고 밤에 돌아오다가 어디론가 사라져 버렸다.

國初, 隱士石砒居洛陽之北邙山, 馮拯侍中爲留守. 砒每騎驢直造侍中, 見必拜之, 飮酒至醉乃去. 砒好作詩, 多道家語. 有曰: "結網蜘蛛翻仰肚, 轉枝啄木倒垂頭." 意謂謀利者如此. 又曰: "蝸牛角上爭閑事, 石火光中寄此身." 意謂好利者若此. 洛人頗能誦之. 一日, 自城中飮酒大醉, 騎驢夜歸, 失所在.

장사(同平章事)에 임명되어 재상에 오르고 위국공(魏國公)에 봉해졌다.

7 달팽이 뿔 같은 좁은 세상에서 쓸데없는 일로 다투고, 석화 불빛같이 빠른 세월 속에 이 몸을 의탁하네: 원문은 "와우각상쟁한사(蝸牛角上爭閑事), 석화광중기차신(石火光中寄此身)". 이 구절은 본래 당나라 시인 백거이(白居易)의 「대주(對酒)」라는 시에 나오는데, "한(閑)"이 "하(何)"라 되어 있다.

16-3(162)

용도龍圖(용도각직학사) 손람孫覽[8]이 아직 과거에 급제하지 못했을 때, 고우高郵에 살면서 사대부들과 함께 교외의 별장에서 공부했다. 어느 그믐날 밤에 갑자기 달빛이 창틈으로 들어왔다. 손람은 이상해하며 같은 방에 있던 사람과 함께 빛이 나오는 곳을 바라보았다. 20여 리를 갔더니 커다란 구슬이 호수면 위를 떠다니고 있는 것이 보였는데, 그 빛이 하늘까지 닿았고 옆으로 멀리까지 비추었다. 최백역崔伯易(최공도)[9]이 「감주부感珠賦」를 지어 그 광경을 기록했다. (신종) 희녕熙寧 연간(1068~1077) 초에 손람은 과거에 급제해 하남현주부河南縣主簿가 되었는데, 이 일은 그가 직접 말해 준 것이다.

8 손람(孫覽, 1043~1101): 자는 전사(傳師). 북송의 관리로 손각(孫覺)의 동생이다. 신종 희녕(熙寧) 연간 진사 출신이다. 지위지현(知尉氏縣)으로 있을 때, 둔졸(屯卒)들이 모반하자 잘 회유해 난이 평정되었다. 사농주부(司農主簿)에 제수되었다. 서단(舒亶)에게 아부하지 않아 제거이주호남상평(提舉利州湖南常平)으로 나갔다가, 여러 벼슬을 거쳐 지개봉부(知開封府)에 제수되고 호부시랑에 임명되었다. 채경(蔡京)과 역법(役法)에 대한 견해가 달라 지태원부(知太原府)로 나갔으며, 그 후로 지하남부(知河南府)·지영흥군(知永興軍)·지성도부(知成都府)를 역임했다. 손람은 성품이 강직해 의론이 대부분 집정의 뜻을 거슬렀기에 누차 좌천당했다.

9 최백역(崔伯易): 최공도(崔公度, ?~1097). 자는 백역. 북송의 관리. 말을 더듬었으나 군서(群書)를 널리 읽어 눈으로 한 번 보면 잊지 않았다. 문음(門蔭)으로 벼슬길에 올라 삼반차사(三班差使)가 되었다. 구양수(歐陽修)가 그가 지은 「감산부(感山賦)」를 얻어 한기(韓琦)에게 보여 주었는데, 한기가 그것을 영종에게 올려 국자감직강(國子監直講)에 제수되었지만 나아가지 않았다. 신종 때 왕안석(王安石)이 국정을 담당하자 「희녕계고일법백리론(熙寧稽古一法百利論)」을 올렸는데, 왕안석이 기뻐하며 그를 불러 함께 얘기했다. 신종의 부름을 받고 대문(對問)한 뒤 광록승(光祿丞)에 발탁되고 지양무현(知陽武縣)에 제수되었다. 그 후로 병부낭중·예부낭중과 영주(潁州)·윤주(潤州)·선주(宣州)·통주(通州)의 지주(知州)를 역임했다.

孫覺[1]龍圖未第時, 家高郵, 與士大夫講學於郊外別墅. 一夕晦夜, 忽月光入窗隙. 孫異之, 與同舍望光所在. 行二十里餘, 見大珠浮遊湖面上, 其光屬天, 旁照遠近. 有崔伯易者作「感珠賦」記之. 熙寧初, 孫登科爲河南縣主簿, 自云.

[1] 손각(孫覺): 명초본에는 "손람(孫覽)"이라 되어 있는데, 고사의 내용상 타당하다. 손각은 손람의 형이다. 『동도사략(東都事略)』 권92 「손람(孫覽傳)」에서 손람에 대해 "거진사(擧進士), 조하남부(調河南簿), 후지위지현(後知尉氏縣)"이라 했는데, 본 고사의 내용과 부합한다.

16-4(163)

주장유周長孺는 자가 사언士彥이고 전연澶淵 사람으로, 양치楊寘[10]와 함께 과거에 급제해 위주渭州의 공성현령共城縣令이 되었다. 그가 모신 스승은 소강절邵康節(소옹) 선생이다. 주사언周士彥(주장유)은 강절선생을 옛날 제자의 예로 섬겼고, 강절선생은 그에게 선천학先天學[11]을 알려 주었다. 주사언은 성품이 강직해 부당한 일을 만나면 곧바로 발끈했는데, 강절선생을 따르고

10 양치(楊寘, 1014~1044): 자는 심현(審賢). 북송의 관리. 어려서부터 재학(才學)이 출중했다. 향시(鄕試)의 장원을 거쳐 인종 경력(慶曆) 2년(1042)에 국자감시(國子監試)·예부시(禮部試)·전시(殿試)에서 잇달아 장원으로 급제했다. 진사 급제 후 장작감승(將作監丞)과 영주통판(潁州通判)에 제수되었는데, 모친상을 당해 미처 부임하지 못했다. 상기를 마친 후 얼마 되지 않아 양치도 병이 들어 30세에 죽었다.

11 선천학(先天學): 소옹(邵雍)이 제창한 역학이론인 선천역(先天易)을 말한다. 소옹은 기존에 통용되던 『주역』의 역학체계와는 별도로 『하도(河圖)』와 『선천복희팔괘도(先天伏羲八卦圖)』를 바탕으로 하는 역학체계를 제시하고, 이를 복희역(伏羲易) 또는 선천역이라 명명했다. '선천'이란 인간의 작위가 개입되지 않은 본래부터 존재하던 자연의 이치를 의미한다. 이에 반해 기존에 통용되던 『주역』의 역학체계, 즉 문왕역(文王易)은 선천역과 대비해 후천역이라 칭한다.

나서는 담담히 세상에 뜻이 없는 사람 같았다. 그의 동생 주직유周直孺[12]가 이상히 여겨 물었더니 주사언이 개연히 말했다.

"이는 내가 강절선생에게서 터득한 것이다."

주사언은 공성현에 있을 때 근교에서 사냥을 하다가 토끼가 풀 사이에서 뛰어나오자 직접 활을 쏘아 명중시켰는데, 그곳으로 갔더니 토끼는 보이지 않고 "사언당도이졸士彦當都而卒"[13]이라는 글자가 새겨진 석각을 얻었다. 그 후로 주사언은 매번 도성에 가면 반드시 급히 돌아왔으며 감히 머무르지 않았다. (영종) 치평治平 연간(1064~1067) 말에 주사언은 도관원외랑都官員外郎으로서 지검주보성현知劍州普城縣에 제수되었다가 죽었다. 상여가 돌아가다 낙양洛陽에 들렀는데 가난해서 더 이상 갈 수 없었다. 강절선생은 그의 가족을 머물게 하고 매우 세심하게 돌봐 주었으며, 그의 아들 주순명周純明에게 학문을 가르쳐 주고 정이천程伊川(정이) 선생의 조카딸에게 장가보냈다. 주순명은 나중에 (철종) 원우元祐 3년(1088)에 진사에 급제했다. 주사언이 사냥하다 얻은 석각이 수십 년 후에 증험된 것은 한나라 등공滕公(하후영)[14]의

---

12 주직유(周直孺): 북송의 관리로, 주장유(周長孺)의 동생이다. 신종 희녕(熙寧) 3년(1070)에 상정편수삼사령식소산정관(詳定編修三司令式所刪定官)이 되었고, 희녕 4년(1071)에 권발견기주로전운판관(權發遣夔州路轉運判官)이 되었으며, 원풍(元豐) 연간에 권동판사농시(權同判司農寺)를 지냈다.

13 사언당도이졸(士彦當都而卒): 주장유는 "도(都)"를 도성이라 생각했지만, 사실은 그가 나중에 벼슬한 도관원외랑(都官員外郎)을 뜻하는 것이었다. 즉 "사언은 도관원외랑이 되고서 죽는다"라는 뜻이다.

14 등공(滕公): 하후영(夏侯嬰, ?~BC 172). 한나라의 개국공신. 처음에 패현(沛縣)의 구사어(廐司御)로 있으면서 정장(亭長) 유방(劉邦)과 친하게 지냈다. 일찍이 등령봉거(滕令奉車)를 지냈기에 세간에서 '등공'이라 불렀다. 유방을 따라 봉기해 여러 차례 전공을 세워 소평후(昭平侯) 작위를 받았다. 유방이 칭제한 후 여음후(汝陰侯)에 봉해졌다. 태복(太僕)으로서 혜제(惠帝)·고후(高后)·문제(文帝)를 충심으로 섬겼다. 『서경잡기(西京雜記)』 권4 「등공장지(滕公葬地)」에 다음과 같은 고사가 실려 있다. 등공이 수레를 타고 동도문(東都門)에 이르렀을 때, 말이 울면서 발을 오그린 채 앞으로 나아가려 하지 않으면서 한참 동안 발

가성佳城(무덤)[15]의 일과 서로 비슷하니 기이하도다!

周長孺字士彥, 澶淵人, 楊寘牓登第, 爲渭州共城縣令. 得師曰邵康節先生. 士彥事先生以古弟子禮, 先生告以先天之學. 士彥性剛, 遇事輒發, 旣從先生, 卽淡然若無意於世者. 其季直孺怪問之, 士彥慨然曰: "此吾得於先生者." 士彥在共城獵近郊, 有兔起草間, 自射中之, 卽其處不復見兔, 得石刻, 其文曰 "士彥當都而卒". 後士彥每至京師必遽歸, 不敢留. 治平末, 以都官員外郎知劍州普城縣, 卒. 喪歸過洛, 貧不能行. 康節留其家經紀甚備, 教其子純明以學問, 爲娶程伊川先生之姪. 純明後登元祐三年進士第. 士彥因獵得石刻, 驗於數十年之後, 與漢滕公佳城事相類, 異哉!

16-5(164)

장당영張唐英[16]은 승상丞相 장천각張天覺(장상영)의 형이다. 장 승상張丞相(장

로 땅을 긁어 팠다. 등공이 사졸에게 말이 땅을 판 곳을 파내게 했는데, 3척 정도 파 들어갔더니 돌로 된 겉관이 나왔다. 등공이 촛불로 그것을 비춰 보니 거기에 명문(銘文)이 있었다. 곧 물로 그 명문을 씻어 냈으나 문자가 모두 오래되고 특이해서 좌우에 알 수 있는 자가 없었다. 그래서 숙손통(叔孫通)에게 물었더니 숙손통이 말하길, "이것은 과두문(科斗文)입니다. 지금의 문자로 그것을 써 보면 '아름다운 성이 음침하게 있다가 3천 년 만에 밝은 해를 보게 되도다. 아! 등공이 이 집에 거하리로다'입니다"라고 했다. 등공이 말하길, "아! 하늘이여! 내가 죽으면 바로 여기에 안장된다는 뜻입니까?"라고 했다. 등공은 죽은 뒤 마침내 그곳에 묻혔다.

15 가성(佳城): 성과 같이 견고하고 아름답다는 뜻으로, 무덤을 비유적으로 이르는 말이다.

16 장당영(張唐英, 1029~1071): 자는 차공(次功) 또는 차공(次公), 자호는 황송자(黃松子). 북송의 관리로, 재상 장상영(張商英)의 형이다. 어려서부터 애써 공부하면서 해를 넘기도록

상영)은 어렸을 때 장당영에게서 학문을 배웠는데, 장당영은 사재史才가 있어서 일찍이 『송명신전宋名臣傳』·『촉도올蜀檮杌』이 세상에 유행했다. (신종) 희녕熙寧 원년(1068) 봄에 전前 어사御史로서 상기喪期를 마치고 도성으로 돌아오다가 낙양洛陽에 들렀는데, 부윤府尹이 속료屬僚들과 함께 꽃구경하러 나가 모두 보이지 않았다. 그래서 장당영이 전사傳舍[17]에 시를 적어 놓았다.

"선제先帝(인종) 소릉昭陵의 흙이 아직 마르지도 않았는데, 또 영후릉永厚陵(영종의 능)에 의관을 묻었다는 소식 들었네. 소신이 흘린 눈물은 모두 피가 되었는데, (누군가는) 비정하게 봄바람 맞으며 모란꽃 구경한다네."

부윤이 그 말을 듣고 황급히 서찰을 보내 예를 갖추었지만 장당영은 물리치고 받지 않았다. 대개 인종仁宗의 산릉山陵이 막 조성되었을 때 영종英宗이 또 승하[18]했기에, 장당영이 조정으로 돌아왔지만 어사대로 복귀할 수 없었기 망정이지 그렇지 않았다면 하남윤河南尹은 화를 면치 못했을 것이다.

張唐英者, 天覺丞相兄也. 丞相少受學於唐英, 唐英有史才, 嘗作『宋名臣傳』·『蜀檮杌』行於代. 熙寧元年春, 以前御史服除還京朝過洛, 府尹同僚屬出賞花, 皆不見. 唐英題詩傳舍云: "先帝昭陵土未乾, 又聞永厚葬衣冠. 小臣

고기 맛을 모를 정도였다. 인종 경력(慶曆) 3년(1043) 진사 출신으로, 곡성현령(穀城縣令)이 되어 옛 황독거(黃瀆渠)를 개착해 천 경(頃)의 농지에 관개했으며, 「유민(諭民)」 10편을 지어 풍속을 깨우쳤다. 임기가 만료되어 돌아온 후 저작좌랑(著作佐郎)에 임명되었다. 영종이 즉위한 후 비서승(秘書丞)과 태상박사(太常博士)가 되어 「신시서(愼始書)」를 올렸다. 신종이 즉위한 후 전중시어사이행(殿中侍御史裏行)에 발탁되었고, 왕안석(王安石)을 추천했다. 사재(史才)가 있어서, 『당사발잠(唐史發潛)』·『인종정요(仁宗政要)』·『송명신전(宋名臣傳)』·『촉도올(蜀檮杌)』 등을 지었다.

17 전사(傳舍): 여행객들에게 휴식과 숙박을 제공하기 위해 마련한 객사.

18 승하: 원문은 "염대(厭代)". 제왕의 죽음을 완곡하게 표현하는 말. 원래는 염세(厭世)인데, 당나라 때 태종 이세민(李世民)의 휘(諱)를 피해 '염대'로 바꾼 이후로 계속 사용했다.

有涙皆成血, 忍向東風看牡丹.” 尹聞之, 遽遺書爲禮, 却而不受. 蓋仁宗山陵初成, 英宗厭代, 賴唐英還朝不得歸臺, 不然, 河南尹者不免矣.

16-6(165)

(인종) 황우皇祐 연간(1049~1054) 초에 낙양洛陽 남쪽 자복원資福院에 승록僧錄[19] 의침義琛이 있었는데, 평소에 윤사로尹師魯(윤수)의 문하를 출입했다. 윤사로는 평량안무사平涼安撫使로 있다가 숭신군절도부사崇信軍節度副使·균주감주均州監酒로 폄적되어 가는 길에 낙양에 들렀는데, 의침이 그를 만나서 말했다.

“용도龍圖(용도각직학사, 윤수)를 자복원으로 초대하고자 하는데 괜찮겠습니까?”

윤사로가 따라가자 의침이 말했다.

“향리의 문도 몇 사람이 용도를 한번 뵙고자 합니다.”

잠시 후에 사람들이 나와서 한꺼번에 인사하고 갔는데, 모두 낙중洛中(낙양)의 부호들이었다. 의침은 이미 그들과 은밀히 약속하고 돈을 빌려 윤사로를 위해 낙양성 남쪽 궁남촌宮南村의 좋은 부곽전負郭田[20] 30경頃을 사 놓았었다. 윤사로는 처음부터 그 사실을 알지 못했는데, 나중에 의침은 해마다 그 땅에서 얻은 이익으로 사람들에게 빚을 갚았다. 윤사로가 죽어서 상

19 승록(僧錄): 승록사(僧錄司)에 속한 승관(僧官).

20 부곽전(負郭田): 성곽 부근의 비옥한 토지.

여가 낙양으로 돌아오자, 의침은 영구 앞에서 통곡했으며 그 땅문서를 윤사로의 집에 주었다. 윤사로는 본래 가난했기에 그의 자손들은 그 땅에 의지해 살아갔다. 아! 인종仁宗조에는 일개 승려도 이처럼 의로움을 행했으니 그 풍속이 후덕하다고 이를 만하도다! 강절선생康節先生(소옹)은 의침과 사이가 좋았는데, 매번 그를 칭찬했다.

皇祐初, 洛陽南資福院有僧錄義琛者, 素出入尹師魯門下. 師魯自平涼帥謫崇信軍節度副使·均州監酒, 過洛, 義琛見之曰: "欲邀龍圖略至院中, 可乎?" 師魯從之, 義琛曰: "鄉里門徒數人欲一望見龍圖." 有頃, 諸人出, 一喏而去, 皆洛中大豪. 義琛已密約, 貸錢爲師魯買洛城南宮南村負郭美田三十頃. 師魯初不知, 後義琛復以歲所得地利償諸人. 至師魯卒, 喪歸洛, 義琛哭於柩前, 納其券於師魯家. 師魯素貧, 子孫賴此以生. 嗚呼! 在仁宗朝一僧尚負義如此, 風俗可謂厚矣! 康節先生與義琛善, 每稱之也.

16-7(166)

섬서陝西의 호걸 유역劉易[21]은 변방을 많이 유람하고 군사軍事를 담론하길

21 유역(劉易, ?~1067?): 북송의 처사. 박학하고 옛것을 좋아했으며 군사(軍事)를 담론하길 좋아했다. 한기(韓琦)가 지정주(知定州)로 있을 때, 그가 지은 「춘추론(春秋論)」을 진상해 태학조교(太學助教)와 병주주학설서(並州州學說書)에 제수되었지만, 뜻을 굽히고 벼슬길에 나아가길 원하지 않아 극구 사양했다. 나중에 조변(趙抃)의 추천으로 퇴안처사(退安處士)라는 칭호를 하사받았다. 윤수(尹洙)와 적청(狄青)이 모두 예로써 그를 대우했다. 영종 치평(治平) 연간 말에 죽었다.

좋아했는데, (인종) 보원寶元 연간(1038~1040)과 강정康定 연간(1040~1041) 사이에 한위공韓魏公(한기)이 오로선무사五路宣撫使로 있을 때, 그를 조정에 추천해 처사處士 칭호를 하사받았다. 유역은 시를 잘 지었는데, 한위공이 그 시를 돌에 써 주었다. 유역은 간혹 글씨가 자기 마음에 들지 않으면 화를 내며 물로 씻어 냈는데, 한위공은 흔쾌히 꺼리지 않고 다시 썼다. 윤사로尹師魯(윤수)는 평량안무사平涼安撫使로 있을 때, 유역을 관저로 맞이해 존중하며 예우했다. 적무양狄武襄(적청)이 윤사로를 대신해 부임했는데, 역시 그를 후하게 예우했다. 매번 연회가 열릴 때마다 유역은 고마채苦馬菜(왕고들빼기)를 먹길 좋아했는데, 그것을 먹지 못하면 무례하게 소리 지르고 화를 냈다. 변방의 성진城鎭에는 그것이 없었기에 적공狄公(적청)은 그를 위해 내지內地의 군에서 구해 왔다. 나중에 연회가 열릴 때마다 적공이 온종일 오직 그 채소만 먹는 바람에 유역이 견딜 수 없어 하자 비로소 일반 음식을 차렸다. 당시 사람들은 적공이 유역을 잘 다루었다고 칭찬했다.

陝西豪士劉易多遊邊, 喜談兵, 寶元·康定間, 韓魏公宣撫五路, 薦於朝, 賜處士號. 易善作詩, 魏公爲書石. 或不可其意, 則發怒洗去, 魏公欣然再書不憚. 尹師魯帥平涼, 延易府第尊禮之. 狄武襄代師魯, 遇之亦厚. 每燕設, 易嗜食苦馬菜, 不得卽呌怒無禮. 邊城無之, 狄公爲求於內郡. 後每燕集, 終日唯以此菜啗之, 易不能堪, 方設常饌. 時稱狄公善制[1]也.

[1] 제(制): 명초본에는 이 뒤에 "역(易)" 자가 있는데, 문맥상 의미가 보다 분명하다.

16-8(167)

사희심謝希深(사강)의 막내아들 사경평謝景平[22]은 처음 대리평사大理評事에 임명되어 감광화군세監光化軍稅를 맡았다. 한 병관이 본청의 군관에게 어떤 일로 괴롭힘을 당하자, 병관은 늘 우울해하며 즐겁지 않았다. 하루는 사경평이 물었더니 병관이 울면서 하소연하자 사경평이 말했다.

"그대가 해임되어 떠나게 되면 내가 반드시 그에게 갚아 주겠소."

병관이 해임되어 떠나자, 사경평은 임시로 군무軍務를 대리해 그 군관을 불러 꾸짖으며 말했다.

"노병이 어찌 감히 병관을 괴롭혀 해임되게 한단 말이오!"

군관이 막돼먹게 굴며 큰 소리로 말했다.

"경평은 그저 술 마시고 격국擊鞠이나 하면 될 뿐이니 이 일에 관여하는 것은 부당하다!"

사경평은 계급을 범했다고 감옥으로 송치되어 조사가 끝난 후 유배형에 처결되었다. 사희심은 한 시대에 큰 명성을 얻었고 그의 자제들도 모두 어질었는데, 사경평은 막내였음에도 집안의 기풍을 지니고 있었다.

謝希深幼子景平, 初任爲大理評事, 監光化軍稅. 有兵官者爲本廳軍員持以事, 兵官常憂鬱不樂. 景平一日問之, 兵官泣訴, 景平曰: "君當解官去, 吾必

22 사경평(謝景平, 1032~1064): 자는 사동(師同) 또는 사재(師宰). 북송의 관리이자 문인으로, 사강(謝絳)의 셋째 아들이다. 인종 황우(皇祐) 5년(1053) 진사 출신으로, 지회계현(知會稽縣)·비서랑(秘書郎)·대리장작감주부(代理將作監主簿)를 지냈다. 숭신군첨판(崇信軍僉判)·감초주서하전반창(監楚州西河轉般倉)을 거쳐 비서승(秘書丞)으로 벼슬을 마쳤다. 시(詩)·서(書)·전(傳)·설(說) 수십 편을 지었다.

能報之.” 兵官去, 景平因權軍事, 呼軍員詰之, 曰: “老兵何敢把持兵官, 使罷任去!” 軍員者無賴, 大言曰: “景平但可飲酒擊鞠耳, 此事不當預!” 景平以犯階級送獄, 獄成, 決配之. 希深一時有大名, 其諸子皆賢, 景平居幼, 尙有家風云.

16-9(168)

조무택祖無擇[23]은 자가 택지擇之이고 채주蔡州 사람으로, 젊었을 때 목백장穆伯長(목수)에게서 고문을 배웠으며 나중에 진사 갑과에 급제했다. (인종) 가우嘉祐 연간(1056~1063)에 왕개보王介甫(왕안석)와 함께 지제고知制誥가 되었는데, 조택지祖擇之(조무택)가 선배였다. 당시 사신詞臣[24]은 윤필물潤筆物[25]을 받는 것이 허락되었는데, 왕개보는 개인적으로 보내 준 윤필물은 의롭지 못하다고 사양하면서 받지 않고 그것을 사인원舍人院[26]의 대들보 위에 놓아두

23 조무택(祖無擇, 1011~1084): 자는 택지(擇之). 북송의 관리이자 문인. 젊었을 때 목수(穆修)에게서 고문을 배웠고, 손복(孫復)에게서 경학을 배웠다. 인종 보원(寶元) 원년(1038) 진사 출신으로, 지원주(知袁州)가 되어 처음으로 학관을 세우고 생도를 모아 학교를 흥성시켰다. 영종 때 동수기거주(同修起居注)·지제고(知制誥)에 제수되고 용도각직학사(龍圖閣直學士)·권지개봉부(權知開封府)를 더해 받았다. 신종이 즉위한 후 입조해 지통진은대사(知通進銀臺司)가 되었다. 왕안석(王安石)이 집정한 뒤 그의 죄를 찾아내 충정군절도부사(忠正軍節度副使)로 폄적시켰다. 원풍(元豐) 연간에 서경어사대(西京御史臺)에 제수되었다가 지신양군(知信陽軍)으로 전임되었다. 시문에 뛰어났다.

24 사신(詞臣): 문사(文詞)를 담당하는 문학시종신(文學侍從臣).

25 윤필물(潤筆物): 글을 써 준 대가로 받는 재물. 오늘날의 원고료에 해당한다.

26 사인원(舍人院): 북송 때 설치된 관서로 중서성(中書省)에 속했다. 황제의 조령(詔令) 초안 작성을 관장했다. 처음에 중서사인(中書舍人)은 기록관(寄祿官)으로서 실제 직무가 없었기에, 따로 지제고(知制誥)와 직사인원(直舍人院)을 두어 한림학사(翰林學士)와 함께 내제(內制)와 외제(外制)를 담당하게 했다. 원풍(元豐) 연간의 제도개혁 이후에 폐지되었다.

었다. 그런데 왕개보가 모친상을 당해 떠나자, 조택지가 그것을 가져다 사인원의 공금으로 사용했다. 왕개보는 그 말을 듣고 그를 미워하며 청렴하지 못하다고 생각했다. (신종) 희녕熙寧 2년(1069)에 왕개보는 입조해 한림학사翰林學士가 되고 참지정사參知政事에 임명되어 권세가 천하를 기울일 정도였다. 당시 조택지는 용도각학사龍圖閣學士·우간의대부右諫議大夫로서 지항주知杭州로 있었다. 왕개보는 은밀히 감사監司에게 조택지의 죄를 찾아내라고 말했는데, 감사가 왕안석의 의도를 받들어 조택지가 불법적으로 뇌물을 탐했다고 조정에 알리자, 조정에서 어사御史 왕자소王子韶[27]를 파견해 조사하게 했다. 왕자소는 소인이었는데, 조택지를 붙잡아 하옥시키고 고문했지만 캐낸 것이 없자, 그가 빈객들에게 술 300병을 보내 준 일로 엮어서 절도부사節度副使로 폄적시켜 안치했다. 원풍元豐 연간(1078~1085)에 조택지는 비서감秘書監과 집현원학사集賢院學士로 복귀해 판서경유사어사대判西京留司御史臺에 제수되고 지광화군知光化軍으로 전임되었다가 죽었다. 사대부들이 그를 위해 억울해했다. 같은 시기에 지명주知明州로 있던 광록경光祿卿 묘진苗振[28]이 있었는데, 감사가 또한 그를 감시해 뇌물죄를 찾아내자, 조정에서 숭문원교서崇文院校書 장재張載를 파견해 조사하게 했다. 장재는 자가 자후

27 왕자소(王子韶): 자는 성미(聖美). 북송의 관리. 약관의 나이 전에 진사에 급제했다. 신종 희녕(熙寧) 2년(1069)에 감찰어사이행(監察御史裏行)이 되었으며, 이듬해에 제거양절상평(提擧兩浙常平)에 제수되었다. 원풍(元豐) 2년(1079)에 입조해 집현전교리(集賢殿校理)가 되어 『설문(說文)』 수찬에 참여했다. 철종 원우(元祐) 7년(1092)에 비서소감(秘書少監)과 영반요사(迎伴遼使)를 지냈다. 소성(紹聖) 2년(1095)에 비서감으로 승진했다가 이듬해에 지명주(知明州)로 나갔다. 당시 사람들은 그가 요인의 자제들과 잘 결탁한다고 해서 '아내찬(衙內鑽)'이라 불렀다.

28 묘진(苗振): 북송의 관리. 인종 때 진사 출신으로, 관직(館職)에 응시했지만 선발되지 못해 사람들이 '도붕해아(倒綳孩兒: 노련한 산파가 아이를 거꾸로 싸맨다는 뜻으로, 평소 익숙한 일도 한순간의 실수로 잘못될 수 있다는 비유다)'라 불렀다. 나중에 광록경(光祿卿)과 지명주(知明州)를 역임했다. 신종 희녕(熙寧) 연간 초에 벼슬을 마쳤다.

子厚로 이른바 횡거선생橫渠先生인데, 사건을 처음부터 다시 공평하게 조사해 벌금형에 그치게 했다. 행운과 불행에는 이와 같은 경우가 있다.

祖無擇字擇之, 蔡州人, 少從穆伯長爲古文, 後登甲科. 嘉祐中, 與王介甫同爲知制誥, 擇之爲先進. 時詞臣許受潤筆物, 介甫因辭一人之饋不獲, 義不受, 以其物置舍人院梁上. 介甫以母憂去, 擇之取爲本院公用. 介甫聞而惡之, 以爲不廉. 熙寧二年, 介甫入爲翰林學士, 拜參知政事, 權傾天下. 時擇之以龍圖閣學士·右諫議大夫知杭州. 介甫密諭監司求擇之罪, 監司承風旨以贓濫聞於朝廷, 遣御史王子韶按治. 子韶小人也, 攝擇之下獄, 鍛鍊無所得, 坐送賓客酒三百小甁, 責節度副使安置. 元豐中, 復秘書監·集賢院學士, 判西京留司御史臺, 移知光化軍以卒. 士大夫寃之. 同時有知明州光祿卿苗振, 監司亦因觀望發其贓罪, 朝廷遣崇文院校書張載按治. 載字子厚, 所謂橫渠先生者, 悉平反之, 罪止罰金. 其幸不幸, 有若此者也.

16-10(169)

(인종) 가우嘉祐 연간(1056~1063)에 이전승李殿丞은 지제원현知濟源縣으로 있었고, 위광魏廣은 제원현 주부主簿로 사수汜水 사람이었다. 두 사람은 평소 서로 사이가 좋았는데, 하루는 관부에서 만났을 때 이 아무개가 술김에 위광에게 말했다.

"내가 정말 관리로서 출세하면 틀림없이 그대를 속관으로 추천하겠네."

얼마 후에 하양부河陽府의 부지부副知府가 비자 이 아무개가 그 직무를 대리했으며, 지부知府가 비자 또 이 아무개가 대리했다. 이 아무개는 마침내 위광에게 초징 문서를 보내 임시 막료로 발탁하면서 서로 더욱 기뻐했다. 그런데 감사監司가 이들의 연회 횟수를 이유로 둘 다 파직시켜 본래 관직으로 돌려보냈다. 위광이 먼저 떠나자, 이 아무개가 동문東門에서 그를 전별하며 전별석상에서 시를 지었다.

"오늘은 내일의 일을 알지 못하고, 인정은 수레바퀴처럼 엎치락뒤치락하네. 우리는 지금 떠다니는 부평초 같은 나그네이니, 다시 장정長亭의 주인이나 되어야겠네."

대개 당시 조정의 법규가 관대했고 감사로 기용된 사람이 모두 너그러운 연장자였기 때문에 주현州縣의 관리를 이처럼 용납할 수 있었다. 이는 사문낭중司門郎中 임도任道가 강절선생康節先生(소옹)에게 말해 준 것이다.

嘉祐中, 有李殿丞者, 知濟源縣, 魏廣者主簿, 汜水人. 二人素相好, 一日會府中, 李被酒, 謂廣曰: "我果宦達, 當薦君爲屬." 未幾, 河陽倅闕, 攝其事, 守闕, 李又攝之. 遂檄廣權幕官, 相從益歡. 監司以燕會數, 俱罷歸故官. 廣先去, 李餞於東門, 席上賦詩有曰: "今日不知明日事, 人情反復似車輪. 我今自是飄萍客, 更向長亭作主人." 蓋當時朝廷文法寬, 所用監司皆長者, 故能容州縣之吏如此. 任道司門爲康節先生云.

16-11(170)

설구薛俅 숙지肅之가 재주로제형梓州路提刑으로 있을 때, 저자에서 어떤 도인道人이 토끼털붓을 팔았는데 촉중蜀中에는 없는 것이었기에 그를 불렀다. 설숙지薛肅之(설구)는 그의 눈빛이 사람을 쏘는 것을 보고 말했다.

"도술을 지니고 있는가?"

도인이 말했다.

"작은 재주이지만 잠시 나리를 위해 보여 드리겠습니다."

그러고는 15근[29]쯤 되는 숯에 불을 피우게 한 후에 한쪽 손과 옷소매를 불 속에 넣고 말술을 가져와 마셨다. 술을 다 마시자 벌건 불이 꺼졌으며, 도인은 소매를 털며 일어났는데 처음과 같았다. 설숙지는 기이해하며 그를 보내 주면서 어떤 도술인지 물었는데, 그는 아무 말도 하지 않고 떠났다. 다음 날 다시 불렀지만 더 이상 보이지 않았다. 설숙지는 이를 평생의 한으로 여기면서 직접 강절선생康節先生(소옹)에게 이를 말해 주었다고 한다.

薛俅肅之爲梓州路提刑, 市有道人賣兎毫筆者, 以蜀中所無也, 因呼之. 見其目光射人, 則曰: "有術乎?" 曰: "小技, 姑爲官人試之." 令熾炭稱許, 以一手并衣袂置火中, 取斗酒酌之. 酒盡火赤灰滅, 道人振袖而起如初. 肅之異而遣之, 問其所答, 絶不言而去. 明日再招, 不復見矣. 肅之以爲終身之恨, 親爲康節先生言之云.

29 15근: 원문은 "칭(稱)". 옛 무게 단위로, 15근을 1칭이라 했다.

16-12(171)

요사종姚嗣宗[30]은 자가 인숙因叔이고 화음華陰 사람으로, 호방하고 문장에 능했으며 군사軍事를 담론하길 좋아했다. 일찍이 다음과 같은 시를 지었다.

"하란賀蘭[31]의 바위 밟아 부수고, 서해西海[32]의 먼지 깨끗이 청소하리라. 포의布衣로 이런 뜻 품고 있지만, 애석하게도 물 잃은 물고기 신세라네."

한위공韓魏公(한기)이 섬서선무사陝西宣撫使로 있을 때 조정에 그를 추천해, 대리시승大理寺丞으로서 지화음知華陰에 임명되었다. 섬서전운사陝西轉運使 이삼李參은 성격이 조급했는데, (화음현의) 서악묘西岳廟(화산묘)를 참배하다가 묘당 뜰에 있는 당나라 때의 커다란 비석이 불에 타 버린 것을 보고 요사종에게 물었다.

"누가 이 비석을 불태웠는가?"

요사종이 말했다.

"초적草賊입니다."

이삼이 물었다.

"어찌하여 체포해 치죄하지 못했는가?"

요사종이 말했다.

---

30 요사종(姚嗣宗): 자는 인숙(因叔). 북송의 관리. 인종 경력(慶曆) 연간에 역참의 벽에 시를 적어 놓았는데, 한기(韓琦)가 그것을 보고 훌륭히 여겨 대리시승(大理寺丞)으로 추천했다. 경력 3년(1043)에 환주군사판관(環州軍事判官)에 임명되었으며, 나중에 지심주(知尋州)를 지냈다.

31 하란(賀蘭): 지금의 닝샤후이족자치구[寧夏回族自治區] 북쪽 지역으로, 송나라 때는 서하(西夏)의 영토였으며 정주(定州)에 속했다.

32 서해(西海): 한나라 때 지금의 칭하이성[青海省] 부근에 서해군(西海郡)을 설치했는데, 송나라 때는 토번(吐蕃)의 영토였다.

"당시에 잡으려 했지만 잡지 못했습니다."

이삼이 초적의 성명을 묻자 요사종이 말했다.

"황소黃巢[33]입니다."

이삼은 그제야 그가 자기를 놀리는 것임을 알고 그만두었다. 요사종은 인걸이었지만 결국 뜻을 이루지 못하고 죽었다. 여급공呂汲公(여대방)이 그의 묘표墓表를 지으면서 그의 생평을 매우 상세히 기록했다.

姚嗣宗字因叔, 華陰人, 豪放能文章, 喜談兵. 嘗作詩曰: "踏破賀蘭石, 掃淸西海塵. 布衣有此志, 可惜作窮鱗." 韓魏公宣撫陝西, 薦於朝, 命官以大理寺丞, 知華陰. 有運使李參者, 性卞急, 因謁岳相, 見庭中唐大碑爲火所焚, 問嗣宗曰: "誰焚此碑?" 嗣宗曰: "草賊耳." 參問曰: "何不捕治?" 嗣宗曰: "當時捉之不獲." 參問賊姓名, 嗣宗曰: "黃巢耳." 參知其玩己, 乃已. 嗣宗, 人傑也, 竟不達以死. 呂汲公表其墓, 載平生甚詳.

16-13(172)

이전에 자가 희순希純인 이조李藻가 일찍이 말했다.

(인종) 가우嘉祐 연간(1056~1063)에 과거시험에 응시할 때 낙중洛中의 명사

33 황소(黃巢, ?~884): 당나라 말 농민반란군의 우두머리. 왕선지(王仙芝)의 반란에 호응해 군사를 일으킨 후 세력을 키워 가는 곳마다 관군을 격파하고, 도성 장안(長安)에 입성해 스스로 칭제했으나, 결국 관군에게 진압되어 자결했다. '초적(草賊)'의 '초'와 '황소'의 '소'가 발음이 비슷하기 때문에 요사종이 농담했던 것이다.

10여 명이 분제分題해 시부詩賦를 지었다. 그들은 열흘마다 만나 사원에서 모였다. 명문가의 이생李生이란 자는 호사가였는데 이희순李希純(이조)을 만나 말했다.

"내가 거처하는 곳에 이미 집을 마련해 놓았으니, 제군들과 함께 모여서 공부한다면 적막한 사원보다 조금 나을 것이오."

이희순의 무리들은 기뻐하며 그렇게 하기로 했는데, 매번 그 집에 가면 주인이 음식을 차리고 매우 간곡히 붙잡는 바람에 며칠 동안 떠날 수 없을 때도 있었다. 하루는 제군들과 함께 술에 취해 잠들어 아직 일어나지 않았는데, 뜰에 핀 복숭아꽃이 바람에 날려 이부자리 위로 떨어졌으니, 모두 가우 연간의 태평한 모습이었다. 당시 낙중의 명문가 수십 곳에서 다투어 명사들을 초대하고 좋은 일로 서로 경쟁해 자제 중에 급제한 자들이 있었는데, (신종) 희녕熙寧 연간(1068~1077) 이후로는 더 이상 이런 기풍이 없었다.

先有李藻字希純, 常言: 嘉祐間應擧時, 洛中有名士十餘人, 分題作詩賦. 遇旬日, 會於僧寺. 有大姓李生者好事, 見希純曰: "已就所居闢舍館, 可同諸君會課, 差勝僧寺牢落也." 希純輩欣然從之, 每至其館, 主人具飮食挽留甚勤, 或數日不得去. 一日同諸君醉臥未起, 庭有桃花飄落衾席之上, 皆嘉祐太平之象也. 時洛中有大姓數十爭延名士, 以好事相勝, 子弟有登科者, 熙寧以後無復此風矣.

16-14(173)

노주潞州의 장중빈張仲賓은 자가 목지穆之이고 사람됨이 매우 어질었으며, 강절선생康節先生(소옹)의 문제자였다. 그가 스스로 말했다.

그의 조부는 본래 양원현襄源縣에서 살았고 열대여섯 살 때까지도 애들처럼 놀았는데, 부모님이 꾸지람하자 곧장 스스로 분발해 생계를 도모하며 말했다.

"변두리 고을에서는 뜻을 세우기에 부족하다."

그러고는 주州로 옮겨 갔는데, 3년 만에 모은 재물이 주에서 으뜸이 되었다. 또 말했다.

"한 주만 가지고 어찌 말하기에 충분하겠는가!"

또 3년 만에 한 노路에서 부호가 되었다. 또 말했다.

"부자만 되고 말 것인가?"

그래서 국자감國子監의 책을 모두 사서 학관을 세우고 사방의 명사를 맞이해 자손들과 함께 공부하게 했다.

종손從孫 장중용張仲容과 장중빈은 함께 과거에 급제했고, 장중안張仲安은 차방次榜(2등)으로 갑과甲科에 급제했으니, 가히 큰 뜻을 지닌 자라고 이를 만하다.

潞州張仲賓字穆之, 其爲人甚賢, 康節先生門弟子也. 自言: 其祖本居襄源縣, 十五六歲時猶爲兒戲, 父母誨責之, 卽自奮治生, 曰: "外邑不足有立." 遷於州, 三年, 其資爲州之第一人. 又曰: "一州何足道哉!" 又三年, 豪於一路. 又曰: "爲富家而止耶?" 因盡買國子監書, 築學館, 延四方名士, 與子孫講學. 從孫仲容·仲賓同登科, 仲安次榜登甲科, 可謂有志者也.

16-15(174)

언사현偃師縣의 손도중孫道中(손원실)이 나에게 말해 주었다.

그가 일찍이 시골에 살았을 때 매번 달빛 아래에서 아주 맑고 낭랑한 젓대 소리를 들었다. 하루는 그 소리를 들으며 찾아갔더니 한 오래된 뽕나무 가지 위에서 소리가 들리기에 그곳을 기억해 두었다. 다음 날 가서 살펴보았더니 뽕나무 가지 위에 젓대 부는 신선 하나가 자라나 있었는데, 얼굴과 의복까지 모두 갖추어져 있었다. 그것을 가지고 돌아왔더니 소리가 마침내 끊어졌다.

손도중이 나에게 말해 준 것이 이와 같았다. 손도중은 이름이 원실元實이고 예학禮學을 공부했으며 일찍이 상서랑尙書郎을 지냈는데, 그 사람됨이 충직하고 믿음직해서 허튼소리를 하지 않았다.

偃師孫道中爲余言: 嘗村居, 每月下聞笛聲甚淸越. 一日因卽其聲聽之, 在一老桑枝上, 記其處. 明日往觀, 於桑枝上生一仙人橫笛者, 其眉宇衣服纖悉畢具. 因持歸, 聲遂絶. 道中爲余言如此. 道中名元實, 有禮學, 嘗爲尙書郎, 其爲人忠信不妄云.

16-16(175)

장안長安의 백성 상안민常安民은 글자 새기는 일을 생업으로 삼았는데, 수나라와 당나라 묘지명의 탁본을 많이 가지고 있었고 전각篆刻에도 능했다. 그 아들에게는 유학을 가르쳤다. (휘종) 숭녕崇寧 연간(1102~1106) 초에 채경蔡京과 채변蔡卞이 원우간당元祐姦黨의 명적을 만들고 상황上皇(휘종)이 친히 그것을 써서 비석에 새겨 문덕전文德殿의 문 앞에 세웠다. 또한 천하의 주州치소治所의 청사에도 세웠다. 장안에도 당연히 세워야 했기에 상안민을 불러 글자를 새기게 했는데, 상안민이 사양하며 말했다.

"저는 어리석은 사람인지라 조정에서 비석을 세우는 뜻을 알지 못합니다. 다만 원우 연간의 대신 중에서 사마온공司馬溫公(사마광)과 같은 분은 천하에서 정직하다고 칭송하는데, 지금 간사하다고 하니 저는 차마 새기지 못하겠습니다."

관부의 관리가 노해 그를 처벌하려 하자 상안민이 말했다.

"부과된 일은 감히 사양하지 않겠지만, 비석에 '안민전자安民鐫字(안민이 글자를 새겼다)'를 새기지 않기를 청하니, 후세에 함께 죄인으로 여겨질까 두렵습니다."

아! 상안민은 일개 각공刻工일 뿐인데도 오히려 그릇됨과 올바름을 알고 과실과 죄악을 두려워하는 것이 사대부보다 훨씬 낫도다! 그래서 내가 이를 기려 드러낸다.

長安百姓常安民, 以鐫字爲業, 多收隋·唐銘誌墨本, 亦能篆. 教其子以儒學. 崇寧初, 蔡京·蔡卞爲元祐姦黨籍, 上皇親書, 刻石立於文德殿門. 又立於天下州治廳事. 長安當立, 召安民刻字, 民辭曰: "民愚人, 不知朝廷立碑之意. 但元祐大臣如司馬溫公者, 天下稱其正直, 今謂之姦邪, 民不忍鐫也." 府官怒, 欲罪之, 民曰: "被役不敢辭, 乞不刻'安民鐫字'於碑, 恐後世并以爲罪也." 嗚呼! 安民者, 一工匠耳, 尙知邪正, 畏過惡, 賢於士大夫遠矣! 故余以表出之.

16-17(176)

장안長安의 장연張衍은 여든 살의 나이에 점술로 사대부들 사이를 왕래했다. 그 사람됨이 충직하고 믿음직했으며 도리를 알았다. 장자후章子厚(장돈)와 채지정蔡持正(채확)이 주현州縣에서 벼슬하고 있을 때, 장연은 그들이 재상이 될 것임을 예측했다. 또 포전정蒲傳正(포종맹)과 설사정薛師正(설향)이 아직 현달하지 않았을 때, 장연은 이들이 모두 집정이 될 것임을 예측했다. (철종) 소성紹聖 연간(1094~1098) 초에 내가 장안에서 벼슬하고 있을 때, 범충선공范忠宣公(범순인)의 운명을 언급했더니 장연이 말했다.

"범 승상范丞相(범순인)의 운명은 그의 부친인 범문정공范文正公(범중엄)과 매우 비슷한데, 범문정공은 역경 속에서 겨우 참지정사參知政事가 되었을 따름입니다."

내가 말했다.

"범충선공이 재상이 된 것은 어째서입니까?"

장연이 말했다.

"지금 조정의 귀인의 운명이 모두 그에게 미치지 못하기 때문에 재상이 된 것입니다."

장연이 또 말했다.

"옛날에 있던 명격命格[34]은 지금은 사용할 수 없으니, 옛날에는 귀인이 적고 복인福人이 많았지만 지금은 귀인이 많고 복인이 적기 때문입니다."

내가 그 내용을 물었더니 장연이 말했다.

"옛날에 운명이 일반적인 명격을 초월한 자는 재상이 되고 다음으로는 양제兩制(내제와 외제)가 됩니다. 또 그다음으로는 경감卿監[35]이 되거나 대군大郡의 감사監司가 되는데, 안락함과 장수의 즐거움을 누리고 자손들에게 후한 전택田宅을 맡길 수 있으므로, 비록 양제가 되지 않더라도 복이 그보다 못하지 않습니다. 그래서 '복인이 많고 귀인이 적다'고 말한 것입니다. 지금의 사대부들은 조정의 관리에서 바로 양제가 되었다가 갑자기 파직되니, 조정의 관리만으로는 자손들에게 재산을 맡길 수 없으며 빈궁함이 처음과 같습니다. 대개 그 운명이 형살격刑殺格에서 나오니 오래지 않아 바로 재앙이 닥칩니다. 그래서 '귀인이 많고 복인이 적다'고 말한 것입니다."

내가 또 같은 시기에 감사가 된 장운수張芸叟(장순민) · 육효숙陸孝叔 · 소중공邵仲恭(소지)[36] · 오자평吳子平 몇몇 공의 운명을 물었더니 장연이 말했다.

"모두 정랑正郎이나 원외랑員外郎 직책을 맡을 뿐이니, 이보다 더 올라가는 것은 불가합니다. 소중공만 수명이 짧을 것입니다."

그 후에 장운수는 시랑侍郎이 되고 육효숙은 대제待制가 되었다가 얼마

34 명격(命格): 사람의 미래를 예측할 수 있는, 사람마다 타고난 운명의 자질.

35 경감(卿監): 당송시대에 구시(九寺)와 오감(五監)의 장관에 대한 총칭. 예를 들어 광록경(光祿卿)과 소부감(少府監) 등은 대경감(大卿監)이라 하고, 광록소경(光祿少卿)과 소부소경(少府少卿) 등은 소경감(少卿監)이라 했다.

36 소중공(邵仲恭): 소지(邵鯱). 자는 중공. 북송의 관리이자 서예가. 벼슬은 직용도각(直龍圖閣)에 이르렀다. 시문과 서한에 능하고 해서와 행서에 뛰어났다.

되지 않아 모두 폄적되었다. 육효숙은 지희주知熙州가 되고 오자평은 지진주知秦州가 되었다가 얼마 후에 죽었다. 소중공은 지운주知鄆州가 되고 지상주知常州로 전임되었다가 55세에 죽었다. 이 세 공들은 모두 직용도각直龍圖閣을 지냈는데, 장연의 말대로 되지 않은 것이 하나도 없었다. 장자후가 재상이 되어 의기가 한창 드높았을 때, 그의 조카 장재章綡[37]를 통해 장연에게 앞날에 대해 물었더니 장연이 말했다.

"제가 말씀드리건대, 공의 운명은 이미 8할에 이르렀으니 일찍 물러나는 것이 최상이며, 그렇지 않으면 재앙이 닥칠 것입니다."

장자후는 그 말을 따르지 않았고 화를 내지도 않았다. 나중에 결국 애주崖州의 화를 당했다. 채지정이 장연을 문객으로서 가승무랑假承務郎에 임명하고 상주해 그의 점술에 상을 내렸다. 장연은 총령시역관總領市易官 전순경田舜卿과 가까운 사이였는데, 전순경이 장연의 돈 수천 민緡을 가지고 그를 위해 전지田地를 사서 자신의 관호官戶[38] 명의로 해 놓았다. 나중에 전순경이 뇌물죄로 파직되고 관에서 그의 재산을 몰수했는데, 장연의 전지도 거기에 들어 있었다. 그래서 어떤 사람이 장연에게 직접 사실대로 진술하라고 권하자 장연이 말했다.

---

37 장재(章綡, 1054~1119): 자는 백성(伯成). 북송의 관리로 재상 장돈(章惇)의 조카다. 신종 희녕(熙寧) 9년(1076) 진사 출신이다. 철종 때 지삼천현(知三泉縣)을 거쳐 종정시승(宗正寺丞)이 되었다. 휘종이 즉위한 후 제거강남동로상평(提擧江南東路常平)에 제수되었으며, 호부낭중 · 회남동로제점형옥(淮南東路提點刑獄) · 권지양주겸제거향염사(權知揚州兼提擧香鹽事)를 지냈다. 채경(蔡京)이 초법(鈔法: 지폐 발행 유통법)을 바꾸는 바람에 강회(江淮)의 상인들이 자살까지 하게 되자, 초법의 폐해를 상소했다가 강직되었다. 채경은 그의 동생 장연(章綖)이 사사로이 동전을 주조했다고 무고하고 그 일에 그를 연루시켜 태주(台州)로 유배 보냈다. 정화(政和) 원년(1111)에 이전 관직으로 복직되고 제점성도부로형옥(提點成都府路刑獄)에 임명되었다. 조봉대부(朝奉大夫)로 벼슬을 마쳤다.

38 관호(官戶): 송나라 때 과거에 합격해 관리를 배출한 유력한 집안. 호적상 구별해 요역(傜役) 면제의 특전을 부여했다.

"나는 이전부터 전 군田君(전순경)과 가까운 사이였고, 전 군이 내 땅을 자기 명의로 해 놓은 것은 좋은 의도였소. 전 군이 불행하게 이런 지경에 이르렀는데, 내가 담당 관리에게 사실을 고하는 것은 의롭지 못하오."

장연은 결국 그 전지를 찾지 않았으며, 많은 사대부들이 그를 칭송했다. 장연이 병들었을 때 내가 만났더니 그가 말했다.

"나는 운명이 이미 다해서 아무 날에 응당 죽을 것이오. 집안일은 모두 처리했으니 공이 그것을 기억해 주시오."

얼마 후에 과연 그렇게 되었다.

長安張衍, 年八十, 以術遊士大夫間. 其爲人有忠信, 識道理. 章子厚·蔡持正官州縣時, 許其爲宰相. 蒲傳正·薛師正未顯, 皆以執政許之. 紹聖初, 余官長安, 因論范忠宣公命, 衍曰: "范丞相命甚似其父文正公, 文正艱難中, 僅作參知政事耳." 余曰: "忠宣爲相何也?" 衍曰: "今朝廷貴人之命皆不及, 所以作相." 又曰: "古有命格, 今不可用, 古者貴人少, 福人多, 今貴人多, 福人少." 余問其說, 衍曰: "昔之命出格者作宰執, 次作兩制. 又次官卿監, 爲監司大郡, 享安逸壽考之樂, 任子孫厚田宅, 雖非兩制, 福不在其下. 故曰'福人多, 貴人少'. 今之士大夫, 自朝官便作兩制, 忽罷去, 但朝官耳, 不能任子孫, 貧約如初. 蓋其命發於刑殺, 未久卽災至. 故曰'貴人多, 福人少也'." 余又以同時爲監司者張芸叟·陸孝叔·邵仲恭·吳子平數公命問之, 衍曰: "皆帶職正郎·員外郎耳, 取進於此, 卽不可. 獨仲恭數促." 其後芸叟爲侍郎, 孝叔待制, 未幾, 皆謫官. 孝叔帥熙, 子平帥秦, 尋卒. 仲恭帥鄆, 移常州, 卒, 年五十五. 三公皆直龍圖, 無一不如衍之言者. 章子厚作相, 意氣方盛, 因其姪縡問衍, 衍曰: "以某之言白, 公命也發及八分, 早退爲上, 不然災至矣." 子厚不用其言, 亦不怒也. 後遂有崖州之禍. 蔡持正以門客假承務郎, 奏衍, 賞其術. 衍與總領市易官田舜卿善, 衍有錢數千緡, 舜卿爲買田, 以官戶名占之. 後舜卿贓敗, 官籍其產, 衍之田在焉. 或勸衍自陳, 衍曰: "衍故與田君善, 田君占衍之地美意也. 田君不幸至此, 衍論於有司, 非義也." 卒不請其田, 士大夫多稱之. 衍病, 余見之, 則曰: "數已盡, 某日當死. 凡家事悉處之矣, 公其記之." 已而果然.

16-18(177)

하남河南의 영씨甯氏는 그 선조가 전당錢塘 사람으로 이름이 승훈承訓이었는데, (오대십국) 오월왕吳越王(전숙)을 섬겼으며 무재武才로 이름이 알려졌다. 전씨錢氏(전숙)가 (송나라) 조정에 귀항한 후, 영승훈은 좌시금左侍禁에 제수되었다. 영승훈의 아들 영직甯直은 (진종) 대중상부大中祥符 원년(1008)에 요엽姚曄[39]과 함께 진사 갑과에 급제해 명주明州 자현령慈縣令을 지내다가 죽었고, 그의 처 이씨李氏는 공혜공恭惠公 임포任布에게 개가했다. 영직은 아들이 있었는데, 이씨가 영씨의 친족에게 그 아들을 맡기고 떠났다. 그런데 그 친족의 집이 파산하자 옛 늙은 유모가 거두어 길렀다. 임공任公(임포)이 지월주知越州로 있을 때, 어떤 객이 임공에게 영씨의 아들이 별 탈 없는지 묻자 임공은 깜짝 놀랐다. 임공이 집으로 돌아가 부인에게 물었더니 부인이 울면서 말했다.

"처음에 아이로 공에게 누를 끼치고 싶지 않아서 아이를 영씨의 친족에

39 요엽(姚曄, 958~?): 북송의 관리. 어려서부터 총명했으며 열심히 분발해 공부했다. 진종 대중상부(大中祥符) 원년(1008)에 진사 장원으로 급제해, 세간에서 '문장원(文狀元)'이라 불렸다. 벼슬은 저작랑(著作郎) 등을 지냈다.

게 남겨 두었는데, 그 친족이 파산하는 바람에 지금은 타향을 떠돌고 있습니다!"

임공은 가엽게 여겨 많은 돈을 들여 그 아이를 찾아냈다. 아이는 5살이었는데, 임공은 자기 아들처럼 교육시켰으며 마침내 임씨 성을 주고 이름을 적適이라 했다. 임공은 지추밀원知樞密院이 되자 그에게 벼슬을 시키고자 했는데, 부인이 울면서 말리는 한편 임적任適에게 말했다.

"너는 영씨의 아들이지만 집안이 파산해 돌아갈 곳이 없어졌으니, 힘써 공부해 명성을 얻을 수만 있다면 나는 죽어도 여한이 없겠다."

임적은 발분해 공부에 전념했다. (인종) 경우景祐 연간(1034~1038) 초에 진사에 급제하자 그제야 부인이 기뻐했다. 부인이 죽자 임공이 임적에게 말했다.

"예전에 너를 벼슬에 임명하려 하지 않았던 것은 너의 뜻을 이루게 하고자 했기 때문이다. 지금은 당연히 다시 추천해 우리 사이에 거리가 없음을 보이고자 하니 사양하지 마라."

임적은 울면서 감사했으며, 마침내 임공의 추천으로 태상시태축太常寺太祝이 되었으니, 임공이 또한 자기 아들에게 벼슬을 내려 달라고 주청했던 것이다. 임공이 죽자 임적은 해관解官[40]하고 부친상처럼 복상服喪했다. 임적은 조정에 그간의 사정을 아뢰고 영씨 성을 돌려 달라고 청하면서 임공의 주청으로 받은 벼슬을 반납했다. 조정에서는 칙지를 내려 그에게 본래 성을 돌려주는 것은 윤허했지만 벼슬 반납은 윤허하지 않았다. 임적은 임씨 형제들과 서로 붙잡고 울고 나서 마침내 작별하고 떠났다. 그래서 임씨와

40 해관(解官): 관리가 부모상을 당했을 때 상기(喪期) 동안 관직에서 물러나 복상(服喪)하는 것을 말한다.

영씨 집안은 대대로 혼사를 맺었고, 임적은 이름을 영첨甯瞻으로 바꾼 후 관적官籍에 이름을 올렸으며, 그의 부친 영직은 태상박사太常博士에 추증되었다. 영첨은 상서직방원외랑尙書職方員外郎·복건로전운판관福建路轉運判官으로 생을 마쳤다. 그의 아들·손자·증손자 수십 명은 대부분 이름난 명사가 되어 마침내 낙양洛陽의 명문대가가 되었다.

河南甯氏, 其先錢塘人名承訓者, 事吳越王, 以才武稱. 錢氏歸朝, 授左侍禁. 子直, 大中祥符元年, 姚暉[1]牓登甲科, 爲明州慈縣令, 卒, 妻李氏更嫁任恭惠公布. 直有子, 李置於甯氏族人以去. 族人家破, 有故老媼收養之. 任公守越州, 客或問甯氏子無恙, 公愕然. 歸問夫人, 夫人泣曰: "初不欲以兒累公, 留於甯氏之族, 族破, 今流落矣!" 任公閔焉, 多以金帛求得之. 年五歲, 公教育之如己子, 遂冒任姓, 名適. 公知樞密院, 欲官之, 夫人泣辭, 且謂適曰: "汝甯氏子, 家破無所歸, 能力學以取名, 吾死不恨矣." 適發憤讀書. 景祐初登進士第, 夫人方爲之喜. 夫人死, 任公謂適曰: "前不欲任以官者, 成其志也. 今當再薦, 以示無間, 其無辭." 適泣謝, 遂以公薦轉太常寺太祝, 又奏其子以官. 任公薨, 適解官持喪如父服. 自聞於朝, 乞還姓甯氏, 因納任公所奏之官. 有旨許歸姓, 不許納官. 與任氏兄弟相持而哭, 乃別去. 故任·甯世爲婚姻, 適更名[2]後通籍, 贈其父直爲太常博士. 終尙書職方員外郎·福建路運判. 若子若孫若曾孫數十人, 多知名士, 遂爲洛陽大家.

[1] 요휘(姚暉): 명초본에 "요엽(姚曄)"이라 되어 있고, 『속자치통감(續資治通鑑)』 권27 「북송기(北宋紀)·진종(眞宗)·대중상부원년(大中祥符元年)」에도 "요엽"이라 되어 있으므로, "요엽"이 타당한 것으로 보인다.

[2] 명(名): 명초본에는 이 뒤에 "첨(瞻)" 자가 있다.

16-19(178)

하남河南의 유씨劉氏 중에 자신의 이름을 환준環雋이라 한 자가 (오호십육국) 북제北齊와 동위東魏를 섬겨 중서시랑中書侍郎이 되었다. 그의 아들 유탄劉坦은 수隋나라 문제文帝(양견)를 섬겼고 상서우승尙書右丞에 추증되었다. 유탄의 아들 유정회劉政會는 당唐나라 고조高祖(이연)와 태종太宗(이세민)을 섬겨 홍주대도독洪州大都督을 지냈는데, 그가 죽은 후에 태종이 친히 칙지를 내려 말했다.

"정회는 예전에 (수나라를 토벌하는) 의거義擧에 참여해 뛰어난 공훈을 세웠으니, 호부상서戶部尙書에 추증하고 시호를 양襄이라 하며 고조의 묘당에 배향하고 능연각凌煙閣에 초상을 그리도록 하라."

유정회의 아들 유원의劉元意는 부친의 작위를 습봉하고 유국공渝國公에 봉해졌으며, 태종을 섬기고 남평공주南平公主(태종의 딸)에게 장가들었다. 유원의의 동생 유원상劉元象은 주객낭중主客郎中을 지냈고, 유원육劉元育은 익주자사益州刺史를 지냈다. 유원의의 아들 유기劉奇는 (측천무후) 장수長壽 연간(692~694)에 천관시랑天官侍郎(이부시랑)이 되었는데, 측천무후則天武后의 혁명을 비판하다가 하옥되어 죽었다. 유기의 동생 유순劉循은 금오위장군金吾衛將軍을 지냈다. 유순의 아들 유신지劉愼知는 어렸을 때 부친상을 당하자 모친을 모시고 이남伊南에서 살았는데, 하루는 도적 떼가 들이닥쳐 다른 사람들은 모두 도망쳤지만 유신지 혼자만 움직이지 않았다. 도적이 이상히 여겨 물었더니 유신지가 말했다.

"모친이 연로하고 병까지 들어서 떠날 수 없으니, 오직 모친과 생사를 함께하고자 할 뿐이오."

도적이 그 말에 감동받아 떠났고, 온 고을이 그 덕분에 화를 면했다. 유신지의 동생 유초劉超는 하남소윤河南少尹을 지냈고, 유미劉微는 오군태수吳郡太守를 지냈다. 유미의 아들 유경劉褧은 (현종) 개원開元 연간(713~741)에 공신의 후손으로 진사에 급제해 제주濟州 동아현령東阿縣令이 되었는데, 계모의 상을 치르다가 몸을 해쳐 죽었다. 유경의 아들 유조劉藻는 비서랑秘書郎을 지냈다. 유조의 동생 유전성劉全成과 유방평劉方平은 모두 문장에 뛰어났다. 유방평의 아들 유부劉符는 (경종) 보력寶曆 2년(826)에 과거에 급제해 호부시랑戶部侍郎에 이르렀고 사도司徒에 추증되었다. 유부의 여덟 아들 유숭귀劉崇龜 · 유숭이劉崇彝 · 유숭성劉崇聖 · 유숭로劉崇魯 · 유숭모劉崇謩 · 유숭규劉崇珪 · 유숭괴劉崇瓌 · 유숭자劉崇孖는 모두 벼슬을 했다. 유숭규의 아들 유악劉岳은 (소종) 천복天復 4년(904)에 진사에 급제했으며, (오대) 후당後唐 명종明宗(이사원)을 섬겨 이부시랑吏部侍郎을 지냈고 사도에 추증되었다. 유악의 아들 유온수劉溫叟[41]는 본조의 태조황제太祖皇帝(조광윤)를 섬겨 어사중승御史中丞을 지냈다. 태조가 하루는 몇몇 알자謁者와 함께 정양문正陽門의 서루西樓에 올랐는데, 유온수가 어사대에서 돌아가다가 그 아래를 지나가자, 어떤 사람이 유온수에게 마땅히 피해야 한다고 일러 주었지만 유온수는 아랑곳하지 않았다. 다음 날 유온수가 알현을 청해 면전에서 사죄하며 말했다.

"폐하께서 전루前樓(서루)에 납시면 육군六軍(금군)에 필시 상을 하사받길 바라는 자가 있을 것이니, 신이 피하지 않은 까닭은 폐하께서 합당한 때가 아니면 전루에 납시지 마시길 바라서입니다."

---

41 유온수(劉溫叟, 909~971): 자는 영령(永齡). 오대와 북송 초의 청렴한 관리. 사람됨이 중후하고 방정했으며, 행동거지가 예법을 준수했다. 7살 때 문장에 능했고 해서와 예서에도 뛰어났다. 후당(後唐) · 후진(後晉) · 후한(後漢) · 후주(後周) · 북송(北宋)의 다섯 조정에서 벼슬해 어사중승(御史中丞)에까지 올랐다. 조정의 요직에 있었지만 평소 청렴함으로 칭송받았다.

태조는 크게 기뻐하며 내탕고內帑庫에서 3천 민緡을 꺼내 담당 관리에게 보내 스스로를 벌했다. 태종太宗(조광의)이 개봉윤開封尹으로 있을 때, 유온수가 가난하다는 사실을 알고 50만 전을 보내 주었는데, 유온수는 사양하지 않고 받아 사자 앞에서 그 돈을 서쪽 행랑채에 넣은 후에 문을 잠그고 봉인했다. 이듬해에 태종이 다시 그 사자를 파견해 유온수에게 술을 보내 주었는데, 사자가 보았더니 그 봉인이 예전 그대로였다. 사자가 돌아와 그 일을 아뢰었더니 태종이 탄식하며 말했다.

"내 돈을 아직도 받으려 하지 않는데 하물며 다른 사람의 것임에랴!"

그러고는 어연御輦에 그를 태워 돌아가라고 명함으로써 그의 훌륭한 명성을 이루어 주었다. 헌대憲臺(어사대)의 관례에 따르면, 달마다 어사들에게 식대로 1만 전을 지급했는데, 이것으로는 뇌물죄의 벌금을 충당하기에 부족했다. 유온수는 그 명목을 싫어해 식대를 받지 않았다. 태조가 태종과 함께 조정 신하 중에서 명예와 절조를 지닌 자를 조용히 논했는데, 태종이 유온수에게 돈 보내 준 일을 아뢰었더니 태조가 한참 동안 탄복하며 칭찬했다. 나중에 유온수가 벼슬에서 물러나길 청하자 태조가 말했다.

"기다렸다가 짐이 경처럼 정직하게 도리를 지키는 자를 선발하면 바로 교체해 주겠네."

유온수의 아들 유소劉炤는 태종 때 찬선대부贊善大夫를 지냈고, 유엽劉燁은 진사에 급제한 후 용도각직학사龍圖閣直學士와 권개봉부權開封府를 지냈다. (인종이 즉위한 후) 명숙태후明肅太后(유태후)가 섭정할 때 유엽을 불러 독대하고 말했다.

"경의 집안이 십수 대의 명족임을 알고 있으니 경의 집안 족보를 한번 보았으면 하는데, 아마도 나와 같은 종중인 것 같소."

유엽이 말했다.

"감히 그렇지 않을 것입니다."

명숙태후가 자주 묻자 유엽은 피할 수 없다고 생각해 대전에 올라 대답하다가 현기증으로 쓰러져 나왔다. 유엽은 지하남부知河南府로 나가겠다고 청했다. 조정에서 다시 불렀지만 유엽은 간곡히 피하며 가지 않았으며, 간청해 유사어사대留司御史臺로 있다가 죽었다. 유엽의 일곱 아들은 유황劉貺·유궤劉几·유선劉先·유항劉亢·유침劉忱·유조劉兆·유긍劉兢이다. 유궤는 과거에 급제했으며, 일찍이 대전에서 대문對問하면서 인종仁宗 때 집안의 족보를 바치지 않은 일을 아뢰었는데, 황상이 한참 동안 칭찬하며 감탄했다. 유침은 감사군수監司郡守가 되어 명성을 얻었으며, 그의 아들 유당로劉唐老는 (철종) 원우元祐 연간(1086~1094)에 우정언右正言이 되었다. 북제로부터 본조에 이르기까지 500여 년 동안 유씨 가문은 쇠하지 않았다. 낙양洛陽의 많은 명문대가는 대대로 족보를 전수해 오고 있는데, 영씨甯氏와 유씨가 특히 이름난 가문으로 전할 만하다.

河南劉氏自名環雋者, 事齊·魏爲中書侍郎. 子坦, 事隋文帝, 贈尚書右丞. 子政會, 事唐高祖·太宗, 爲洪州大都督, 旣死, 太宗手勅曰: "政會昔預義擧, 有殊勳, 贈戶部尙書, 謚襄, 配享高祖廟, 圖形凌煙閣." 子元意[1]襲爵, 封渝國公, 事太宗, 尙南平公主. 弟元象主客郎中, 元育益州刺史. 元意之子名奇, 長壽中爲天官侍郎, 論則天革命下獄死. 弟循, 金吾衞將軍. 子愼知, 幼居父喪, 奉其母居伊南, 一日, 羣盜至, 衆走, 愼知獨不動. 盜怪問, 則曰: "母老且病, 不可行, 唯有同生死耳." 盜感其言而去, 一方賴之以免. 弟超, 河南少尹, 微, 吳郡太守. 微之子嫛, 開元中以功臣之後, 賜進士第, 爲濟州東阿縣令, 服後母喪以毁卒. 子藻, 秘書郎. 弟全成·方平, 皆有文. 方平之子符, 寶曆二年擢第, 至戶部侍郎, 贈司徒. 八子, 崇龜·崇彝·崇聖·崇魯·崇謩·崇珪·崇瓌·崇玗, 皆有官. 崇珪子岳, 天福[2]四年登進士第, 事後唐明宗爲吏部侍郞, 贈司徒. 子溫叟, 事本朝太祖皇帝爲御史中丞. 太祖一日與數謁者登正陽門之西樓, 溫叟自臺歸過其下, 或告溫叟當避, 溫叟不顧. 明日求對, 面謝曰: "陛下御前樓則六軍必有希賞賜者, 臣所以不避者, 欲陛下非時不御樓也." 太祖大悅, 出內帑三千緡付有司自罰. 太宗尹開封, 知其貧, 以五百千錢遺之, 溫叟受而不辭, 對其使扃記於西廂. 至明年, 太宗復遣其使餉以酒, 使者視其扃記如故. 歸白其事, 太宗歎息曰: "吾之錢尙不肯受, 況他人者乎!" 仍命輦歸, 以成其美名. 憲臺故事, 月給湌錢一萬, 不足以贓罰充之. 溫叟惡其名, 不取. 太祖因與太宗從容論廷臣之有名節者, 太宗以送錢事聞, 太祖歎美久之. 後求退, 太祖曰: "俟朕選有守道正直如卿者, 卽可代." 子炤, 太宗朝爲贊善大夫. 燁, 登進士第, 爲龍圖閣直學士·權開封府. 明肅太后朝獨召對, 后曰: "知卿名族十數世, 欲一見卿家譜, 恐與吾同宗也." 燁曰: "不敢." 后數問之, 度不可免, 因陛對, 爲風眩仆而出. 乞出知河南府. 再召, 懇避不行, 求爲留司御史臺, 以卒. 燁七子, 睍·几·先·亢·忱·兆·兟. 几登科, 嘗因陛對奏仁宗不進家譜事, 上稱歎久之. 忱爲監司郡守有聲, 子唐老, 元祐爲右正言. 自北齊至本朝五百餘年, 而劉氏不衰. 洛陽多大家, 世以譜牒相付授, 甯氏·劉氏尤爲著姓, 有可傳者.

[1] 원의(元意): 본래 이름은 "현의(玄意)"인데, 당나라 때 현종(玄宗)의 묘호를 피휘하기 위해 "현"을 "원"으로 바꿨다. 이하도 마찬가지다.

[2] 천복(天福): 오대 후진(後晉) 고조(高祖)의 연호(936~942)인데, 착오로 보인다. 유악(劉岳)은 당 희종(僖宗) 건부(乾符) 4년(877)에 태어나 오대 후당(後唐) 명종(明宗) 장흥(長興) 3년(932)에 죽었으므로, 천복 연간은 그의 사후에 해당한다. 따라서 그가 천복 4년(939)에 진사에 급제하는 것은 시간상으로 불가능하다. 아마도 "천복(天福)"은 "천복(天復)"의 오기로 보인다. 천복(天復)은 당 소종(昭宗)의 연호(901~904)다.

邵氏聞見錄 卷十七

17-1(179)

강절康節(소옹) 선공先公이 말했다.

"옛날에 내가 위주衛州의 공성현共城縣에서 살았을 때[1], 간의諫議 조급趙及[2]이 삼사부사三司副使로 있다가 병이 들어 지위주知衛州를 청했는데, 위주에 명의가 많았기 때문이었다. 신수申受라는 자는 의술에 뛰어났는데, 참정參政 고약눌高若訥[3]에게서 의술을 터득했고 학씨郝氏 노인에게서 진맥을 터득

1 공성현(共城縣)에서 살았을 때: 소옹(邵雍)은 인종 천성(天聖) 4년(1026) 16세 때 부친을 따라 공성현(共城縣)의 소문산(蘇門山)으로 가서 그곳에서 살았다. '공성현'은 지금의 허난성[河南省] 서북부에 있었다.

2 조급(趙及): 자는 희지(希之). 북송의 관리. 진사 출신으로 자주군사추관(慈州軍事推官)을 지냈다. 전중시어사(殿中侍御史)와 권종정승(權宗正丞)을 지내면서 권력의 눈치를 보지 않고 과감하게 탄핵했다. 지회주(知懷州)를 거쳐 경동전운안찰사(京東轉運按察使)가 되었다. 권판이부유내전(權判吏部流內銓)으로 있을 때, 이부에서 관리의 결원이 생기면 즉시 공고함으로써 전형 관리가 결원을 숨기고 이득을 챙기는 폐단을 막아야 한다고 상주했다. 지위주(知衛州)·지여주(知汝州)·지하중부(知河中府)를 거쳐 우간의대부(右諫議大夫)에 이르렀으며, 지서주(知徐州)로 벼슬을 마쳤다.

3 고약눌(高若訥, 997~1055): 자는 민지(敏之), 시호는 문장(文莊). 북송의 대신. 박학강기(博學强記)했으며, 천문에 정통하고 의술에도 밝았다. 인종 천성(天聖) 2년(1024) 진사 출신으로, 창덕군절도추관(彰德軍節度推官)을 거쳐 기거사인(起居舍人)·지간원(知諫院)·우간의대부(右諫議大夫)·권어사중승(權御史中丞)을 역임했다. 당시 범중엄(范仲淹)·여

했다고 스스로 말했다. 그는 고 참정高參政(고약눌)의 의학이 매우 높지만 존귀해지고 나서 진맥을 적게 했기 때문에 학씨 노인에게 미치지 못한다고 여겼다. 또 학씨 노인은 이름이 윤允[4]이고 정주鄭州에서 살고 있는데, 지금 조간의趙諫議(조급)의 병은 학씨 노인이 아니면 치료할 수 없다고 했다. 조급이 그의 말대로 학씨 노인을 불러오게 했는데, 학씨 노인이 조급을 진맥하며 '배 속에 침적된 것을 배출해야 합니다'라고 말했다. 조급이 약을 먹었더니 급하게 배출되어 멈추지 않았다. 조급이 거의 위험한 지경에 이르자, 학씨 노인이 커다란 동이 속에 조급을 앉히고 사발로 그 머리를 덮고 뜨거운 물을 끼얹었더니 마침내 조급이 깨어났다. 정신을 차린 조급이 신수를 불러 질책하며 '그대는 학씨 노인을 잘못 추천했다'라고 말하자, 신수가 '저의 의술은 학씨 노인에게 아주 한참 미치지 못합니다. 공의 병은 마땅히 배출해야 하는데, 다만 기가 허한 상태에서 약제가 조금 세서 제어할 수 없었을 뿐입니다. 하지만 오래된 병이 이미 좋아졌으니 축하드립니다'라고 말했다. 그러면서 또 '학씨 노인의 진맥은 신통하니, 공의 집안의 모든 사람을 휘장 안에 앉아 있게 하고 그에게 두루 진맥하게 하면, 남녀노소와 기혼 · 미혼의 상태를 알아맞히지 못하는 것이 없을 것입니다'라고 말했다. 조급

정(余靖) · 윤수(尹洙) 등이 잇달아 폄적되자 구양수(歐陽修)가 그에게 공문을 보내 질책했는데, 그가 분노해 구양수를 이릉현령(夷陵縣令)으로 폄적시킬 것을 주청했다. 공부시랑 · 참지정사로서 추밀사(樞密使)가 되었다. 황우(皇祐) 5년(1053)에 사건에 연루되어 탄핵당해 추밀사를 그만두고 관문전학사(觀文殿學士) · 상서좌승(尙書左丞) · 판상서도성(判尙書都省)을 지낸 뒤 죽었다.

4 윤(允): 학윤(郝允). 북송의 명의. 젊었을 때 도인에게서 의술을 전수받아 의원이 되었는데, 특히 진맥에 뛰어났다. 40여 년 동안 의술을 행하면서 살려 낸 사람이 아주 많았다. 만년에는 정주(鄭州)로 거처를 옮겼다. 태의(太醫) 신수(申受)와 조종고(趙宗古) 등이 그에게서 의학을 공부했다. 일찍이 당나라의 왕빙(王冰)이 주석을 단 『황제내경(黃帝內經)』의 오류를 수정했다.

이 그 말대로 시험해 보았더니 정말이었기에 비로소 학씨 노인에게 예를 갖추었다. 이후로 조금은 병이 나아 다시 입조해 삼사부사가 되었다. 신수는 조정에서 태의승太醫丞으로 기용했다. 학씨 노인은 본래 하삭河朔 사람이었는데, 그가 죽은 후에 장순張峋[5] 자견子堅이 묘지명을 지으면서 그가 평생 매우 특이하게 병자를 치료한 경우를 기록해, '어떤 사인의 처가 임신했는데 그가 진맥하며 "육맥六脈[6]이 모두 끊어졌지만 오히려 태아의 기로 영양을 받고 있기 때문에 아직 죽지 않은 것입니다. 태아가 출산되면 어머니는 바로 죽을 것입니다"라고 말했는데, 얼마 후에 과연 그렇게 되었다. 학씨 노인은 평소에 약제를 배합하지 않고 여러 병에 약품의 양을 증감해 사용했는데, 그것을 복용한 자는 효험을 보지 못한 사람이 없었다. 그에게서 의술을 배운 자는 모두 명의가 되었다고 한다'라고 말했다."

康節先公曰: "昔居衞之共城, 有趙及諫議者, 自三司副使以疾乞知衞州, 以衞多名醫故也. 有申受者善醫, 自言得術於高若訥參政, 得脈於郝氏老. 其說謂高參政醫學甚高, 旣貴, 診脈少, 故不及郝老. 郝老名充[1], 居鄭州, 今諫議之疾非郝老不可治. 趙如其言, 召郝老至, 診其脈曰: '有沉積當下.' 趙服其藥, 暴下不止. 已垂殆, 郝老乃坐趙於大盆中, 用椀覆其頭項, 以湯沃之, 遂甦. 趙呼申受罪之曰: '君謬擧郝老者.' 申受曰: '某之術不及郝老遠甚. 公病當下, 但氣虛, 藥劑差大, 不能禁. 然宿疾良已, 可賀.' 又曰: '郝老之脈通神, 公擧家之

5 장순(張峋): 자는 자견(子堅). 북송의 관리. 영종 치평(治平) 3년(1066)에 저작좌랑(著作佐郞)을 지냈고, 신종 희녕(熙寧) 2년(1069)에 태상박사(太常博士)로서 관구양절로상평광혜창(管勾兩浙路常平廣惠倉)을 지냈다.

6 육맥(六脈): 여섯 개의 맥박. 즉 심(心)·간(肝)·신(腎)·폐(肺)·비(脾)·명문(命門)의 여섯 가지 맥. 한의학에서 모든 병은 육맥을 진찰해 알 수 있다고 한다. 또는 부(浮)·침(沈)·허(虛)·실(實)·지(遲)·삭(數)의 맥박 현상을 말하기도 한다.

人坐帳中, 俾遍診脈, 其老少男女, 已未嫁娶, 無不知者.' 趙試其說, 信然, 始加禮. 自此疾平, 復入爲三司副使. 申受, 朝廷用爲太醫丞. 郝老本河朔人, 旣死, 張峋子堅誌其墓, 載其平生所治病甚異, 曰: '士人之妻孕, 診其脈曰: "六脈皆絶, 反用子氣資養, 故未死. 子生, 母卽死矣." 已而果然. 郝老平時不合藥末, 諸病用藥品量增減之, 服者無不驗者. 從其學者皆名醫云.'"

[1] 충(充): 명초본에는 "윤(允)"이라 되어 있는데, 타당한 것으로 보인다. 남송 장고(張杲)의 『의설(醫說)』을 비롯한 대부분의 의서에서 "학윤"은 보이지만 "학충"은 보이지 않는다.

17-2(180)

낙중洛中의 형세는 욕산鄏山이 서쪽에 있고 망산邙山이 북쪽에 있으며, 성고成皐가 동쪽에 있고 숭산嵩山과 소실산少室山에 인접하며, 궐새闕塞가 곧장 그 남쪽에 있고 여궤산女几山으로 이어지며, 형산荊山과 화산華山과 연결되고 종남산終南山에 이른다. 낙수洛水가 서남쪽에서 들어오고 이수伊水가 남쪽에서 들어오며, 오른쪽에는 간수澗水가 있고 왼쪽에는 전수瀍水가 있다. 수隋나라 문제文帝(양견)가 망산에 올라 궐새를 마주하고 "진정한 천궐天闕[7]이로다!"라고 감탄했는데, 지금의 낙성洛城이다. 주공周公이 길지吉地로 점친 곳은 그 서북쪽에 있고 겹산郟山(망산)과 욕산이 서로 이어지는데, "겹욕에 도읍을 정했다"[8]는 것이 이곳이다. 앞에 간수와 낙수가 임해 있기 때문

7 천궐(天闕): 천자가 거처하는 궁궐. 궁문 밖에 두 개의 궐(闕)을 설치했기에 그렇게 불렀다.
8 겹욕에 도읍을 정했다: 원문은 "정정어겹욕(定鼎於郟鄏)". 『좌전(左傳)』「선공(宣公) 3년」에 나온다.

에 "곡수穀水와 낙수가 물길을 다투어 장차 왕궁을 무너뜨리려 했다"[9]라고 말했던 것이다. (『서경書經』「주서周書」) 「낙고洛誥」에서 "내가 또 전수의 동쪽을 점쳐 보니 또한 낙 땅만이 길했다"라고 했다. 동한東漢의 낙양이 이곳으로 지금 낙성의 동쪽 18리에 있는데, 낙수를 넘어가서 앞으로 곧장 환원산轘轅山에 이르고 북쪽으로 망산에 이어지며 아주 평평하고 드넓다. 서진西晉과 후위後魏(북위)가 모두 이곳에 도읍을 정했다. 서진은 또 그 서북쪽에 금용성金墉城을 쌓았다. 그 산천은 매우 수려하고 윤택하며 형세가 웅장하지만 장안長安에는 약간 미치지 못한다. 장안은 동쪽으로 효산崤山과 함곡관函谷關이 있고 동남쪽으로 형산과 화산이 종남산으로 이어지며, 서남쪽으로 태백산太白山과 계족산雞足山이 있고 또 서쪽으로 진농秦隴(진령과 농산)과 기산岐山이 있으며, 북쪽으로 양산梁山이 있고 동북쪽으로 뇌수산雷首山과 중조산中條山이 평양平陽의 여러 산과 서로 이어진다. 경수涇水·위수渭水·산수滻水·예수澧水·호수滈水·노수潦水·휼수潏水가 그 전후좌우에 있으며 황하黃河로 흘러들어 간다. 그래서 요堯는 평양에 도읍을 정했고 순舜은 포판蒲坂에 도읍을 정했으며, 주周나라는 기산岐山에 도읍을 정했고 문왕文王은 풍豐 땅에 도읍을 정했고 무왕武王은 호鎬 땅에 도읍을 정했다. 진秦나라는 처음에 진 땅에서 나라를 세웠다가 나중에 기산의 남쪽으로 옮겼으니, 지금의 보계寶雞가 이곳이다. 목공穆公의 우양궁羽陽宮의 옛터와 삼량묘三良墓[10]가 아직 남아 있다. 시황제始皇帝에 이르러 함양咸陽에 도읍을 정하

9 곡수(穀水)와 낙수가 물길을 다투어 장차 왕궁을 무너뜨리려 했다: 원문은 "곡·낙투(穀·洛鬭), 장훼왕궁(將毀王宮)". 『국어(國語)』「주어(周語)하」에 나온다. 주나라 영왕(靈王) 22년에 곡수와 낙수가 서로 물길을 다투어 낙읍의 왕궁이 무너지려 하자 영왕이 물길을 막으려 했더니 태자 진(晉)이 불가하다고 간했다. 간수(澗水)가 동남쪽으로 흘러 곡수로 들어가 합쳐진다.

10 삼량묘(三良墓): 진(秦)나라 목공(穆公) 때 세 명의 어진 신하인 엄식(奄息)·중행(仲行)·

고 위수를 넘어가서 아방궁阿房宮을 조성했다. 서한西漢은 진나라 궁의 동쪽에 도읍을 정했는데, 지금 미앙궁未央宮·장락궁長樂宮·장대궁章臺宮 등의 성궐이 아직 남아 있다. 수나라 문제는 처음 한나라 궁에 도읍을 정했다가 나중에 조금 동쪽으로 옮겨 용수거龍首渠와 용수산에 의지해 장안신성長安新城을 축조했는데, 그 규모가 매우 웅장했다. 남쪽으로 화엄천華嚴川에 인접해 남산南山으로 이어지고 북쪽으로 위수에 임했는데, 성의 남북은 30여 리이고 동서는 20여 리였으며, 한나라 말의 미앙궁이 그 원유苑囿 안에 있었다. 당唐나라는 이를 이어받아 도읍으로 삼고 또 동내東內(대명궁大明宮)를 조성했는데, 지금 함원전含元殿과 태액지太液池의 옛터가 아직 남아 있다. 또 남내南內를 조성해 흥경궁興慶宮이라 불렀는데, 지금 연못과 궁전의 옛터가 역시 남아 있다. (대명궁의) 동쪽에서부터 협성복도夾城複道[11]를 쌓아 남쪽으로 흥경궁에 이르렀으며, 또 남쪽으로 곡강曲江에 이르고 동쪽으로 파수灞水와 산수를 넘어가서 여산驪山으로 이어졌다. 여산 위에는 갈고망경루羯鼓望京樓를 세우고 산 아래에는 화청궁華淸宮을 세웠는데, 화청궁에는 온천이 있고 흰 옥돌로 연꽃이 물 위로 나오는 모양을 만들었으며, 어탕御湯·연화탕蓮花湯·태자탕太子湯·백관탕百官湯이 있었다. 그 궁궐은 북쪽으로 위수에 임하고, 화청궁의 동쪽으로부터 이궁離宮(별궁)들이 서로 바라보며 동도東都(낙양)까지 이어졌다. 예로부터 요·순·주周·진秦·한·당나라의 도성이 모두 서로 가까이 있고 높은 산과 큰 강이 있으며 평탄한 들녘이 비옥하고 형세가 천하를 압도했다. 낙양의 풍속은 온화하고 평화로우며 토양은 꽃과 대나무가 자라기에 적합하다. 장안은 아직도 진나라와 한나라의

침호(針虎)의 묘.

11 협성복도(夾城複道): 당나라 현종 때 대명궁에서 흥경궁까지 양쪽으로 높다란 담을 쌓고 그 위로 지붕을 덮은 통로.

유협遊俠 기풍이 있으며, 그 땅에는 기다란 버드나무와 오래된 홰나무가 많고 농경과 양잠이 가장 흥성하며 예로부터 육해陸海(바다처럼 드넓은 육지)로 불렸다. 이전 시대의 영웅은 반드시 이곳을 차지한 연후에 큰일을 할 수 있었는데, 지금은 북쪽 오랑캐에게 점령당했으니 애석하도다!

洛中形勢, 郟[1]鄏山在西, 邙山在北, 成皐在東, 以接嵩·少, 闕塞直其南, 屬女几, 連荊·華, 至終南山. 洛水來自西南, 伊水來自南, 右澗水, 左瀍水. 隋文帝登邙山, 對闕塞而歎曰: "眞天闕也!" 今之洛城也. 周公所卜, 在其西北, 郟·鄏二山相屬, "定鼎於郟鄏"是也. 前臨澗·洛二水, 故曰"穀·洛鬬, 將毁王宮"也. 「洛誥」曰: "我又卜瀍水東, 亦惟洛食." 東漢洛陽是也, 在今洛城之東十八里, 跨洛水, 前直轘轅, 北屬邙山, 極平遠. 西晉·後魏皆都焉. 晉又築金墉城在其西北. 其山川秀潤有餘, 形勢雄壯, 差不逮長安. 長安東崤·函, 東南荊·華, 以屬終南山, 西南太白·雞足山, 又西秦隴·岐山, 北梁山, 東北雷首·中條山, 與平陽諸山相屬. 涇·渭·滻·灃·滈·澇·潏之水在其後前左右, 以入於河. 故堯都平陽, 舜都蒲坂, 周都岐山, 文王都豐, 武王都鎬. 秦初建國於秦, 後遷岐山之陽, 今寶雞是也. 穆公羽陽宮故基·三良墓尙存. 至始皇都咸陽, 跨渭水爲阿房宮. 西漢都秦宮之東, 今未央·長樂·章臺諸宮城闕尙存. 隋文帝初都漢宮, 後遷稍東, 枕龍首渠·山, 築長安新城, 制度甚壯. 南接華嚴川, 以屬南山, 北臨渭水, 城南北三十餘里, 東南[2]二十餘里, 漢末未央宮在其苑中. 唐因爲都, 又起東內, 今含元殿·太液池故基尙存. 又起南內, 謂之興慶宮, 今池殿故基亦在. 自東築夾城複道, 南至興慶宮, 又南至曲江, 東跨灞·滻, 以屬驪山. 山上起羯鼓望京樓, 山下起華淸宮, 宮有溫泉, 以白玉石爲芙蓉出水, 爲御湯·蓮花湯·太子湯·百官湯. 其宮闕北臨渭水, 由華淸宮東, 離宮相望, 以屬東都. 自堯·舜·周·秦·漢·唐, 都城皆相近, 高山大河, 平川沃野, 形勢壓天下. 洛陽民俗和平, 土宜花竹. 長安尙有秦・漢游俠之風, 地多長楊・老槐, 耕桑最盛, 古稱陸海. 前代英雄必得此然後可以有爲, 今陸沉於北狄, 惜哉!

[1] 겹(郟): 명초본에는 이 자가 없는데, 타당해 보인다. 다음 문장에서 "망산재북(邙山在北)"이라 하고, "겹・욕이산상촉(郟・鄏二山相屬)"이라 한 것으로 보아, '겹산'과 '욕산'은 두 산의 이름이 분명하다. 따라서 이곳의 "겹" 자는 연자(衍字)로 보인다. '겹산'은 '망산'으로 낙양의 북쪽에 있다.

[2] 남(南): 문맥상 "서(西)"의 오기로 보인다.

17-3(181)

낙중洛中의 풍속은 명교名敎를 숭상해 비록 공경公卿의 집안일지라도 감히 권세를 일삼지 않았으며, 사람들은 빈부에 따라 스스로 즐기면서 재화와 이익에 급급해하지 않았다. 매해 정월이면 매화꽃이 이미 피고, 2월에는 복사꽃과 오얏꽃이 섞여 만개하며, 3월에는 모란꽃이 피었다. 꽃이 활짝 핀 곳에 동산을 만들고 사방의 재주꾼이 모두 모이면, 도성의 남녀들이 술을 들고 다투어 나와 경치 좋은 동산 정자를 골라 위아래 연못과 누대 사이에서 술잔 가득 술을 따라 마시고 노래를 부르면서도 그곳의 주인이 누구인지 묻지 않았다. 저녁이 되면 꽃시장을 노닐며 대바구니에 꽃을 담아 파는데, 비록 가난한 사람일지라도 꽃을 머리에 꽂고 술을 마시면서 서로 즐겼다. 그래서 왕평보王平甫(왕안국)의 시에서 이렇게 말했다.

"비췻빛 장막에 따스한 바람 부는 봄에 술을 팔고, 대나무 바구니에 이슬 젖는 밤에 꽃을 파네."

꽃 중에서 귀한 것은 '요황姚黃'이라 하는데, 망산邙山 뒤 백사마파白司馬

坡[12] 아래 요씨姚氏의 주막에서 처음 나오고 북쪽 지역의 여러 사원에도 있었다. 해마다 피는 꽃이 10여 가지에 불과한데, 관부에서 대부분 가져다 진상했다. 그다음으로 귀한 것은 '위자魏紫'라 하는데, 오대五代의 추밀樞密 위인포魏仁浦[13]의 동산 연못 안의 섬에서 나왔다. 처음 나올 때 동산지기가 돈을 받고 작은 배로 나들이객을 실어 가서 구경시키는데, 다른 곳에는 그 꽃이 없었다. 그 나머지 꽃의 품종은 아주 많은데, (인종) 천성天聖 연간(1023~1032)에 전문희공錢文僖公(전유연)이 유수留守로 있고 구양공歐陽公(구양수)이 『화보花譜』를 지을 때는 겨우 40여 품종이었는데, (철종) 원우元祐 연간(1086~1094)에 승상丞相 한옥여韓玉汝(한진)가 유수로 있고 유대留臺(유사어사대) 장자견張子堅(장순)에게 『화보』를 이어 짓게 했을 때는 이미 100여 품종이었다. '요황'은 무성한 녹색 잎사귀 속에서 연노랑 꽃이 나오는데 꽃잎이 천 장이나 되었다. '위자'는 꽃이 분홍색이고 꽃잎이 조금 적었다. 이 두 품종은 모두 사람의 성씨로 이름을 붙였는데, 여러 꽃 중에서 특출하기 때문에 낙양 사람들은 '요황'을 왕으로 삼고 '위자'를 왕비로 삼았다고 한다. 나는 오랫동안 고향을 떠나 있다가 (휘종) 정화政和 연간(1111~1118)에 들렀는데, 봄날인데도 꽃동산과 꽃시장이 모두 없기에 그 까닭을 물었더니, 사람들이 대답했다.

"꽃이 아직 피기 전에 관부에서 관리를 보내 지키게 했다가, 꽃이 막 피면 울타리와 흙까지 모두 도성으로 옮겨 가고 동산 주인의 성명을 장부에

---

12 백사마파(白司馬坡): 낙양성 북쪽의 북망산에 있는 백사마라는 비탈. 백사마판(白司馬坂) 또는 백마산(白馬山)이라고도 한다.

13 위인포(魏仁浦, 911~969): 자는 도제(道濟), 시호는 선의(宣懿). 오대 후주(後周)와 북송 초의 대신. 후진(後晉) 말에 소사(小史)를 지냈으며, 후주 때는 추밀도승지(樞密都承旨)·중서시랑(中書侍郎)·평장사(平章事)를 역임했다. 성품이 관대해서 높은 지위에 있으면서도 사적인 원한을 마음에 두지 않았다. 북송 초에 우복야(右僕射)에 올랐으며, 태원(太原) 정벌에 참여했다가 도중에 병사했다.

적어 해마다 세금처럼 꽃을 실어 가는 바람에, 낙양의 멋진 옛일이 마침내 없어지게 되었습니다."

내(소백온)가 이 때문에 탄식하면서 또한 그 성대한 때를 추억해 기록한 것이 이와 같다.

洛中風俗尚名教, 雖公卿家不敢事形勢, 人隨貧富自樂, 於貨利不急也. 歲正月梅已花, 二月桃李雜花盛開, 三月牡丹開. 於花盛處作園圃, 四方伎藝舉集, 都人士女載酒爭出, 擇園亭勝地, 上下池臺間引滿歌呼, 不復問其主人. 抵暮遊花市, 以筠籠賣花, 雖貧者亦戴花飲酒相樂. 故王平甫詩曰: "風暄翠幕春沽酒, 露溼筠籠夜賣花." '姚黃'[1], 初出邙山後白司馬坡下姚氏酒肆, 水[2]地諸寺間有之. 歲不過十數枝, 府中多取以進. 次曰'魏花'[3], 出五代魏仁浦樞密園池中島上. 初出時, 園吏得錢, 以小舟載遊人往觀, 他處未有也. 自餘花品甚多, 天聖間錢文僖公留守時, 歐陽公作『花譜』, 才四十餘品, 至元祐間韓玉汝丞相留守, 命留臺張子堅續之, 已百餘品矣. '姚黃'自穠綠葉中出微黃花, 至千葉. '魏花'微紅, 葉少減. 此二品皆以姓得名, 特出諸花之上, 故洛人以'姚黃'爲王, '魏花'爲妃云. 余去鄉久矣, 政和間過之, 當春時花園花市皆無有, 問其故, 則曰: "花未開, 官遣吏監護, 甫開, 盡檻土移之京師, 籍園人名姓, 歲輸花如租稅, 洛陽故事遂廢." 余爲之歎息, 又追記其盛時如此.

[1] 요황(姚黃): 명초본에는 이 앞에 "화지귀자왈(花之貴者曰)" 5자가 있는데, 문맥상 보충하는 것이 타당하다.

[2] 수(水): 제본(諸本)에는 모두 "북(北)"이라 되어 있는데, 문맥상 타당해 보인다.

[3] 위화(魏花): 원초본과 명초본에는 "위자(魏紫)"라 되어 있는데, '요황'과 '위자'는 모란의 이름난 품종이므로 "위자"가 타당하다. 이하도 마찬가지다.

17-4(182)

하중부河中府 하동현河東縣 영락진永樂鎭은 당나라 때 영락현永樂縣이었는데, 본조 (신종) 희녕熙寧 연간(1068~1077) 초에 폐지되어 진鎭이 되었다. 큰 강을 마주하고 뇌수산雷首山과 중조산中條山을 등지고 있는데 그 형세가 매우 웅대하다. (당나라) 안사安史의 난 때 토착인들이 대부분 이곳으로 피신했었다. 이곳에 요효자姚孝子의 장원이 있다. 효자는 이름이 서균栖筠으로 당나라 (덕종) 정원貞元 연간(785~805)에 농사를 지었는데, 변방에 수자리를 서러 가게 되자 요서균의 아버지가 형에게 말했다.

"형님은 후사가 아직 없지만 저는 이미 아들이 있으니 제가 형 대신 가겠습니다."

요서균의 아버지는 결국 전사했다. 당시 요서균은 겨우 여섯 살이었는데, 그 후에 어머니가 재가하자 큰어머니에게서 길러졌다. 큰어머니가 죽자 요서균은 큰어머니의 장례를 치르고 또 아버지의 혼을 불러 장례를 치렀으며, 묘 옆에 여막을 짓고 종신토록 슬프게 사모하는 마음을 그치지 않았다. 현령縣令 소철蘇轍[14]이 자신의 봉록으로 땅을 사서 길을 열어 주고 비석을 새겨 그를 기렸다. 하동윤河東尹 혼감渾瑊[15]이 그 일을 상주했더니, 조

14 소철(蘇轍): 당나라 중엽의 관리. 자세한 행적은 미상이다. 송나라의 소철(蘇轍)과는 다른 인물이다.

15 혼감(渾瑊, 736~800): 본명은 일진(日進), 시호는 충무(忠武). 당나라의 대신으로, 선조는 철륵족(鐵勒族) 혼부(渾部)다. 11살에 부친을 따라 삭방군(朔方軍)에 들어갔다. 안녹산(安祿山)이 반란을 일으키자 이광필(李光弼)을 따라 하북(河北)을 평정했으며, 또 곽자의(郭子儀)를 따라 장안과 낙양 두 도성을 수복하고 안경서(安慶緖)를 토벌했다. 나중에 여러 차례 토번군(吐蕃軍)을 격파해 그 공으로 좌금오위대장군(左金吾衛大將軍)에 임명되었다. 덕종(德宗) 건중(建中) 4년(783)에 주차(朱泚)가 반란을 일으키자 덕종을 보호하면서 봉천(奉

정에서 조서를 내려 그에게 넉넉히 하사하고 그의 마을에 정려문旌閭門을 세워 효행을 기리도록 했으며, 그 향리 이름을 효제사孝悌社 절의리節義里 흠애촌欽愛村이라 했다. 요서균은 요악姚岳을 낳고 요악은 요군유姚君儒를 낳았으며 요군유는 요사정姚師正을 낳았다. 요악에서부터 요사정에 이르기까지 대대로 시묘살이를 했다. 본조에 이르러 (인종) 경력慶曆 연간(1041~1048)에 다시 정려문을 세워 효행을 기렸다. (철종) 원우元祐 연간(1086~1094)에 현령 왕벽지王闢之[16]가 조정에 장계狀啓를 올려, 사관史官에게 조서를 내려 이 일을 기록하도록 청했다. 대개 당나라 이래로 효행과 절의節義의 기풍이 조금도 변하지 않았다. (휘종) 정화政和 갑오년甲午年(1114)에 내(소백온)가 그 집에 들렀는데, 어른과 젊은이가 마당 아래에 늘어서서 절하고 차례대로 당에 올라 시립侍立하고 응대하는 데 예를 갖추었으며, 가세家世의 차례를 매우 자세하게 말해 주었다. 대개 요서균 이하로 20여 세대 동안 의거義居[17]한 것이었다. 나는 그곳을 서성이며 탄식하다가 떠났는데, 그 마을 사람이 나에게 말해 주었다.

"요씨 집안은 대대로 공정한 존장자를 추대해 집안을 주관하게 하고 자제들은 각자 일을 맡으며 오로지 한 사람이 분묘를 지키는데, 그 사람이 비

天)을 굳건히 지켰다. 이듬해 이성(李晟) 등과 함께 도성을 수복하고 주차의 난을 평정했으며, 또 마수(馬燧)와 함께 이회광(李懷光)의 난을 평정했다. 검교상서좌복야(檢校尚書左僕射)·동평장사(同平章事)에 임명되고 함녕군왕(咸寧郡王)에 봉해졌으며, 빈녕경부원수(邠寧慶副元帥)·검교사도(檢校司徒)·중서령(中書令)으로 벼슬을 마쳤다.

16 왕벽지(王闢之, 1031~1098?): 자는 성도(聖塗). 북송의 관리. 영종 치평(治平) 4년(1067) 진사 출신이다. 철종 원우(元祐) 연간에 지하동현(知河東縣)이 되었는데, 부정한 사당을 철거하고 백이(伯夷)와 숙제(叔齊)의 사당을 세워 '귀덕상현(貴德尙賢)'으로 이름이 알려져 지충주(知忠州)로 승진했다. 소성(紹聖) 4년(1097)에 벼슬을 마치고 귀향해 저술에 전념하다가 집에서 죽었다. 『승수연담록(澠水燕談錄)』 10권을 지었다.

17 의거(義居): 가문이 대대로 효행과 절의를 지키며 함께 거주하는 것을 말한다.

록 출가해 승려가 되더라도 묘 옆에서 시묘살이를 합니다. 아침과 저녁에 당 위에서 모여 식사할 때 남자와 부인은 각자 항렬대로 앉고 아이들은 바닥에 앉아 나무통에 담긴 밥을 함께 먹습니다. 식사를 마치면 바로 주방문을 잠그며 달리 밥을 짓는 사람은 없습니다. 남녀의 의복은 각각 한 벌뿐이고 서로 구분하지 않습니다. 자제가 새로 아내를 맞이하면 개인적으로 음식을 사서 아내에게 주는데, 아내가 받지 않으면 존장자에게 들여보내 매질하길 청합니다. 그 묘를 바라보면 나무숲이 울창한데 아주 정성껏 청소하고 온갖 식물을 심어 기릅니다. 열 이랑의 밭을 일궈 겨우 입을 것과 먹을 것을 해결합니다. 세금은 독촉하기를 기다리지 않고 납부하며, 일찍이 송사로 현의 관아에 가 본 적이 없습니다. 지금까지 300여 년 동안 가법家法을 지키면서 다른 말을 한 자는 없습니다. 당나라 말과 오대五代의 난을 겪으면서도 온 집안이 묘를 지키며 떠나지 않았습니다. (신종) 희녕 연간에 섬우陝右[18]에 흉년이 들었을 때, 온 가족 100명의 식구가 함께 당주唐州와 등주鄧州[19]로 가서 먹을 것을 구했는데, 돌아올 때까지 한 사람도 잃어버리지 않았습니다. (휘종) 정화 연간(1111~1118)에 농민에게서 조와 보리를 거두어 이를 균적均糴[20]이라 했는데, 요씨는 이를 지급할 여력이 없었기에 온 집안이 밤낮으로 소리쳐 울면서 다른 곳으로 달아나고자 했습니다."

나는 그 말을 듣고 슬퍼하면서 현의 관리에게 그 사실을 알리며 말했다.

---

18 섬우(陝右): 섬주(陝州) 이서(以西) 지역. 섬주는 지금의 허난성[河南省] 싼먼샤시[三門峽市]와 산시성[山西省] 핑루현[平陸縣] 일대에 해당한다.

19 당주(唐州)와 등주(鄧州): '당주'는 지금의 허난성 탕허현[唐河縣] 일대에 해당하고, '등주'는 지금의 허난성 덩현[鄧縣] 일대에 해당한다.

20 균적(均糴): 송나라 때 민호(民戶)의 재산과 토지의 다소에 따라 등급을 나눠 정부에서 양곡을 징발 구매하는 제도. 구매 가격이 보통 시중 가격보다 낮았다. 휘종 정화(政和) 3년(1113)에 섬서(陝西) 지역에서 처음 시행하다가 나중에 다른 노(路)로 확대했다.

"효행과 절의를 지키는 가문을 어찌 차마 이런 지경에 이르게 할 수 있단 말이오?"

그러고는 장계를 써서 부府에 상신上申하고 감사監司에게 상신해 화를 면할 수 있게 해 주었다. 아! 영락진이 오랑캐에게 함락당해[21] 요씨 일족이 오랑캐의 백성이 되어 그 존망을 알 수 없게 되었도다! 그래서 이를 갖추어 기록한다.

河中府河東縣永樂鎭, 唐永樂縣也, 本朝熙寧初, 廢爲鎭. 面大河, 背雷首・中條山, 形勢雄深. 安史之亂, 士人多避地於此. 有姚孝子莊. 孝子名栖筠, 唐貞元中爲農, 當戍邊, 栖筠之父語其兄曰: "兄嗣未立, 弟已有子, 請代兄行." 遂戰歿. 時栖筠方六歲, 其後母再嫁, 鞠於伯母. 伯母死, 栖筠葬之, 又招魂葬其父, 廬於墓側, 終身哀慕不衰. 縣令蘇轍以俸錢買地開阡陌, 刻石表之. 河東尹渾瑊上其事, 詔加優賜, 旌表其閭, 名其鄕曰孝悌社, 曰節義里, 曰欽愛. 栖筠生岳, 岳生君儒, 君儒生師正. 岳至師正仍世廬墓. 至本朝慶曆中, 再加旌表. 元祐中, 縣令王闢之以狀列於朝, 乞詔史官書之. 蓋自唐以來, 孝義之風不少變. 政和甲午, 余過其家, 長少列拜庭下, 以次升堂, 侍立應對有禮, 道其家世次第甚詳. 蓋自栖筠而下, 義居二十餘世矣. 余爲之低回歎息而去, 其村人爲余言: "姚氏世推尊長公平者主家, 子弟各任以事, 專以一人守墳墓, 雖度爲僧, 亦廬墓側. 早晚於堂上聚食, 男子婦人各行列以坐, 小兒席地, 共食於木槽. 飯罷, 卽鎖廚門, 無異爨者. 男女衣服各一架, 不分彼此. 有子弟新娶, 私市食以遺其妻, 妻不受, 納於尊長, 請杖之. 望其墓, 林木蔚然, 洒掃種

21 영락진이 오랑캐에게 함락당해: 신종 원풍(元豐) 5년(1082)에 영락성의 전투에서 송군(宋軍)이 서하군(西夏軍)에게 대패한 일을 말한다.

藝甚謹. 有田十頃, 僅給衣食. 稅賦不待催驅, 未嘗以訟至縣庭. 今三百餘年, 守其家法無異辭者. 經唐末五代之亂, 全家守墳不去. 熙寧間, 陝右歲歉, 擧族百口同往唐·鄧間就食, 比其返, 不失一人. 政和中, 取粟麥於民, 謂之均糴, 姚氏力不給, 擧家日夜號泣, 欲亡去." 余聞之惻然, 諭縣官曰: "孝義之門, 忍使至此?" 爲作狀申府, 申監司, 得免焉. 嗚呼! 永樂陷虜, 姚氏爲虜民, 不知其存亡矣! 因具書之.

17-5(183)

추밀樞密 장절章楶[22]이 나(소백온)에게 말해 주었다.

"내가 처음 관리가 되어 촉천蜀川으로 들어갈 때, 처자는 나귀를 타고 내가 직접 나귀를 몰았으며, 아직 어린 아들과 딸은 함께 나귀 한 마리에 태웠다. 그런데 근자에 처음 관리가 된 자는 거마와 종복 수십 명이 따르지 않으면 가지 못하니 개탄스럽다."

22 장절(章楶, 1027~1102): 자는 질부(質夫), 시호는 장간(莊簡)·장민(莊敏). 북송의 대신. 문음(門蔭)으로 벼슬길에 올라 맹주사호참군(孟州司戶參軍)을 지냈다. 영종 치평(治平) 4년(1067) 진사에 급제해 지현(知縣)·제창(提倉)·제형(提刑)·전운사(轉運使)를 역임했다. 철종 원우(元祐) 연간 초에 직용도각(直龍圖閣)으로 지경주(知慶州)가 되어, 환주성(環州城)에서 서하군(西夏軍)을 물리쳤다. 소성(紹聖) 4년(1097)에 지위주(知渭州)가 되어, 사로(四路)의 군대를 이끌고 호로하(胡蘆河)로 출정하고 평하성(平夏城)을 축조했으며, 환경(環慶)·부연(鄜延)·하동(河東)·희하(熙河)의 제로(諸路)에서 잇달아 변경을 확장하고 성을 쌓아 서하를 압박했다. 원부(元符) 원년(1098)에 평하를 포위 공격한 서하군을 격퇴하고 서하의 장수를 포로로 잡았다. 송나라와 서하가 화의(和義)를 맺자 추밀직학사(樞密直學士)로 발탁되었다. 휘종이 즉위한 후 동지추밀원사(同知樞密院事)에 임명되었고, 나중에 자정전학사(資政殿學士)·중태일궁사(中太一宮使)에 제수되었다.

선배들이 근검하고 스스로 뽐내며 과시하지 않음이 대개 이와 같았으므로 이를 기록한다.

樞密章公楶謂余曰: "某初官入川, 妻子乘驢, 某自控, 兒女尙幼, 共以一驢馱之. 近時初爲官者, 非車馬僕從數十不能行, 可歎也." 前輩勤儉, 不自侈大蓋如此, 因以錄之.

17-6(184)

기실紀實이 나(소백온)에게 말해 주었는데, 그가 일찍이 부친에게서 다음과 같은 이야기를 들었다고 한다.

기공冀公 왕흠약王欽若이 사상使相으로서 낙양윤洛陽尹이 되어 앞뒤로 거마를 거느리고 입성하자 선비와 백성들이 모여들어 구경했다. 당시 부한공富韓公(부필)은 막 거자擧子가 되었는데, 사인士人 위숙평魏叔平·단희원段希元·장씨張氏와 함께 상동문上東門 안 복선사福先寺의 삼문三門(대문)[23] 위에서 구경했다. 삼문이 높았지만 부한공은 체격이 장대했기에 세 사람이 부한공을 붙잡고 올라가서 행차의 깃발과 앞뒤 시종의 성대함을 구경했다. 부한공이 탄식하며 말했다.

23 삼문(三門): 불교에서 법공(法空)·열반(涅槃)으로 들어가는 3가지 해탈문(解脫門), 즉 공문(空門)·무상문(無相門)·무작문(無作門)을 말하는데, 사찰의 본당은 열반에 비유하고 삼문은 거기에 이르는 3단계의 해탈문에 비유한 말이다. 일반적으로 사찰의 대문이나 누문(樓門)을 가리키며, 산문(山門)이라고도 한다.

"왕공王公(왕흠약)도 거자 출신일 텐데!"

세 사람이 말했다.

"그대는 어째서 탄식하오? 우리들도 훗날 그렇게 되지 않으리란 것을 어찌 알겠소?"

나중에 부한공은 출장입상出將入相하고 삼공三公으로 벼슬을 마치고 집으로 돌아갔다가 80세에 죽었으며 문충文忠이라는 시호를 받았는데, 그의 명성과 지위는 왕기공王冀公(왕흠약)에 못지않았으며 공덕은 그보다 뛰어났다. 위숙평과 단희원은 부한공이 재상이 되었을 때 특주명特奏名[24]으로 관직에 임명되었지만, 장씨는 곤궁하게 늙어서 죽었다고 한다.

紀公實爲余言, 嘗聞其父言: 王冀公欽若以使相尹洛, 振車騎入城, 士民聚觀. 富韓公方爲舉子, 與士人魏叔平[1]·段希元·一張姓者同觀於上東門裏福先寺三門上. 門高, 富公魁偉, 三人者挽之以登, 見其旌節導從之盛. 富公歎曰: "王公亦舉子耶!" 三人者曰: "君何歎? 安知吾輩異日不爾也?" 後富公出入將相, 以三公就第, 年八十乃薨, 謚曰文忠, 其名位不在冀公之下, 而功德則過之. 魏叔平·段希元至富公爲宰相, 以特奏名命官, 張姓者窮老而死云.

[1] 위숙평(魏叔平): 본서 9-3(098)에도 본문과 비슷한 고사가 나오는데, 거기에는 "위승평(魏昇平)"이라 되어 있다. 이하도 마찬가지다. 아마도 같은 인물인 것으로 보인다.

24 특주명(特奏名): 송나라 과거제도의 특수한 규정. 해시(解試: 향시) 급제자 중에서 성시(省試)에 계속 낙방한 자들이 누적되어 사회 문제가 되자, 이들을 구제하기 위해 일정한 연령이 되면 성시를 면제시키고 하급관료로 임용했는데, 이를 '특주명'이라 하고 '정주명(正奏名)'과 구별했다.

17-7(185)

(신종) 희녕熙寧 연간(1068~1077)에 낙양洛陽에서 당옹黨翁이라는 노인이 약을 팔면서 날마다 수가水街의 남북을 왕래했는데, 걸음걸이가 아주 빨라서 젊은이도 따라가지 못했다. 노인이 스스로 말하길, 오대五代 (후당 폐제) 청태淸泰 연간(934~936)에 병사가 되었고, 일찍이 (후주) 시세종柴世宗(시영)을 섬겼는데, 이를 증명할 수 있는 퇴역 제적[25] 공문이 있다고 말했다. 노인은 각반과 두건을 착용하고 황삼黃衫을 입고 혁대를 띠었는데 당나라의 복장과 같았다. 아내는 있지만 자식은 없었는데, 그 일을 물었지만 대답하지 않았다. (신종) 원풍元豐 연간(1078~1085)에 이르러 그 소재를 알 수 없었다. 내(소백온)가 일찍이 직접 그를 만났는데 또한 이인異人이었다.

熙寧間, 洛陽有老人黨翁者賣藥, 日於水街南北往來, 行步甚快, 少年不及也. 自言五代淸泰年爲兵, 嘗事柴世宗, 有放停公帖可驗. 戴卷脚幞頭, 衣黃衫, 繫革帶, 猶唐裝也. 有妻無子, 問其事, 則不答. 至元豐中, 不知所在. 余嘗親見之, 亦異人也矣.

25 퇴역 제적: 원문은 "방정(放停)". 군역(軍役)을 마쳐 군적(軍籍)에서 삭제되는 것을 말한다.

17-8(186)

관중關中의 어떤 상인이 농산隴山에서 앵무새를 잡았는데 사람 말을 잘했다. 상인은 앵무새를 아꼈는데, 우연히 어떤 일로 담당 관리에게 넘겨져 하옥되었다가 열흘 만에 돌아와 한탄해 마지않자 앵무새가 말했다.

"주인 나리는 며칠 동안 감옥에 있는 것도 견디지 못하는데, 저는 몇 년 동안 새장에 갇혀 있으니 어떻겠습니까?"

상인은 그 말에 느낀 바가 있어 앵무새를 가지고 농산으로 가서 눈물을 흘리며 놓아주었다. 앵무새는 떠나간 후에 상인의 동료들이 농산을 지나갈 때마다 반드시 숲 사이에서 주인 나리가 무탈한지 묻고 안부를 전해 달라고 했다. 노주瀘州 남쪽의 장녕군長寧軍에 진길료秦吉了(구관조)[26]를 기르는 자가 있었는데 역시 사람 말을 잘했다. 오랑캐 추장이 50만 전으로 그 새를 사려고 하자, 그 사람이 새에게 말했다.

"가난이 고통스러워 장차 너를 팔려고 한다."

진길료가 말했다.

"나는 중국의 새이니 오랑캐 속으로 들어가고 싶지 않습니다."

그러고는 마침내 목을 꺾어 죽었다. 아! 선비 중에 군주를 배반하고 은혜를 망각하거나 이역을 달게 여기면서 죽을 수 없는 자는 진길료만도 못하기 때문에 이를 드러내 밝힌다.

26 진길료(秦吉了): 구관조. 사람 말을 잘 흉내 내는 새. 요가(了哥) · 길료(吉了)라고도 하는데, 진중(秦中)에서 나기 때문에 '진길료'라고 부른다.

有關中商, 得鸚鵡於隴山, 能人言. 商愛之, 偶以事下有司獄, 旬日歸, 輒歎恨不已, 鸚鵡曰: “郎在獄數日已不堪, 鸚鵡遭籠閉累年, 奈何?” 商感之, 攜往隴山, 泣涕放之. 去後, 每商之同輩過隴山, 鸚鵡必於林間問郎無恙, 託寄聲也. 瀘南之長寧軍有畜秦吉了者, 亦能人言. 有夷酋欲以錢伍拾萬買之, 其人告以: “苦貧將賣爾.” 秦吉了曰: “我漢禽, 不願入夷中.” 遂勁[1]而死. 嗚呼! 士有背主忘恩與甘心異域而不能死者, 曾秦吉了之不若也, 故表出之.

[1] 수경(遂勁): 원초본에는 “절경(絕頸)”이라 되어 있는데, 문맥상 보다 타당하다.

邵氏聞見錄 卷十八

18-1(187)

나(소백온)의 증조할머니 장 부인張夫人이 할머니 이 부인李夫人을 매우 엄하게 다스렸기에 이 부인은 견딜 수 없었다. 어느 날 저녁에 스스로 목숨을 끊으려고 했는데, 꿈에 신인神人이 나타나 그녀에게 옥 젓가락으로 국 한 그릇을 먹게 한 후에 말했다.

"스스로 목숨을 끊지 말지니, 틀림없이 훌륭한 아이를 낳을 것이다."

이 부인은 그 말을 믿었다. 나중에 이 부인이 병들어 수척해지자 의원이 이미 약을 투여했는데, 또 꿈에서 보았더니 침당寢堂 문의 좌우에 있는 모과나무 두 그루 중에서 왼쪽 것은 모두 이미 열매가 달렸지만 오른쪽 것은 이미 말라 죽어 있었다. 그래서 할아버지에게 말했더니 할아버지가 급히 그 약을 가져와 엎어 버리게 했다. 출산 기일이 되어 강절공康節公(소옹)을 낳으면서 죽은 태아 하나가 함께 나왔는데 여자였다. 10여 년 후에 이 부인이 병들어 당 위에 누워 있다가 보았더니, 달빛 속에서 한 여자가 뜰아래에서 절하고 울면서 말했다.

"어머니가 용렬한 의원을 살피지 못해 약으로 저를 독살시켰으니 한스럽습니다!"

이 부인이 말했다.

"운명이니라."

여자가 말했다.

"만약 운명이라면 어찌하여 오라비만 살았습니까?"

부인이 말했다.

"네가 죽고 오라비만 살아난 것이 바로 운명이니라."

여자는 눈물을 흘리며 떠나갔다. 또 10여 년 후에 이 부인이 보았더니, 그 여자가 다시 와서 울면서 말했다.

"한번 용렬한 의원에 의해 잘못되고 나서 20년이 지나서야 비로소 다시 태어날 수 있게 되었습니다. 어머니와의 인연이 깊기 때문에 작별하러 온 것입니다."

그 여자는 또 눈물을 흘리면서 떠나갔다. 그런즉 석씨釋氏(불교)의 윤회와 귀신의 설에 믿을 만한 것이 있음을 알겠다. 이는 강절공이 알면서도 말하지 않은 것인데, 친히 나에게 일러 주었다.

伯溫曾祖母張夫人御祖母李夫人嚴甚, 李夫人不能堪. 一夕, 欲自盡, 夢神人令以玉筯食羹一杯, 告曰: "無自盡, 當生佳兒." 夫人信之. 後夫人病瘦, 醫者旣投藥, 又夢寢堂門之左右木瓜二株, 左者俱已結, 右者已枯. 因爲大父言, 大父遽取藥令覆之. 及期, 生康節公, 同墮一死胎, 女也. 後十餘年, 夫人病臥堂上, 見月色中一女子拜庭下, 泣曰: "母不察庸醫, 以藥毒兒, 可恨!" 夫人曰: "命也." 女子曰: "若爲命, 何兄獨生?" 夫人曰: "汝死兄獨生, 乃命也." 女子涕泣而去. 又十餘年, 夫人再見女子來, 泣曰: "一爲庸醫所誤, 二十年方得受生. 與母緣重, 故相別." 又涕泣而去. 則知釋氏輪迴鬼神之說有可信者. 康節知而不言者也, 親謂伯溫云.

18-2(188)

이천장인伊川丈人(소고, 소백온의 할아버지)[1]과 이 부인李夫人(소백온의 할머니)이 함께 산길을 가다가 운무 속에서 커다란 검은 원숭이를 보고 감응이 있어 이 부인이 마침내 임신했다. 해산할 때 자오慈烏(까마귀)가 뜰에 가득해 사람들이 상서롭다고 여겼는데, 바로 강절공康節公(소옹)이 태어났다. 강절공은 처음 태어났을 때, 머리카락이 얼굴을 덮었고 치아가 있었으며 어머니를 부를 수 있었다. 7살 때 마당에서 놀다가 개미굴 속에서 환하게 밝은 또 다른 해를 보았는데, 그곳에서 구름이 왔다 갔다 했다. 한참 후에 이 부인에게 알렸더니 이 부인이 가 보았지만 아무것도 보이지 않았기에 말하지 말라고 단속했다. 장성하고 나서 유학하던 중에 밤에 진주晉州의 산길을 가다가 말이 갑자기 뛰는 바람에 깊은 계곡 속으로 떨어졌다. 종자가 나무를 부여잡고 내려가 강절공을 찾았는데, 다친 곳은 없고 오직 모자만 망가졌을 뿐이었다. (신종) 희녕熙寧 10년(1077)에 강절공은 67세였는데, 여름 6월에 가벼운 병을 앓던 중에 하루는 낮잠을 자다가 깨어나 말했다.

"내가 꿈을 꾸었는데, 깃발과 학과 기러기가 공중에서 내려오더니 나를 인도해 어지러이 솟은 산 속을 가서 한 역정驛亭에서 사마군실司馬君實(사마광)·여회숙呂晦叔(여공저) 등 여러 공들과 작별했으며, 고개를 돌려 역정의

---

1 이천장인(伊川丈人): 이천선생(伊川先生) 정이(程頤)가 아니라 본서의 찬자 소백온의 조부인 소고(邵古)를 말한다. 소고(986~1064)는 자가 천수(天叟)이고, 소옹(邵雍)의 부친이다. 탁주(涿州) 범양(范陽) 사람으로, 난을 피해 위주(衛州) 공성현(共城縣)으로 이주했다가 다시 낙양(洛陽)으로 옮겨 갔다. 학문을 좋아했으며 의리(義理)를 끝까지 추구했다. 특히 문자학(文字學)을 좋아해 고금의 성률(聲律)·운류(韻類) 등으로 문자를 해석해 『정성(正聲)』·『정자(正字)』·『정음(正音)』을 지었으며, 『주역해(周易解)』를 저술했다.

벽 사이를 보았더니 큰 글씨로 '천추만세千秋萬歲'라는 네 글자가 쓰여 있었다. 내 혼은 떠났으니 의원과 약으로 괴롭히지 마라!"

아! 기이하도다!

伊川丈人與李夫人因山行, 於雲霧間見大黑猿有感, 夫人遂孕. 臨蓐時, 慈烏滿庭, 人以爲瑞, 是生康節公. 公初生, 髮被面, 有齒, 能呼母. 七歲戱於庭, 從蟻穴中豁然別見天日, 雲氣往來. 久之以告夫人, 夫人至無所見, 禁勿言. 旣長, 游學, 夜行晉州山路, 馬突, 因墜深澗中. 從者攀緣下尋公, 無所傷, 唯壞一帽. 熙寧十年, 公年六十七矣, 夏六月, 屬微疾, 一日晝睡, 覺且言曰: "吾夢旌旗鶴鴈自空而下, 下導吾行亂山中, 與司馬君實·呂晦叔諸公相分別於一驛亭. 回視其壁間, 有大書四字曰'千秋萬歲'. 吾神往矣, 無以醫藥相逼也!" 嗚呼! 異哉!

18-3(189)

태학박사太學博士 강우姜愚[2]는 자가 자발子發이고 경사京師(개봉) 사람으로 강절康節(소옹) 선공先公보다 한 살 많았는데, 강절을 좇아 공부하면서 문생이라 칭했다. 선공은 45세가 되도록 아직 장가들지 않았었다. 노주潞州의 태학박사 장중빈張仲賓은 자가 목지穆之로 아직 과거에 급제하기 전에 역시

2 강우(姜愚, 1010~?): 자는 자발(子發). 북송의 관리. 소옹(邵雍)을 스승으로 섬겼으며, 진사에 급제했다. 그 밖의 행적은 본 고사에 자세히 나온다.

강절을 좇아 공부했다. 두 분이 함께 강절에게 아뢰었다.

"불효에 세 가지가 있는데 그중에서 후사가 없는 것이 가장 큽니다. 선생께서는 연세가 마흔이 넘었는데도 장가들지 않아 부모님이 늙도록 아들이 없으니, 아마도 고상하다고 여기기에는 부족한 듯합니다."

강절이 말했다.

"가난해서 장가들 수 없는 것이지 고상하고자 하는 것은 아니네."

강자발姜子發(강우)이 (장중빈에게) 말했다.

"나의 동료 학생 왕윤수王允修는 자못 선행을 좋아하며 아주 현숙한 누이동생이 있는데, 선생께 어울리기에 충분할 것 같소."

장목지張穆之(장중빈)가 말했다.

"선생께서 결혼하고자 하신다면, 내가 빙례聘禮(혼례)를 준비하고 자발과 왕윤수로 하여금 말씀드리도록 하겠소."

강절은 마침내 선부인先夫人(소백온의 돌아가신 어머니)을 아내로 맞이했다. 2년 뒤에 내(소백온)가 비로소 태어났다. 그래서 강절이 다음과 같은 시[3]를 지었다.

"나는 올해 행년 마흔다섯, 아들 낳아 비로소 아비가 되었네. 기르고 가르치는 것은 진실로 나에게 있지만, 오래 살고 일찍 죽는 것과 똑똑하고 어리석은 것은 너에게 달렸다. 내가 만약 일흔 살까지 산다면, 내 아들을 25년간 보겠지. 나는 네가 큰 현자가 되길 바라고 싶지만, 하늘의 뜻이 기꺼이 따라 줄는지는 모르겠다."

강자발은 본래 도성의 부자였고 호기롭게 남에게 베풀길 즐겨 했는데, 진사에 급제하고 나서 달마다 봉록의 절반으로 강절을 받들었다. (영종) 치

3 시: 제목은 「생남음(生男吟)」이다.

평治平 연간(1064~1067)에 수주壽州 육안현六安縣의 지현知縣이 되었는데, 눈병 때문에 분사分司[4] 소속으로 신향新鄕에 거주했다. 강자발이 죽자 강절은 그의 딸을 하남河南의 진사 기휘紀輝에게 시집보내고 자신의 딸처럼 여겼으며, 나는 그녀를 누나로 모셨다. (철종) 원부元符 3년(1100)에 기휘와 강자발의 딸이 모두 죽고 나서, 지금 두 아들은 우리 집에 의지해 난을 피해 촉蜀으로 들어갔으며, 나 또한 그들을 조카로 대했다. 왕관문王觀文(왕도) 낙도樂道는 아직 출세하지 못했을 때 강자발과 매우 가깝게 교유했다. 왕낙도王樂道(왕도)는 몹시 가난해 도성에서 소학小學을 가르치며 주현州縣의 서쪽에서 살았고 강자발은 주현의 동쪽에서 살아 서로 멀리 떨어져 있었다. 하루는 큰 눈이 내렸는데, 강자발은 왕낙도와 그의 모친이 춥고 굶주릴까 염려해 스스로 삽 한 자루를 메고 눈을 치우면서 갔다. 왕낙도의 집에 도착해서 문을 두드렸더니 한참 만에 응답이 있었다. 왕낙도는 모친과 함께 추위에 떨며 앉아 해가 이미 높이 떴는데도 아직 밥을 먹지 못하고 있었다. 강자발은 측은해하며 급히 나가서 술과 고기, 땔나무와 숯을 사 와 왕낙도의 모자와 함께 불을 쬐며 식사를 했다. 왕낙도는 강자발이 홑옷을 입고 있는 것을 알아차리고 물었는데, 솜옷을 저당 잡히고 돈을 마련해 음식을 사 온 것이었다. 강자발이 『논어論語』를 강설하면 사인들이 즐겨 들었는데, 한 번 강설에서 수십만 전을 벌어 그것으로 왕낙도에게 아내를 얻어 주었다. 왕낙도는 과거에 급제한 후 목주판관睦州判官에 임명되었다. 왕낙도의 처가 죽자 강자발은 또 범문정공范文正公(범중엄) 부인의 조카딸인 문양汶陽의 이씨李氏를 청해 후처로 삼게 해 주었으니, 그가 의리를 지킴이 이와 같았다. (신종) 희녕熙寧 연간(1068~1077) 초에 왕낙도는 한림시독학사翰林侍讀學士로서 서경

4 분사(分司): 당송시대에 중앙의 관원이 배도(陪都: 낙양)에서 직임을 맡는 것을 말한다.

유수西京留守가 되었지만, 강자발은 노년에 더욱 가난하고 게다가 실명까지 했는데, 신향에서 작은 수레를 몰고 왕낙도를 만나러 가면서 왕낙도가 자신을 불쌍히 여겨 줄 것이라고 생각했다. 그런데 왕낙도가 술 30병만 보내주고 말자 강자발은 몹시 슬퍼했다. 강절은 그를 천진교天津橋의 집에 묵게 하고 옷을 저당 잡혀 그의 노자를 마련해 신향으로 돌아가게 했는데, 얼마 되지 않아 그는 죽었다.

太學博士姜愚字子發, 京師人, 長康節先公一歲, 從康節學, 稱門生. 先公年四十五未娶. 潞州張仲賓太博字穆之未第, 亦從康節學. 二君同白康節曰: "不孝有三, 無後爲大. 先生年踰四十不娶, 親老無子, 恐未足以爲高." 康節曰: "貧不能娶, 非爲高也." 子發曰: "某同學生王允修頗樂善, 有妹甚賢, 似足以當先生." 穆之曰: "先生如[1]婚, 則某備聘, 令子發與王允修言之." 康節遂娶先夫人. 後二年, 伯溫始生. 故康節有詩云: "我今行年四十七[2], 生男方始爲人父. 鞠育教誨誠在我, 壽夭賢愚系於汝. 我若壽命七十歲, 眼見吾兒[3]二十五. 我欲願汝成大賢, 未知天意肯從否." 子發本京師富家, 氣豪樂施, 登進士第, 月分半俸奉康節. 治平間知壽州六安縣, 以目疾分司, 居新鄉. 子發死, 康節以其女嫁河南進士紀輝, 視之如己女, 伯溫以姊事之. 元符三年, 紀輝與姜女俱亡, 今二子依吾家避亂入蜀, 伯溫亦以子姪處之. 王觀文樂道未遇時, 與子發交遊甚善. 樂道苦貧, 教小學京師, 居州西, 子發居州東, 相去遠. 一日大雪, 子發念樂道與其母寒飢, 自荷一鍤, 剗雪以行. 至樂道之居, 扣門, 久之方應. 樂道同母凍坐, 日已過高, 未飯. 子發惻然, 亟出買酒肉薪炭, 往復同樂道母子附火飲食. 樂道覺子發衣單, 問之, 以綿衣質錢買飯食也. 子發說『論語』, 士人樂聽之, 爲一講會, 得錢數百千, 爲樂道娶妻. 樂道登第, 調睦州判官. 妻卒, 子發又爲求范文正公夫人姪汶陽李氏以繼, 其負義如此. 熙寧初,樂道以翰林侍讀學士爲西京留守, 子發老益貧, 且喪明, 自新鄕駕小車來見樂道, 意樂道哀之也. 樂道遺酒三十壺而已, 子發殊悵然. 康節館於天津之廬, 典衣贖其行, 歸新鄕, 未幾卒.

[1] 여(如): 제본(諸本)에는 “욕(欲)”이라 되어 있는데, 문맥상 보다 타당하다.

[2] 사십칠(四十七): 소옹(邵雍)의 『격양집(擊壤集)』에 수록된 「생남음(生男吟)」에는 “사십오(四十五)”라 되어 있는데, 다음 시구의 내용에 근거하면 타당해 보인다.

[3] 안견오아(眼見吾兒): 제본(諸本)과 『격양집』 「생남음」에는 모두 “안전견여(眼前見汝)”라 되어 있다.

18-4(190)

강절康節(소옹) 선공先公이 젊은 시절에 유학할 때, 돌아가신 할머니 이 부인李夫人이 선공을 그리워하다가 정신이 혼미해져 불경을 잘못 외는 지경에 이르렀다. 그래서 강절이 급히 집으로 돌아와 더 이상 외지로 나가지 않았다. 이 부인이 세상을 떠나자 강절은 상을 치르면서 몸을 망칠 정도로 슬퍼했으며, 몸소 스스로 밥을 지어 먹었다. 할아버지가 소문산蘇門山 아래에 집을 마련하자, 강절은 혼자 백원百源 위에 집을 지었다. 당시 전중승殿中丞 이지재李之才[5] 정지挺之는 동방의 큰 학자로 임시로 공성현령共城縣令을 맡고 있었는데, 강절을 한 번 보고 마음이 서로 통해 『대학大學』을 가르쳐 주었

5 이지재(李之才, 980~1045): 자는 정지(挺之). 북송의 관리이자 이학자. 역학(易學)에 정통했다. 일찍이 목수(穆修)에게서 『역경』을 배웠으며, 나중에 소옹(邵雍)의 스승이 되었다. 인종 천성(天聖) 8년(1030) 진사 출신으로, 위주(衛州) 획가현주부(獲嘉縣主簿)를 지냈다. 잠시 지공성현(知共城縣)을 대리한 후 맹주사법참군(孟州司法參軍)과 택주첨서판관(澤州簽署判官)을 거쳐 전중승(殿中丞)에 임명되었다. 모친상을 당해 사직하고 상기를 마친 후 회주(懷州)의 관사에서 갑자기 죽었다.

다. 강절은 더욱 스스로 각고의 노력을 해 3년 동안 침상을 놓지 않고 주야로 단정히 앉아 사고했다. 『주역周易』 한 부를 써서 방 벽 사이에 붙여 놓고 하루에 수십 번씩 외웠다. 분주汾州의 임 선생任先生이 역학易學에 조예가 깊다는 소식을 듣고 그를 찾아가 질문했다. 이정지李挺之(이지재)가 하양사호조河陽司戶曹가 되어 떠나자 강절도 그를 따라가 주학州學에 기거했는데, 몹시 가난했기에 음식으로 기름을 바꿔 와 등불을 켜고 책을 읽었다. 하루는 어떤 장교가 도성에서 임무를 교대하러 나왔다가 강절을 보고 말했다.

"그 누가 수재秀才처럼 고생하며 공부하겠소?"

그러면서 종이 100폭과 붓 10자루를 드리자 강절이 감사를 표한 후에 받았다. 강절은 매번 이 말을 선부인先夫人(소백온의 어머니)에게 해 주며 말했다.

"내가 젊었을 때 이처럼 몹시 고생했으니, 반드시 자손들에게 이를 말해 주시오."

강절이 또 일찍이 나(소백온)에게 말했다.

"내가 젊은 시절에 걸어서 유학해 학문에 세운 바가 있게 되기까지 정말 어려웠다!"

정백순程伯淳(정호)과 정정숙程正叔(정이)은 비록 명사이지만 본래 존귀한 집안 출신이라 그 성취가 쉬웠을 것이다. 이에 울면서 이를 기록해 자손들에게 보인다.

康節先公少日遊學, 先祖母李夫人思之恍惚, 至倒誦佛書. 康節亟歸, 不復出. 夫人捐館, 康節持喪毀甚, 躬自爨以養. 祖父置家蘇門山下, 康節獨築室於百源之上. 時李成之子挺之[1], 東方大儒也, 權共城縣令, 一見康節心相契, 授以『大學』. 康節益自克勵, 三年不設榻, 晝夜危坐以思. 寫『周易』一部, 貼屋壁間, 日誦數十遍. 聞汾州任先生者有『易』學, 又往質之. 挺之去爲河陽司戶曹, 康節亦從之, 寓州學, 貧甚, 以飮食易油貯燈讀書. 一日有將校自京師出代者, 見康節曰: "誰苦學如秀才者?" 以紙百幅·筆十枝爲獻, 康節辭而後受. 每擧此語先夫人曰: "吾少日艱難如此, 當爲子孫言之." 康節又嘗謂伯溫曰: "吾早歲徒步遊學至有所立, 艱哉!" 程伯淳·正叔雖爲名士, 本出貴家, 其成就易矣. 因泣書之以示子孫.

[1] 이성지자정지(李成之子挺之): 명초본에는 "이전승지재자정지(李殿丞之才字挺之)"라 되어 있는데, 문맥상 보다 타당하다. 『송사』 권431 「이지재전(李之才傳)」에 따르면, 이지재는 자가 정지(挺之)이고 일찍이 전중승(殿中丞)을 지냈다.

18-5(191)

강절康節(소옹) 선공先公이 (인종) 경력慶曆 연간(1041~1048)에 낙양洛陽에 들러 이수伊水 북쪽 탕씨湯氏의 집에 묵었는데, 그 산수와 풍속의 훌륭함을 좋아해 비로소 이곳에 집을 짓고자 하는 마음이 들었다. 황우皇祐 원년(1049)에 이르러 위주衛州 공성현共城縣에서 할아버지 이천장인伊川丈人(소고)을 모시고 이곳으로 거처를 옮겼다. 문생인 회주懷州 무척지현武陟知縣 후소증侯紹曾[6] 효걸孝傑이 이주를 도왔다. 처음에는 천궁사天宮寺 삼학원三學院에 임시로 거주했다. 간의諫議 유원유劉元瑜[7] 군옥君玉, 간의 여헌가呂獻可(여회) 정

6 후소증(侯紹曾): 자는 효걸(孝傑). 북송의 관리. 일찍이 지무척현(知武陟縣)을 지냈으며 전중승(殿中丞)에까지 이르렀다. 소옹(邵雍)·매요신(梅堯臣) 등과 가까이 교유했다. 소옹이 낙양으로 거처를 옮길 때 여회(呂誨)·왕익유(王益柔) 등 20여 명이 함께 저택을 사서 소옹이 안주할 수 있게 했다.

7 유원유(劉元瑜): 자는 군옥(君玉). 북송의 관리. 진사 출신으로, 경서하동전운사(京西河東轉運使)·우사간(右司諫)·좌간의대부(左諫議大夫)·지청주(知靑州) 등을 역임했다. 의심

거靜居, 소경少卿 장사석張師錫[8]과 그의 아들인 직방군職方君 장경백張景伯, 장원狀元 장사덕張師德[9]의 아들인 간의군諫議君 장경헌張景憲, 간의 왕익유王益柔 승지勝之와 그의 아들인 중산中散 형제(왕신언王愼言·왕신행王愼行·왕신술王愼術), 장악張諤 사유師柔와 그의 자손, 남국南國 대승大丞 장사웅張師雄과 그의 자제, 유용도劉龍圖(유엽)[10]의 아들인 비서감秘書監 유궤劉几 백수伯壽와 수찬修撰 유침劉忱[11] 명복明復, 시강侍講 이식李寔[12] 경진景眞, 소경 오집중吳執中, 학사學士 왕기王起 중유仲儒, 시강 이육李育[13] 중상仲象과 그의 아들인 이유李籲[14] 단백端伯, 낭중郎中 요석姚奭[15] 주보周輔가 가장 친밀히 교유했으며 간혹 문생

나는 옥사를 잘 판결해 사람들이 그의 현명함에 탄복했다.

8 장사석(張師錫): 북송의 관리. 공부시랑 장거화(張去華)의 아들이다. 인종 때 벼슬이 전중승(殿中丞)에까지 이르렀다. 화죽(花竹)과 금조(禽鳥)를 그리는 데 뛰어났다.

9 장사덕(張師德, 978~1026): 자는 상현(尙賢). 북송의 관리. 장거화(張去華)의 아들이다. 진종 대중상부(大中祥符) 4년(1011) 진사 장원급제 출신으로, 장작감승(將作監丞)·우정언(右正言)·지제고(知制誥)를 지냈으며, 인종 천성(天聖) 4년(1026)에 좌간의대부(左諫議大夫)로 벼슬을 마쳤다.

10 유용도(劉龍圖): 유엽(劉燁, 968~1029). 자는 요경(耀卿). 북송의 관리로 유온수(劉溫叟)의 아들이다. 진종 함평(咸平) 원년(998) 진사 출신으로, 지용문현(知龍門縣)·우정언(右正言)·형부낭중(刑部郎中)·용도각직학사(龍圖閣直學士)·지하남부(知河南府)·지하중부(知河中府) 등을 역임했다.

11 유침(劉忱): 자는 명복(明復). 북송의 관리. 신종 때 지등주(知鄧州)를 지냈고, 직용도각(直龍圖閣)에까지 이르렀다. 산수화에 뛰어났다.

12 이식(李寔): 자는 공실(公實) 또는 경진(景眞). 북송의 관리. 인종 경력(慶曆) 연간에 태상박사(太常博士)를 지냈고, 가우(嘉祐) 6년(1061)에 비서성교서랑(秘書省校書郎)·섬주주부(陝州主簿)를 역임했다.

13 이육(李育, 1020~1069): 자는 중몽(仲蒙) 또는 중상(仲象). 북송의 관리. 인종 황우(皇祐) 원년(1049) 진사 출신이다. 성품이 고결하고 시를 잘 지었다.

14 이유(李籲): 자는 단백(端伯). 북송의 관리. 이정(二程)의 학설을 존숭하고 제창했다. 진사 출신으로 철종 원우(元祐) 연간에 비서성교서랑(秘書省校書郎)을 지냈다. 일찍이 이정의 말씀을 기록해 『사설(師說)』을 편찬했는데, 주희(朱熹)가 그 책을 좋아했다. 이정보다 먼저 죽었다.

15 요석(姚奭, 1015~1072): 자는 주보(周輔). 북송의 관리. 인종 경력(慶曆) 2년(1042) 진사 출신으로, 간주군사추관(簡州軍事推官)·대명부추관(大名府推官) 등을 역임했다. 소옹(邵雍)

이라 칭하기도 했다. 낙양 사람이 이도방履道坊 서쪽의 천경관天慶觀 동쪽에서 택지를 사 주었고, 조간의趙諫議(조급)가 여주汝州 섭현葉縣에서 전지를 빌려주었으며, 나중에 왕불의王不疑(왕신언)와 주향周鄉이 또 하남河南의 연추촌延秋村에서 전지를 사 주었다. 강절은 다시 섭현의 전지로 돌아갔다. 가우嘉祐 7년(1062)에 왕선휘王宣徽(왕공진)가 낙양윤洛陽尹으로 있을 때, 천궁사天宮寺 서쪽의 천진교天津橋 남쪽에 있는 오대五代 절도사節度使 안심기安審琦[16] 저택의 옛터에다 곽숭도郭崇韜[17] 폐가의 남은 목재로 30칸짜리 집을 짓고 강절에게 그곳으로 거처를 옮기길 청했다. 부한공富韓公(부필)이 문객 맹약孟約에게 명해 그 맞은편 집의 동산 하나를 샀는데, 모두 아름다운 수죽水竹과 화목花木이 있었다. (신종) 희녕熙寧 연간(1068~1077) 초에 관전官田을 매매하는 법을 시행했는데, 천진교의 거처도 관지官地였다. 석 달 동안 방을 붙였지만 사람들이 차마 그 저택을 사지 못했다. 여러 공들이 말했다.

"만약 선생의 저택에 다른 사람이 거주하게 된다면 우리들의 부끄러움이 될 것입니다."

그래서 사마온공司馬溫公(사마광) 이하로 돈을 모아 그 저택을 샀다. 강절

이 그의 묘지명을 지었다.

16 안심기(安審琦, 897~959): 자는 국서(國瑞). 오대십국 시기의 명장으로, 후당(後唐) 진무군절도사(振武軍節度使) 안금전(安金全)의 아들이다. 후당 때는 순화군절도사(順化軍節度使), 후진(後晉) 때는 경조윤(京兆尹)과 여러 진(鎭)의 절도사를 역임했다. 후한(後漢) 때는 양주절도사(襄州節度使)에 임명되고 제국공(齊國公)에 봉해졌다. 후주(後周) 때는 남양왕(南陽王)과 진왕(陳王)에 봉해졌으며, 양주(襄州)와 면주(沔州)를 10여 년간 진수했다. 나중에 부하에게 살해당했다.

17 곽숭도(郭崇韜, 865?~926): 자는 안시(安時). 오대십국 시기의 대신이자 명장. 사람됨이 명민하고 재간이 있었다. 일찍이 이존욱(李存勗)을 섬겨 중문부사(中門副使)가 되었으며, 이존욱이 후당(後唐)을 건국한 후 추밀사(樞密使)에까지 올랐다. 후량(後梁)을 멸하는 데 큰 공을 세워 시중(侍中)·성덕군절도사(成德軍節度使)에 제수되고 월국공(越國公)에 봉해졌으며 재상의 지위를 겸했다. 나중에 환관의 모함으로 살해당했다.

선생이 왕선휘에게 감사하는 시[18]를 지었다.

"가우嘉祐 임인년壬寅年(1062), 새로운 보금자리 비로소 완공되었네. 정확히 도덕리道德里의 중간에 있고, 더욱 제왕의 궁궐에 가깝네. 울타리는 높다란 단문端門(궁궐 정문)을 우러르고, 처마는 웅장한 양관兩觀(궁문 앞 양쪽 누관)을 맞이하네. 창문 틈으로 전수瀍水와 간수澗水 소리 울려오고, 누대 멀리 이수伊水와 숭산嵩山이 깨끗하네. 좋은 경치는 더욱 얻기 어려운데, 창성한 때는 어찌 쉬이 만날까? 천하를 구제할 재주는 없지만, 풍년을 즐기는 연분은 있다네. 한복판엔 수죽水竹이요, 연못 속엔 앵무새와 꽃이라네. 노래老萊(노래자)[19]의 기쁨은 멈추지 않는데, 정절靖節(도연명)[20]의 탄식은 언제 끝나려나? 나는 참된 벗과 함께 자유롭게 소요하지만, 부공府公(낙양윤)은 건축의 짐 짊어졌네. 정성스러운 마음만 스스로 써 보지만, 두터운 은혜에 보답할 길이 없네."

나중에 또 사마온공을 비롯한 여러 공들에게 감사하는 시[21]를 지었다.

"제공들이 동산을 사 준 것에 거듭 감사하니, 낙양성 안에 은거할 땅을 점쳤네. 7천여 보步의 평온히 흐르는 강물, 20여 명이 다투어 돈을 냈네. 가우 연간에 거처 정해 마침내 옮겨 왔고, 희녕 연간에 문서 받아 드디어 맘대로 할 수 있게 되었네. 봉황루鳳凰樓 아래의 새로운 한객閑客, 도덕방道德坊

18 시: 제목은 「천진신거성(天津新居成), 사부윤왕군황상서(謝府尹王君貺尚書)」다.

19 노래(老萊): 노래자(老萊子). 춘추시대 말 초(楚)나라의 은자. 몽산(蒙山)의 남쪽에서 직접 농사를 지었다. 효성이 지극해서 70세에 아이처럼 색동옷을 입고 부모님을 즐겁게 했다고 한다. 초왕이 불러 벼슬을 내렸지만 나아가지 않고 아내를 데리고 강남으로 가서 숨어 지냈다.

20 정절(靖節): 도연명(陶淵明, 365~427). 본명은 잠(潛), 자는 원량(元亮), 호는 오류선생(五柳先生), 사시(私諡)는 정절. 동진(東晉)·유송(劉宋) 때의 관리이자 시인. 일찍이 팽택현령(彭澤縣令)을 지냈으나 나중에 사직하고 고향으로 돌아와 은거했다.

21 시: 제목은 「천진폐거(天津弊居), 몽제공공위성매(蒙諸公共爲成買), 작시이사(作詩以謝)」다.

안의 오래된 산선散仙.[22] 낙수洛水 가의 맑은 바람이 아침에 소매에 가득하고, 숭산의 밝은 달이 밤에 처마에 가득 차네. 마름 연꽃 물가에서 접리接䍦[23] 거꾸로 쓰고, 수양버들 가에서 담주談麈[24] 가볍게 흔드네. 동타가銅駝街[25]로 뚫린 길엔 꽃이 흐드러지고, 금곡원金谷園[26]으로 이어진 제방엔 초목이 우거졌네. 푸른 봄풀은 시들지 않고 아직도 돋아 나오고, 붉은 태양이 높이 떠오르도록 늦잠을 자네. 장생동長生洞에 응당 주인 있으니, 안락와安樂窩[27]에 어찌 주인 없겠는가? 감히 세상에서 밝게 눈을 뜨면, 인간에서도 따로 하늘을 볼 수 있다네. 세월을 모두 술잔에 돌려보내고, 대자연의 이치를 모두 시편에 옮겨 담았네. 역시 알겠나니 이 좋은 전지 때문에, 요부堯夫(소옹)의 붓이 서까래처럼 튼튼해지겠네."

지금 택지의 문서는 사마온공의 명의이고, 동산의 문서는 부한공의 명의이며, 별장의 문서는 왕낭중王郎中(왕조)의 명의인데, 강절은 처음부터 바꾸지 않았다. 강절이 말했다.

"가난한 집에서 일찍이 남에게 구한 적은 없지만, 남이 선물을 보내 주면 비록 적은 것이라 하더라도 반드시 받았다."

또 일찍이 나(소백온)에게 말했다.

---

22 산선(散仙): 선직(仙職)을 제수받지 못한 신선. 호탕해 구속됨이 없으며 한가하고 자유로운 사람을 비유한다.

23 접리(接䍦): 백로의 깃털로 장식한 남자용 두건의 일종.

24 담주(談麈): 스님이나 청담가가 담론할 때 손에 들고 흔들던 주미(麈尾: 고라니의 꼬리털로 만든 둥근 모양의 총채).

25 동타가(銅駝街): 옛 낙양성에 있었던 번화한 거리. 길 양옆에 한나라 때 구리로 주조한 낙타 두 마리가 있었기 때문에 붙여진 명칭이다.

26 금곡원(金谷園): 진(晉)나라 때 부호 석숭(石崇)이 금곡간(金谷澗)에 조성한 원림. 지금의 허난성[河南省] 뤄양시[洛陽市] 서북쪽에 있다.

27 안락와(安樂窩): 소옹(邵雍)이 지내던 낙양의 새로운 집의 당호(堂號). 소옹의 시 「요부하소유(堯夫何所有)」에 "하주장생동(夏住長生洞), 동거안락와(冬居安樂窩)"라는 구절이 있다.

"명예와 이득은 함께 가질 수 없다. 나는 본래 명예를 추구했는데, 이미 세상의 인정을 받았으니 이득이 무슨 소용 있겠느냐? 그래서 가난을 달게 여기며 도를 즐기니 평생 부족한 마음이 없다."

아! 낙양 풍속의 후덕함과 인물의 성대함을 지금은 볼 수 없도다! 노년을 거듭 생각하면 마음 아프니, 이를 상세히 적어서 자손들에게 보인다.

康節先公慶曆間過洛, 館於水北湯氏, 愛其山水風俗之美, 始有卜築之意. 至皇祐元年, 自衞州共城奉大父伊川丈人遷居焉. 門生懷州武陟知縣侯紹曾字孝傑助其行. 初寓天宮寺三學院. 劉諫議元瑜字君玉・呂諫議獻可靜居・張少卿師錫及其子職方君景伯・狀元師德之子諫議君景憲・王諫議益柔字勝之・子中散兄弟[1]・諤字師柔及其子孫・南國[2]張大丞師雄及諸子・劉龍圖之子秘監几字伯壽・修撰忱字明復・侍講李寔字景眞・吳少卿執中・王學士起字仲儒・李侍講育字仲象・子籲字端伯・姚郎中奭字周輔, 交遊最密, 或稱門生. 洛人爲買宅於履道坊西天慶觀東, 趙諫議借田於汝州葉縣, 後王不疑・周鄉又[3]買田於河南延秋村. 康節復還葉縣之田. 嘉祐七年, 王宣徽尹洛, 就天宮寺西天津橋南五代節度使安審琦宅故基, 以郭崇韜廢宅餘材爲屋三十間, 請康節遷居之. 富韓公命其客孟約買對宅一園, 皆有水竹花木之勝. 熙寧初, 行買[4]官田之法, 天津之居亦官地. 牓三月, 人不忍買. 諸公曰: "使先生之宅他人居之, 吾輩蒙恥矣." 司馬溫公而下, 集錢買之. 康節先生以詩謝王宣徽曰: "嘉祐壬寅歲, 新巢始孱功. 正分道德里, 更近帝王宮. 檻仰端門峻, 軒迎兩觀雄. 窗虛響瀍・澗, 臺逈粲伊・嵩. 好景尤難得, 昌辰豈易逢? 無才濟天下, 有分樂年豐. 水竹腹心裏, 鶯花淵藪中. 老萊歡不已, 靖節歎何窮? 嘯傲陪眞侶, 經營荷府公. 丹誠徒自寫, 匪報厚恩隆." 後以詩謝溫公諸公曰: "重謝諸公爲買園, 洛陽城裏占林泉. 七千來步平流水, 二十餘家爭出錢. 嘉祐卜居終是僦,熙寧受券遂能專. 鳳凰樓下新閑客, 道德坊中舊散仙. 洛浦清風朝滿袖, 嵩岑皓月夜盈軒. 接䍦倒戴芰荷畔, 談麈輕搖楊柳邊. 陌徹銅駝花爛熳, 堤連金谷草芊綿. 青春未老尙可出, 紅日已高猶自眠. 洞號長生宜有主, 窩名安樂豈無權? 敢於世上明開眼, 會向人間別看天. 盡送光陰歸酒盞, 都移造化入詩篇. 也知此片好田地, 消得堯夫筆似椽." 今宅契司馬溫公戶名, 園契富韓公戶名, 莊契王郎中戶名, 康節初不改也. 康節蓋曰: "貧家未嘗求於人, 人饋之, 雖少必受." 嘗謂伯溫曰: "名利不可兼也. 吾本不[5]求名, 旣爲世所知矣, 何用利哉? 故甘貧樂道, 平生無不足之意." 嗟夫! 洛陽風俗之厚, 人物之盛, 此不可見矣! 重念老境可傷, 因詳書之以示子孫云.

[1] 형제(兄弟): 명초본에는 이 뒤에 "신언불의(愼言不疑) · 신행무회(愼行無悔) · 신술자중(愼術子重) · 유대부사단자현(劉大夫師旦子絢) · 장(張)" 20자가 있다.
[2] 국(國): 명초본에는 "원(園)"이라 되어 있다.
[3] 주향우(周鄕又): 제본(諸本)에는 "동향인(同鄕人)"이라 되어 있다.
[4] 매(買): 명초본에는 "매(賣)"라 되어 있다.
[5] 불(不): 제본에는 이 자가 없는데, 문맥상 타당하다.

18-6(192)

강절康節(소옹) 선공先公은 본조의 다섯 가지 일을 당우唐虞(요순) 이래로 있어 본 적이 없는 것이라고 여겼다. 첫째, 혁명의 날에 시장에서 가게를 바꾸지 않았다.[28] 둘째, 천하 정복이 즉위한 후에 이루어졌다.[29] 셋째, 한 명의

28 혁명의 날에 시장에서 가게를 바꾸지 않았다: 송나라가 오대의 후주(後周)를 멸하고 새로운 왕조를 개창하는 날에도 시장의 동요가 전혀 없었다는 뜻이다.
29 천하 정복이 즉위한 후에 이루어졌다: 송나라가 오대십국을 완전히 멸하고 천하를 통일한

죄 없는 사람도 죽이지 않았다. 넷째, 100년 동안 조정이 4번만 바뀌었다.[30] 다섯째, 100년 동안 측근 심복의 환난이 없었다. 그래서 강절의 「관성화시觀盛化詩」에서 말했다.

"어지러운 오대五代의 난리 중, 하루아침에 구름 걷히고 다시 하늘 보았네. 백 년의 초목에 새로운 우로雨露요, 만 리의 문물제도[31]에 옛 산천이라네. 평범한 거리에 높은 벼슬아치[32] 거닐고, 다음으로 원정園亭에도 음악 소리 들리네. 사람은 태평시대에 늙어 가지만 봄은 아직 시들지 않았으니, 꾀꼬리와 봄꽃도 해가 높이 뜨도록 늦잠 자는 걸 방해하지 않는다네."

또 (같은 시에서) 말했다.

"우리들이 졸렬함을 지키며 편히 지내는 건[33] 성명한 시대 덕분이니, 행운이 얼마나 많은지 어찌 모르겠는가? 천하의 영재 중에서 자취를 감춘 자도, 인간 세상의 좋은 광경 보고 눈살을 펴네. 태어난 후로 풍년만 익숙히 보았고, 늙어 가면서 난리를 겪은 적이 없네. 차례로 전대에서 이룬 다섯 가지 일은, 요임금 이래로 정말로 없었다네."

내(소백온)가 "난리를 겪은 적이 없다"라는 표현이 너무 지나치다고 삼가 의심하자 선공이 말했다.

것이 제2대 황제인 태종 태평흥국(太平興國) 4년(979)에 이루어졌음을 말한다.

30 100년 동안 조정이 4번만 바뀌었다: 송나라가 건국된 이후로 100년 동안(960~1060) 태조·태종·진종·인종의 4대(代) 황제만 바뀌었다는 뜻이다.

31 문물제도: 원문은 "거서(車書)". 『예기(禮記)』 「중용(中庸)」에 "금천하거동궤(今天下車同軌), 서동문(書同文)"이라는 구절이 있는데, "지금 천하의 수레의 궤적이 같고 문서의 문자가 같다"라는 뜻으로, 천하가 통일되어 같은 문물제도를 사용한다는 말이다. 나중에 "거서"는 통일된 국가의 문물제도를 가리키는 말로 쓰인다.

32 높은 벼슬아치: 원문은 "잠불(簪紱)". 벼슬아치가 착용하는 관잠(冠簪)과 인끈. 높은 벼슬아치를 비유한다.

33 졸렬함을 지키며 편히 지내는 건: 원문은 "양졸(養拙)". 졸렬한 재주를 지니고도 한가로이 지낸다는 뜻으로, 보통 은거해 벼슬하지 않는 자의 겸칭(謙稱)으로 쓰인다.

"나는 늙어서 곧 죽겠지만 너희들은 살아가면서 저절로 알게 될 것이다."

길이 추념하나니, 선공은 본조의 태평성대를 만나 은거하면서 절조를 추구하고 조정의 초빙을 사절하고 뜻을 굽히지 않은 채 그 마음을 표현해 시편에 담아낸 것이 매번 이와 같았다.

康節先公謂本朝五事, 自唐虞而下所未有者: 一, 革命之日, 市不易肆. 二, 克服天下在卽位後. 三, 未嘗殺一無罪. 四, 百年方四葉. 五, 百年無心腹患. 故「觀盛化詩」曰: "紛紛五代亂離間, 一旦雲開復見天. 草木百年新雨露, 車書萬里舊山川. 尋常巷陌猶簪紱, 取次園亭亦管絃. 人老太平春未老, 鶯花無害日高眠." 又曰: "吾曹養拙賴明時, 爲幸居多寧不知? 天下英才中遁跡, 人間好景處開眉. 生來只慣見豐稔, 老去未嘗經亂離. 五事歷將前代舉, 帝堯而下固無之." 伯溫竊疑"未嘗經亂離"爲太甚, 先公曰: "吾老且死, 汝輩行自知之." 永念先公當本朝太平盛時, 隱居求志, 謝聘不屈, 其發爲詩章每如此.

18-7(193)

강절康節(소옹) 선공先公과 부문충공富文忠公(부필)은 일찍부터 서로 아는 사이였다. 부문충공이 처음 재상이 되었을 때, 문하생 전비田棐[34] 대경大卿에게 말했다.

34 전비(田棐): 자는 대경(大卿). 북송의 관리. 인종 때 지제주(知濟州)를 지냈고, 신종 때 회남제형(淮南提刑)을 지냈다.

"내 대신 소요부邵堯夫(소옹)에게 물어보아, 선생이 벼슬길에 나올 수 있다면 마땅히 관직으로 기용할 것이고, 그렇지 않다면 즉시 선생을 처사處士로 명해 은거의 뜻을 이루게 하겠다."

전대경田大卿(전비)이 강절에게 말했더니, 강절은 대답하지 않고 시 2수[35]를 지어 감사하며 말했다.

"벼슬하라 불러 주니 버리지 않음에 거듭 감사하지만, 장차 가슴속에 펼칠 바가 있네. 만약 나아간다면 어찌 관리로서의 책임을 막을 수 있겠는가? 이미 한가로이 거하고 있으니 어찌 다시 명성을 위하겠는가? 원컨대 소부巢父·허유許由[36]와 함께 외신外臣[37]이라 칭하며, 기꺼이 당우唐虞(요순)의 백성[38]으로 늙고 싶네. 눈에 가득 맑고 어진 인재가 조정의 반열에 있으니, 이 병든 사람은 나라의 안위에 매일 게 없네."

또 한 수는 다음과 같다.

"죽는 날까지 한가로이 늙어 갈 방도를 이루고자 하나, 하늘의 뜻이 과연 어떠할지 알지 못하겠네. 몇 번이나 높은 벼슬[39]을 해야 몸이 존귀해지려나? 이 운산雲山[40]을 얻고 나니 둘러볼 게 많네. 좋은 경치에 감흥을 노래하지 않은 적이 없는데, 장대한 마음은 모두 이미 닳아 없어졌네. 봉새와 큰

35 시 2수: 제목은 「사부승상초출사이수(謝富丞相招出仕二首)」다.

36 소부(巢父)·허유(許由): 둘 다 상고시대 요(堯)임금 때의 고사(高士)다. '소부'는 산속에 은거하면서 나무에 둥지를 틀고 살았기 때문에 '소부'라고 불렸다. 요임금이 천하를 그에게 양보했지만 거절하고 돌아가 밭을 갈며 살았다고 한다. '허유'는 요임금이 불러 천하를 물려주겠다고 하자, 더러운 말을 들었다고 냇가로 가서 귀를 씻었다고 한다.

37 외신(外臣): 방외(方外)의 신하라는 뜻으로, 은거하며 벼슬하지 않는 자를 가리킨다.

38 백성: 원문은 "비옥(比屋)". 집들이 즐비하게 많다는 뜻으로, 흔히 일반백성을 가리키는 말로 쓰인다.

39 높은 벼슬: 원문은 "헌면(軒冕)". 고관이 타는 가벼운 수레와 면류관. 고관대작을 비유한다.

40 운산(雲山): 구름 낀 높은 산. 속세에서 멀리 떨어진 은자의 거처를 말한다.

기러기에겐 본디 강호의 즐거움이 있으니, 구구하게 그물을 쳐서 무슨 소용 있겠는가?"

부문충공은 끝까지 강절을 잊지 않았는데, 명당明堂[41]에서 협제祫祭[42]를 지낼 때 천하에 조서를 내려 초야에 묻혀 있는 인재를 등용하겠다고 하자, 부문충공은 하남부河南府에서 틀림없이 강절을 조서에 응하게 하리라고 생각했다. 당시 문노공文潞公(문언박)이 낙양윤洛陽尹으로 있었는데, 양부兩府(중서성과 추밀원)에서 예를 갖춰 강절을 불러 접견했지만 강절이 뜻을 굽히지 않자, 결국 복건福建의 황경黃景을 조서에 응하게 했다. 황경은 자가 자몽子蒙으로 또한 강절을 좇아 교유했으며 이한단공李邯鄲公(이숙)의 문객이었는데, 이한단공의 아들 이수붕李壽朋[43]이 그를 문노공에게 추천했다. 당시 천하에서 조서에 응한 사람 28명이 함께 정사당政事堂에서 재상을 만났다. 하남부 차례가 되어 황경이 민어閩語(복건어)로 스스로 통성명하자 부문충공이 좋아하지 않았다. 각각 책론策論 1편씩을 시험해 시함지현試銜知縣[44]으로 임관시켰다. 부문충공이 천하에 아직도 숨은 인재가 있다고 상주하며 이들을 다시 등용하길 청하자, 조서를 내려 이를 따르도록 했다. 그래서 상서尙書 왕공진王拱辰이 낙양윤으로 있을 때 강절을 조서에 응하도록 했으며, 영

41 명당(明堂): 제왕이 정교(政敎)를 시행하던 곳으로, 조회 · 제사 · 경상(慶賞) · 선사(選士) · 양로(養老) · 교학(敎學) 등의 대전(大典)을 모두 이곳에서 거행했다.

42 협제(祫祭): 천자나 제후의 종묘제례 가운데 하나로, 여러 선조의 신주(神主)를 태조묘(太祖廟)에 모셔서 함께 지내던 제사를 말한다.

43 이수붕(李壽朋, ?~1071): 자는 연로(延老) 또는 정로(廷老). 북송의 관리로, 이숙(李淑)의 아들이다. 인종 강정(康定) 2년(1041) 진사 출신으로, 판이부남조(判吏部南曹) · 군목판관(群牧判官)을 지냈다. 매요신(梅堯臣) · 한유(韓維) · 유창(劉敞) · 강휴복(江休復) 등과 교유했다. 사마광(司馬光)이 그의 재주를 추천해 동수기거주(同修起居住) · 염철부사(鹽鐵副使)를 역임했다.

44 시함지현(試銜知縣): '시함'은 조정에서 관리에게 허함(虛銜: 이름뿐인 직함)만 수여하고 정식으로 직분을 내려 임명하지 않는 것을 말한다. '지현'은 현령(縣令)이다.

천穎川에서는 상질常秩[45]을 추천했는데, 모두 먼저 시장작감주부試將作監主簿에 제수하고 전선銓選의 기한을 두지 않았다. 부문충공은 강절을 초징하면서 사사로이 하고 싶지 않았기 때문에 천하의 인재로 범위를 확대하길 청했다. 지제고知制誥 왕개보王介甫(왕안석)는 강절을 알지 못했기에 임명교지[46]를 돌려보내며 말했다.

"만약 소 아무개가 평범한 사람이라면 하나의 시함도 불가하지만, 정말로 어진 자라면 시함 수여에서 그치는 것은 부당하니 마땅히 불러서 시험한 연후에 임관시켜야 합니다."

황상은 이를 받아들이지 않고 지제고 조무택祖無擇에게 하달해 "전선의 기한을 두지 않는다"라는 조령詔令을 삭제하게 했지만, 강절과 상질은 모두 기용되지 못했다. 이때에 부공富公(부필)은 이미 태부인太夫人(모친)의 상을 당해 재상 지위를 떠나 있었다. 희녕熙寧 2년(1069)에 신종神宗이 처음 즉위해 천하에 조서를 내려 초야에 묻혀 있는 인재를 등용하자, 어사중승御史中丞 여회呂誨, 삼사부사三司副使 오충吳充, 용도각학사龍圖閣學士 조무택이 모두 강절을 추천했다. 당시 구양공歐陽公(구양수)이 참지정사參知政事로 있었는데, 평소 상질을 중시했기 때문에 영천에서도 다시 상질을 조서에 응하게 했다. 강절은 비서성교서랑秘書省校書郎·영주단련추관潁州團練推官에 제수되었는데, 사양했지만 윤허하지 않자 임명을 받고 나서 곧바로 병을 이유로 벼슬에 나아가지 않았다. 「답향인答鄕人」[47] 2수 중에서 제1수는 다음과

45 상질(常秩, 1019~1077): 자는 이보(夷甫). 북송의 관리. 진사에는 급제하지 못했지만 경술(經術)로 이름이 알려졌다. 인종·영종 때 누차 초징되었지만 모두 사양했다. 신종 때 왕안석(王安石)이 신법을 시행한다는 소식을 듣고 신법을 칭송해 즉시 기용되었다. 우정언(右正言)·직사인원(直舍人院)·판태상시(判太常寺)·보문각대제(寶文閣待制)·시독(侍讀)·제거중태일궁(提擧中太一宮) 등을 역임했다.

46 임명교지: 원문은 "사두(辭頭)". 당송시대에 조정에서 관직을 임명할 때 내리던 교지(敎旨).

같다.

"평생 남의 눈살 찌푸리게 하는 일 하지 않았으니, 천하에 응당 나에게 이를 가는 사람 없을 것이네. 떨어진 꽃 흘려보내는 데 어찌 비가 필요하며, 오래된 물건 단장하는 데 어찌 봄이 필요하리? 다행히 요순堯舜 같은 참된 군주 만나, 소부 · 허유 같은 외신外臣 되었네. 예순 살의 병든 사람이라 분수를 헤아림이 마땅하니, 감사監司가 한사코 추천한들 무슨 소용 있겠는가?"

제2수는 다음과 같다.

"시골 사람을 잘 알지 못함을 오히려 걱정하니, 서로 깊이 알고 난 후에 또 무엇을 의심하리? 가난할 땐 봉록을 받아도 되지만, 늙은 후에 벼슬 얻는 건 다시 하기 어렵네. 본디 은거할 숲과 샘이 있어 평소 뜻에 편안하니, 하물며 조정[48]을 움직일 재주가 없음에랴. 순자荀子(순경)와 양자揚子(양웅)가 만약 우리 유자儒者의 본분을 지켰다면, 한자韓子(한유)의 문장[49]에서 작은 흠 논하는 걸 면했으리라."

상질은 직사관職事官으로 기용되었는데, 당시는 왕개보가 막 신법新法을 시행할 때였고 천하 사람들이 분분히 부당하다고 여겼기에, 재야의 선비 중에서 신법에 서로 뜻이 맞는 사람을 얻고자 했다. 상질이 사대賜對할 때 신종이 물었다.

"인종이 경을 불렀을 때는 무슨 까닭으로 벼슬길에 나아오지 않았다가

---

47 「답향인(答鄕人)」: 전체 제목은 「조삼하(詔三下), 답향하인기지의(答鄕下人起之意)」다.

48 조정: 원문은 "단지(丹墀)". 붉은 칠을 한 궁전 앞의 섬돌. 궁정이나 조정을 뜻한다. 단폐(丹陛)라고도 한다.

49 한자(韓子)의 문장: 한유(韓愈)의 「원도(原道)」를 말한다. 「원도」에 "순여양야(荀與揚也), 택언이부정(擇焉而不精), 어언이불상(語焉而不詳)"이라는 구절이 있는데, 유가의 도(道)에 대해 "순경(荀卿)과 양웅(揚雄)은 선택했으나 정밀하지 못했고, 말했으나 상세하지 못했다"라는 뜻이다.

짐이 부르자 무슨 까닭으로 벼슬길에 나아왔소?"

상질이 말했다.

"인종께서는 신이 나아오지 않는 것을 용납하셨지만, 폐하께서는 신이 나아오지 않는 것을 용납하지 않으시기 때문입니다."

그러면서 신법의 타당함을 크게 칭송함으로써 간관諫官에 제수되고 대제待制에 이르렀다. 하지만 신종은 점점 그를 등한시했다. 왕개보는 그를 중시하면서 잊지 않았지만 또한 그의 사람됨을 알고 있었다. 희녕 연간(1068~1077) 초에 왕개보의 동생인 왕안국王安國 평보平甫는 서경국자감교수西京國子監教授가 되었을 때 강절을 좇아 교유했는데, 임기를 마치고 돌아가서 강절의 출처出處(출사와 은퇴)를 왕개보에게 말했더니 왕개보가 감탄하며 말했다.

"소요부의 현덕賢德함은 미칠 수가 없도다!"

『신종정사神宗正史』「강절열전」에서 사신史臣이 "조정에서 상질과 함께 불렀지만 아무개는 끝내 나아오지 않았다"라고 기록한 것은 이유가 있었도다!

康節先公與富文忠公早相知. 文忠初入相, 謂門下士田棐大卿曰: "爲我問邵堯夫, 可出, 當以官職起之, 不, 卽命爲先生處士, 以遂隱居之志." 田大卿爲康節言, 康節不答, 以詩二章謝之曰: "相招多謝不相遺, 將爲胸中有所施. 若進豈能禁吏意[1]? 旣閑安用更名爲? 願同巢許稱臣日, 甘老唐虞比屋時. 滿眼淸賢在朝列, 病夫無以繫安危." 又云: "欲遂終焉[2]老閑計, 未知天意果如何. 幾重軒冕酬身貴? 得此雲山到眼多. 好景未嘗無興詠, 壯心都已入消磨. 鵷鴻自有江湖樂, 安用區區設網羅?" 文忠公終不相忘, 乃因明堂祫享, 赦詔天下擧遺逸, 公意謂河南府必以康節應詔. 時文潞公尹洛, 以兩府禮召見康節, 康節不屈, 遂以福建黃景應詔. 景字子蒙, 亦從康節遊, 客李邯鄲公家, 公之子壽朋薦於潞公. 時天下應詔者二十八人, 同見宰執於政事堂. 至河南, 黃景以閩音自通姓名, 文忠不樂. 各試論一首, 命官爲試銜知縣. 文忠奏天下尙有遺材, 乞再令擧, 詔從之. 王拱辰尙書尹洛, 乃以康節應詔, 潁川薦常秩, 皆先除試將作監主簿, 不理選限. 文忠招康節而不欲私, 故以天下爲請. 知制誥王介甫不識康節, 繳還辭頭曰: "使邵某常民, 一試銜亦不可, 與果賢者, 不當止與試銜, 宜召試然後官之." 上不納, 下知制誥祖無擇, 除去"不理選限"行詞, 然康節與常秩皆不起. 是時富公已丁太夫人憂去位矣. 熙寧二年, 神宗初卽位, 詔天下擧遺逸, 御史中丞呂誨・三司副使吳充・龍圖閣學士祖無擇皆薦康節. 時歐陽公作參知政事, 素重常秩, 故潁川亦再以秩應詔. 康節除秘書省校書郞・潁州團練推官, 辭, 不許, 旣受命, 卽引疾不起. 「答鄕人」二詩, 一曰: "平生不作皺眉事, 天下應無切齒人. 斷送落花安用雨, 裝添舊物豈須春? 幸逢堯舜爲眞主, 且放巢由作外臣. 六十病夫宜揣分, 監司何用苦開陳?" 二曰: "却恐鄕人未甚知, 相知深後又何疑? 貧時與祿是可受, 老後得官難更爲. 自有林泉安素志, 況無才業動丹墀. 荀揚若守吾儒分, 免被韓文議小疵." 常秩以職官起, 時王介甫方行新法, 天下紛然以爲不便, 思得山林之士相合者. 常秩賜對, 神宗問曰: "仁宗召卿, 何故不起, 朕召何故起?" 秩曰: "仁宗容臣不起, 陛下不容臣不起." 因盛言新法之便, 乃除諫官, 以至待制. 帝浸薄之. 介甫主之不忘, 然亦知其爲人矣. 熙寧初, 介甫之弟安國字平甫爲西京國子監敎授, 從康節遊, 歸以出處[3]語介甫, 介甫歎曰: "邵堯夫之賢不可及矣!" 『神宗正史』「康節列傳」史臣書云: "與常秩同召, 某卒不起." 有以也夫!

[1] 의(意): 원초본・『학진토원』본에는 "책(責)"이라 되어 있는데, 문맥상 보다 타당하다.

[2] 언(焉): 명초본에는 "연(年)"이라 되어 있는데, 문맥상 보다 타당하다.

[3] 출처(出處): 명초본에는 이 앞에 "강절지(康節之)" 3자가 있는데, 문맥상 의미가 보다 분명하다.

18-8(194)

강절康節(소옹) 선공先公과 부한공富韓公(부필)은 오랜 교분이 있었다. 부한공이 여주汝州에서 낙양洛陽으로 돌아가길 청해 병을 치료하면서 큰 저택을 지었는데, 강절의 천진교天津橋 은거처와 가까웠다. 부한공이 말했다.

"이제부터 때때로 서로 초대합시다."

강절이 말했다.

"나는 겨울과 여름에는 나오지 않으며, 봄과 가을에 틈이 나면 친구 집에 들릅니다. 공이 초대할 때 반드시 갈 수 있는 것은 아니지만 부르지 않더라도 간혹 스스로 가겠습니다."

부한공이 손님을 사절하며 자식에게 당부했다.

"강절선생이 오면 정해진 때가 아니더라도 만나겠다."

강절이 어느 날 방문했더니 부한공이 시[50]를 지었다.

"선생은 위주衛州에서 서경西京(낙양) 기내畿內로 와 타향살이하면서, 편안하고 한가롭게 도를 즐기며 세상의 이해관계 끊었네. 두 번이나 첫 벼슬에 임명되었지만 끝내 나아가지 않고, 혼자 궁벽한 마을 달게 여기며 의지할 데 없이 적막하게 지내네. 백 대代를 꿰뚫어 일찍이 옛것을 찾고, 천 편을 노래해 또한 정묘한 경지에 이르렀네. 진귀하고 소중하게 서로를 알아주며 문득 찾아왔다가, 취해서 비바람 맞으며 깊은 밤에 돌아가네."

강절이 이 시에 화답했다.[51]

---

50 시: 제목은 「과소요부선생(過邵堯夫先生)」이다.

51 화답했다: 제목은 「사언국상공(謝彥國相公), 화시용'취화풍우야심귀'(和詩用'醉和風雨夜深歸')」다.

"도덕당道德堂에서 오래도록 한담을 실컷 나누는데, 속세 밖의 술잔엔 물결 일렁이지 않네. 처음 작은 수레에 오를 때 인가는 이미 조용했고, 취해서 비바람 맞으며 깊은 밤에 돌아가네."

또 부한공의 「제강절題康節『격양시집擊壤詩集』」은 다음과 같다.

"온 백성이 변화한 건[52] 요堯임금 때라, 자字를 요부堯夫라 하니 그 덕을 알 수 있네. 『격양』이라 이름 붙인 새로운 시들을 다시 읽어 보니, 선생의 온전한 도道가 거의 빠짐없이 담겨 있네."

부한공이 강절을 알아줌이 이와 같았다. 부한공은 늘 두 하녀와 하인의 부축을 받으며 다녔는데, 하루는 강절과 후원에서 만났다. 강절이 천하의 일을 논하는 동안 부한공이 몹시 기뻐하며 자기도 모르게 혼자 걸어서 당으로 내려갔다. 그러자 강절이 일어나지 않은 채 천천히 두 하인을 가리키면서 부한공을 놀리며 말했다.

"지팡이 짚는 걸 잊어버렸군요."

부한공은 외부와 접촉하지 않고 지내면서 병을 핑계로 손님을 사절했는데, 일찍이 기비氣痞[53]로 고생했다. 강절이 말했다.

"좋은 일을 만나게 되면 두려움이 심해지는데, 다른 사람 때문에 그런 것이 아니라면 우울해한들 무슨 보탬이 되겠습니까?"

부한공이 웃으며 말했다.

"이 일은 쉽게 말하지 못합니다."

대개 (인종) 가우嘉祐 연간(1056~1063)의 건저建儲[54] 문제 때문이었다. 부한

---

52 온 백성이 변화한 건: 원문은 "여민어변(黎民於變)". 만백성이 덕으로 교화된 것을 말한다. 『상서(尙書)』「우서(虞書) · 요전(堯典)」에 나온다.

53 기비(氣痞): 기가 몰려서 속이 더부룩하고 불러 오르는 병증. 증상은 배가 약간 아프면서 명치 밑이 더부룩하고 그득하며 식욕이 부진하다.

공은 비록 강직하고 용감했지만, 일을 처리할 때는 상세히 살펴서 만에 하나라도 완전하지 않으면 행하지 않았기에 강절이 이를 놀린 것이었다. 부한공이 하루는 근심하는 기색을 보이자 강절이 물었더니 부한공이 말했다.

"선생은 내 근심이 어디에 있다고 생각합니까?"

강절이 말했다.

"혹시 왕안석王安石이 재상을 그만두고 여혜경呂惠卿이 참지정사參知政事가 되었는데 여혜경의 흉포함이 왕안석보다 더하기 때문입니까?"

부한공이 말했다.

"그렇습니다."

강절이 말했다.

"공은 걱정하지 마십시오. 왕안석과 여혜경은 본래 권세와 이득으로 합쳐졌는데, 여혜경과 왕안석은 결국 권세와 이득으로 서로 맞서서 장차 자기들끼리 원수가 될 것이니, 다른 사람을 해칠 겨를이 없을 것입니다."

얼마 후에 여혜경은 과연 왕안석을 배반하고 왕안석을 해칠 수 있는 것이라면 하지 않는 일이 없었다. 부한공이 강절에게 말했다.

"선생의 식견은 다른 사람보다 훨씬 뛰어납니다."

어느 날 해 질 녘에 사마온공司馬溫公(사마광)이 강절을 만나 말했다.

"내일 승려 현수顯修가 법당을 열고 설법을 하는데, 부공과 여회숙呂晦叔(여공저)이 함께 가서 들으려 합니다. 회숙은 불교에 심취해 있어서 더 이상 말릴 수 없지만, 부공이 정말 간다면 사리에 타당하지 못할 것입니다. 나는 후배인지라 감히 말씀드리지 못하지만 선생은 어찌 그를 제지하지 않으십

---

54 건저(建儲): 제왕의 계승자로서 황태자나 왕세자를 세우는 일을 말한다. 본서 3-1(037)·9-4(099) 등에 영종을 둘러싼 '건저' 문제에 관한 고사가 나온다.

니까?"

강절이 말했다.

"이 말을 뒤늦게 들은 것이 유감입니다."

다음 날 부한공은 과연 설법을 들으러 갔다. 나중에 강절이 부한공을 만난 자리에서 부한공에게 말했다.

"황상께서 (당나라) 배진공裴晉公(배도)에 대한 예우[55]로 공을 기용하려 하신다고 들었습니다."

부한공이 웃으며 말했다.

"선생은 내가 병들고 쇠약한데 나아갈 수 있으리라 생각합니까?"

강절이 말했다.

"그렇습니다. 어떤 사람이 말하길, 황상께서 공을 벼슬에 임명하셨지만 공이 나아가지 않고 있다가 한 승려가 불당을 열자 공이 나갔다고 한다면, 옳지 않은 일이 아니겠습니까?"

공이 놀라며 말했다.

"내가 미처 생각하지 못했습니다."

부한공이 강절과 함께 죽순을 먹고 있었는데 강절이 말했다.

"죽순 맛이 아주 좋습니다."

부한공이 말했다.

"중당골두中堂骨頭[56]의 맛만은 못합니다."

---

55 배진공(裴晉公: 배도)에 대한 예우: 당나라 배도(裴度)가 병들어 자리에 누워 20여 일이 지나자, 헌종(憲宗)이 조서를 내려 배도의 집에 위병(衛兵)을 배치하고 궁중의 사자를 보내 계속 문안하게 했다. 어떤 사람이 헌종에게 배도를 관직에서 파면시켜 번진(藩鎭)의 원망을 그치게 하라고 청하자, 헌종이 진노하며 조서를 내려 배도를 입조하게 한 후에 그를 중서시랑・동평장사에 임명해 전권을 가지고 군정(軍政)의 대사를 처리하게 했으며, 아울러 회서절도사(淮西節度使)의 반란을 평정한 일을 책임지고 처리하게 했다.

강절이 말했다.

"이 시골 사람은 숲에서 30년간 죽순을 먹으면서 일찍이 남에게 빼앗겨 본 적이 없는데, 공은 오늘 중당골두를 드실 수 있겠습니까?"

부한공이 웃으면서 그만두었다. 강절의 병이 깊어지자 부한공은 자기 아들과 의원을 함께 보내 끊이지 않고 약을 보내 주었다. 강절이 세상을 떠나자 부한공은 부의賻儀를 보내고 매우 후하게 상례를 치러 주었다. 내(소백온)가 상기를 마치고 부한공을 배알하러 갔더니 부한공이 측은해하며 말했다.

"선생의 연세가 아직 많지 않았을 때 내가 일찍이 양생을 배우라고 권했었네."

또 말했다.

"하지만 여기저기 옮겨 다니느라 배울 수 없었겠지."

다시 나에게 나이가 몇인지 그리고 장가는 갔는지 묻자 내가 대답했다.

"나이는 스물넷이고 아직 장가가지 않았습니다."

부한공이 말했다.

"늦게 장가가는 것은 아주 좋으니, 혈기를 보양하면서 학문에 전념할 수 있네. 나는 28살에 과거에 급제하고 나서야 비로소 장가갔네. 내가 일찍이 선친과 선모께 말씀드리길, 과거에 급제하기 전에는 결코 장가가지 않겠으니 동생과 누이를 먼저 시집 장가 보내라고 했네. 그래서 누이가 전원균田元均(전황)에게 먼저 시집갔네."

나는 이때부터 부한공의 문하를 드나들 수 있었다. 슬프도다! 지금 해내海內의 선비 중에서 일찍이 부한공을 평상 아래에서 배알할 수 있었던 사람은 오직 나 한 명뿐이다. 부한공의 영걸스럽고 탁월한 모습을 생각하니 늠

56 중당골두(中堂骨頭): 미상. 문맥상 죽순의 특정한 부위를 가리키는 것으로 보인다.

름하게 세상에 살아 계신 것 같다.

康節先公與富韓公有舊. 公自汝州得請歸洛養疾, 築大第, 與康節天津隱居相邇. 公曰: "自此可時相招矣." 康節曰: "某冬夏不出, 春秋時, 間過親舊間. 公相招未必來, 不召或自至." 公謝客戒子曰: "先生來, 不以時見." 康節一日過之, 公作詩云: "先生自衛客西畿, 樂道安閑絶世機. 再命初筵終不起, 獨甘窮巷寂無依. 貫穿百代嘗探古, 吟詠千篇亦造微. 珍重相知忽相訪, 醉和風雨夜深歸." 康節和曰: "道堂閒話儘多時, 塵外盃觴不浪飛. 初上小車人已靜, 醉和風雨夜深歸." 又「題康節『擊壤詩集』」云: "黎民於變是堯時, 便字堯夫德可知. 更覽新詩名『擊壤』, 先生全道略無遺." 其知康節如此. 公嘗令二青衣·蒼頭掖之以行, 一日, 與康節會後園中. 因康節論天下事, 公喜甚, 不覺獨步下堂. 康節不爲起, 徐指二蒼頭戲公曰: "忘却拄杖矣." 富公深居, 託疾謝客, 而嘗苦氣痞. 康節曰: "好事到手畏甚, 不爲他人做了, 鬱鬱何益?" 公笑曰: "此事未易言也." 蓋爲嘉祐建儲耳. 公雖剛勇, 遇事詳審, 不萬全不發, 康節因戲之. 公一日有憂色, 康節問之, 公曰: "先生度某之憂安在?" 康節曰: "豈以王安石罷相, 呂惠卿參知政事, 惠卿凶暴過安石乎?" 公曰: "然." 康節曰: "公無憂. 安石·惠卿本以勢利合, 惠卿·安石勢利相敵, 將自爲仇矣, 不暇害他人也." 未幾, 惠卿果叛安石, 凡可以害安石者, 無所不至. 公謂康節曰: "先生識慮絶人遠矣." 一日薄暮, 司馬溫公見康節曰: "明日僧顯修開堂說法, 富公·呂晦叔欲偕往聽之. 晦叔貪佛已不可勸, 富公果往, 於理未便. 某後進, 不敢言, 先生曷止之?" 康節曰: "恨聞之晩矣." 明日, 公果往. 後康節因見公, 謂公曰: "聞上欲用裴晉公禮起公." 公笑曰: "先生以爲某衰病能起否?" 康節曰: "固也. 或人言上命公, 公不起, 一僧開堂公乃出, 無乃不可乎?" 公驚曰: "我未之思也." 公與康節食筍, 康節曰: "筍味甚美." 公曰: "未如中堂骨頭之美也." 康節曰:

"野人林下食筍三十年, 未嘗爲人所奪, 公今日可食以中堂骨頭乎?" 公笑而止. 康節疾病, 公日遣其子偕醫者來饋藥物不絶. 康節捐館, 公賻贈之, 遺禮甚厚. 伯溫除喪往拜公, 公惻然曰: "先生年未高, 嘗勸之學修養." 復曰: "不能學胡走亂走也." 問伯溫年幾何, 娶未, 伯溫對: "年二十四, 未娶." 公曰: "未[1]娶甚善, 可以保養血氣, 專意學問. 吾年二十八登科方娶. 嘗白先公先夫人, 未第決不娶, 弟妹當先嫁娶之. 故田氏妹先嫁元鈞[2]也." 伯溫自此得出入公門下. 悲夫! 今海內之士嘗獲拜公牀下, 唯伯溫一人. 想公英偉之姿, 凜然如在世也.

[1] 미(未): 제본(諸本)에는 "만(晩)"이라 되어 있는데, 문맥상 보다 타당하다.

[2] 원균(元鈞): 『송사』 권292 「전황전(田況傳)」에는 "원균(元均)"이라 되어 있다.

18-9(195)

(신종) 희녕熙寧 3년(1070)에 사마온공司馬溫公(사마광)은 왕형공王荊公(왕안석)과 신법新法을 논의하다가 뜻이 맞지 않아 추밀부사樞密副使 임명을 받지 않고 군수郡守를 청해 단명전학사端明殿學士로서 지영흥군知永興軍이 되었다. 몇 달 후에 신종神宗이 생각에 잠겨 말했다.

"만약 사마광司馬光이 조정에 있다면 군주에게 자연히 과오가 없게 될 것이다."

그러고는 그를 지허주知許州로 옮기고 대궐에 들러 대전에 오르게 했다. 하지만 사마온공을 극구 사양하며 판서경유사어사대判西京留司御史臺를 청했다. 사마온공은 마침내 낙양洛陽에 거주하면서 존현방尊賢坊에 동산을 사서 독락獨樂이라 이름 짓고 처음으로 나(소백온)의 선군자先君子(선친) 강절康節(소옹)과 교유했다. 사마온공이 일찍이 말했다.

"나는 섬주陝州 사람이고 선생은 위주衛州 사람인데, 지금 함께 낙양에 살고 있으니 바로 타향 사람입니다. 선생처럼 높은 도학道學을 지닌 분이라면 마땅히 연륜과 덕망을 귀히 여기시니 관직은 말하기에 부족합니다."

사마온공이 하루는 심의深衣[57]를 입고 숭덕사崇德寺의 서국書局에서부터 낙수洛水의 제방으로 산책하러 나갔다가, 천진교天津橋에 있는 강절의 거처에 들러 만나 뵙기를 청하며 정수재程秀才라고 통보했다. 만나 보았더니 사마온공이었기에 강절이 (정수재라고 통보한) 까닭을 물었더니 사마온공이 웃으며 말했다.

"사마씨司馬氏가 정백程伯[58] 휴보休父에게서 나왔기 때문에 정程이라 한 것입니다."

그러고는 시[59] 2수를 남겼다.

"벼슬 임명 받지 않고 돌아와 사원 거처에 이르러, 안장 내리고 말 풀어놓으니 길 트는 소리 멈추네. 자복紫服과 금대金帶를 모두 벗어 던지니, 바로 수풀 사이의 한 시골 사람이라네."

---

57 심의(深衣): 신분이 높은 선비나 유학자가 입던 흰 두루마기 모양의 옷으로, 소매가 넓고 검은 비단으로 가를 둘렀다.

58 정백(程伯): 자는 휴보(休父) 또는 휴보(休甫). 서주(西周) 때 정국(程國)의 군주로 백작(伯爵)에 봉해졌기에 국호로 성씨를 삼아 '정백'이라 했다. 서주 선왕(宣王) 때 벼슬이 대사마(大司馬)에 이르러 군대를 장악하고 국정을 보좌하면서 회이(淮夷)를 정벌하고 서국(徐國)을 평정한 공으로 안정왕(安定王)에 봉해졌다. 정씨(程氏)와 사마씨(司馬氏)의 공동 시조로 받들어져 역사에서 '정백휴보'·'사마휴보'라 칭한다. 진(晉)나라를 건국한 사마염(司馬炎)이 선조의 성덕을 기려 정백을 진나라의 시조로 추존하고 시호를 원무황제(元武皇帝)라 했다.

59 시: 제목은 「독보지낙빈(獨步至洛濱)」이다.

“부드러운 풀과 맑은 물결에 모랫길 희미한데, 손에 대지팡이 들고 심의深衣 입었네. 흰 갈매기는 속세의 욕심 잊음을 믿지 않은 지 오래이니,[60] 날 보고 강기슭의 버드나무 헤치고 날아가네.”

강절이 이 시에 화답했다.[61]

“고관의 화려한 수레 아홉 갈래 도성 길을 메우고, 명성 서로 경쟁하며 앞에서 길 트라고 소리치네. 그대 혼자만 조금도 권세를 일삼지 않으니, 비로소 인간 세상에 대장부 있음을 믿겠네.”

“바람이 강물 소리 등지니 가까이 가도 희미하게 들리고, 엷은 석양엔 구름이 가려 있네. 백로 한 쌍이 연무 밖에서 오더니, 모래사장에 내려앉으려다 등 돌리고 날아가네.”

사마온공이 하루는 숭덕각崇德閣에 올랐는데, 약속한 지 한참이 지나도록 강절이 오지 않자 시[62]를 지었다.

“옅은 햇살에 짙은 구름 끼었다가 다시 걷히니, 푸른 이수伊水와 맑은 낙수洛水가 멀리 굽이져 도네. 숲 사이 높은 누각에서 바라본 지 오래되었지만, 꽃 너머로 작은 수레는 아직 오지 않네.”

강절이 이 시에 화답했다.

“그대 집 대들보 위로 해마다 찾아오는 제비, 올해는 봄이 왔는데도[63] 아

60 흰 갈매기는 속세의 욕심 잊음을 믿지 않은 지 오래이니: 이 구절은 『열자(列子)』「황제(黃帝)」편에 나오는 고사를 전고로 사용한 것이다. 옛날에 어떤 사람이 바닷가에 나갔더니 흰 갈매기가 다가와 함께 놀았다. 이를 본 그의 아버지가 그에게 내일은 나가서 흰 갈매기를 잡아 오라고 했다. 그가 알았다고 대답하고 다음 날 바닷가에 나갔더니 갈매기가 그의 마음을 알아채고 더 이상 그와 놀려고 하지 않았다. 이로부터 ‘백구(白鷗: 흰 갈매기)’는 속세의 욕심이 없는 마음이나 은거를 상징하게 되었다.

61 화답했다: 제목은 「의운화군실단명낙빈독보(依韻和君實端明洛濱獨步)」다.

62 시: 제목은 「소요부허래석각(邵堯夫許來石閣), 구대부지(久待不至)」다.

63 봄이 왔는데도: 원문은 “과사(過社)”. 봄이 되어 토지신에게 제사를 올리는 춘사일(春社日)

직 돌아오지 않네. 그대를 우두커니 오래 기다리게 한 벌을 청하니, 온갖 꽃 우거진 곳에서 작은 수레 오고 있다네."

또 화답한 시는 다음과 같다.

"하늘이 그대에게 여덟 말[斗]의 재주[64] 부여했으니, 촌사람은 도중에 필시 돌아갔으리라. 신선의 한 마디 말 잇기 어려운 곳, 꽃 너머로 작은 수레는 아직 오지 않네."

강절이 안락와安樂窩에서 지은 시[65]는 다음과 같다.

"기억날 듯 말 듯 꿈에서 깬 후, 근심스러운 듯 아닌 듯 마음이 심드렁할 때. 이불 끌어안고 옆으로 누워 일어나고 싶지 않은데, 발 밖에서 떨어진 꽃만 어지러이 날리네."

사마온공은 이 시를 좋아해 종이 발 위에 예서로 썼는데, 글자의 획이 기이하고 예스러워서 나의 집에서 대대로 보배로 여긴다. 사마온공과 강절이 주고받은 시가 매우 많은데 모두 『격양집擊壤集』에 실려 있다. 사마온공이 일찍이 강절에게 물었다.

"나는 어떤 사람입니까?"

강절이 말했다.

"군실君實(사마광)은 착실하게 일하는[66] 사람입니다."

이 온 것을 말한다. '사'는 '사일', 즉 토지신에게 제사를 올리는 날을 말하는데, 풍년을 기원하면서 봄에 올리는 제사를 춘사(春社)라 하고, 추수 후 감사의 뜻으로 올리는 제사를 추사(秋社)라 한다.

64 여덟 말[斗]의 재주: 원문은 "팔두재(八斗才)". 아주 뛰어난 재주, 특히 시문을 짓는 탁월한 재주를 뜻한다. 일찍이 사영운(謝靈雲)이 천하에 재주가 한 섬이 있다면 조식(曹植)이 혼자 여덟 말을 차지하고 자기가 한 말을 차지하며, 나머지 한 말은 천하 사람이 함께 차지한다고 했다.

65 시: 제목은 「나기음(懶起吟)」이다.

66 착실하게 일하는: 원문은 "각답실지(脚踏實地)". 다리로 안정된 땅을 밟는다는 뜻으로, 일

사마온공은 자신을 잘 알고 있는 말이라고 여겼다. 강절이 세상을 떠나자 사마온공이 만시挽詩[67] 2수를 지었는데, 그 첫 수는 다음과 같다.

"덕을 흠모하며 오랫동안 소문만 듣다가, 친밀하게 담소하며[68] 새로운 친구 되었네. 어찌 조금의 구면이 필요하리? 한마디 말 기다리지 않아도 친해졌네. 서로 연마하며 토론한 도는 올곧았고, 개의치 않고 주고받은 농담은 참되었네. 착실하다는 의미심장한 말 듣고, 감복해 감히 큰 띠에 적었네."

이는 강절의 말을 기억한 것이었다. 강절이 또 말했다.

"군실은 거의 완성된 사람입니다."

강절이 그를 중시함이 이와 같았다. 나중에 사마온공은 강절과의 교유 때문에 아비 잃은 나를 매우 후하게 대해 주었다. 사마온공은 아들이 없어서 친족의 아들인 사마강司馬康으로 후사를 삼았다. 사마강은 자가 공휴公休이고 그 어짊이 사마온공과 비슷했는데, 식자들은 하늘이 이유가 있어 그를 태어나게 했다고 여겼다. 사마온공이 죽자 사마공휴司馬公休(사마강)는 상기를 다 마치고 상복을 벗었다. (철종) 원우元祐 연간(1086~1094)에 막 크게 기용되려 했는데 불행히도 죽었으며 특별히 간의대부諫議大夫에 추증되었다. 사마공휴의 아들 사마식司馬植이 몇 살 되었을 때 사마공휴는 평소 나에게 그 아들을 부탁했다. 내한內翰(한림학사) 범순부范純夫(범조우) 등이 모두 말했다.

"장차 사마온공의 후대를 이루게 할 사람은 백온伯溫이 아니면 안 된다."

하는 것이 착실하다는 말이다.

67 만시(挽詩): 제목은 「소요부선생애사(邵堯夫先生哀辭)」다.

68 친밀하게 담소하며: 원문은 "경개(傾蓋)". 수레의 양산을 기울이다, 즉 타고 가던 수레를 멈추고 양산을 기울여 이야기한다는 뜻으로, 친구가 서로 만나 친밀하게 담소하는 것을 비유한다.

조정에서 이를 알고 나를 장자현위長子縣尉에서 서경국자감교수西京國子監教授로 전임시켜 사마식에게 학업을 마칠 수 있게 하고 사마씨의 집안을 꾸려 나가게 했다. 사마식은 자가 자립子立이고 장성하고 나서 그 어짊이 사마공휴와 같았는데, 천하 사람들은 그를 진정한 사마온공 가문의 사람이라 여겼다. 하지만 또한 일찍 죽었고 자식이 없어서 사마온공의 가세家世는 마침내 끊어졌다.

熙寧三年, 司馬溫公與王荊公議新法不合, 不拜樞密副使, 乞守郡, 以端明殿學士知永興軍. 後數月, 神宗思之, 曰: "使司馬[1]在朝, 人主自然無過舉." 移許州, 令過闕上殿. 公力辭, 乞判西京留司御史臺. 遂居洛, 買園於尊賢坊, 以獨樂名之, 始與伯溫先君子康節游. 嘗曰: "某陝人, 先生衞人, 今同居洛, 卽鄉人也. 有如先生道學之尊, 當以年德爲貴, 官職不足道也." 公一日著深衣, 自崇德寺書局散步洛水堤上, 因過康節天津之居, 謁曰程秀才云. 既見, 溫公也, 問其故, 公笑曰: "司馬出程伯休父, 故曰程." 留詩[2]云: "拜罷歸來抵寺居, 解鞍縱馬罷傳呼. 紫衣金帶盡脫去, 便是林間一野夫." "草軟波淸沙路微, 手攜笻杖著深衣. 白鷗不信忘機久, 見我猶穿岸柳飛." 康節和曰: "冠蓋紛華塞九衢, 聲名相軋在前呼. 獨君都不將爲事, 始信人間有丈夫." "風背河聲近亦微, 斜陽淡泊隔雲衣. 一雙白鷺來煙[3]外, 將下沙頭卻背飛." 公一日登崇德閣, 約康節久未至, 有詩曰: "淡日濃雲合復開, 碧伊淸洛遠縈迴. 林間高閣望已久, 花外小車猶未來." 康節和云: "君家梁上年時燕, 過社今年尙未迴. 謂[4]罰誤君凝竚久, 萬花深處小車來." 又云: "天啟夫君八斗才, 野人中路必須迴. 神仙一語難忘處, 花外小車猶未來." 康節有安樂窩中詩云: "半記不記夢覺後, 似愁無愁情倦時. 擁衾側臥未欲起, 簾外落花撩亂飛." 公愛之, 請[5]書紙簾上, 字畫奇古, 某家世寶之. 公與康節唱酬甚多, 具載『擊壤集』. 公嘗問康節曰: “某何如人?” 曰: “君實腳踏實地人也.” 公深以爲知言. 至康節捐館, 公作挽詩二章, 其一曰: “慕德聞風久, 論交傾蓋新. 何須半面舊? 不待一言親. 講道切磋直, 忘懷笑語眞. 重言蒙踸實, 佩服敢書紳.” 記康節之言也. 康節又曰: “君實九分人也.” 其重之如此. 後公以康節之故, 遇其孤伯溫甚厚. 公無子, 以族人之子康爲嗣. 康字公休, 其賢似公, 識者謂天故生之也. 公休與伯溫交游益厚. 公薨, 公休免喪. 元祐間方欲大用, 亦不幸, 特贈諫議大夫. 公休有子植, 方數歲, 公休素以屬伯溫. 至范純夫[6]內翰輩皆曰: “將以成溫公之後者, 非伯溫不可.” 朝廷知之, 伯溫自長子縣尉移西京國子監教授, 俾植得以卒業, 因經紀司馬氏之家. 植字子立, 旣長, 其賢如公休, 天下謂眞溫公門戶中人也. 亦蚤死, 無子, 溫公之世遂絶.

[1] 사마(司馬): 『학진토원』본에는 이 뒤에 “광(光)” 자가 있다.
[2] 유시(留詩): 명초본에는 이 뒤에 “이수(二首)” 2자가 있는데, 문맥상 보다 타당하다.
[3] 연(煙): 원초본에는 “천(天)”이라 되어 있는데, 역시 의미가 통한다.
[4] 위(謂): 원초본과 명초본에는 “청(請)”이라 되어 있는데, 문맥상 보다 타당하다.
[5] 청(請): 명초본에는 “예(隸)”라 되어 있는데, 문맥상 보다 타당하다.
[6] 지범순부(至范純夫): “지(至)”는 제본(諸本)에 “여(如)”라 되어 있는데, 문맥상 보다 타당하다. “범순부(范純夫)”는 명초본에 “범순인(范純仁)”이라 되어 있다.

18-10(196)

강절선생康節先生(소옹)은 학사學士 조종도趙宗道[69]와 교유했는데, 조종도가

69 조종도(趙宗道, 998~1071): 북송의 관리로 조하(趙賀)의 아들이다. 문음(門蔭)으로 벼슬길에 올라 장작감주부(將作監主簿)·감서주염주세(監舒州鹽酒稅)를 지냈으며, 관각교감(館閣校勘)·집현교리(集賢校理)·대리시승(大理寺丞) 등을 역임했다.

연장자였기에 강절선생은 그에게 절을 올렸으며, 그의 자제들은 모두 아버지 겸 스승의 예로 강절선생을 모셨다. 조종도는 일찍 부한공富韓公(부필)의 문하 출신으로, (신종) 희녕熙寧 연간(1068~1077) 초에 서도유대西都留臺(서경유사어사대)로서 궁사宮祠를 맡고 있다가 죽었다. 그전에 조종도의 막내아들 조제趙濟가 제거상평提擧常平으로 있을 때 부한공이 신법新法을 시행하지 않는다고 탄핵하자, 조정에서 그 탄핵에 연루시켜 부한공을 사상使相(절도사 겸 평장사)에서 파면했다. 조종도가 죽었을 때 부한공은 이미 정치를 그만두고 낙양洛陽에 거주했는데, 그의 집에 매우 후한 부의賻儀를 해 장례를 도와주었다. 조제의 형제들이 상기를 마치고 부한공을 찾아가 감사드리려 했는데, 조제 혼자만 감히 가지 못하고 강절선생에게 조언을 청했더니 강절선생이 말했다.

"부한공의 덕량德量으로 보아 아직까지 어찌 그대를 원망하겠는가? 주저하지 말고 그저 가게. 형들은 가는데 그대가 가지 않는다면, 이는 스스로 불초不肖함을 자처하는 것이네."

다음 날 조제가 형제들과 함께 갔더니 부한공이 그를 매우 따뜻하게 위로하자, 조제가 스스로 불안해하며 일어나 사죄했다. 부한공이 그를 말리며 말했다.

"나는 친구의 아들을 만나는 것이니, 지난날의 공무는 언급하지 말게."

조제가 돌아와 강절선생에게 감사하며 말했다.

"선생이 아니었다면 저의 잘못을 속죄할 수 없었을 것입니다."

康節先生與趙宗道學士游, 宗道年長, 康節拜之, 其諸子皆以父師之禮事康節. 宗道早出富韓公門下, 熙寧初, 宗道自西都留臺領宮祠以卒. 先是宗道季子濟爲提擧常平, 劾富公不行新法, 朝廷坐其言罷富公使相. 宗道卒, 富公以

[1]致政居洛, 賻恤其家甚厚. 其兄弟服除, 欲往謝富公, 濟獨未敢行, 請於康節, 康節曰: "以富公德度, 尚何望於君? 第往勿疑. 諸兄行, 君不行, 是自處于不肖也." 明日, 濟偕諸兄弟以進, 富公撫之甚恩, 濟不自安, 起謝罪. 公止之曰: "吾見故人子, 前日公事不可論也." 濟歸謝康節曰: "微先生, 濟之過不可贖也."

[1] 이(以): 명초본에는 "이(已)"라 되어 있는데, 문맥상 보다 타당하다.

18-11(197)

(신종) 희녕熙寧 계축년癸丑年(1073) 봄에 대명부大名府의 왕순룡王荀龍[70] 중현仲賢이 낙양洛陽으로 들어와 강절康節(소옹) 선공先公을 만났다. 그 의론의 강직함에 남보다 뛰어난 점이 있었기에 강절이 기뻐하며 그의 시에 화답했다.[71]

"그대는 꽃구경하러 북경北京(대명부)에서 왔는데, 분명 그대는 기일 전에 이미 마음으로 치달렸겠네. 지금 내린 서리는 어찌 그리 무거운가? 올해 개화는 그저 소문만 있을 뿐. 멋진 문장으로 명함을 삼고자 했지만, 차라리 부족한 시구로 통성명을 대신함이 낫지 않겠는가? 하늘이 주신 훌륭한 재주는 응당 스스로 아껴야 하니, 시류 때문에 인생을 허비하지는 않으리라 짐작하네."

70 왕순룡(王荀龍): 자는 중현(仲賢). 북송의 관리로 왕암수(王巖叟)의 부친이다. 일찍이 은주(恩州)・전주(澶州)・체주(棣州)의 지주(知州)를 지냈다. 나중에 한기(韓琦)의 문생이 되었다.

71 화답했다: 제목은 「화북경왕낭중견방유시(和北京王郎中見訪留詩)」다.

왕중현王仲賢(왕순룡)은 한위공韓魏公(한기)의 문객이었는데, 한위공이 그를 전송하면서 지어 준 시를 꺼냈는데 (당나라) 안진경顏眞卿의 서체로 쓴 큰 글씨가 매우 특이하고 뛰어났다. 강절이 말했다.

"내가 젊었을 때 큰 글씨를 쓰길 좋아했는데, 이정지李挺之(이지재)가 '서체를 배우는 것은 도를 배우는 것을 방해한다'라고 말했기 때문에, 내가 일찍이 시[72]를 지어 '예전에 처음 큰 글씨 배울 때를 기억하니, 남들 따라 술 마시고 시 짓는 것처럼 했네. 만약 유익한 벗이 금석문金石文을 추천하지 않았다면, 45세에 잘못 하나가 될 뻔했네'라고 했다."

왕중현이 또 한위공의 시구를 암송했다.

"봄 떠난 뒤 꽃밭에 나비 어지럽고, 비 온 뒤 채소밭에 용두레 한가롭네."

강절이 이 시구를 좋아하며 말했다.

"원망하지만 마음 아프지 않고 부드럽지만 문채를 이루는 말이다."

왕중현의 아들 왕암수王巖叟는 자가 언림彥霖이고, (철종) 원우元祐 연간(1086~1094) 초에 정주定州 안희지현安喜知縣으로 있다가 조정으로 불려 와 감찰어사監察御史가 되어 강직하다는 명성을 얻었으며, 나중에 첨서추밀원簽書樞密院이 되었다. 왕언림王彥霖(왕암수) 부자는 모두 한위공의 문객이었는데, 한위공이 상주相州를 진수할 때 왕언림을 추천해 속관으로 삼았다. 한강공韓康公(한강)이 한위공의 후임이 되어 왕언림을 붙잡으려 했더니 왕언림이 정중히 사양하며 말했다.

"저는 한위공의 문객이므로 다른 문하에 들어가길 원치 않습니다."

선비군자들이 그를 칭찬했다.

---

72 시: 제목은 「억석음(憶昔吟)」이다.

熙寧癸丑春, 大名王荀龍字仲賢入洛, 見康節先公. 其議論勁正有過人者, 康節喜之, 和其詩曰: "君從賞花[1]來北京, 耿君先期已馳情. 此時隕霜奈何重? 今歲花開徒有聲. 旣欲佳章當墜刺, 寧無累句代通名? 天之美才應自惜, 料得不爲時虛生." 仲賢, 魏公[2]客也, 因出魏公送行詩, 顏體大書, 極奇偉. 康節曰: "吾少日喜作大字, 李挺之曰'學書妨學道', 故嘗有詩云: '憶昔初學大字時, 學人飮酒與吟詩. 若非益友推金石, 四十五歲成一非.'" 仲賢又贈[3]魏公詩云: "春去花叢胡蝶亂, 雨餘蔬圃桔槹閑." 康節愛之, 曰: "怨而不傷, 婉而成章之言也." 仲賢之子名巖叟, 字彥霖, 元祐初自知定州安喜縣召爲監察御史, 有直聲, 後位簽書樞密院. 彥霖父子皆魏公之客, 魏公鎭相州, 薦彥霖爲屬. 韓康公代魏公, 康公欲留彥霖, 彥霖謝曰: "某魏公之客, 不願入它門也." 士君子稱之.

[1] 군종상화(君從賞花): 원초본과 명초본에는 "군(君)"이 "거(車)"라 되어 있고, 명초본에는 "화(花)"가 "춘(春)"이라 되어 있으며, 소옹의 『격양집(擊壤集)』에도 "거종상춘(車從賞春)"이라 되어 있다.

[2] 위공(魏公): 명초본에는 이 앞에 "한(韓)" 자가 있다.

[3] 증(贈): 제본(諸本)에는 "송(誦)"이라 되어 있는데, 문맥상 타당해 보인다.

18-12(198)

강절康節(소옹) 선공先公이 일찍이 말하길, 용도龍圖(직용도각) 이복규李復圭[73]

73 이복규(李復圭): 자는 심언(審言). 북송의 관리로 이숙(李淑)의 아들이다. 인종 강정(康定) 2년(1041) 진사 출신으로, 전주통판(澶州通判)을 거쳐 황우(皇祐) 연간에 지활주(知滑州)가 되었으며, 상주(相州)·경주(涇州) 지주(知州)와 호북(湖北)·양절(兩浙)·회남(淮南)·하동(河東)·섬서(陝西)·성도(成都) 전운사(轉運使)를 역임했다. 신종 희녕(熙寧) 원년(1068)에 직용도각(直龍圖閣)으로서 지경주(知慶州)에 제수되었는데, 희녕 3년(1070)에 서하군(西夏

는 일을 처리할 때 과단성이 있다고 했다. 28세에 지활주知滑州가 되어 군郡의 관리들과 함께 밤에 모임을 가졌는데, 어떤 관아의 병졸이 은장이의 쇠망치를 빼앗아 사람을 죽여 온 부府의 사람들이 모두 놀라 소요하자, 이공李公(이복규)이 그를 체포해 와서 즉시 참했다. 그러고는 주장奏章을 올리고 처벌을 기다리자 여러 관서에서도 이공이 함부로 사람을 죽였다고 조사했는데, 인종仁宗이 말했다.

"이복규는 군대를 통수할 재목이다."

그러고는 지경주知慶州에 제수했다. 나중에 지광화군知光化軍이 되었는데, 한 퇴역 제적 병졸이 어떤 사람의 관전官田을 세금을 더 내고 소작하길 청한다고 스스로 말하자 이공이 말했다.

"너는 퇴역자로 뽑힌 병졸인데 어떻게 관전을 소작할 수 있겠느냐?"

병졸이 말했다.

"근력이 아직 쇠하지 않았습니다."

그러자 이공이 말했다.

"너는 노쇠하기 때문에 퇴역자로 뽑혔는데, 아직 노쇠하지 않았다니 도로 군대에 충원함이 마땅하다."

그러고는 글자 새기는 사람[74]을 불러 그의 몸에 원래 군졸 신분을 새기게 했더니, 사람들이 모두 그 일을 칭찬했다. 이공은 재주가 뛰어나 사람들의 시기를 받았기 때문에 벼슬길에서 여러 차례 승진하지 못했다. 이공이 지

軍)이 대순성(大順城)을 침범하자 무리하게 대항하다가 패해 보정군절도부사(保靜軍節度副使)로 좌천되었다. 나중에 지광화군(知光化軍)으로 전임되었으며, 희령 10년(1077)에 염철부사(鹽鐵副使)가 되었다. 원풍(元豐) 연간에 지창주(知滄州)와 지등주(知鄧州)를 지냈다. 만년에는 집현전수찬(集賢殿修撰)으로 지형남(知荊南)으로 있다가 임지에서 죽었다.

74 글자 새기는 사람: 원문은 "자자인(刺字人)". 송나라의 군제(軍制)에 따르면, 모든 병사의 팔 등의 부위에 특정한 글자를 새겨 표식으로 삼았는데, 이를 '자자'라 했다.

내면서 대부분 즐거워하지 않자, 강절이 그의 시에 화답해 「천음天吟」[75]이라는 시 한 수를 지었다.

“보통 하늘색은 정작 푸르지만, 고금의 사람들은 이를 바라보며 애를 끊이네. 날이 가고 달이 오지만 조금도 다름이 없고, 양기가 펼쳐지고 음기가 수축하지만 서로 방해하지 않네. 매서운 벼락 친 후 산천이 갈라지고, 단이슬 내릴 때 초목이 향기롭네. 깊숙하고 어두운 벼랑에서 도깨비 생겨나고, 맑고 평평한 들녘에서 난새와 봉황 나타나네. 천 송이 꽃 흐드러지게 피는 건 석 달 봄의 비 때문이고, 만 그루 나무 시드는 건 하룻밤의 서리 때문이네. 이 뜻은 분명 이해하기 어려우니, 다만 현자가 소상히 밝혀 주길 기다려야 하네.”

대개 그의 마음을 넓혀 주어 깨달은 바가 있게 하고자 한 것이었다.

康節先公嘗言, 李復圭龍圖臨事有斷. 年二十八知滑州, 與郡官夜會, 有衙兵奪銀匠鐵鎚殺人者, 一府皆驚擾, 公捕至, 立斬之. 上章待罪, 諸司亦按公擅殺, 仁宗曰: “李復圭, 帥才也.” 除知慶州. 後責光化軍, 有放停卒自陳乞添租剗佃某人官田者, 公曰: “汝揀停之兵, 如何能佃官田?” 卒曰: “筋力未衰也.” 公曰: “汝以衰故揀停, 旣未衰卻合充軍.” 呼剌字人剌元軍分, 人皆稱之. 公才高, 爲衆所忌, 故仕官數不進. 公居多不樂, 康節因和其詩作「天吟」[1]一篇曰: “一般顏色正蒼蒼, 今古人曾望斷腸. 日往月來無少異, 陽舒陰慘不相妨. 迅雷震後山川裂, 甘露零時草木香. 幽暗嵓崖生鬼魅, 清平郊野見鸞凰. 千秋[2]爛爲三春雨, 萬木凋因一夜霜. 此意分明難理會, 直須賢者入消詳.” 蓋廣其意, 使有所感悟也.

75 「천음(天吟)」: 본래 제목은 「창창음(蒼蒼吟), 기답조주이심언용도(寄答曹州李審言龍圖)」다.

[1] 「천음(天吟)」: 소옹의 『격양집』에는 "「창창음(蒼蒼吟)」"이라 되어 있다.
[2] 추(秋): 명초본과 『격양집』에는 "화(花)"라 되어 있는데, 문맥상 보다 타당하다.

18-13(199)

강절선생康節先生(소옹)이 하남윤河南尹 이군석李君錫(이중사)의 연회에 참석해 투호投壺 놀이를 했는데, 이군석의 마지막 화살이 투호의 귀에 꽂히자 이군석이 말했다.

"우연히 귀에 꽂혔을 뿐이오."

그러자 강절선생이 곧바로 말했다.

"거의 투호를 넘어뜨릴 뻔했소."

좌중의 손님들은 이를 적절한 대구라 여겼고, 또한 멋진 농담이라 이를 만하다고 했다.

康節先生赴河南尹李君錫會投壺, 君錫末箭中耳, 君錫曰: "偶爾中耳." 康節應聲曰: "幾乎敗壺." 坐客以爲的對, 亦可謂善謔矣.

邵氏聞見錄 卷十九

19-1(200)

사마온공司馬溫公(사마광)이 처음 낙양洛陽에 거주할 때, 강절康節(소옹)에게 훌륭한 선비를 물었더니 강절이 대답했다.

"윤재尹材[1] 처초處初, 장운경張雲卿[2] 백순伯純, 전술고田述古[3] 명지明之가 있는데, 이 세 사람은 모두 어진 준걸입니다."

윤처초尹處初(윤재)와 전명지田明之(전술고)는 사마온공의 문하에 나아갈 수 있었지만, 장백순張伯純(장운경)만 사마온공을 만나지 못했다. 강절이 그 까닭을 사마온공에게 물었더니 사마온공이 말했다.

---

1 윤재(尹材): 자는 처초(處初). 북송의 학자로 윤원재(尹源才)의 아들이다. 일찍이 사마광(司馬光)·소옹(邵雍) 등과 교유했다. 사마광이 재상이 되었을 때 유일(遺逸: 숨은 인재)로 추천되어 학관(學官)에 임명되었으며, 장운경·전술고와 함께 '낙중삼현(洛中三賢)'으로 불렸다. 철종 원우(元祐) 4년(1089)에 헌납과(獻納科)에 급제했지만 얼마 후에 병사했다.

2 장운경(張雲卿): 자는 백기(伯紀) 또는 백순(伯純). 북송의 학자. 철종 원우(元祐) 8년(1093)에 학관(學官)에 임명되었다.

3 전술고(田述古): 자는 명지(明之). 북송의 학자. 일찍이 호원(胡瑗)에게서 수학했으며, 20여 년간 경서를 연구하고 학문에 전념했다. 특히 『주역』·『중용』·『논어』·『맹자』를 좋아해 높은 경지에 이르렀다. 정주교수(鄭州敎授)·태학정(太學正)·통리군첨판(通利軍簽判)을 지냈다. 언행일치(言行一致)를 강조하면서 장구(章句)에 매몰된 자들의 폐단이 "부지일용(不知日用)"에 있다고 지적했다. 저서에 『설역요(說易要)』가 있다.

"처초와 명지의 어짊은 선생의 말씀과 같지만, 장군張君(장운경)에 대해서는 그가 화주和州에 부친을 여빈旅殯[4]하고 오랫동안 성묘하지 않았다고 들었기에 아직 만나지 않았습니다."

강절이 말했다.

"장운경은 효성스럽다고 이를 만합니다. 운경의 부친이 폄적되어 화주에서 죽었지만 가난해서 고향으로 돌아갈 수 없었기에 그곳에 임시로 장례를 치렀습니다. 운경은 모친을 모시고 낙양으로 돌아왔지만 몹시 가난했습니다. 부윤府尹이 그를 불쌍히 여겨 국자감설서國子監說書로 삼아 월봉月俸 7천 냥으로 모친을 봉양하게 했습니다. 만약 화주를 한 번 다녀온다면 몇 달치의 녹봉이 소요되므로 그의 모친을 굶주리게 할 것입니다. 그간의 사정이 이와 같습니다."

사마온공이 슬퍼하며 말했다.

"내가 잘못 들었습니다."

장백순은 이때부터 사마온공을 좇아 교유했다. 얼마 후에 장백순의 모친이 죽자, 장백순은 걸어서 화주까지 가서 부친의 영구를 모셔 와 모친과 합장했다. 세 군자는 이미 사마온공의 인정을 받았는데, 사마온공이 (철종) 원우元祐 연간(1086~1094)에 재상으로 들어간 후, 윤처초와 전명지는 유일遺逸(숨은 인재)로 명을 받고 장백순은 누차 특별한 은전으로 발탁되어 함께 학관學官에 제수되었다. 사마온공이 어진 선비를 좋아해 자신을 낮추고, 강절의 말을 존중해 받아들임이 이와 같았다. 장백순은 학문이 해박했는데, 문노공文潞公(문언박)이 경서와 사서史書에 주소注疏를 달 때 간혹 잊어버린 것

4 여빈(旅殯): 영구를 타향에 임시로 안장했다가 고향으로 돌아가 정식으로 장례 치르기를 기다리는 것을 말한다.

이 있으면 대부분 장백순에게 질문했다.

司馬溫公初居洛, 問士於康節, 對曰: "有尹材字處初 · 張雲卿字伯純[1] · 田述古字明之, 三人皆賢俊." 處初 · 明之得進於溫公門下, 獨伯純未見. 康節以問公, 公曰: "處初 · 明之之賢如先生言, 張君者或聞旅殯其父於和州, 久不省, 未敢與見." 康節曰: "張雲卿可謂孝矣. 雲卿之父謫官死和州, 貧不能歸, 因寓其喪. 雲卿奉其母歸洛, 貧甚. 府尹哀之, 俾爲國子監說書, 得月俸七千以養. 若爲和州一行, 則罷俸數月, 將飢其母矣. 其故如此." 溫公悵然曰: "某之聽誤矣." 伯純自此亦從溫公游. 未幾, 伯純之母死, 徒步至和州迎父柩合葬. 三君子旣受知溫公, 公入相元祐, 處初 · 明之以遺逸命, 伯純以累擧特恩, 同除學官. 溫公好賢下士, 尊用康節之言如此. 伯純學問該洽, 文潞公於經史注疏或有遺忘, 多從伯純質之.

[1] 백순(伯純): 제본(諸本)에는 "백기(伯紀)"라 되어 있다. 이하도 마찬가지다.

19-2(201)

(신종) 희녕熙寧 연간(1068~1077) 초에 왕선휘王宣徽(왕공진)의 아들 왕정보王正甫 무직茂直이 감서경양료원監西京糧料院[5]이 되었다. 하루는 강절康節(소옹) 선공先公이 오처후吳處厚 · 왕평보王平甫(왕안국)와 함께 모여서 식사하기로

5 감서경양료원(監西京糧料院): '양료원'은 군량과 관봉(官俸)을 관장하는 관서로, 북송 초에 무신(武臣)을 도양료사(都糧料使)에 임명했다가 나중에 문신(文臣)으로 그 일을 주관하게 했다.

약속했는데, 강절이 병을 이유로 사양했다. 다음 날 왕무직王茂直(왕정보)이 오자 강절이 말했다.

"내가 모임을 사양한 데에는 이유가 있으니 잠시 들어 보시오. 오처후는 의론을 좋아하고 왕평보는 왕개보王介甫(왕안석)의 동생이오. 왕개보가 바야흐로 정권을 잡고 신법新法을 시행하고 있는데, 오처후가 매번 그를 비난하고 있소. 왕평보가 비록 그의 형을 그다지 존중하지는 않지만, 만약 다른 사람이 면전에서 그의 형을 욕한다면 견디지 못할 것이오. 이것이 내가 모임을 사양한 까닭이오."

왕무직이 웃으며 말했다.

"선생은 일을 헤아림이 이처럼 상세하군요. 어제 오처후가 모임자리에서 왕개보를 비난하자 왕평보가 얼굴을 붉히면서 그 일을 관부에 진술하려고 했는데, 제가 아주 어렵게 화해시킨 끝에 비로소 그만두었습니다."

아! 강절은 도덕으로 한 시대의 존숭을 받았고 평상시에 거처를 나가 한 번 식사하는 사이에도 이처럼 신중했으니, 자손 된 자들은 마땅히 이를 유념해야 한다.

熙寧初, 王宣徽之子名正甫字茂直, 監西京糧料院. 一日約康節先公同吳處厚·王平甫會飯, 康節辭以疾. 明日, 茂直來, 康節謂曰: "某之辭會有以, 姑聽之. 吳處厚者好議論, 平甫者介甫之弟. 介甫方執政行新法, 處厚每譏刺之. 平甫雖不甚主其兄, 若人面罵之則亦不堪矣. 此某所以辭會也." 茂直笑曰: "先生料事之審如此. 昨處厚席間毀介甫, 平甫作色, 欲列其事於府, 某解之甚苦, 乃已." 嗚呼! 康節以道德尊[1], 平居出處一飮食之間, 其愼如此, 爲子孫者當念之.

[1] 존(尊): 제본(諸本)에는 이 뒤에 "일대(一代)" 2자가 있는데, 문맥상 의미가 보다 분명하다.

19-3(202)

(신종) 희녕熙寧 연간(1068~1077)에 낙양洛陽에서 도덕으로 조정의 존숭을 받은 자 중에서 대신으로는 부한공富韓公(부필)이 있었고, 시종관으로는 사마온공司馬溫公(사마광)과 여신공呂申公(여공저)이 있었으며, 사대부로서 경감卿監(구시九寺와 오감五監의 장관)의 지위에 있다가 고결한 덕행으로 일찍 퇴직한 자는 10여 명이었고, 학문을 좋아하고 선행을 즐기면서 도의를 행한 자는 거의 20명이었다. 강절康節(소옹) 선공先公은 은거하면서 조정의 초빙을 사절했지만, 이들이 모두 선공을 추종해 충후한 기풍이 천하에 알려졌다. 마을의 후배들은 모두 염치廉恥를 두려워할 줄 알았기에 어떤 일을 행하려 할 때면 반드시 말했다.

"나쁜 일은 하지 말지니 사마단명司馬端明(사마광)이 아시고 소 선생邵先生(소옹)이 아실까 두렵다."

아! 훌륭하도다!

熙寧中, 洛陽以道德爲朝廷尊禮者大臣曰富韓公, 侍從曰司馬溫公·呂申公, 士大夫位卿監以淸德早退者十餘人, 好學樂善有行義者幾二十人. 康節先公隱居謝聘皆相從, 忠厚之風聞於天下. 里中後生皆知畏廉恥, 欲行一事, 必曰: "無爲不善, 恐司馬端明知, 邵先生知." 嗚呼! 盛哉!

19-4(203)

강절康節(소옹) 선공先公은 (인종) 가우嘉祐 연간(1056~1063)에 조정에서 유일遺逸(숨은 인재)로 발탁해 관직에 임명했지만 사양하고 따르지 않았다. 하남윤河南尹이 관리를 강절의 집으로 파견해 임명 칙서와 조복朝服을 보냈는데, 강절은 조복을 입고 사례하고 나서 즉시 처음처럼 거친 베옷으로 갈아입었다. (신종) 희녕熙寧 연간(1068~1077) 초에 이르러 조정에서 다시 관직에 임명했지만 강절은 세 번 사양하고 또 따르지 않았으며, 재차 조복을 입고 사례하면서 또한 말했다.

"나는 더 이상 벼슬하지 않겠다."

그러고는 비로소 은자의 복장인 검은 모자[6]와 베옷을 착용했는데, 경상卿相을 만나도 갈아입지 않았다. 사마온공司馬溫公(사마광)은 『예기禮記』에 의거해 심의深衣·관잠冠簪·폭건幅巾·진대縉帶를 만들었는데, 매번 출타할 때마다 조복을 입고 말을 탔으며 가죽 함에 심의를 담아 뒤에 따라오게 했다가 독락원獨樂園에 들어가면 그것을 입었다. 사마온공이 일찍이 강절에게 말했다.

"선생도 이 옷을 입어 보겠습니까?"

강절이 말했다.

"나는 지금 사람이니 당연히 지금의 옷을 입어야지요."

사마온공은 그 말이 이치에 합당하다고 감탄했다.

6 검은 모자: 원문은 "오모(烏帽)". 벼슬하지 않고 시골에 숨어 사는 사람들이 쓰던 검은 모자. 은자나 거사가 쓰던 검은 모자를 말한다.

康節先公嘉祐中朝廷以遺逸命官, 辭之不從. 河南尹遣官就第送告勑朝章, 康節服以謝, 卽褐衣如初. 至熙寧初, 再命官, 三辭, 又不從, 再以朝章謝, 且曰: "吾不復仕矣." 始爲隱者之服, 烏帽緇褐, 見卿相不易也. 司馬溫公依『禮記』作深衣 · 冠簪 · 幅巾 · 縉帶. 每出, 朝服乘馬, 用皮匣貯深衣隨其後, 入獨樂園則衣之. 常謂康節曰: "先生可衣此乎?" 康節曰: "某爲今人, 當服今時之衣." 溫公歎其言合理.

19-5(204)

부공富公(부필)이 아직 과거에 급제하지 않았을 때, 낙수洛水 북쪽의 상양문上陽門 밖에서 살면서 낙수 남쪽의 천궁사天宮寺 삼학원三學院에서 공부했다. 삼학원에 종호宗顥라는 행자行者가 있었는데, 일찍이 부공을 옆에서 모셨다. 부공이 재상이 되었을 때 종호는 이미 승려가 되었는데, 부공의 주청으로 자방포紫方袍를 하사받고 보월대사寶月大師로 불렸다. 부공이 정치를 그만두고 지덕방至德坊에 큰 저택을 지었는데 천궁사와 서로 가까웠다. 부공은 병이 들어 손님을 사절했는데, 종호가 찾아와서 간혹 나아갈 수 없으면 곧장 도당道堂으로 들어가 부공을 뵙고 말했다.

"상공相公께서는 삼학원에서 공부하던 때를 기억하시겠지요?"

부공은 매번 그 때문에 웃었으며, 철마다 매우 후한 예물을 보내 주었다. 강절康節(소옹) 선공先公이 공성현共城縣에서 낙양洛陽으로 옮겨 와 아직 사람들에게 알려지지 않았을 때 종호만이 강절을 머물게 해 주었으니, 종호가 속승俗僧이 아님을 알 수 있다. 강절이 삼학원의 누각에 올라 일찍이 「낙양회고부洛陽懷古賦」를 지었다.

"낙양이 도읍이 된 것은 땅이 천지의 가운데에 있고 중천中天의 제왕의 기운이 그곳에 있기 때문이다. 내가 여기에 거주한 지 이제 반년이 되었는데, 때마침 가을에 비가 갠 틈을 타서 전원殿院[7] 유군옥劉君玉(유원유)과 함께 천궁사 삼학원의 누각에 올라 낙양의 풍경을 두루 바라볼 수 있었다. 애석하게도 백 대代가 흥하고 망한 이래로 천자들이 비록 이곳에 도읍을 정하긴 했지만 대부분 오래 머물지 못했다. 그래서 회고의 느낌을 담아 풍유를 전달하고자 했다. 유군옥이 부를 좋아해 나에게 부로 이를 기술해 주길 청했다.

가을비 개니 햇빛이 맑다. 온갖 풍경 드러나니 가을이라 더욱 분명하다. 어떻게 마음속 깊은 생각 시원하게 풀어낼 수 있을까? 오직 높은 누각에 기대면 된다. 하늘은 광활하고 바람은 상쾌한데, 삼천三川(하수 · 낙수 · 이수)의 빼어난 형세 바라보며 천고의 흥망성쇠 느낀다. 서북쪽을 돌아보니 경물이 아름답고, 구름의 모습과 만물의 자태에 기상이 왕성하다. 높고 낮은 누각이 에워싸고 선명한 황금빛과 푸른빛이 빛난다. 지세地勢가 맞닿은 곳에 제왕의 거처가 자리 잡고 있다. 애석하게도 천자께서 동도東都(개봉)에 거하시니 이곳은 여러 제후국처럼 되어, 사책史冊에 중요하게 기록되지 못하고 천하에 호령하지 못한다. 성교聲敎와 문물이 여기에서 나오지 않고 도덕과 인의가 여기에서 교화되지 않는다. 빽빽이 늘어섰던 궁전은 무너져 무성한 풀밭 되었고, 바둑판처럼 깔려 있던 원유園囿는 황폐해져 평평한 들녘 되었다. 난여鑾輿(어가)가 이르지 않은 지 30여 년이나 되니, 사람들은 옛날을 그리며 탄식하길, 헛되이 도읍이란 이름만 남았다고 한다. 아! 하왕夏王이 치

7 전원(殿院): 당송시대에 어사대(御史臺)에 대원(臺院) · 전원(殿院) · 찰원(察院)을 설치하고, 시어사(侍御史) · 전중시어사(殿中侍御史) · 감찰어사(監察御史)로 각 원을 주관하게 했다. 나중에는 주로 전중시어사를 지칭했다.

수해 사해 안의 땅을 아홉으로 나눴는데, 그 가운데에 있던 것이 예주豫州이며, 형하荊河의 북쪽이 바로 상류다. 주공周公이 도읍을 점쳐 온 천하의 지경 안에 이어진 나라가 만 개나 되었는데, 그 가운데에 있던 것이 낙양이며, 전수瀍水와 간수澗水의 옆이 바로 옛 도읍이다. 지금에 이르기까지 2천 년이 넘도록 흥망이 일정하지 않았기 때문에 그 거처가 무상했다. 내가 부를 짓는 까닭은 고금의 변화의 때를 살펴보고 흥망의 이동異同의 자취를 기술해, 이미 가 버린 군왕을 추도하고 나중에 오게 될 국가를 고려하기 위함이다. 옛날에 태호씨太昊氏(복희씨)가 처음 법도를 세우고 이제二帝(요·순)가 이를 완성하고 삼왕三王(하우·성탕·주문왕)이 법도를 보전해 적절하게 참조하며 사용했다. 이 여섯 성인의 치리治理는 진실로 만세의 스승이다. 나는 백성을 다스리는 도가 여기에 다 담겨 있다고 생각한다. 대저 (춘추시대에) 오패五霸가 서로 맞서고 (전국시대에) 칠웅七雄이 위세를 부렸으며, 한漢나라는 진秦나라의 폐해를 틈타 흥기하고 조위曹魏는 한나라의 쇠망 덕에 천하를 차지했으며, 처음엔 (삼국이) 정립해 다스리다가 결국엔 꼬투리의 콩이 분리되듯 무너졌다. 진晉나라는 중원을 지키지 못했고 유송劉宋은 강남에 국경을 그었으며, 혹은 제齊나라로 달려가고 양梁나라로 갈아탔으며, 혹은 진陳나라로 나아가고 수隋나라를 지나갔다. 원위元魏(북위)[8]는 하남河南의 땅을 개척하고 육조六朝의 풍물이 변했으며, 이당李唐은 관중關中의 복부를 차지하고 오대五代의 난리가 일어났는데, 그사이에 혹은 도의가 뛰어나 백성을 얻기도 하고, 혹은 군대가 강해 아랫사람을 위협하기도 하고, 혹은 호랑이처럼 삼키고 용처럼 씹어 먹기도 하고, 혹은 닭울음소리로 속이고 개구

8 원위(元魏): 북위(北魏)를 말한다. 북위 효문제(孝文帝) 원굉(元宏) 때 낙양으로 천도하고 본래 성인 탁발씨(拓跋氏)를 원씨(元氏)로 바꾸었기 때문에 북위를 '원위'라고 한다.

멍으로 도둑질하기도 하고,[9] 혹은 어려운 역경에서 나라를 세우기도 하고, 혹은 편안하고 여유로운 환경에서 선조의 업적을 지키기도 하고, 혹은 솥 안의 진수성찬을 엎어[10] 종국을 맞이하기도 하고, 혹은 뽕나무의 뿌리에 의거해[11] 떨쳐 일어나기도 했다. 그래서 그 여섯 가지를 진술하니, 비록 선악이 같지는 않지만 그 성패는 한가지다. 그 첫째는 위대하도다! 덕의 성대함이여! 천하를 윤택하게 할 수 있으니, 반드시 먼저 자신에게서 이를 행한 연후에 다른 사람에게서 이를 교화시킨다. 교화는 본받는 것이니 다른 사람이 나를 본받는 것이다. 그래서 엄하게 하지 않아도 다스려지고 억지로 하지 않아도 이루어지며 말하지 않아도 믿어지고 명하지 않아도 행해진다. 천하의 본성을 따라 천하의 모든 생명을 기른다. 이는 제자帝者가 하는 바이로다! 그 둘째는 지극하도다! 정치의 성대함이여! 천하를 공평하게 할 수 있으니, 반드시 먼저 자신에게서 이를 행한 연후에 다른 사람에게 이를 가르친다. 가르침은 바르게 하는 것이니 내가 다른 사람을 바르게 하는 것이다. 그래서 엄하게 하지 않아도 다스려지고 억지로 하지 않아도 이루어지며 말하지 않아도 믿어지고 명하지 않아도 행해진다. 천하의 질고를 뽑아내 천하의 모든 생명을 자라게 한다. 이는 왕자王者가 하는 바이로다! 그 셋째는 장대하도다! 힘의 성대함이여! 천하를 다스릴 수 있으니, 반드시 먼저 부고府庫를 풍요롭게 하고 곳집을 높이 지으며, 칼끝과 화살촉을 날카롭

---

9 닭울음소리로 속이고 개구멍으로 도둑질하기도 하고: 원문은 "계광이견사(雞狂而犬詐)". 전국시대 제(齊)나라 맹상군(孟嘗君)이 거느린 이른바 '계명구도지객(鷄鳴狗盜之客)'을 말한다.

10 솥 안의 진수성찬을 엎어: 원문은 "복속(覆餗)". 중임(重任)을 감당하지 못해 일을 그르치는 것을 비유한다.

11 뽕나무의 뿌리에 의거해: 원문은 "포상(包桑)". 포상(苞桑)과 같다. 무더기로 자라나는 뽕나무의 뿌리라는 뜻으로, 깊고 단단한 기틀을 비유한다.

게 하고 금성탕지金城湯池(철옹성)를 높이 쌓는다. 법령을 세찬 불길보다 준엄하게 하고 군대의 형벌을 가을 서리보다 엄숙하게 하며, 위아래에서 백성의 귀를 놀라게 하고 바깥 변방에서 오랑캐의 마음을 두렵게 한다. 이는 패자霸者가 하는 바이도다! 그 넷째는 만약 너무 과도하게 맡기고 너무 지나치게 관대하면, 처음에는 일을 망치고 오래되면 간사함이 생겨난다. 이미 이익이 손해를 감당할 수 없기 때문에 용렬한 자가 어진 자를 질시한다. 그래서 반드시 그 세금을 경감시켜 백성을 곤궁하지 않게 하려 하지만 백성은 더욱 곤궁해지며, 그 형벌을 줄여서 백성을 해치지 않게 하려 하지만 백성은 더욱 해를 당한다. 대개 나라를 다스리는 방도에서 그 근본을 잃은 것이다. 그 다섯째는 만약 현명하다고 임명하고 잘 살핀다고 전담하게 하면, 처음에는 공이 대단하지만 결국에는 흠결이 생긴다. 이미 위아래에서 번갈아 잔학하니 은혜와 신의를 빼앗기게 된다. 그래서 그 형벌을 준엄하게 해서 백성을 범법하지 못하게 하려 하지만 백성은 더욱 범법하며, 그 세금을 늘려서 국고를 고갈되지 않게 하려 하지만 국고는 더욱 고갈된다. 대개 나라를 다스리는 방도에서 그 말류를 잃은 것이다. 그 여섯째는 홍수와 가뭄이 화를 불러 해마다 흉년이 드는 것은 천지의 상리常理로 비록 성인이라 할지라도 없앨 수 없으니, 대개 미리 준비하면 근심이 없게 된다. 중용을 얻지 못한 자는 게다가 너무 너그럽게 하거나 엄하게 함으로써 실정失政하고, 너무 무겁게 하거나 가볍게 함으로써 권형權衡을 잃으니, 홍수 가뭄과 전쟁이 없더라도 백성은 이미 곤궁한데, 하물며 홍수 가뭄과 전쟁이 있음에랴! 이른바 '근본과 말류가 번갈아 잘못되니 망하지 않음을 어찌 기다리겠는가?'라는 것이다. 천하에 여섯 가지의 성패가 있으니 이것을 말하는 것이다. 천하에 군림하는 자는 성제聖帝의 전모典謨를 이용해 명왕明王의 교화를 시행할 수 없다. 선비는 죽일 수는 있지만 욕되게 할 수는 없으며, 백성은 가까이할 수는 있지만 등한시할 수는 없다. 윗사람이 자식처럼 어루만지면 아랫사람은 반드시 그를 임금으로 추대한다. 그래서 중니仲尼(공자)는 역성혁명을 논하면 도리어 남의 군주가 되지 못하고, 나라를 양보하길 밝히면 오히려 남이 신하로 삼지 못한다고 했다. 『예禮』와 『악樂』을 편정해 천하의 정교政教를 통일하고, 『춘추春秋』를 수찬해 제후들의 난륜亂倫을 벌하며, 『시詩』를 산정해 문왕文王과 무왕武王의 훌륭함을 선양하고, 『서書』를 서술해 요堯·순舜의 어짊을 존숭하며, 『대역大易』을 찬술해 개괄하고 육경과 함께 모두 보존했다. 생각건대 땅의 중요함으로 백성의 교화를 바꾸어서는 안 되고, 하늘의 교화로 하늘의 때를 어그러뜨려서는 안 되며, 반드시 때와 교화가 각각 갖추어지면 거주하는 곳이 어디든 마땅함을 얻게 되니, 이 때문에 제왕의 땅이 본디부터 있다고 할 수 없음을 알겠다. 임금이 반드시 위로 제사帝事를 행하고자 하면 천도天道를 지키길 청하고, 중간으로 왕사王事를 행하고자 하면 인도人道를 지키길 청하며, 아래로 패사霸事를 행하고자 하면 지도地道를 지키길 청한다. 이 세 가지 도 가운데 하나만 제대로 지킬 수 있다면, 천고의 세상도 오히려 손바닥을 뒤집듯이 쉬울 것이다. 그런즉 낙양의 홍성을 두고 또한 어찌 도읍이냐 도읍이 아니냐를 따지겠는가? 만약 나를 쓰고자 한다면 나는 그 중간(왕사와 인도)을 따르겠다."

강절선생은 대개 이와 같은 경세지학經世之學을 부에 의탁해 스스로 드러냈을 뿐이다.

富公未第時, 家於水北上陽門外, 讀書於水南天宮寺三學院. 院有行者名宗顥, 嘗給事公左右. 及公作相, 顥已爲僧, 用公奏賜紫方袍, 號寶月大師. 公致政, 築大第於至德坊, 與天宮寺相邇. 公以病謝客, 宗顥來或不得前, 則直入道堂, 見公曰: "相公頗憶院中讀書時否?" 公每爲之笑, 時節送遺甚厚. 康節先公自共城遷洛, 未爲人所知也, 宗顥獨館焉, 可見宗顥非俗僧也. 康節登其院閣, 嘗作「洛陽懷古賦」曰: “洛陽之爲都也, 地居天地之中, 有中天之王氣在焉. 予家此始半歲, 會秋乘雨霽, 與殿院劉君玉登天宮寺三學閣, 洛之風景因得周覽. 惜其百代興廢以來, 天子雖都之, 而多不得其久居也. 故有懷古之感, 以通諷誦[1]. 君玉好賦, 請以賦言之: 秋雨霽, 日色淸. 萬景出, 秋益明. 何幽懷之能快? 唯高閣之可憑. 天之空廓, 風之輕泠, 覽三川之形勝, 感千古之廢興. 乃眷西北, 物華之姸, 雲情物態, 氣象汪然. 擁樓閣以高下, 煥金碧之光鮮. 當地勢之拱處, 有王居之在焉. 惜乎天子居東都, 此邦若諸夏, 不會要於方策, 不號令於天下. 聲明文物, 不自此而出, 道德仁義, 不自此而化. 宮殿森列, 鞠而爲茂草, 園囿棊布, 荒而爲平野. 鑾輿曾不到者三十餘年, 使人依然而歎曰: 虛有都之名也. 噫! 夏王之治水也, 四海之內列壤惟九, 而居中者實曰豫州, 荊河之北, 此爲上流. 周公之卜宅也, 率土之濱達國爲萬, 而居中者實曰洛陽, 瀍·澗之側, 此唯舊邦[2]. 迄於今二千年之有餘, 因興替之不定, 故靡常其厥居. 我所以作賦者, 閱古今變易之時, 述興亡異同之迹, 追旣失之君王, 存後來之國家也. 昔大昊始法, 二帝成之, 三王全法, 參用適宜. 伊六聖之經理, 實萬世之宗師. 我乃謂治民之道, 於是乎大盡矣. 逮夫五霸抗軌, 七雄駕威, 漢之興乘秦之弊, 曹之擅幸漢之衰, 始鼎立而治, 終豆分而隳. 晉中原之失守, 宋江左之畫畿, 或走齊而驛梁, 或道陳而經隋. 自元魏廓河南之土植, 六朝之風物, 李唐蟠關中之腹孕, 五代之亂離, 其間或道勝而得民, 或兵彊而慴下, 或虎呑而龍噬, 或雞狂而犬詐, 或創業於艱難, 或守成於逸暇, 或覆餗而終焉, 或包桑而振者. 故得陳其六事, 雖善惡不同, 其成敗一也. 其一曰: 大哉德之爲大也! 能潤天下, 必先行之於身, 然後化之於人. 化也者, 效之也, 自人而效我者也. 所以不嚴而治, 不爲而成, 不言而信, 不令而行. 順天下之性命, 育天下之生靈. 其帝者之所爲乎! 其二曰: 至哉政之爲大也! 能公天下, 必先行之於身, 然後教之於人. 教也者, 正之也, 自我而正人者也. 所以有嚴而治, 有爲而成, 有言而信, 有令而行. 拔天下之疾苦, 遂天下之生靈. 其王者之所爲乎! 其三曰: 壯哉力之爲大也! 能致天下, 必先豐府庫, 峙倉箱, 銳鋒鏑, 峻金湯. 嚴法令於烈火, 肅兵刑於秋霜, 竦民聽於上下, 慴夷心於外荒. 其霸者之所爲乎! 其四曰: 時若傷之於隨, 失之於寬, 始則廢事, 久而生姦. 旣利不能勝害, 故冗得以疾賢. 是必薄其賦斂, 欲民不困而民愈困, 省其刑罰, 欲民不殘而民愈殘. 蓋致之之道, 失其本矣. 其五曰: 時若任之以明, 專之以察, 始則烈烈, 終焉闕闕. 旣上下以交虐, 乃恩信之見奪. 是以峻其刑罰, 欲民不犯而民愈犯, 厚其賦斂, 欲國不竭而國愈竭. 蓋致之之道, 失其末矣. 其六曰: 水旱爲沴, 年歲耗虛, 此天地之常理, 雖聖人不能無, 蓋有備而無患. 不得中者, 加以寬猛失政, 重輕逸權, 不有水旱兵革而民已困, 而況有水旱兵革者焉! 所謂'本末交失, 不亡何待?' 天下有成敗六焉, 此之謂也. 君天下者得不用聖帝之典謨, 行明王之教化. 士可殺不可辱, 民可近不可下. 上能撫如子焉, 下必戴其后也. 仲尼所以陳革命, 則抑爲人之匪君, 明遜國, 則杜爲人之不臣. 定『禮』·『樂』而一天下之政教, 修『春秋』而罪諸侯之亂倫, 刪『詩』以揚文·武之美, 序『書』以尊堯·舜之仁, 贊『大易』以都括與六經而並存. 意者不可以地之重易民之教, 不可以天之教悖天之時, 必時教之各備, 則居地而得宜, 是故知地不可固有之也. 君上必欲上爲帝事, 則請執天道焉, 中爲王事, 則請執人道焉, 下爲霸事, 則請執地道焉. 三道之間, 能舉其一, 千古之上猶反掌焉. 則是洛之興也, 又何計乎都與不都也? 如欲用我, 吾從其中." 康節先生經世之學蓋如此, 託賦以自見耳.

[1] 송(誦): 명초본과 『학진토원』본에는 "유(諭)"라 되어 있고, 원초본과 『진체비서』본에는 이 뒤에 "유(諭)" 자가 있는데, 문맥상 보다 타당해 보인다.

[2] 방(邦): 제본(諸本)에는 "도(都)"라 되어 있는데, 문맥상 보다 타당하다.

19-6(205)

(신종) 희녕熙寧 연간(1068~1077)에 종호宗顥는 여전히 건강했다. 내(소백온)가 일찍이 그의 삼학원三學院으로 가서 공부했는데, 종호는 매번 부공富公(부필)이 거자擧子로 있을 때의 일을 꺼내 권면하면서 말하곤 했다.

"부공은 밤에 둥근 베개를 베었는데, 이는 오래 잠들 수 없기를 바란 것이었네. 깊이 생각할 것이 있으면 겨울에는 얼음과 눈을, 여름에는 냉수를 얼굴에 끼얹었네. 그가 각고의 노력을 한 것이 이와 같았네."

강절康節(소옹) 선공先公의 「낙양회고부洛陽懷古賦」는 처음에 원본이 없었고 오직 종호만이 이를 암송할 수 있었는데, 종호는 나이가 거의 아흔이 되어 죽었다. 강절 선공이 늘 말했다.

"본조의 조종祖宗이 천하의 근본을 세운 것은 전대前代에 비할 바가 아니다. 그래서 안으로는 대신의 발호가 없었고 밖으로는 번진의 횡포가 없었고 큰 도적도 없었으며, 유독 오랑캐만 걱정거리였다."

그래서 「십육국시十六國詩」에서 이렇게 읊었다.

"온 하늘 아래를 환구寰區(천하)라 부르니, 대우大禹가 일찍이 치수한 결과라네. 옷은 다 해져 이가 득실거렸고, 손톱은 문드러져 구더기가 기어 다녔네. 용 문장[12]은 본래 미친 도적이 쓰지 못하는데, 궐문[13]은 어찌 일찍이 난입한 호족胡族에게 짓밟혔는가? 이부尼父(공자)가 하신 말씀 음미할 만하니,

12 용 문장: 원문은 "용장(龍章)". 쌍룡을 그린 문장으로, 황제의 의장을 말한다.

13 궐문: 원문은 "상위(象魏)". 상궐(象闕)이라고도 한다. '상'은 법(法), '위'는 고(高)의 뜻으로, 옛날에 법령을 높은 궐문 밖에 게시한 데서 비롯된 말이다. 일반적으로 대궐의 문을 가리킨다. 나중에는 법률제도나 법률의 엄정한 적용을 가리키는 말로 쓰이기도 한다.

당시에 한 명의 관이오管夷吾(관중)[14]가 부족했다네."

또 「관기시觀碁詩」를 지어 옛날로부터 서진西晉에 이르기까지 차례로 서술하면서 이렇게 읊었다.

"두 임금[15]은 서리와 이슬을 무릅썼고, 오호五胡는 나라를 침범했네. 세상에 관이오가 없어서, 사람들을 거듭 흐느끼게 했네."

또 늘 말했다.

"공자孔子는 관중管仲의 공을 생각하면서 스스로 머리를 풀어헤치고 왼쪽으로 옷깃을 여미지[16] 않게 된 것을 다행이라 여겼다. 그러니 관중 같은 자를 가볍게 논할 수 있겠는가!"

아! 다 이유가 있는 말이로다!

熙寧間, 宗顥尙無恙. 伯溫嘗就其院讀書, 宗顥每以富公爲擧子[1]事相勉, 曰: "公夜枕圓枕, 庶睡不能久. 欲有所思, 冬以冰雪, 夏以冷水沃面. 其勤苦如此." 康節先公「懷古賦」初無本, 唯宗顥能誦之, 年幾九十乃死. 康節先公常言: "本朝祖宗立天下之士[2], 非前代可比. 內無大臣跋扈, 外無藩鎭強橫, 亦無大盜賊, 獨夷狄爲可慮." 故有「十六國詩」云: "普天之下號寰區, 大禹曾經

---

14 관이오(管夷吾): 관중(管仲, ?~BC 645): 이름은 이오, 자는 중(仲). 춘추시대 제(齊)나라의 재상. 친구 포숙아(鮑叔牙)의 추천으로 제 환공(桓公)에 의해 경(卿)에 임명되었다. 정치·행정·경제·군사 등 여러 방면에서 개혁을 단행함으로써 부국강병을 이루어 제 환공이 패주(霸主)가 되는 데 결정적인 공을 세웠다.

15 두 임금: 서진의 마지막 두 황제인 회제(懷帝)와 민제(愍帝)를 말한다. 회제 영가(永嘉) 6년(312)에 오호십육국(五胡十六國) 전조(前趙)의 군주 유총(劉聰)이 수도 낙양을 침공해 회제를 평양(平陽)에 유폐시켰다가 살해하고 민제를 장안에서 옹립했는데, 316년에 민제가 항복함으로써 서진이 멸망했다.

16 머리를 풀어헤치고 왼쪽으로 옷깃을 여미지: 원문은 "피발좌임(被髮左衽)". 오랑캐의 풍습을 말한다. 공자가 관중의 공에 대해 언급한 말은 『논어(論語)』「헌문(憲問)」편에 나온다.

治水餘. 衣到弊時多蟣虱, 爪當爛處足蟲蛆. 龍章本不資狂寇, 象魏何嘗薦亂胡? 尼父有言堪味處, 當時欠一管夷吾.” 又作「觀碁詩」, 歷敍古今至西晉云: “二主蒙霜露, 五胡犯鼎彝. 世無管夷吾, 令人重歔欷.” 常曰: “孔子念管仲之功, 自以不被髮左衽爲幸. 若管仲者, 可輕議哉!” 嗚呼! 有以也夫!

[1] 거자(擧子): 원초본과 『진체비서』본에는 “학만(學晩)”이라 되어 있고, 명초본과 『학진토원』본에는 “학시(學時)”라 되어 있는데, 문맥상 역시 통한다.

[2] 사(士): 명초본에는 “본(本)”이라 되어 있는데, 문맥상 보다 타당하다.

19-7(206)

강절康節(소옹) 선공先公의 선천학先天學[17]은 내(소백온)가 불초해서 감히 칭찬하지 못하겠다. 강절 선공은 평소 거할 때 인간사의 길흉징조에 대해 일찍이 언급한 적이 없었는데, (영종) 치평治平 연간(1064~1067)에 손님과 함께 천진교天津橋 위를 산책하다가 두견새의 소리를 듣고 슬퍼하며 즐거워하지 않았다. 손님이 그 까닭을 물었더니 강절 선공이 말했다.

“낙양洛陽에는 예로부터 두견새가 없었는데 지금 처음 왔으니 예시豫示하는 바가 있어서 그렇소.”

손님이 말했다.

“무엇입니까?”

강절 선공이 말했다.

17 선천학(先天學): 소옹(邵雍)이 제창한 역학이론인 선천역(先天易)을 말한다. 본서 16-4(163)의 각주 참조.

"3~5년도 안 되어 황상께서 남쪽 인사[18]를 재상으로 등용하고 남쪽 사람을 많이 기용해 오로지 제도를 변경하는 일에 힘쓰게 할 것이니, 천하에 이때부터 일이 많아질 것이오!"

손님이 말했다.

"두견새의 소리를 듣고 어떻게 그것을 아십니까?"

강절 선공이 말했다.

"천하가 장차 잘 다스려질 때는 땅의 기운이 북쪽에서 남쪽으로 뻗치고, 장차 어지러워질 때는 남쪽에서 북쪽으로 뻗치오. 지금 남방 땅의 기운이 이르렀으니 날짐승들이 그 기운을 먼저 받은 것이오. 『춘추春秋』에서 '육익퇴비六鷁退飛'[19] · '구욕래소鸜鵒來巢'[20]라고 기록했는데, 이는 기운이 그렇게 한 것이오. 이때부터 남방의 초목이 모두 옮겨 올 것이며, 남방의 질병과 장독瘴毒 같은 것으로 북방 사람들이 모두 고생할 것이오."

(신종) 희녕熙寧 연간(1068~1077) 초에 이르러 그 말이 증험되었으니 기이하도다! 그래서 강절 선공이 일찍이 시[21]를 지어 읊었다.

"꾀꼬리 우는 곳엔 봄이 아직 남아 있지만, 두우杜宇(두견새) 올 때엔 봄은 이미 봄이 아니네."

또 읊었다.[22]

---

18 남쪽 인사: 구체적으로는 왕안석(王安石)을 지칭한다.

19 육익퇴비(六鷁退飛): 익조 여섯 마리가 심한 바람에 밀려 뒤로 날아간다는 뜻으로, 재이(災異)의 징조로 여겨졌다. '익'은 백로와 비슷한 물새다. 『춘추』「희공(僖公) 16년」의 기사에 나온다.

20 구욕래소(鸜鵒來巢): 구욕새가 와서 둥지를 튼다는 뜻으로, 역시 재이의 징조로 여겨졌다. '구욕'은 사람 말을 잘 흉내 내는 구관조를 말한다. 『춘추』「소공(昭公) 25년」의 기사에 나온다.

21 시: 제목은 「수미음(首尾吟)」이다. 인용된 시구는 「수미음」 제43수 중 일부다.

22 읊었다: 인용된 시구는 「수미음」 제86수 중 일부다.

"몇몇 큰 집에 비낀 석양 비추고, 한 조각 남은 봄에 자규子規(두견새)가 우네."

그 뜻이 깊다. 내가 나중에 들어 보니, 희주熙州에 당나라 때의 비석이 있었는데, 본조에서 아직 그곳을 차지하지 않았을 때 어느 날 참새 수천 마리가 그 비석 위에 내려앉자 그곳 사람이 꺼림칙해하며 말했다.

"혹시 이곳을 장차 한족漢族(송나라)이 차지하게 되려나?"

그러고는 그 비석을 불태워 버렸는데, 대개 오랑캐 땅에는 그 새가 없었기 때문이었다. 얼마 후에 과연 그렇게 되었다. 그래서 이를 아울러 기록해 선공의 말씀을 증명한다.

康節先公先天之學, 伯溫不肖, 不敢稱贊. 平居於人事禨祥未嘗輒言, 治平間, 與客散步天津橋上, 聞杜鵑聲, 慘然不樂. 客問其故, 則曰: "洛陽舊無杜鵑, 今始至, 有所主." 客曰: "何也?" 康節先公曰: "不三五年, 上用南士爲相, 多引南人, 專務變更, 天下自此多事矣!" 客曰: "聞杜鵑何以知此?" 康節先公曰: "天下將治, 地氣自北而南, 將亂, 自南而北. 今南方地氣至矣, 禽鳥飛類, 得氣之先者也. 『春秋』書'六鷁退飛'·'鸜鵒來巢', 氣使之也. 自此南方草木皆可移, 南方疾病瘴瘧之類, 北人皆苦之矣." 至熙寧初, 其言乃驗, 異哉! 故康節先公嘗有詩曰: "流鶯啼處春猶在, 杜宇來時春已非[1]." 又曰: "幾家大第橫斜照, 一片殘春啼子規." 其旨深矣. 伯溫後聞熙州有唐碑, 本朝未下時, 一日有家雀數千集其上, 人[2]惡之曰: "豈此地將爲漢有耶?" 因焚之, 蓋夷中無此禽也. 已而果然. 因并記之, 以信先君之說.

[1] 춘이비(春已非): 소옹의 『격양집(擊壤集)』에는 "화이비(花已飛)"라 되어 있다.
[2] 인(人): 명초본에는 이 앞에 "이(夷)" 자가 있는데, 문맥상 보다 타당해 보인다.

19-8(207)

강절康節(소옹) 선공先公은 책이라면 읽지 않은 것이 없었는데, 유독 육경六經을 근본으로 삼은 것은 대개 (육경으로부터) 성인의 깊은 뜻을 터득했기 때문이다. 선공은 평생 훈해학訓解學(훈고학)을 하지 않았는데 일찍이 말했다.

"경전의 뜻은 저절로 분명한데 사람들이 알지 못하는 것이 걱정일 뿐이다. (훈고학은) 지붕 아래에 지붕을 덮고 마루 밑에 마루를 놓는 것처럼 쓸데없이 미혹만 키운다."

이른바 말을 늘어놓아 먹고살아 가는 것이다. 그래서 선공이 시[23]를 지어 읊었다.

"말을 늘어놓아 먹고사는 건 자랑해선 안 되니, 본디 중간 정도의 재주를 지닌 자라면 모두 이해할 수 있네."

선공은 노자老子로 『역易』을 이해하는 본체로 삼고, 맹자孟子로 『역』을 이해하는 작용으로 삼았다. 또 문중자文中子(왕통)[24]를 논하면서 그가 부처를 서방의 성인이라고 말한 것을 지나치다고 여기지 않았다. 선공은 불학佛學

23 시: 제목은 「추일우제한망(秋日雨霽閑望)」이다.

24 문중자(文中子): 왕통(王通, 584~617). 자는 중엄(仲淹), 시호는 문중자. 수나라의 저명한 사상가로, 당나라 왕발(王勃)의 조부다. 어려서부터 총명해 오경에 통달했다. 스스로 유자(儒者)임을 자부하고 강학에 힘을 쏟아 설수(薛收)·이정(李靖)·위징(魏徵)·방현령(房玄齡) 등이 그의 문하에서 나왔다. 수나라 때 촉군사호서좌(蜀郡司戶書佐)를 지냈다. 문제(文帝) 인수(仁壽) 연간에 장안(長安)에 와서 「태평십책(太平十策)」을 상주했는데, 채택되지 않을 것을 알고 하분(河汾)으로 돌아와 수천 명의 제자를 배출해 '하분문하(河汾門下)'라는 말이 나왔다. 양제(煬帝)의 부름을 받았지만 응하지 않고 『문중자(文中子)』[『중설(中說)』이라고도 함] 10권을 지어, '삼교합일(三敎合一)'의 사상을 제시해 후세에 중시를 받았다. 또한 철학상 기(氣)·형(形)·식(識)으로 천(天)·지(地)·인(人)의 특징을 나누어 파악했다. 하지만 그의 이론은 유학자들에게 환영받지 못했다.

과 노장학老莊學에 대해 일찍이 언급한 적이 없었는데, 알고 있으면서도 말하지 않은 것이다. 그래서 시[25]를 지어 읊었다.

"선백禪伯(승려에 대한 존칭)에게 아첨하지 않고, 방사方士에게 아부하지 않네. 집을 나가지 않아도, 곧장 천지의 끝에 닿았네."

선공이 지은 『황극경세서皇極經世書』[26]는 원회운세元會運世[27]의 수로 추산해 천 년 후의 날짜를 앉아서 계산해 냈다. 또한 태극太極으로 안방을 삼고 건곤乾坤으로 문을 삼아 육경六經을 포괄했으며, 음양강유陰陽剛柔[28]가 그 사이에서 운행하고 소식영허消息盈虛[29]가 서로 성쇠하고 황왕제패皇王帝伯[30]가 서로 치란治亂을 한다고 보았으니, 어찌 훈해학을 하려고 했겠는가?

康節先公於書無所不讀, 獨以六經爲本, 蓋得聖人之深意. 平生不爲訓解之學, 嘗曰: "經意自明, 苦人不知耳. 屋下蓋屋, 牀下安牀, 滋惑矣." 所謂陳

---

25 시: 제목은 「안락음(安樂吟)」이다.

26 『황극경세서(皇極經世書)』: 북송의 소옹(邵雍)이 지은 역철학서. 총 12권 64편으로 구성되어 있는데, 「원회운세(元會運世)」 6권 34편, 「성음률품(聲音律品)」 4권 16편, 「관물내편(觀物內篇)」 1권 12편, 「관물외편(觀物外篇)」 1권 2편이다. 앞의 11권 62편은 소옹이 지었고, 마지막의 1권 2편은 제자가 기술한 것이다. 이 책은 역리(易理)와 역수(易數)를 운용해 우주의 기원과 자연의 변화와 사회의 역사변천을 추론한 저작으로, 4의 배수로써 모든 것을 설명하고자 했다.

27 원회운세(元會運世): 소옹이 『황극경세서』에서 주장한 시간단위. 1세는 30년, 1운은 12세인 360년, 1회는 30운인 10,800년, 1원은 12회인 129,600년이다. 따라서 1원은 12회, 360운, 4,320세가 된다. 일반적으로 1세는 소변화, 1운은 중변화, 1회는 대변화, 1원은 우주의 개벽으로 분류한다.

28 음양강유(陰陽剛柔): 만물이 태극과 건곤으로 말미암아 생성 변화하는 4가지 근원, 즉 사원(四元)을 말한다.

29 소식영허(消息盈虛): 소멸하고 생식하며 가득 차고 텅 빈다는 뜻으로, 천지의 시운이 변하고 바뀌는 것을 말한다.

30 황왕제패(皇王帝伯): '황'은 상고의 삼황(三皇)과 같은 시대, '제'는 요순(堯舜)과 같은 시대, '왕'은 주(周)나라의 문왕 · 무왕과 같은 시대, '패(伯)'는 패(霸)와 같으며 패도(霸道)로 천하를 차지한 한(漢)나라 같은 시대를 각각 말한다.

言, 生活者也. 故有詩曰: "陳言生活不須矜, 自是中才皆可了." 以老子爲知『易』之體, 以孟子爲知『易』之用. 論文中子, 謂佛爲西方之聖人, 不以爲過. 於佛老之學, 口未嘗言, 知之而不言也. 故有詩曰: "不佞禪伯, 不諛方士. 不出戶庭, 直際天地." 其所著『皇極經世書』, 以元會運世之數推之, 千歲之日可坐致也. 以太極爲堂奧, 乾坤爲門戶, 包括六經, 陰陽剛柔行乎其間, 消息盈虛相爲盛衰, 皇王帝伯相爲治亂, 其肯爲訓解之學也哉?

19-9(208)

강절康節(소옹) 선공先公은 출타할 때 날을 가리지는 않았지만, 혹 그날이 이롭지 않다고 고하면 출타하지 않았다. 대개 이렇게 말했다.

"다른 사람이 말하지 않으면 모르겠지만 이미 말했다면 알게 되니, 알고서도 굳이 간다면 귀신과 맞서게 된다."

선공은 봄과 가을에 제사 지낼 때 고금의 예를 절충해 행했으며 지전도 태웠다. 정이천程伊川(정이)이 이상히 여기며 물었더니 선공이 말했다.

"명기明器[31]의 의례이니, 만약 하나라도 잘못된 게 있다면 어찌 효성스럽고 자애로운 자손의 마음이라 하겠습니까?"

또 말했다.

"나의 고조와 증조는 지금 시대의 사람이니, 변두보궤籩豆簠簋에 희생을

31 명기(明器): 명기(冥器). 죽은 사람의 내세를 위해 무덤에 함께 묻던 기물. 나중에는 망자를 위해 태우는 지전과 같은 종이 기물을 말한다.

담아 제사드릴 수는 없습니다."

나(소백온)는 삼가 선공의 유훈遺訓을 따라 행한다.

康節先公出行不擇日, 或告之以不利則不行. 蓋曰: "人未言則不知, 旣言則有知, 知而必行, 則與鬼神敵也." 春秋祭祀, 約古今禮行之, 亦焚楮錢. 程伊川怪問之, 則曰: "明器之義也. 脫有一非, 豈孝子慈孫之心乎?" 又曰: "吾高曾今時人, 以籩豆簠簋薦牲不可也." 伯溫謹遵遺訓而行之也.

19-10(209)

내(소백온)가 예전에 집에서 어른을 모실 때 강절康節(소옹) 선공先公께 청해 물었다.

"대인께서는 지화至和 연간(1054~1056)에 인종仁宗께서 어좌에 계시고 부공富公(부필)이 국정을 담당해 성세라 이를 만했는데, 초빙을 사절하고 나아가지 않으신 것은 어째서입니까?"

선공이 말했다.

"본조는 인종 때에 이르러 정치교화가 훌륭하고 인재가 홍성했으며 조정의 존귀함이 지극했다. 이전에는 혹 미치지 못하기도 했지만 이후로는 여기에 따라가지 못했다. 하늘이 명한 바는 우연이 아니다. 내가 비록 출사했다 한들 무슨 보탬이 되었겠느냐? 이는 네가 알 수 있는 바가 아니다."

나는 재배하고 머리를 조아리면서 더 이상 물을 바를 알지 못했다.

伯溫昔侍家庭, 請於康節先公曰: "大人至和中, 仁宗在御, 富公當國, 可謂盛矣, 乃謝聘不起, 何也?" 先公曰: "本朝至仁宗, 政化之美, 人材之盛, 朝廷之尊極矣. 以前或未至, 後有不及也. 天之所命, 非偶然者. 吾雖出何益? 是非爾所知也." 伯溫再拜稽首, 不知所以問.

19-11(210)

강절康節(소옹) 선공先公의 유훈遺訓에서 말했다.

"너는 진실로 선을 행함이 마땅하지만 또한 모름지기 힘을 헤아려서 행해야 한다. 만약 힘을 헤아리지 못한다면 비록 선이라 할지라도 마땅히 행해서는 안 된다."

그래서 선공의 시[32]에서 말했다.

"힘을 헤아려 움직일 땐 후회와 유감이 없으니, 마땅함을 따라 즐거운 곳에서 할 일을 살펴야 하네. 만약 천리마를 구해 바야흐로 타더라도, 다만 종신토록 걱정하며 말 타지 않는 것이라네."

또 일찍이 말했다.

"선인은 진실로 친해야 하지만 아직 서로 알지 못했을 땐 급하게 만나서는 안 되고, 악인은 진실로 사이를 두어야 하지만 아직 멀리할 수 없을 땐 급하게 떠나서는 안 되니, 반드시 후회와 유감을 불러오게 된다."

그래서 「무명군전無名君傳」[33]의 서문에서 말했다.

---

32 시: 제목은 「양력음(量力吟)」이다.

"(무명군은) 선인을 보더라도 일찍이 급하게 만난 적이 없었고, 불선한 사람을 보더라도 일찍이 급하게 떠난 적이 없었다."

나(소백온)는 이를 마음에 새겨 종신토록 감히 잊지 않았다.

康節先公遺訓曰: "汝固當爲善, 亦須量力以爲之. 若不量力, 雖善亦不當爲也." 故有詩曰: "量力動時無悔吝, 隨宜樂處省營爲. 若求騏驥方乘馬, 只恐終身無馬騎." 又嘗曰: "善人固可親, 未相知不可急合, 惡人固可疎, 未能遠不可急去, 必招悔吝也." 故「無名君序」曰: "見善人未嘗急合, 見不善人未嘗急去." 伯溫佩之, 終身不敢忘.

19-12(211)

강절康節(소옹) 선공先公이 다음과 같은 얘기를 했다.

근자에 도성에 한 도인이 있었는데 날마다 시장에서 술을 마셨다. 그가 장차 나가려 하면서 이웃에게 말했다.

"오늘 틀림없이 어떤 사람이 올 것이오."

얼마 후에 과연 그러했다. 이때부터 그렇지 않은 적이 없었다. 어떤 사람이 물었다.

"어떤 도술로 미리 아십니까?"

도인이 말했다.

33 「무명군전(無名君傳)」: '무명군'은 소옹이 만들어 낸 가상의 인물이다.

"무심無心(생각하는 마음이 없음)일 뿐이오."

그 사람이 말했다.

"무심을 배울 수 있습니까?"

도인이 말했다.

"다른 사람에게 무심을 배우게 하려는 순간 바로 유심有心이 되오."

또 정이천程伊川(정이) 선생이 다음과 같은 얘기를 했다.

이천선생이 예전에 부주涪州로 폄적되어 한강漢江을 건너갔는데, 중간쯤 갔을 때 배가 거의 뒤집어질 뻔하자 온 배 안의 사람들이 모두 소리치며 울었다. 하지만 이천선생은 그저 옷깃을 단정히 하고 편안히 앉아 마음에 진실함과 경건함[34]을 유지했다. 얼마 후에 배가 강기슭에 닿자 같은 배에 탔던 여러 사람 중에서 어떤 노인이 이천선생에게 물었다.

"배가 위험에 처했을 때 당신은 매우 장중한 안색으로 단정히 앉아 있었는데 어떻게 한 것이오?"

이천선생이 말했다.

"마음에 진실함과 경건함을 지켰을 뿐입니다."

노인이 말했다.

"마음에 진실함과 경건함을 지키는 것은 진실로 좋지만 무심無心만은 못하지요."

이천선생은 계속 그와 얘기하려고 했는데 갑자기 사라져 버렸다. 아! 사람이 정말로 무심할 수 있다면 험난한 곳이 앞에 있어도 평지와 같을 것이다! 노자老子가 말하길 "물에 들어가도 젖지 않고 불에 들어가도 뜨거워하

34 진실함과 경건함: 원문은 "성경(誠敬)". 정주(程朱) 학설에서 말하는 존성(存誠: 진실을 간직하다)과 거경(居敬: 경건함에 거하다)을 가리킨다.

지 않는다”[35]라고 했는데, 오직 무심한 자만이 이럴 수 있다.

康節先公言: 頃京都有一道人, 日飮酒於市. 將出, 謂其鄰曰: “今日當有某人來.” 已而果然. 自此莫不然. 或問: “預知何術?” 曰: “無心耳.” 曰: “無心可學乎?” 曰: “才欲使人學無心, 卽有心矣.” 又程伊川先生言: 昔貶涪州, 過漢江, 中流, 船幾覆, 擧舟之人皆號泣. 伊川但正襟安坐, 心存誠敬. 已而船及岸, 於同舟衆人中有老父問伊川曰: “當船危時, 君正坐色甚莊, 何以?” 伊川曰: “心守誠敬耳.” 老父曰: “心守誠敬固善, 不若無心.” 伊川尙欲與之言, 因忽不見. 嗚呼! 人果無心, 險難在前猶平地也! 老子曰“入水不濡, 入火不熱”, 唯無心者能之.

19-13(212)

강절康節(소옹) 선공先公이 한 도인을 만났는데, 그 도인이 다음과 같은 얘기를 했다.

일찍이 배를 타고 바다를 건너가다가 풍랑을 만나 해안에 정박한 뒤, 몇 사람과 함께 배에서 내려 땔나무를 하러 갔다. 그런데 키가 한 길이 넘는 거인 수십 명이 짐승 같은 소리로 서로를 부르더니 그들을 모두 잡아가서 장대로 물고기를 꿰듯이 그들을 꿰서 잡아먹고 술을 마셨다. 도인은 우연

35 물에 들어가도 젖지 않고 불에 들어가도 뜨거워하지 않는다: 원문은 “입수불유(入水不濡), 입화불열(入火不熱)”. 『장자(莊子)』 「내편(內篇) · 대종사(大宗師)」에 나온다.

히 장대의 맨 끝에 꿰여 있었는데, 거인이 술에 취해 잠든 틈에 달아나 배에 올라 탈출할 수 있었다. 그러고는 옷을 벗었더니 장대에 꿰어졌던 흔적이 옆구리 아래에서 드러났다.

(이 얘기를 듣고) 강절 선공이 말했다.

"사해의 밖에 무엇인들 있지 않겠는가마는 단지 사람의 이목이 미칠 수 없을 뿐이지요."

康節先公見一道人, 言: 嘗泛海, 遇風泊岸, 與數人下採薪. 有巨人數十, 長丈餘, 相呼之聲如禽獸, 盡捉以去, 用竿竹魚貫之, 食以薦酒. 道人者偶在其竹末, 巨人醉睡, 走登船得脫. 因解衣, 出其所穿跡在脅下. 康節先公曰: "四海之外, 何所不有, 但人耳目不能及耳."

邵氏聞見錄 卷二十

20-1(213)

(신종) 희녕熙寧 3년(1070) 4월에 조정에서 처음 신법新法을 시행했는데, 파견된 사자들은 모두 신진 젊은이들이었고 일을 만나면 바람이 일듯[1] 천하가 소란스러웠기에 주현州縣에서는 처음에 시행할 수 없었다. 당시 강절康節(소옹) 선공先公은 시골에서 한거하고 있었는데, 문하생과 오랜 벗들 중에서 사방에서 벼슬하는 자들이 모두 탄핵 소장을 올리고 집으로 돌아가서 강절 선공에게 편지를 보내 물었다. 강절 선공이 답장했다.

"지금은 바로 현자가 마땅히 힘을 다해야 할 때이오. 신법은 참으로 엄격하니 조금만이라도 관대하게 할 수 있다면 백성들이 그만큼의 은혜를 받게 되오. 그러니 탄핵 소장을 올리고 떠나는 것이 무슨 도움이 되겠소?"

아! 강절 선공은 세상일에 깊이 통달했으며, 이름을 팔아 헛된 명성을 얻지 않음이 이와 같았도다! 세상에서 강절 선공을 은자라고 말하는 것은 잘못이다.

1 일을 만나면 바람이 일듯: 원문은 "우사풍생(遇事風生)". 원래는 젊은이들의 날카로운 기백을 가리켰으나, 나중에는 시비를 일으키길 좋아한다는 뜻으로 쓰인다. 『한서(漢書)』「조광한전(趙廣漢傳)」에 나오는 말이다.

熙寧三年四月, 朝廷初行新法, 所遣使者皆新進少年, 遇事風生, 天下騷然, 州縣始不可爲矣. 康節先公閑居林下, 門生故舊仕宦四方者皆欲投劾而歸, 以書問康節先公. 康節先公答曰: "正賢者所當盡力之時. 新法固嚴, 能寬一分則民受一分之賜矣. 投劾而去何益?" 嗚呼! 康節先公深達世務, 不以沽激取虛名如此! 世所謂康節先公爲隱者, 非也.

20-2(214)

(신종) 희녕熙寧 연간(1068~1077)에 눈이 없는 한 도인이 있었는데, 동전을 손바닥 안에 놓으면 즉시 동전의 앞뒤와 연호를 알았기에 사람들이 모두 신기해했다. 강절康節(소옹) 선공先公이 물었다.

"동전을 그대의 발에 놓아도 알 수 있겠소?"

도인이 대답했다.

"그건 나의 스승의 도술입니다."

그러고는 부끄러워하며 사과하고 떠났다.

熙寧中, 有一道人, 無目, 以錢置手掌中, 卽知正背年號, 人皆異之. 康節先公問曰: "以錢置爾之足, 亦能知之乎?" 道人答曰: "此吾師之言也." 愧謝而去.

20-3(215)

내(소백온)가 젊었을 때 『문중자文中子』를 읽다가 "만약 제갈무후諸葛武侯(제갈량)가 죽지 않았다면 예악이 일어났을까?"라는 대목에 이르러, 이에 대해 논論을 지어 제갈무후는 패자霸者의 보좌신하였으므로 아마도 예악이 흥성할 수 없었을 것이라고 평했다. 강절康節(소옹) 선공先公이 그것을 보고 노해 말했다.

"네가 제갈무후와 같다 하더라도 함부로 논할 수 없는데, 하물며 그보다 까마득한 차이가 남에랴! 제갈무후의 현덕함으로 예악을 일으킬 수 없음을 어찌 알겠느냐? 후생이 쉽게 선현을 논하는 것은 또한 옳지 않다."

나는 이때부터 선달先達에 대해 감히 함부로 논하지 않았다.

伯溫少時, 因讀『文中子』, 至"使諸葛武侯無死, 禮樂其有興乎?" 因著論, 以謂武侯霸者之佐, 恐於禮樂未能興也. 康節先公見之, 怒曰: "汝如武侯猶不可妄論, 況萬萬相遠乎! 以武侯之賢, 安知不能興禮樂也? 後生輒議先賢, 亦不韙矣." 伯溫自此於先達不敢妄論.

20-4(216)

나(소백온)의 선대는 범양范陽[2]에서 살았으며, 정직함과 독실함으로 독서하며 예법을 삼가 지키는 것을 가법家法으로 삼았다. 할아버지 이천장인伊

川丈人(소고)은 특히 소박하고 정직했으며, 평생 함부로 웃거나 말하지 않았다. 79세인 (영종) 치평治平 4년(1067) 정월 초하루에 세상을 떠났다. 당초 질병이 없었지만 며칠 동안 식사를 하지 않고 물만 마셨다. 선달 그믐날 밤에 강절康節(소옹) 선공先公을 비롯한 가족들이 좌우에 시립하고 있었는데, 할아버지의 특별한 사랑을 받은 나는 겨우 7살이었고 역시 그 옆에 서 있었다. 할아버지가 말했다.

"나는 새해가 되면 떠날 것이다."

강절 선공을 비롯한 가족들이 모두 얼굴을 가리고 울자, 할아버지가 말리면서 말했다.

"내 아들은 포의布衣로서 명성이 조정에 자자하고 자손들은 모두 힘써 공부하고 효성스럽고 공손하니, 나는 눈을 감아도 여한이 없는데 어찌 운단 말이냐?"

할아버지는 평소에 큰 술잔으로 술을 마시길 좋아했는데, 강절 선공에게 말했다.

"술을 마시며 너희와 작별하련다."

강절 선공이 숙부와 함께 큰 술잔에 술을 가득 따라 올리자 할아버지는 단숨에 다 마셨으며, 다시 술을 따라 절반쯤 마셨을 때 숨이 미약해졌다. 이어서 강절 선공에게 말했다.

"나는 평생 사람을 해치지 않고 함부로 말하지 않았으며, 스스로 헤아려 보건대 지은 죄도 없다. 내가 죽으면 마땅히 고기로 제사를 지낼 것이며, 불사佛事로 나의 가르침을 어지럽히지 마라. 또한 나를 부인의 손에서 죽게 하지 마라. 너희 형제는 기다렸다가 나를 소렴小殮[3]하고 나서 집안사람들에

2 범양(范陽): 지금의 허베이성[河北省] 줘저우[涿州] 다사오춘[大邵村].

게 곡을 하게 하되, 큰 소리로 울부짖어서 내가 가는 길을 잃게 하지 마라."

강절 선공은 울면서 그대로 따랐다. 강절 선공이 할아버지의 장례를 의논하면서 정정숙程正叔(정이) 선생과 함께 이천의 신음원神陰原에 장지를 정했다. 장서葬書를 모두 따르지는 않았고, 대개 오행五行으로 장지를 택하고 소목昭穆[4]의 차례로 장례를 치렀으며, 음양陰陽에서 꺼리거나 피하는 설은 모두 믿지 않았다. 그해 10월 초사흘에 이장하면서 관을 열었더니 할아버지의 용모가 살아 있는 듯했는데, 나는 아직도 그것을 기억한다. (신종) 희녕熙寧 10년(1077) 여름에 강절 선공은 가벼운 질환을 앓아 기력은 날이 갈수록 쇠해졌지만 정신력은 날이 갈수록 분명했는데, 사마온공司馬溫公(사마광)에게 웃으며 말했다.

"나는 한 차례 조화를 관찰하려[5] 하는데 어떻겠습니까?"

사마온공이 말했다.

"선생은 아직 거기에는 이르지 않았습니다."

강절 선공이 말했다.

"죽음은 일상의 일일 뿐입니다."

장횡거張橫渠(장재) 선생은 운명을 논하길 좋아했는데, 병문안하러 왔다가 말했다.

"선생이 운명을 믿는다면 한번 헤아려 보겠습니다."

강절 선공이 말했다.

"천명이라면 알고 있지만 세속에서 말하는 운명은 알지 못합니다."

---

3 소렴(小殮): 망자를 씻긴 뒤 수의를 입히고 이불을 덮는 장례 절차.

4 소목(昭穆): 사당에 조상의 신주(神主)를 모시는 차례. 왼쪽 줄을 '소', 오른쪽 줄을 '목'이라 한다. 시조를 가운데 모시고, 2 · 4 · 6대를 '소'에, 3 · 5 · 7대를 '목'에 모신다.

5 조화를 관찰하려: 원문은 "관화(觀化)". 운명하다. 죽음에 대한 완곡한 표현이다.

장횡거 선생이 말했다.

"선생은 천명을 알고 있으니 내가 더 이상 무슨 말을 하겠습니까?"

정이천程伊川(정이) 선생이 말했다.

"선생이 이 지경에 이르렀지만 다른 사람은 힘써 도와주지 못하니 스스로 잘 지탱하길 바랍니다."

강절 선공이 말했다.

"평생 도를 공부했는데 어찌 그것을 모르겠습니까? 하지만 또한 지탱할 수 없을 듯합니다."

그때 강절 선공은 몸을 바로 하고 누워 있었는데, 여러 공들이 밖에서 후사를 논의하던 중에 낙성洛城 가까이에 장지를 마련하고자 하는 사람이 있었다. 강절 선공은 이미 그 사실을 알고 나를 불러들여 말했다.

"여러 공들이 낙성 근처에 장지를 마련하려고 하는 것은 불가하니, 마땅히 이천의 선영先塋을 따를 것이니라."

강절 선공은 7월 초나흘에 큰 글씨로 시[6] 한 수를 썼다.

"태평성세에 태어나, 태평성세에 자라고, (태평성세에 늙어,) 태평성세에 죽네. 객이 몇 살이냐고 물으니, 예순하고도 일곱 살이라네. 하늘을 우러르고 땅을 굽어보니, 호연한 마음에 홀로 부끄러움 없네."

강절 선공이 이날 밤 오경에 세상을 떠나자 할아버지 때처럼 그 치명治命[7]을 나는 감히 어기지 못했다. 그전에 강절 선공은 매번 이천의 할아버지 묘를 성묘할 때마다 도중의 상관점上官店에 이르러 반드시 전중승殿中丞 후효걸侯孝傑(후소중)의 집에 들르곤 했다. 후효걸은 가장 일찍 강절 선공을 추

6 시: 제목은 「병극음(病亟吟)」이다.

7 치명(治命): 운명할 무렵에 맑은 정신으로 하는 유언.

종했다. 후효걸이 죽자 그의 아들 여덟 명을 강절 선공은 아들과 조카처럼 대했는데, 강절 선공이 들를 때마다 그들은 매우 공손하게 맞이해 절을 하고 좌우에서 시립했다. 강절 선공은 세상을 떠나던 해에 한식날 그 집에 들러 아들들에게 말했다.

"내가 다시 이곳을 지나갈 때는 오늘과는 다를 것이다."

후효걸의 아들들은 (무슨 뜻인지) 감히 묻지 못했다. 장례를 치르면서 상여 수레가 상관점에 이르자, 후효걸의 아들들은 울며 제를 올리고 그 말을 하면서 기이하다고 여겼다. 장경관張景觀은 자가 임지臨之이며 학문과 덕행이 매우 높았는데, 강절 선공이 그를 좋아했다. 그가 장차 부주涪州의 무룡현위武龍縣尉로 부임하면서 작별을 고하자, 강절 선공이 몇 줄기 눈물을 흘리며 말했다.

"나는 그대가 돌아오는 것을 보지 못할 것이네!"

또 장순張峋은 자가 자견子堅으로, 강절 선공이 문제자 중에서 함께 도를 논할 만하다고 평가한 사람이었는데, 관직 발령을 받으러 도성으로 가게 되자 강절 선공이 근심스럽게 안색을 바꾸며 말했다.

"나는 늙었네, 나는 늙었어. 다시는 서로 만나지 못할 것이네!"

모두 그해 봄의 일이었다. 아! 강절 선공이 앞날을 미리 알 수 있는 것이 어찌 이것뿐이었겠는가! 나는 불초해서 앞에서 기술한 것을 행할 수 없으니, 오직 수신하며 죽음을 기다렸다가 구천九泉으로 따라갈 뿐이다. 두 분의 유언을 추억하며 이를 자손들에게 보여 준다.

伯溫上世范陽, 以中直篤實, 讀書謹禮爲家法. 大父伊川丈人尤質直, 平生不妄笑語. 年七十有九, 以治平四年正月初一日捐館. 初無疾, 不食飮水者累日. 除夜, 康節先公以下侍立左右, 伯溫方七歲, 大父鍾愛之, 亦立其傍. 大父曰:“吾及新年往矣.”康節先公以下皆掩泣, 大父止之曰:“吾兒以布衣名動朝廷, 子孫皆力學孝謹, 吾瞑目無憾, 何用哭?”大父平日喜用大杯飮酒, 謂康節先公曰:“酌酒與爾別.”康節同叔父滿酌大杯以獻, 大父一擧而盡, 再酌, 飮及半, 氣息微矣. 謂康節曰:“吾平生不害物, 不妄言, 自度無罪. 卽死當以肉祭, 勿用佛事亂吾教. 無令吾死婦人之手. 汝兄弟候吾就小殮, 方令家之人哭, 勿叫號, 俾我失路.”康節先公泣涕以從. 康節謀葬大父, 與程正叔先生同卜地於伊川神陰原. 不盡用葬書, 大抵以五音擇地, 以昭穆序葬, 陰陽拘忌之說, 皆所不信. 以是年十月初三日葬, 開棺, 大父顏貌如生, 伯溫尙記之. 熙寧十年夏, 康節先生感微疾, 氣日益耗, 神日益明, 笑謂司馬溫公曰:“某欲觀化一巡, 如何?”溫公曰:“先生未應至此.”康節先生曰:“死生常事耳.”張橫渠先生喜論命, 來問疾, 因曰:“先生論[1]命, 來當推之.”康節先公曰:“若天命則知之, 世俗所謂命則不知也.”橫渠曰:“先生知天命矣, 某尙何言?”程伊川曰:“先生至此, 它人無以爲力, 願自主張.”康節先公曰:“平生學道, 豈不知此? 然亦無可主張.”時康節正寢, 諸公議後事於外, 有欲葬近洛城者. 康節先公已知, 呼伯溫入曰:“諸公欲以近城地葬我不可, 當從伊川先塋耳.”七月初四日, 大書詩一章曰:“生於太平世, 長於太平世[2], 死於太平世. 客問年幾何? 六十有七歲. 俯仰天地間, 浩然獨無愧.”以是夜五更捐館, 其治命如大父, 伯溫不敢違. 先是康節先公每展伊川大父墓, 至中塗上官店, 必過信[3]孝傑殿丞家. 孝傑從康節先公最早. 孝傑死, 有八子, 康節先公遇之如子姪, 每過之, 則迎拜侍立左右甚恭. 康節先公捐館之年, 寒食過之, 謂諸子曰:“吾再經此, 與今日異矣.”諸子不敢問. 至葬, 喪車及上官店, 諸子泣奠言之, 以爲異. 張景觀字臨之, 學行甚高, 康節先公喜之. 將赴涪州武龍尉, 告別, 康節先公泣數行下, 謂曰:“吾不見子之歸矣!”又張峋字子堅[4], 康節先公於門弟子中謂可與語道者, 赴調京師, 康節先公愀然色變曰:“吾老矣, 吾老矣. 不復相見也!”皆是年之春也.

嗚呼! 康節先公所以預知者, 何止知此哉! 伯溫不肖, 不能有所述也, 惟修身俟死下從九原耳. 尙追憶其遺言, 以示子孫.

[1] 논(論): 명초본에는 "신(信)"이라 되어 있는데, 문맥상 보다 타당하다.

[2] 장어태평세(長於太平世): 명초본과 『격양집(擊壤集)』에는 이 구절 다음에 "노어태평세(老於太平世)" 5자가 있는데, 문맥상 보다 타당해 보인다.

[3] 신(信): "후(侯)"의 오기로 보인다. 효걸(孝傑)은 후소증(侯紹曾)의 자다. 본서 18-5(191)에 나왔다. 한편 원초본에는 "이(李)"라 되어 있고, 명초본에는 이 자가 없으며, 『진체비서』본과 『학진토원』본에는 이 자가 비어 있다.

[4] 장순자자견(張峋字子堅): 명초본에는 "장민자자망(張岷字子望)"이라 되어 있다.

20-5(217)

강절康節(소옹) 선공先公과 승상 여미중呂微仲(여대방)은 서로 만난 적이 없었으며, 선공과 횡거선생橫渠先生 장자후張子厚(장재)는 함께 (신종) 희녕熙寧 10년(1077) 정사년丁巳年에 세상을 떠났다. 지금 『미중문집微仲文集』에 「화모동주정사음和母同州丁巳吟」이란 시가 실려 있는데 다음과 같다.

"덕행이 고상하고 명성까지 훌륭했지만, 운수가 막히고 목숨까지 끊어졌네. 모든 군자들이 탄식하나니, 어질도다 두 대장부여. 세상은 바야흐로 각박한 풍속을 돈후히 하는데〔소요부는 도를 즐기며 벼슬하지 않았다〕, 누가 또 허무한 사상을 물리치는가〔장자후는 불교와 노자의 잘못을 논했다〕? 유도자有道者를 바라보며 모두 놀라 눈이 휘둥그레졌는데, 나라의 긴 동량이 갑자기 무너졌도다! 비밀 상주문을 올려 한漢나라의 인수印綬를 불태우고, 질絰[8]을 두르고 진秦

8 질(絰): 상복을 입을 때 머리에 두르는 수질(首絰)과 허리에 두르는 요질(腰絰). 삼으로 꼬아 만들었다.

나라의 유생을 위해 울었네. 여러 어진 벗을 둔 덕분에, 혜소嵇紹처럼 고아로 남지 않을[9] 수 있었네."

이는 선공과 장자후를 위해 지은 것이다. 대개 하남부河南府에서 선공의 부음을 조정에 알리자, 조정에서 조서를 내려 선공을 저작랑著作郎에 추증하고 강절이란 시호를 내렸다. 장자후는 비각秘閣에 있다가 병이 들어 사직하고 서쪽으로 돌아가 장안長安에 이르러 죽었는데, 문인들이 상복을 입고 상여수레를 끌어 횡거에 장사 지냈다고 한다. 나(소백온)는 여공呂公(여대방)을 만나 뵐 수 있었는데, 매번 선공에 대한 얘기를 할 때마다 슬퍼하며 미처 만나지 못한 탄식을 하곤 했다. 나중에 나는 처음 장자현위長子縣尉로 부임했다가, 여공이 원우元祐 연간(1086~1094)에 재상으로 들어간 후 서경국학교수西京國學教授로 전임되었다. 그 후로 오래되지 않아 여공은 정치를 그만두었다. 아! 이 또한 내가 고아로 남지 않은 은혜를 받게 된 연유이로다!

康節先公與呂微仲丞相不相接, 先公與橫渠先生張子厚同以熙寧十年丁巳捐館. 今『微仲文集』中有「和母同州丁巳吟」云: "行高名並美, 命否數皆殂. 嗟爾百君子, 賢哉二丈夫. 世方敦薄俗〔邵堯夫樂道不仕〕, 誰復距虛無〔張子厚論佛老之失〕? 望道咸瞠若, 脩梁遽壞乎! 密章燔漢綬, 環絰泣秦儒. 賴有諸良友, 能令紹不孤." 爲先公與子厚作也. 蓋河南府以先公訃聞, 詔贈著作郎, 謚康節. 子厚

9 혜소(嵇紹)처럼 고아로 남지 않을: 원문은 "소불고(紹不孤)". '소'는 삼국시대 위(魏)나라 때 죽림칠현(竹林七賢) 중 하나인 혜강(嵇康)의 아들 혜소를 말한다. 어려서 부친을 여읜 자를 고자(孤子)라고 하는데, 고자가 부친의 친구들로부터 자식처럼 보살핌을 받는 것을 '불고'라고 한다. 혜강이 사마소(司馬昭)에게 살해당하기 전에 아들 혜소를 친구인 산도(山濤)에게 부탁했는데, 혜강이 피살된 후 산도와 왕융(王戎)이 혜소를 자식처럼 보살피고 가르쳐 나중에 혜소는 진(晉)나라의 충신이 되었다. 여기서는 소옹이 죽은 후에 소옹의 벗들이 소백온을 자식처럼 보살펴 주었다는 뜻이다.

自秘閣病免西歸，及長安以歿，門人衰服挽車葬橫渠云．伯溫獲見公，每語先公，則悵然有不可及之歎．後伯溫初仕長子縣尉，公入相元祐，改西京國學教授．未久，公罷政．嗚呼！亦所以爲不孤之惠歟！

20-6(218)

강절康節(소옹) 선공先公은 낙양洛陽에서 거주할 때, 교유하는 연장자에게는 절을 했고 나이가 같은 자는 친구로 지냈으며 연소자는 자제로 대하면서, 남들과 조금도 다르지 않았기 때문에 사람들의 즐거워하는 마음을 얻었다. 매년 봄 2월에 외출했다가 4월에 날이 점점 더워지면 그쳤으며, 8월에 외출했다가 11월에 날이 점점 추워지면 그쳤다. 그래서 시[10]를 지어 다음과 같이 말했다.

"때는 네 가지 경우에는 나가지 않고〔큰 바람, 큰비, 큰 추위, 큰 더위〕, 모임은 네 가지 경우에는 참석하지 않네〔공적인 모임, 장례 모임, 생일 모임, 술추렴 모임〕."

강절 선공이 외출할 때마다 사람들은 모두 신발을 거꾸로 신고 달려 나와 맞이했으며, 비록 어린아이와 노복이라 할지라도 모두 존경하며 모실 줄을 알았다. 한 집에 이를 때마다 자제와 집안사람들이 다투어 술과 음식을 차렸는데, 바라는 것을 물으면 더 이상 성은 부르지 않고 이름만 얘기하면서 말했다.

"우리 집에 선생께서 오시는 것입니다."

10 시: 제목은 「사사음(四事吟)」이다.

비록 규방이나 골육 사이의 일일지라도 해결하지 못하는 것이 있으면 또한 가르침을 구했다. 강절 선공이 지극한 정성으로 그들을 위해 깨우쳐 주면 기쁜 마음으로 따르지 않음이 없었다. 10여 집에서 강절 선공이 거주하는 안락와安樂窩처럼 집을 지어 놓고 강절 선공이 오기를 기다렸는데, 이를 '행와行窩'[11]라고 불렀다. 그래서 강절 선공이 돌아가셨을 때 마을 사람들이 만시挽詩를 지어 이렇게 읊었다.

"봄바람 가을 달에 즐겨 나들이하던 곳, 쓸쓸한 '행와' 열두 집."

낙양의 아름다운 풍속이 이와 같았다.

康節先公居洛, 凡交游年長者拜之, 年等者與之爲朋友, 年少者以子弟待之, 未嘗少異於人, 故得人之歡心. 每歲春二月出, 四月天漸熱卽止, 八月出, 十一月天漸寒卽止. 故有詩云: "時有四不出〔大風 · 大雨 · 大寒 · 大暑〕, 會有四不赴〔公會 · 葬會 · 生會 · 醵會〕." 每出, 人皆倒屣迎致, 雖兒童奴隸皆知尊奉. 每到一家, 子弟家人爭具酒饌, 問其所欲, 不復呼姓, 但名曰: "吾家先生至也." 雖閨門骨肉間事, 有未決者, 亦求教. 康節先公以至誠爲之開論[1], 莫不悅服. 十餘家如康節先公所居安樂窩起屋, 以待其來, 謂之'行窩'. 故康節先公沒, 鄉人挽詩有云: "春風秋月嬉遊處, 冷落'行窩'十二家." 洛陽風俗之美如此.

[1] 논(論): 원초본과 명초본에는 "유(諭)"라 되어 있는데, 문맥상 보다 타당하다.

11 행와(行窩): 임시 안락와라는 뜻. 나중에는 안락하고 편안한 작은 거처를 뜻하는 말로 쓰인다.

20-7(219)

강절康節(소옹) 선공先公이 선비 친구의 집에 들렀다가 낮잠을 잤는데, 머리맡의 병풍을 보았더니 아이들이 숨바꼭질하는 광경이 그려져 있자, 그 위에 시를 적었다.

"베개 높이 하고 누워 있는 사람, 베개에 기대어 노는 아이들 구경하네."

대개 (신종) 희녕熙寧 연간(1068~1077) 사이의 일이다. 진염陳恬[12]이 말해 준 것인데, 『격양집擊壤集』에는 실려 있지 않다.

康節先公過士友家晝臥, 見其枕屛畫小兒迷藏, 以詩題其上云: "遂令高臥人, 欹枕看兒戲." 蓋熙寧間也. 陳恬云, 『擊壤集』不載.

20-8(220)

(신종) 희녕熙寧 연간(1068~1077) 초에 구양문충공歐陽文忠公(구양수)이 참지정사參知政事로 있을 때, 아들 구양비歐陽棐[13] 숙필叔弼을 낙양洛陽으로 보내

12 진염(陳恬, 1058~1131): 자는 숙역(叔易), 호는 존성자(存誠子) · 간상장인(澗上丈人). 북송 말의 학자. 직접 농사를 지어 모친을 봉양했다. 선우작(鮮于綽) · 최언(崔鶠)과 이름을 나란히 해 양성삼사(陽城三士)로 불렸다. 또 조열지(晁說之)와 함께 숭산(嵩山)에서 은거했다. 휘종 대관(大觀) 연간에 교서랑(校書郎)에 제수되었지만 사양하고 촉(蜀)으로 돌아갔다. 남송 고종 건염(建炎) 3년(1129)에 주관숭산숭복궁(主管嵩山崇福宮)에 임명되었지만 늙고 병들었다고 떠나길 청했으며, 얼마 후 계주(桂州)에서 죽었다.

왕선휘王宣徽(왕공진) 부인의 병을 문안하게 했다. 장차 떠날 때 구양공이 구양숙필歐陽叔弼(구양비)에게 말했다.

"낙양에 도착하거든 반드시 소 선생邵先生(소옹)을 찾아뵙고 나의 흠모하는 뜻을 전하도록 해라."

강절선생康節先生(소옹)은 구양숙필을 만나고 나서 조용히 그와 함께 평생의 출처出處(출사와 은퇴)와 학술의 대강을 얘기했다. 작별할 때 그에게 말했다.

"훗날 이 비루한 촌사람을 잊지 마시게."

10년 뒤에 강절 선공先公이 세상을 떠났고, 또 10년이 지나 한강공韓康公(한강)이 낙양윤洛陽尹으로 있을 때 조정에 강절 선공의 시호를 청했다. 그때 구양숙필은 공교롭게도 태상박사太常博士로 있었기에 시의謚議[14]를 담당했는데, 구양숙필이 일찍이 조열지晁說之[15] 이도以道에게 말했다.

---

13 구양비(歐陽棐, 1047~1113): 자는 숙필(叔弼). 북송의 관리로, 구양수(歐陽修)의 셋째 아들이다. 박문강기(博聞强記)했으며 부친처럼 문장을 잘 지었다. 영종 치평(治平) 4년(1067) 진사 출신으로, 비서성정자(秘書省正字)·심관원주부(審官院主簿)·예부원외랑(禮部員外郞)·지양주(知襄州)를 지냈다. 증포(曾布)의 처남인 위태(魏泰)의 뜻을 거슬러 지노주(知潞州)로 전임되었다가 곧 파직되었다. 철종 원부(元符) 연간 말에 조정으로 돌아와 이부낭중(吏部郞中)·우사낭중(右司郞中)을 거쳐 직비각(直秘閣)으로서 지채주(知蔡州)에 제수되었다. 얼마 후에 원우당적(元祐黨籍)으로 몰려 10여 년 동안 벼슬길에 오르지 못했다.

14 시의(謚議): 문체 가운데 하나로, 시호를 논의하기 위해 지은 문장을 말한다. 한(漢)나라 이후로 태상박사(太常博士)가 공경대부의 시호 논의를 관장하면서 망자의 행적을 살펴 '시의'를 지었다.

15 조열지(晁說之, 1059~1129): 자는 이도(以道) 또는 백이(伯以), 자호는 경우생(景迂生). 북송의 관리이자 문인. 신종 원풍(元豐) 5년(1082) 진사 출신이다. 문장이 전려(典麗)해 소식(蘇軾)의 추천을 받았다. 철종 원부(元符) 3년(1100)에 지무극현(知無極縣)이 되었는데, 상주문을 올려 이전에 왕안석(王安石)과 소술(紹述) 신하들의 잘못된 정치를 비판했다. 남송 고종이 즉위한 후 휘유각대제(徽猷閣待制) 겸 시독(侍讀)에 제수되었는데 병이 들어 부임하지 않았다. 만년에는 불교를 신봉했다. 시와 산수화에 뛰어났으며, 오경에 박통하고 특히 『주역(周易)』에 정통했다.

"내가 소 선생의 시의를 지었는데, 모두 예전에 선생에게서 직접 들은 것입니다. 당시 나는 젊었는데 선생께서 나를 보자마자 기뻐하며 맞아 주셨고, 평생의 학술과 출처의 대강을 말씀해 주셨기 때문에 이처럼 상세하게 지을 수 있었습니다. 어찌 절세絶世의 학문을 지닌 선생께서 미래의 일을 먼저 알고 미리 알려 주신 것이 아니겠습니까?"

대개 20년 후에 증험된 것이었으니 기이하도다!

熙寧初, 歐陽文忠公爲參知政事, 遣其子棐叔弼來洛省王宣徽夫人之疾. 將行, 語叔弼曰: "到洛唯可見邵先生, 爲致吾嚮慕之意." 康節先生旣見叔弼, 從容與語平生出處以及學術大概. 臨別猶曰: "其無忘鄙野之人於異日." 後十年, 康節先公捐館, 又十年, 韓康公尹洛, 請諡於朝. 叔弼偶爲太常博士, 次當諡議, 叔弼嘗謂晁說之以道云: "棐作邵先生諡議, 皆往昔親聞於先生者. 當時少年, 先生一見忻然延接, 語及平生學術出處之大, 故得其詳如此. 豈非先生學道絶世, 前知來物, 預以告耶?" 蓋驗於二十年之後, 異哉!

20-9(221)

강절선생康節先生(소옹)이 젊었을 때 도성을 여행하다가 국자감직강國子監直講 소필邵必[16] 불의不疑와 처음 종친으로 인사를 나눴는데, 소불의邵不疑(소

16 소필(邵必, 1005~1068): 자는 불의(不疑). 북송의 관리로, 소항(邵亢)의 종부(從父)다. 인종 보원(寶元) 원년(1038) 진사 출신으로, 상원현주부(上元縣主簿)를 지냈다. 국자감(國子監)에서 석경(石經)을 세울 때, 소필이 전서와 예서에 뛰어났기에 그를 직강(直講)으로 충임했

필)가 연장이었기에 강절선생이 그를 형으로 여겨 절을 했다. 이렇게 한 것은 대개 소불의가 하삭河朔에서 단양丹陽으로 이주했고, 강절 선공先公의 선대 역시 하삭 사람이기 때문이었다. 강절 선공에 이르러 위주衛州에서 낙양洛陽으로 들어왔을 때, 소불의는 경서제형京西提刑으로 있었다. (인종) 가우嘉祐 연간(1056~1063)에 하남부河南府에서 강절 선공을 유일遺逸(숨은 인재)로 추천하자 소불의가 직접 추천문서를 작성했는데, 그 문장에 "두터운 덕은 각박한 풍속을 진정시키기에 충분하고, 맑은 기풍은 후세에 남길 만합니다"라는 말이 들어 있었다. 서로 받들어 존중함이 이와 같았다. (신종) 희녕熙寧 연간(1068~1077) 초에 소불의가 용도각학사龍圖閣學士로서 지성도부知成都府에 제수되어 부임길에 낙양에 들러 강절 선공에게 말했다.

"내가 사직하는 날에 선생을 다시 추천하겠소."

강절 선공은 그를 따라 낙양 북쪽까지 배웅하고 나서 작별했다. 소불의가 도중에 강절선생에게 시를 보내왔다.

"나는 역마驛馬 한 필 타고 효민崤澠을 지나가는데, 그대는 군서群書를 손에 들고 낙성洛城에 누워 있네. 부귀한 인간 세상에 또한 무엇이 있을까? 한가롭고 바쁜 취미가 매우 분명하다네."

소불의가 금우역金牛驛에 이르렀다가 갑자기 죽어 상여에 실려 돌아오자, 강절 선공은 그를 위해 통곡했다. 강절 선공은 딸을 양국보楊國寶[17] 응지

다. 지고우군(知高郵軍)·회남제점형옥(淮南提點刑獄)·경서전운사(京西轉運使)를 지냈는데, 관리생활을 매우 준엄하게 했다. 조정에 들어와 수기거주(修起居注)·지제고(知制誥)·지간원(知諫院)을 지냈으며, 나중에 용도각학사(龍圖閣學士)로서 지성도부(知成都府)에 제수되어 부임하던 중에 64세로 죽었다.

17 양국보(楊國寶): 자는 응지(應之). 소옹(邵雍)의 문인이자 사위로, 독실하게 학문을 좋아했으며 사람됨이 강직해 지조를 굽히지 않았다. 벼슬은 학사(學士)에 이르렀다. 포의(布衣)로부터 관리가 되었지만, 일찍이 남에게 청탁하거나 영합하지 않아 정이(程頤)의 높은 칭송을 받았다.

應之에게 시집보냈는데, 양응지楊應之(양국보) 또한 강절 선공의 문생으로 강절 선공이 그를 자식처럼 여겼다. 양응지가 원풍元豐 연간(1078~1085)에 하남부추관河南府推官이 되었을 때, 강절 선공은 이미 세상을 떠났고, 나(소백온)는 또 그를 형으로 모셨다. (휘종) 선화宣和 기해년己亥年(1119)에 내가 과주果州로 부임하면서 낭주閬州에서 길을 떠났는데, 지낭중현知閬中縣 소충邵充[18] 미유美孺가 나를 맞이하며 스스로 같은 성의 조카라고 칭했다. 내가 종족의 원류를 가지고 질문했더니 소미유邵美孺(소충)가 말했다.

"저의 선대는 윤주潤州에서 촉蜀으로 들어왔으며, 용도공龍圖公(소필) 선인先人이 숙부 항렬이십니다."

내가 말했다.

"강절 선공께서 용도공을 형으로 모셨으니, 내가 감히 잊지 못합니다."

이후로 소미유의 내외 친족들과 모두 촌수를 논했다. (선화 7년) 을사년乙巳年(1125)에 내가 명을 받들고 서주西州(서촉)에 사신으로 갔을 때, 소미유가 비현郫縣[19]에서 살고 있었기에 일찍이 그의 집으로 가서 형부공刑部公(소필)의 사당에 참배했다. 소미유는 타고난 성품이 온화하고 상냥해서 사람들과 얘기할 때 마치 남의 마음을 상하게 할까 걱정하는 듯하지만, 관리로서 정사에 임할 때는 시비가 단호해서 의지를 빼앗을 수 없으니, 군자다운 사람이다. 단양 · 하남 · 성도의 소씨는 그 차례가 이와 같다. 아! 세상에서 종친을 따지지 않은 지가 오래되었지만, 이를 갖추어 기록해 세 집안의 자손들에게 보여 준다.

---

18 소충(邵充): 자는 미유(美孺). 소필(邵必)의 조카뻘이다. 벼슬은 운대대부(雲臺大夫)를 지냈으며, 비현(郫縣)에서 살았다. 아들 소안지(邵安之)는 자가 자인(子仁)이며, 본서의 찬자 소백온(邵伯溫)의 아들 소박(邵博)이 그의 묘지명을 지었다.

19 비현(郫縣): 지금의 쓰촨성[四川省] 청두시[成都市] 서북부.

康節先生少時游京師, 與國子監直講邵必不疑初敍宗盟, 不疑年長, 康節先生以兄拜之. 蓋不疑自河朔遷丹陽, 康節先公上世亦河朔人故也. 至康節自衛入洛, 不疑爲京西提刑. 嘉祐中, 河南府薦康節先公以遺逸, 不疑自作薦章, 其詞有"厚德足以鎭薄俗, 淸風可以遺來世". 相推重如此. 熙寧初, 不疑以龍圖閣學士知成都府, 過洛, 謂康節先公曰: "某陛辭日, 再薦先生矣." 康節先公追送洛北別去. 不疑中途寄康節先生詩云: "我乘孤傳經崤澠, 君擁羣書臥洛城. 富貴人間亦何有? 閑忙趣味甚分明." 不疑次金牛驛暴卒, 喪歸, 康節先公哭之慟. 女嫁楊國寶應之, 應之亦康節先公門生, 康節先公視之猶子也. 開禧[1]·元豐中爲河南府推官, 康節已捐館, 伯溫復以兄拜之. 宣和己丑[2], 伯溫赴果州, 道出閬州, 有知閬中縣邵充美孺者相迎, 自稱同姓姪云. 伯溫以宗族源流爲問, 美孺曰: "充之上世自潤州入蜀, 龍圖公先人叔父行也." 伯溫曰: "康節先公以兄事龍圖公, 伯溫不敢忘." 自此與美孺之中外皆論親. 癸巳[3], 伯溫奉使西州, 美孺居郫, 嘗至其家拜刑部公廟. 美孺天資和易, 與人言如恐傷之, 至臨吏政, 是非毅然不可奪, 君子人也. 丹陽·河南·成都之邵, 其次第如此. 嗟夫! 世不講宗盟久矣, 具載之以示三家子孫.

[1] 개희(開禧): '개희'는 남송 영종(寧宗)의 연호(1205~1207)이고, 원풍(元豐)은 북송 신종의 연호(1078~1085)이어서 시간상으로 맞지 않으므로 착오가 분명하다. 한편 원초본에는 "문례(聞禮)"라 되어 있는데, 문맥상 뜻이 통하지 않는다. 일단 삭제하기로 한다.

[2] 기축(己丑): "기해(己亥)"의 오기로 보인다. 휘종 선화(宣和) 연간(1119~1125)에 기축년은 없지만 기해년은 있다. 기해년은 선화 원년(1119)이다.

[3] 계사(癸巳): "을사(乙巳)"의 오기로 보인다. 휘종 선화 연간에 계사년은 없지만 을사년은 있다. 을사년은 선화 7년(1125)이다. 또한 『송사』 권433 「유림열전(儒林列傳)·소백온전(邵伯溫傳)」에도 "급선화말(及宣和末), 백온재가사촉(伯溫載家使蜀), 고면어난(故免於難)"이라는 기사가 있으므로, "을사"가 타당한 것으로 보인다.

20-10(222)

나(소백온)의 숙부인 소목邵睦은 둘째 할머니 양씨부인楊氏夫人의 소생으로 강절선생康節先生(소옹)보다 20여 세 적었는데, 학문에 힘쓰고 효성스럽고 신중했으며 강절선생을 아버지처럼 모셨다. (신종) 희녕熙寧 원년(1068) 4월 8일에 갑자기 죽었는데 33세였다. 강절 선공先公은 통곡했으며, 숙부가 죽은 후에 옛 책을 정리하다가 숙부가 지은 「중구시重九詩」를 찾아냈는데 다음과 같다.

"옷은 그날처럼 희고, 꽃은 작년처럼 노랗네. 동쪽 울타리 일[20]을 물으려 하나, 동쪽 울타리 일은 아득하기만 하네."

숙부가 죽자 뒤 텃밭의 동쪽 울타리 아래에 장사 지냈다. 아! 사람의 죽음은 과연 미리 정해진 것이로다!

伯溫之叔父諱睦, 後祖母楊氏夫人出也, 少康節先生二十餘歲, 力學孝謹, 事康節如父. 熙寧元年四月八日暴卒, 年三十三. 康節先公哭之慟, 旣卒, 理其故書, 得叔父所作「重九詩」云: "衣如當日白, 花似昔年黃. 擬問東籬事, 東籬事杳茫." 及死, 殯後圃東籬下. 噫! 人之死生, 是果前定矣!

20 동쪽 울타리 일: 원문은 "동리사(東籬事)". 국화를 심는 일을 말한다. 동진(東晉)의 시인 도연명(陶淵明)의 「음주(飮酒)」 제5수의 "채국동리하(採菊東籬下), 유연견남산(悠然見南山)"이란 구절에서 비롯되었다. '동리'는 나중에 국화 또는 국화를 심은 곳을 가리키는 말로 쓰인다.

20-11(223)

강절康節(소옹) 선공先公이 세상을 떠나고 나서 이정선생二程先生(정호 · 정이)은 나(소백온)에게 고아로 남지 않게 하려는 뜻이 있었기에 매우 돈독하게 가르치고 훈계했다. 종승선생宗丞先生(정호)이 나에게 말했다.

"사람이 공부할 때는 너무 높은 목표를 피해야 하니, 만약 순서대로 멈추지 않고 나아가면 자연히 이르는 곳이 있게 된다."

선공의 허름한 오두막집은 대청 뒤로 문이 없어서 곁채를 통해 구불구불 돌아서 나갔다. 내가 불편해서 벽을 뚫어 문을 만들었더니, 시강선생侍講先生(정이)이 그것을 보고 말했다.

"이전 사람이 그렇게 설계한 것에는 필시 이유가 있을 것이니 고치면 안 된다."

그래서 나는 급히 그 문을 막았다. 시강선생이 주전백周全伯(주순명)에게 말했다.

"소 군邵君(소백온)은 작은 일일지라도 믿음을 주고 선을 행하는 데 용감한 사람이다."

내가 처음 벼슬길에 들어섰을 때 시강선생이 말했다.

"무릇 관리가 되었을 때 비록 부하 관원이 죄를 짓더라도 먼저 자세히 조사한 후에 판결해야 한다. 혹시라도 사사로운 분노에서 나왔을 경우 모든 분노가 풀어지길 기다리면 갑자기 사람을 상하게 하는 지경에는 이르지 않을 것이다. 매번 사람을 판결할 때 아직 장형杖刑으로 문책당하지 않은 자는 마땅히 신중히 해야 하니, 혹시라도 그럴 만한 처지에 있을까 봐 걱정하기 때문이다."

나는 종신토록 이를 행하고 있다.

康節先公旣捐館, 二程先生於伯溫有不孤之意, 所以教載[1]甚厚. 宗丞先生謂伯溫曰: "人之爲學忌標準, 若循循不已, 自有所至矣." 先人敝廬廳後無門, 由傍舍委曲以出. 某[2]不便之, 因鑿壁爲門, 侍講先生見之曰: "前人規畫必有理, 不可改作." 某亟塞之. 侍講謂周全伯曰: "邵君雖小事亦相信, 勇於爲善者也." 某初入仕, 侍講曰: "凡作官, 雖所部公吏有罪, 立按而後決. 或出於私怒, 比具怒亦釋, 不至倉卒傷人. 每決人, 有未經杖責者宜愼之, 恐其或有所立也." 伯溫終身行之.

[1] 재(載): 원초본과 『진체비서』본에는 "계(戒)"라 되어 있는데, 문맥상 보다 타당하다.
[2] 모(某): 명초본에는 "백온(伯溫)"이라 되어 있는데, 문맥상 의미가 보다 분명하다. 이하도 마찬가지다.

20-12(224)

(신종) 희녕熙寧 8년(1075) 가을에 나는 사인 10여 명과 함께 낙양洛陽 건춘문建春門의 광애사廣愛寺 단상원端像院에서 공부하며 시험을 기다렸다. 어느 날 저녁에 꿈을 꾸었는데, 전정殿庭에 이르러 급제자 발표를 기다리면서 대전 위를 바라보았더니 여왕이 있었다. 꿈을 깨고 나서 같은 방의 동료들에게 말했지만 모두 무슨 뜻인지 알지 못했다. (철종) 원우元祐 2년(1087) 가을에 이르러 경행經行[21]으로 추천되어 이듬해 봄에 집영전集英殿에서 선발자를 호명했는데, 선인태후宣仁太后(고태후)가 수렴청정하고 있었다. 그제야 예

21 경행(經行): 경명행수(經明行修)의 줄임말로, 경서에 밝고 품행이 바른 것을 말한다.

전의 꿈이 15년 후에 증험되었음을 깨달았으니 과연 운수는 있다 하겠다.

熙寧八年秋, 余與士人十餘輩講學於洛陽建春門廣愛寺 端像院以待試. 一夕, 夢至殿庭[1]唱第, 望殿上, 女主也. 覺謂同舍言之, 皆不曉. 至元祐二年秋, 以經行薦, 明年春唱名集英殿, 宣仁太后垂簾聽政也. 方悟前夢驗於十五年之後, 是果有數矣.

[1] 전정(殿庭): 원초본에는 이 뒤에 "후(候)" 자가 있는데, 문맥상 보다 타당하다.

20-13(225)

내가 서촉헌西蜀憲[22]이 되었는데, 그 치소治所가 가주嘉州에 있었다. 가주의 서쪽에 화 장군花將軍(화경)[23]의 사당이 있는데, 화 장군은 영민하고 용맹해 두자미杜子美(두보)의 시[24]에 나온다. 사당 관리가 당나라 (숙종) 지덕至德 원년(756) 10월에 쓴 정 승상鄭丞相의 제고문祭告文을 상자에 담아 보관하고 있었는데, 다음과 같이 적혀 있었다.

22 서촉헌(西蜀憲): '헌'은 사형옥(司刑獄)의 중앙이나 지방 기구 또는 관원을 말한다. 당나라 때는 형부(刑部)를 헌부(憲部)라 했고, 송나라 때는 제점형옥사(提點刑獄司) 또 제점형옥의 별칭을 '헌'이라 했다. 여기서는 소백온(邵伯溫)이 흠종 정강(靖康) 연간 초(1126)에 성도로제점형옥(成都路提點刑獄)이 된 것을 말한다.

23 화 장군(花將軍): 화경(花卿). 이름은 경정(驚定) 또는 경정(敬定). 당나라 숙종(肅宗) 때의 맹장으로, 성도윤(成都尹) 최광원(崔光遠)의 부장(部將)이었다. 일찍이 재주자사(梓州刺史) 단자장(段子璋)의 반란을 평정하는 데 큰 공을 세웠다. 하지만 자신의 공을 자부해 교만하게 법을 어기고 조정을 무시했다.

24 두자미(杜子美: 두보)의 시: 두보(杜甫)는 화경(花卿)에 대해 숙종 상원(上元) 2년(761)에 「희작화경가(戲作花卿歌)」와 「증화경(贈花卿)」 등의 시를 지었다.

"화경정花驚定(화경)은 장군이다. 이해에 토번土蕃이 수주嶲州를 함락했는데, 장군과 승상이 어찌 공이 같겠는가?"

제고문 뒤에는 "금자광록대부金紫光祿大夫 좌상左相 빈국공豳國公 신臣, 정의대부正議大夫 문하시랑門下侍郎 평장사平章事 박릉현개국남博陵縣開國男 신臣"이라고 열거되어 있고 성명은 적혀 있지 않았다. 우상右相은 비어 있었다. 은청광록대부銀青光祿大夫 행중서시랑行中書侍郎 평장사平章事는 성명이 마멸되어 있었다. 삼가 살펴보니, 지덕 원년에 숙종肅宗(이형)이 영무靈武에서 처음 즉위했고 우승상右丞相 양국충楊國忠[25]이 주살되었기 때문에 비워 놓은 것이었다. 그해 6월 병오일丙午日에 검남절도사劍南節度使 최원崔圓[26]이 중서시랑·평장사가 되었고, 7월 경오일庚午日에 무부상서武部尚書(병부상서)·평장사 위견소韋見素[27]가 좌상이 되었으며, 촉군태수蜀郡太守 최환崔渙[28]이 문

25 양국충(楊國忠, ?~756): 당나라의 재상. 측천무후(則天武后)의 총신인 장역지(張易之)의 사위로, 학문은 없었으나 계수(計數)에 밝았다. 양귀비(楊貴妃)의 친척으로 등용되어 재상 이임보(李林甫)와 결탁해 재정적 수완을 발휘함으로써 현종(玄宗)에게 중용되었다. '국충'이란 이름도 현종이 하사했다. 이임보가 죽은 후에는 재상으로서 정권을 장악했다. 그러나 뇌물로 인사(人事)를 어지럽히고, 백성으로부터 재물을 수탈하는 등 실정(失政)을 계속했다. 또 남조(南詔) 원정에 실패했으면서도 이를 황제에게 숨겼고, 안녹산(安祿山)과의 반목으로 안사(安史)의 난을 초래했다. 난이 일어나자 현종을 따라 촉(蜀)으로 달아나던 도중에 마외역(馬嵬驛)에서 군사에게 살해되었다.

26 최원(崔圓, 705~768): 자는 유유(有裕), 시호는 소양(昭襄). 당나라의 재상. 무과(武科)로 벼슬길에 올라 회창현승(會昌縣丞)·촉군장사(蜀郡長史) 등을 지냈다. 안사(安史)의 난 때 현종을 모신 공으로 중서시랑·동평장사·검남절도사에 제수되었다. 현종이 퇴위한 후에는 영무(靈武)로 가서 숙종을 보좌했다. 장안(長安)이 수복된 후 중서령에 제수되고 조국공(趙國公)에 봉해졌다. 그 후로 태자소사(太子少師)·동도유수(東都留守)·회분이주자사(懷汾二州刺史)·회남절도사(淮南節度使)·검교좌복야(檢校左僕射)를 역임했다.

27 위견소(韋見素, 697~762): 자는 회미(會微), 시호는 충정(忠貞). 당나라의 재상. 진사 출신으로, 대리승(大理丞)·병부낭중·간의대부·공부시랑·이부시랑 등을 지냈다. 현종 천보(天寶) 13년(754)에 양국충(楊國忠)의 추천으로 병부상서·동평장사에 올랐다. 안사(安史)의 난 후에 현종을 따라 촉(蜀)으로 들어가 시중(侍中)에 제수되고 빈국공(豳國公)에 봉해졌으며, 영무(靈武)로 가서 숙종을 보좌해 상서좌복야에 올랐다.

하시랑·평장사가 되었는데, 제고문에서 그 성명을 적지 않았거나 마멸된 경우는 이 세 사람임에 의심의 여지가 없다. 중서성의 관신官臣은 성명을 적고 문하성의 관신은 성명을 적지 않았으니, 당시의 법도가 무너짐이 이와 같았다. 하지만 화 장군의 이름이 경정인 것을 오직 이 제고문을 통해서 알게 되었다. 혹자는 화 장군은 단릉丹稜 동관東館 사람이며 지금 동관 사당에 모셔진 모습이 훨씬 훌륭하다고 말하기도 했다. 사당 관리가 또 본조(태조) 건덕乾德 3년(965) 2월 26일에 위촉僞蜀(후촉) 왕 맹창孟昶과 위촉 태자 맹원철孟元喆이 항복하고 입조하면서 배를 타고 이 사당 아래를 지나가다가 올린 제문祭文 두 장을 꺼냈는데, 먹빛이 새로 쓴 것 같았으며 그 궁지에 몰려 다급하고 슬픔에 찬 말을 읽어 보니 또한 사람을 탄식하게 했다.

余爲西蜀憲, 其治在嘉州. 州之西有花將軍廟, 將軍英武, 見於杜子美之詩. 廟史以匣藏唐至德元年十月鄭丞相告云: "花驚定, 將軍也. 是歲土蕃陷巂州, 將軍與丞相豈同功者耶?" 告後列"金紫光祿大夫左相豳國公臣, 正議大夫門下侍郎平章事博陵縣開國男臣", 不書姓名. 右相闕. 銀青光祿大夫行中書侍郎平章事, 姓名磨滅. 謹按至德元年, 肅宗初卽位於靈武, 右丞相楊國忠誅死, 故闕之. 是歲六月丙午, 劍南節度使崔圓爲中書侍郎·平章事, 七月庚午, 武部尙書·平章事韋見素爲左相, 蜀太守崔渙爲門下侍郞·平章事, 其不書姓名·磨滅者, 此三人無疑矣. 中書省官臣書姓名, 門下省官臣不書姓名, 當時節度廢闕如此. 然花將軍之名驚定, 唯得於此告也. 或云將軍丹稜東館人, 今東館廟

28 최환(崔渙, 707~769): 시호는 원(元). 당나라의 재상. 문음(門蔭)으로 벼슬길에 올라 박주사공참군(亳州司功參軍)을 거쳐 사문원외랑(司門員外郎)·파서태수(巴西太守)를 지냈다. 안사(安史)의 난 때 현종을 따라 촉(蜀)으로 들어가 황문시랑(黃門侍郎)·동평장사에 임명되었다. 영무(靈武)로 가서 숙종을 보좌했으며, 강회선유선보사(江淮宣諭選補使)·여항태수(餘杭太守)·태자빈객(太子賓客)·대리경(大理卿)·이부시랑·어사대부 등을 역임했다.

貌尤盛云. 廟史又出本朝乾德三年二月二十六日僞蜀王孟昶·僞蜀太子孟元喆以降入朝舟過廟下祭文二紙, 墨色如新, 其窘急悲傷之辭, 讀之亦令人歎息云.

부록 1

「소백온전邵伯溫傳」
(『송사宋史』 권433 「유림전儒林傳」 3)

소백온은 자가 자문子文이고 낙양洛陽 사람으로, 강절처사康節處士 소옹邵雍의 아들이다. 소옹은 명성이 한 시대에 높아서 사마광司馬光·한유韓維·여공저呂公著와 정이程頤 형제가 모두 그의 문하에서 교유했다. 소백온은 집에 들어가서는 부친의 가르침을 받았고 집을 나와서는 사마광 등을 섬겼는데, 사마광 등도 명성과 지위가 손에 꼽히는 무리들로서 소백온과 두 대代에 걸쳐 교유했기 때문에 소백온은 견문이 날로 넓어졌고 특히 당시의 세상일을 상세히 알게 되었다. 사마광은 재상으로 입각한 후 일찍이 소백온을 추천하고자 했는데 이루지 못하고 죽었다. 나중에 하남윤河南尹과 부사자部使者(감사)의 추천으로 특별히 대명부조교大名府助教에 제수되고 노주潞州 장자현위長子縣尉로 발령받았다.

처음에 채확蔡確이 재상으로 있을 때, 신종神宗이 붕어하고 철종哲宗이 즉위하게 되자, 형서邢恕가 양주襄州에서 하양河陽으로 옮겨 와서 채확을 찾아가 정책定策(황제 옹립)의 일을 모의했는데, 사마광의 아들 사마강司馬康이 입궐하자 형서가 사마강을 불러 하양으로 오게 했더니, 소백온이 사마강에게 말했다.

"공휴公休(사마강)는 상기喪期를 마치고 아직 임금을 알현하지 않았는데,

도리에서 벗어나 먼저 벗을 만나는 것은 마땅하지 않소."

사마강이 말했다.

"이미 허락했소."

소백온이 말했다.

"형서는 교활하니 혹시라도 공휴에게 일을 요청할 경우, 공휴가 따른다면 필시 훗날의 후횟거리가 될 것이오."

하지만 사마강은 결국 형서에게 갔다. 형서는 과연 사마강에게 채확을 칭송하는 글을 지으라고 권유함으로써 훗날 자신과 집안을 보전할 계책으로 삼았다. 사마강과 형서는 같은 해에 과거에 급제했고 형서가 또 사마광의 문하 출신이었기에, 사마강은 결국 형서의 말대로 글을 지었다. 형서는 대개 사마강이 사마광의 아들이기에 그가 채확에게 정책의 공이 있다고 말하면 세상에서 필시 믿어 줄 것이라고 생각했다. 얼마 후에 양도梁燾가 간의諫議로 불려 오자, 형서는 또 양도를 하양으로 오라고 요청해서 잇달아 밤낮으로 채확의 공을 쉬지 않고 논하면서 한편으로 사마강의 글을 증거로 삼았는데, 양도는 좋아하지 않았다. 때마침 오처후吳處厚가 채확이 시를 지어 조정을 비방했다고 상주했는데, 양도와 유안세劉安世가 함께 채확을 주살하길 주청하고 아울러 형서의 죄를 논했으며 또한 사마강에게 형서와의 관계를 끊으라고 명하자, 사마강은 비로소 후회했다. 사마강이 죽었을 때 아들 사마식司馬植은 어렸는데, 선인태후宣仁太后(고태후)가 그를 가엽게 여겼다. 여대방呂大防은 사마강이 평소 소백온에게 아들을 부탁할 만하다고 여겼다고 말하면서, 소백온을 서경교수西京敎授로 삼아 사마식을 가르치게 해 달라고 주청했다. 소백온은 관직에 부임하고 나서 사마식을 가르치며 말했다.

"그대는 온공溫公(사마광)의 손자이자 대간大諫(사마강)의 아들로, 그 현우賢愚가 천하에 드러나니 두려워해야 한다."

사마식은 그 말을 듣고 게을리하지 않고 힘써 공부해 마침내 뜻을 이루었다.

(철종) 소성紹聖 연간(1094~1098) 초에 장돈章惇이 재상이 되었다. 장돈은 일찍이 강절康節(소옹)을 섬겼기에 소백온을 기용하려고 했지만 소백온은 가지 않았다. 법규에 따르면 이부吏部의 전형에 참여해야 했는데, 정이가 소백온에게 말했다.

"나는 그대가 가는 것을 위험하다고 여기오."

소백온이 말했다.

"어찌 지하에서 선공先公(소옹)을 뵙고 싶지 않겠소?"

소백온은 도착하고 먼저 이부로 가서 관직을 임명받은 후에 재상을 배알했는데, 장돈이 강절의 학문을 언급하며 말했다.

"아! 나는 선생에게서 학업을 마칠 수 없었네."

소백온이 말했다.

"선군先君(소옹)의 선천학先天學은 천지의 만물을 논하는 데 미진한 점이 없습니다. 그것을 믿는다면 사람의 반복되는 원한을 잊을 수 있습니다."

당시 장돈이 바야흐로 붕당의 옥사獄事를 일으키고 있었기 때문에 소백온이 이 말로 그를 움직이려 했다. 장돈은 섬뜩해하면서도 소백온을 조정에 추천했지만, 소백온이 군현郡縣의 관리로 보임되길 원하자 장돈은 기뻐하지 않았으며, 결국 소백온은 영흥군주전감永興軍鑄錢監이 되었다. 당시 원우元祐 연간(1086~1094)의 제현諸賢들이 막 남쪽으로 좌천되었는데, 선비 중에 그들을 방문하는 자는 거의 없었다. 하지만 소백온은 함평咸平에서 범조우范祖禹를 만나고 영창潁昌에서 범순인范純仁을 만났는데, 혹자가 그를 위해 걱정했지만 그는 아랑곳하지 않았다. 때마침 서쪽 변방에서 군대를 움직여 서하西夏의 옛 땅을 수복하게 되자 종군한 자들이 몇 단계의 품계를 얻을 수 있었는데, 소백온은 마땅히 가야 했지만 번번이 동렬을 추천했다. 소백온이 임기를 마칠 때까지 장돈은 여전히 재상의 지위에 있었다. 소백온은 도성으로 가지 않는 것이 옳다고 여겨 외대外臺(주현의 장관)를 따라 환경로안무사環慶路安撫使의 막료로 초징되었는데, 이는 사실 장돈을 피하기 위함이었다.

휘종徽宗이 즉위한 후 일식日食이 일어나자 신하들의 직언을 구했다. 그래서 소백온은 수천 언의 상소문을 올렸는데, 그 대략적인 요지는 조종祖宗의 제도를 회복하고, 선인태후에 대한 무고한 비방을 판별하고, 원우 제현의 당고黨錮를 풀어 주고, 군자와 소인을 구분하고, 전쟁을 일으켜 백성을 고생시키는 것을 경계하고자 한 것으로, 그 말이 극히 간절했다. 선인태후에 대한 비방은 소백온이 이미 판별했고 또 「변무辨誣」라는 글을 지었다. 그 후 숭녕崇寧 연간(1102~1106)과 대관大觀 연간(1107~1110)에 (철종) 원부元符 연간(1098~1100)의 상서한 사람을 사등邪等(사악한 무리)과 정등正等(정직한 무리)으로 나누었는데, 소백온이 사등에 들었던 것은 이 글 때문이었다.

소백온은 지방으로 나와 감화주서악묘監華州西嶽廟로 있다가 오랜 후에 섬주陝州 영보지현靈寶知縣이 되었고 예성지현芮城知縣으로 전임되었다. 모친상을 당해 상기를 마친 후 주관영흥군요주삼백거공사主管永興軍耀州三白渠公事가 되었다. 동관童貫이 선무사宣撫使가 되자 사대부들이 다투어 그의 문하를 출입했는데, 소백온은 그가 부임했다는 소식을 듣고 다른 주州로 나가 그를 피했다. 지과주知果州에 제수되자 해마다 노남瀘南의 여러 주에서 생산된 비단과 무명 수십만 필의 운송을 그만두길 청해 백성들의 수고를 덜어 주었다. 지흥원부知興元府·지수녕부知遂寧府·지빈주知邠州에 제수되었지만 모두 부임하지 않았다. 성도로제점형옥成都路提點刑獄에 발탁되었을 때, 반적 사빈史斌이 무휴武休를 격파하고 한주漢州와 이주利州로 들어와 검문劍門을 노렸는데, 소백온이 성도 수신帥臣 노법원盧法原과 함께 계책을 세워 검문을 지킨 끝에 반적이 결국 들어올 수 없어서 촉인蜀人들이 그의 은덕에 감사했다. 이로전운부사利路轉運副使와 제거태평관提擧太平觀에 제수되었다. (남송 고종) 소흥紹興 4년(1134)에 78세로 죽었다.

처음에 소옹이 일찍이 말했다.

"세상이 어지러워지면 촉은 안전하니 그곳으로 피해 가서 살도록 해라."

(휘종) 선화宣和 연간(1119~1125) 말에 소백온은 가족을 데리고 촉에 사신으로 갔기 때문에 환난을 면할 수 있었다.

소백온은 일찍이 원우 연간과 소성 연간의 정치를 논해 말했다.

"공경대부는 마땅히 국체國體를 알아야 하니, 간사한 채확을 사지에 던져 넣은 것이 어찌 족히 애석하겠는가! 하지만 일찍이 재상을 지냈으니 마땅히 재상으로 대우했어야 한다. 범충선공范忠宣公(범순인)은 범문정공范文正公(범중엄)의 유풍을 지녔으며 국체를 아는 사람이었기 때문에 채확의 죄를 경감해 주고자 했다. 자신의 주청이 이미 받아들여지지 않자 물러났다가 채확에 대한 어명이 집행된 연후에 떠나길 청했으니, 군자와 존장자로서 어진 사람의 마음 씀이었다. 채확은 남쪽 황량한 곳에서 죽었으니 어찌 다만 국체를 손상시켰을 뿐이겠는가! 유지劉摯·양도·왕암수王巖叟·유안세는 충직함에는 남음이 있었지만 악을 미워함이 너무 심한 나머지 국체를 알지 못해 훗날 사대부의 화를 남겼으니 잘못이 없다고 할 수 없다."

조정趙鼎은 젊었을 때 소백온을 좇아 교유했는데, 재상이 되었을 때 소백온의 생전의 공적을 표창하길 청해 비로소 비각수찬秘閣修撰에 추증했으며, 일찍이 소백온의 묘표墓表를 지어 말했다.

"학문과 덕행으로 원우 연간에 기용되었고, 명예와 절조로 소성 연간에 자처했으며, 상주한 말 때문에 숭녕 연간에 쫓겨났다."

세상에서는 이 세 마디 말로 소백온의 출처出處(출사와 은퇴)를 모두 말했다고 여겼다.

저서에 『하남집河南集』·『문견록聞見錄』·『황극계술皇極系述』·「변무辨誣」·「변혹辨惑」·「황극경세서皇極經世序」·『관물내외편해觀物內外篇解』가 있는데 거의 100권에 가깝다. 세 아들을 두었는데, 소부邵溥·소박邵博·소부邵傅다.

邵伯溫字子文, 洛陽人, 康節處士雍之子也. 雍名重一時, 如司馬光·韓維·呂公著·程頤兄弟皆交其門. 伯溫入聞父教, 出則事司馬光等, 而光等亦屈名位輩行, 與伯溫爲再世交, 故所聞日博, 而尤熟當世之務. 光入相, 嘗欲薦伯溫, 未果而薨. 後以河南尹與部使者薦, 特授大名府助教, 調潞州長子縣尉. 初, 蔡確之相也, 神宗崩, 哲宗立, 邢恕自襄州移河陽, 詣確謀造定策事, 及司馬光子康詣闕, 恕召康詣河陽, 伯溫謂康曰: "公休除喪未見君, 不宜枉道先見朋友." 康曰: "已諾之." 伯溫曰: "恕傾巧, 或以事要公休, 若從之, 必爲異日之悔." 康竟往. 恕果勸康作書稱確, 以爲他日全身保家計. 康·恕同年登科, 恕又出光門下, 康遂作書如恕言. 恕蓋以康爲光子, 言確有定策功, 世必見信. 既而梁燾以諫議召, 恕亦要燾至河陽, 連日夜論確功不休, 且以康書爲證, 燾不悅. 會吳處厚奏確詩謗朝政, 燾與劉安世共請誅確, 且論恕罪, 亦命康分折, 康始悔之. 康卒, 子植幼, 宣仁后憫之. 呂大防謂康素以伯溫可託, 請以伯溫爲西京教授以教植. 伯溫既至官, 則誨植曰: "溫公之孫, 大諫之子, 賢愚在天下, 可畏也." 植聞之, 力學不懈, 卒有立. 紹聖初, 章惇爲相. 惇嘗事康節, 欲用伯溫, 伯溫不往. 會法當赴吏部銓, 程頤爲伯溫曰: "吾危子之行也." 伯溫曰: "豈不欲見先公於地下耶?" 至則先就部擬官, 而後見宰相, 惇論及康節之學, 曰: "嗟乎! 吾於先生不能卒業也." 伯溫曰: "先君先天之學, 論天地萬物未有不盡者. 其信也, 則人之仇怨反覆者可忘矣." 時惇方興黨獄, 故以是動之. 惇悚然, 猶薦之於朝, 而伯溫願補郡縣吏, 惇不悅, 遂得監永興軍鑄錢監. 時元祐諸賢方南遷, 士鮮訪之者. 伯溫見范祖禹於咸平, 見范純仁於潁昌, 或爲之恐, 不顧也. 會西邊用兵, 復夏人故地, 從軍者得累數階, 伯溫當行, 輒推同列. 秩滿, 惇猶在相位. 伯溫義不至京師, 從外臺辟環慶路帥幕, 實避惇也. 徽宗卽位, 以日食求言. 伯溫上書累數千言, 大要欲復祖宗制度, 辨宣仁誣謗, 解元祐黨錮, 分君子小人, 戒勞民用兵, 語極懇至. 宣仁太后之謗, 伯溫旣辨之, 又著書名「辨誣」. 後崇寧·大觀間, 以元符上書人分邪正等, 伯溫在邪等中, 以此書也. 出監華州西嶽廟, 久之, 知陝州靈寶縣, 徙芮城縣. 丁母憂, 服除, 主管永興軍耀州三白渠公事. 童貫爲宣撫使, 士大夫爭出其門, 伯溫聞其來, 出他州避之. 除知果州, 請罷歲輸瀘南諸州綾絹·絲綿數十萬以寬民力. 除知興元府·遂寧府·邠州, 皆不赴. 擢提點成都路刑獄, 賊史斌破武休, 入漢·利, 窺劍門, 伯溫與成都帥臣盧法原合謀守劍門, 賊竟不能入, 蜀人德之. 除利路轉運副使·提擧太平觀. 紹興四年卒, 年七十八. 初, 邵雍嘗曰: "世行亂, 蜀安, 可避居." 及宣和末, 伯溫載家使蜀, 故免於難. 伯溫嘗論元祐·紹聖之政曰: "公卿大夫, 當知國體, 以蔡確姦邪, 投之死地, 何足惜! 然嘗爲宰相, 當以宰相待之. 范忠宣有文正餘風, 知國體者也, 故欲薄確之罪. 言旣不用, 退而行確詞命, 然後求去, 君子長者仁人用心也. 確死南荒, 豈獨有傷國體哉! 劉摯·梁燾·王巖叟·劉安世忠直有餘, 然疾惡已甚, 不知國體, 以貽後日縉紳之禍, 不能無過也." 趙鼎少從伯溫游, 及當相, 乞行追錄, 始贈秘閣修撰, 嘗表伯溫之墓曰: "以學行起元祐, 以名節居紹聖, 以言廢於崇寧." 世以此三語盡伯溫出處云. 著書有『河南集』·『聞見錄』·『皇極系述』·「辨誣」·「辨惑」·「皇極經世序」·『觀物內外篇解』近百卷. 三子: 溥·博·傅.

부록 2

역대 서발序跋 및 저록著錄

(송) 소박邵博 「하남소씨문견록서河南邵氏聞見錄序」

선군자先君子(소백온)가 일찍이 말했다.

"나는 아이였을 때부터 강절공康節公(소옹)의 안석과 지팡이를 옆에서 받들면서 천하의 선비를 많이 보았기 때문에, 부문충공富文忠公(부필)·사마문정공司馬文正公(사마광)·여정헌공呂正獻公(여공저) 이하로 내가 모두 그들을 좇아 교유할 수 있었다. 그 학문의 도의 연원은 가히 존숭해 행할 만한 것이기에 장차 종신토록 따를 것이다. 하지만 나는 늙었으니 이를 후대의 학자들에게 남겨 주려고 생각한다."

그러고는 자신이 듣고 본 것을 책에 기록하고 스스로 서문을 지었는데, 그 기술이 매우 광범위하다. 아! 국가는 전형典刑(전범이 되는 법전)을 중요하게 여기고 '노성인老成人(노련하고 덕망 있는 옛 신하)'이라고 하는 자를 또한 중시한다. 그래서 (『시경詩經』「대아大雅·탕蕩」에서) "비록 노성인은 없더라도, 여전히 전형은 있네"라고 했다. 대개 언행이 나오게 된 내력이 유원悠遠하기 때문이다. 공자孔子 같은 사람도 미처 알지 못한 것이 있으면 반드시 먼저 통달한 사람을 찾아갔으며, 이미 『예경禮經』에서 터득하고 깨달음이 있었음에도 "내가 노담老聃(노자)에게서 들었다"라고 말했으니, 그 엄격함이 이와 같았다. 선군은 평소에 재계齋戒하듯이 생활했고 담담하게 심히 좋아하는 것이 없었으며 오직 저술하는 것을 좋아했다. 이 책은 유독 늦게 나왔는데, 비록 객지에 거하며 병중에 있었지만 붓을 놓지 않았으니, 그 마음이 가히 비장했다. 선군이 세상을 떠난 후에 황상은 그의 평생의 말을 얻어듣고 매우 상세히 표창하라는 어지를 내렸다. 나는 불초해서 끝내 선군의 훌륭한 덕을 드러내지 못했다. 이미 완성된 유저遺著를 분류하다가 잔결된 저서 중에서 『문견록』을 찾아내고 20권으로 차례를 정해 함께 세상에 전한다. 대개 (철종) 소성紹聖 연간(1094~1098) 이래로 대신들이 사사로운 마음으로 천하를 어지럽혀 두려워하는 일이 생기게 되었고, 또 소인배와 아첨꾼을 사관史官으로 선발해 역사를 기록하게 함으로써 사법史法이 무너지기 시작했다. 황상은 이를 올바르지 않다고 여겨 학사들에게 조서를 내려 다시 수찬해 펴내도록 했다. 아! 선군은 이미 떠났지만 이 책에는 또한 여전히 취할 만한 게 있다. 둘째 아들 박博이 삼가 쓰다.

先君子嘗曰: "吾自爲童子, 奉康節公几杖於左右, 多閱天下之士, 故自富文忠公 · 司馬文正公 · 呂正獻公而下, 吾皆得從之遊. 其學道淵源可尊而行之者, 將終吾身焉. 然吾老矣, 思有以遺後之學者." 乃著其所聞見於書, 自爲之序, 紀述甚廣. 嗚呼! 國以典刑爲重, 曰'老成人'者則又重焉. 故曰"雖無老成人, 尙有典刑". 蓋以言行所從來者遠矣. 士如孔子者, 有所未知, 必訪先達之士, 旣有得有立於『禮經』者之語曰"吾聞之老聃"云, 其嚴如此. 先君平居如齊, 淡然無甚好, 唯喜著書. 此書獨晩出, 雖客寓疾病中, 筆削不置, 其心可悲矣. 先君旣不幸, 上得其平生之言, 有制褒揚甚備. 博不肖, 終無以顯先君之令德.

類次其遺書旣成, 於絶編斷簡之中得『聞見錄』, 爲次第二十卷, 并傳於代. 蓋自紹聖以來, 大臣用私意亂天下, 至有所懼也, 又取小夫佞人爲史官以文之, 而史法始壞矣. 上不直之, 下詔學士更修以出焉. 嗟夫! 先君已矣, 則是書也尙有取焉. 仲子博謹序.

(송) 진진손陳振孫 『직재서록해제直齋書錄解題』
(권5「잡사류雜史類」)

『소씨문견록』 20권, 소백온 찬. 대부분 국조國朝(송)의 일을 기록했다.

『邵氏聞見錄』二十卷, 邵伯溫撰. 多記國朝事.

(송) 조공무晁公武 『군재독서지郡齋讀書志』

『소씨견문록』〔『문견록』이라고도 한다〕 20권. 앞은 황조皇朝(송) 소백온 자문이 찬했다. (남송 고종) 소흥紹興 연간(1127~1162) 초까지 국조의 잡사를 기록했는데, 그 서문에서 일찍 부친의 연고 때문에 직접 선배들을 접견하고 과거의 언행을 많이 알게 되어 그것에 힘입어 이 책을 완성했다고 말했다. 그의 부친은 소옹邵雍이다.

『邵氏見聞錄』〔一作『聞見錄』〕 二十卷. 右皇朝邵伯溫子文撰. 記國朝雜事, 迄紹興之初, 序言: 早以其父之故, 親接前輩, 得前言往行爲多, 賴之以成書. 其父雍也.

(청) 기윤紀昀 『사고전서총목제요四庫全書總目提要』

(권141 「자부子部 · 소설가류小說家類」)

『문견전록聞見前錄』 20권〔내부장본內府藏本〕 송 소백온 찬. 소백온의 『역학변혹易學辨惑』은 이미 저록되어 있다. 소백온은 소자邵子(소옹)의 연고 덕분에 (철종) 원우元祐 연간(1086~1094)의 기로구신耆老舊臣을 만날 수 있었기 때문에 당시 조정에 대해 그 시말을 자세히 알았다. 이 책은 (남송 고종) 소흥紹興 2년(1132)에 완성되었다. 앞의 16권은 태조太祖 이후의 고사를 기록했는데, 왕안석王安石 신법新法의 시말과 한 시대의 찬반론을 특히 상세하게 실었다. 낙洛 · 촉蜀 · 삭朔의 세 당파가 서로 공격한 것[1]을 논하면서 그들이 각자 문호를 세우고 소인에게 벼슬을 주어 서로를 이간한 것을 안타까워하고, 또 정자程子의 말을 인용해 변법變法(신법)이 갑작스런 반발에서 비롯되었다고 여긴 것은 모두 공평한 마음의 논평이다. 등롱금鐙籠錦의 일이 문언박文彥博의 처에게서 나왔다고 기록한 것[2]은 사리에 보다 가깝다. 한기韓琦와 부필富弼의 사이가 벌어진 것이 [광헌태후光獻太后(조태후)의] 수렴청정을 거둔 것 때문이고 정책定策(황제 옹립) 때문이 아니라고 논한 것[3]도 족히 강지強至의 집에 전해진 것이 거짓임을 바로잡을 수 있다. 주필대周必大의 「발여헌가묘지跋呂獻可墓誌」에서 "소백온의 이 책은 황당한 내용이 자못 많으며, 무릇 기록

1 낙(洛) · 촉(蜀) · 삭(朔)의 세 당파가 서로 공격한 것: 본서 13-10(142)에 이에 관한 고사가 실려 있다.

2 등롱금(鐙籠錦)의 일이 문언박(文彥博)의 처에게서 나왔다고 기록한 것: 본서 2-5(024)에 이에 관한 고사가 실려 있다. 본서의 고사에는 "등롱금(鐙籠錦)"이 "등롱금(燈籠錦)"이라 되어 있다.

3 한기(韓琦)와 부필(富弼)의 사이가 벌어진 것이 [광헌태후(光獻太后: 조태후)의] 수렴청정을 거둔 것 때문이고 정책(定策: 황제 옹립) 때문이 아니라고 논한 것: 본서 3-2(038)에 이에 관한 고사가 실려 있다.

한 인물과 그 연월이 잘못되지 않은 것이 드물다"라고 말한 것은 아마도 호오好惡가 너무 심한 말로 모두 그렇지는 않을 것이다. 권17은 대부분 잡다한 일을 기록했는데, 그중 낙양洛陽과 영락永樂에 대해 기술한 여러 조에는 모두 맥수서리麥秀黍離[4]의 느낌이 담겨 있다. 권18부터 권20까지는 모두 소자의 언행을 기록했는데, 태중에서 죽은 딸이 환생한 고사[5]와 검은 원숭이에 감응해 잉태한 고사[6]는 자기 부친을 신비롭게 하려고 의도한 것으로 더욱 요망하고 터무니없다. 또 소자의 말을 기록하면서 소자가 노자老子로 『역易』을 이해하는 본체로 삼고, 맹자孟子로 『역』을 이해하는 작용으로 삼았으며, 문중자文中子(왕통)가 부처를 서방의 성인이라고 여긴 것도 틀리지 않았다고 한 것[7]은 견강부회로 보인다. 투호投壺의 고사[8]에 대해서는 더욱 자질구레해서 기록하기에 부족하다. 대개 또한 정밀하지 않은 것을 골라내 그 요지만을 취하는 것이 좋겠다.

『聞見前錄』二十卷〔內府藏本〕宋邵伯溫撰. 伯溫有『易學辨惑』已著錄. 伯溫藉邵子之緒, 猶及見元祐諸耆舊, 故於當時朝政, 具悉端委. 是書成於紹興二年. 前十六卷記太祖以來故事, 而於王安石新法始末及一時同異之論, 載之尤詳. 其論洛·蜀·朔三黨相攻, 惜其各立門戶, 授小人以間, 又引程子之言, 以爲變法由於激成, 皆平心之論. 其記鐙籠錦事, 出文彦博之妻, 於事理較近.

4 맥수서리(麥秀黍離): 옛 도성에 보리와 기장이 무성하게 자라 있다는 뜻으로, 망국을 한탄한다는 말이다. 서리맥수(黍離麥秀)·맥수지탄(麥秀之嘆)이라고도 한다.

5 태중에서 죽은 딸이 환생한 고사: 본서 18-1(187)에 이에 관한 고사가 실려 있다.

6 검은 원숭이에 감응해 잉태한 고사: 본서 18-2(188)에 이에 관한 고사가 실려 있다.

7 소자가 노자(老子)로 『역(易)』을 이해하는 본체로 삼고, 맹자(孟子)로 『역』을 이해하는 작용으로 삼았으며, 문중자(文中子: 왕통)가 부처를 서방의 성인이라고 여긴 것도 틀리지 않았다고 한 것: 본서 19-8(207)에 이에 관한 고사가 실려 있다.

8 투호(投壺)의 고사: 본서 18-13(199)에 이에 관한 고사가 실려 있다.

其記韓·富之隙由撤簾, 不由定策, 亦足以訂強至家傳之譌. 周必大「跋呂獻可墓誌」, 謂“伯溫是書, 頗多荒唐, 凡所書人及其歲月鮮不差誤”, 殆好惡已甚之詞, 不盡然也. 十七卷多記雜事, 其洛陽·永樂諸條, 皆寓麥秀黍離之感. 十八卷至二十卷, 皆記邵子之言行, 而殤女轉生·黑猿感孕, 意欲神奇其父, 轉涉妖誣. 又記邵子之言, 謂老子得『易』之體, 孟子得『易』之用, 文中子以佛爲西方聖人, 亦不以得非, 似乎附會. 至投壺一事, 益猥瑣不足紀. 蓋亦擇焉不精者, 取其大旨可耳.

(청) 황비렬黃丕烈 『요포장서제지蕘圃藏書題識』

(권6「자류子類」3)

『하남소씨문견록』 20권〔옛 초본을 교정함〕 (명) 가정嘉靖 13년(1534) 여름에 송본宋本을 대조해 한 차례 교감했다. 전본前本(초본)과 중간의 1책冊은 나의 집에 있었는데, 40년 만에 비로소 완전하게 모을 수 있었으니, 기서奇書는 쉽게 만날 수 없음을 알게 되었다. 보존하고 보존해야 한다. (명) 야죽거사野竹居士(심여문沈與文)가 삼가 적다.

내가 왕년에 처음 책을 구매하려고 했을 때 (항주杭州) 백제白隄의 전청묵錢聽默(전시제錢時霽)과 교유했다. 원대元代 초본 『소씨문견록』이 그의 책가게에 있다는 말을 들었지만, 미처 사지 못했고 보지도 못했다. 나중에 다른 곳에서 팔았다는 사실을 알고 마음으로 깊이 염두에 두었지만 그 종적을 찾지 못했다. 근자에 오연루五硯樓의 유서遺書를 조사하다가 전청묵의 수교본手校本이 있는 것을 발견하고 그것을 베껴 적었다. 그는 모진毛晉의 (급고각汲古閣) 각본 위에 교정했는데, 그사이에 이 초본에 교본과 같은 부분이 있어서 비로소 이 초본이 뛰어남을 알게 되었고, 또 교본과는 다르지만 각본보다 나은 부분이 있으니, 마땅히 이 옛 초본을 보존해야 한다. 나는 교정할 때 비록 전청묵의 교정을 따라 고쳤지만, 전청묵이 교정할 때 원대 초본의 존재를 잘 알고 있었는지의 여부는 모르겠다. 또한 이 초본에는 이미 원대 초본과 일치하는 부분이 있으니 필시 근거한 바가 있었음을 알 수 있다. 그래서 감히 모두 전청묵의 교정을 준수해 정본定本으로 삼지는 못하겠다. 오직 증보된 몇 조와 자구에 보충된 곳이 있는 것은 전청묵의 교정이 나은 것 같다. 이 책에 야죽거사가 "송본을 대조해 한 차례 교감했다"라고 말한 것이 있는데, 또한 어떤 이유로 (그 교감이) 탈락되었는지 모르겠다. 『민구기敏求記』에 육기청陸淇淸이 송대 초본을 가지고 있었다는 언급이 있는데, 정초본精鈔本이라면 어떻게 하면 어느 날 이것을 만나 이 초본을 한번 증명할 수 있을까! 임신년壬申年(1812) 10월 12일 교동交冬(동지)의 첫 번째 추위 소식이 있던 날에 복옹復翁(황비렬)이 적다. 〔이상의 두 발문은 모두 마지막 권의 뒤에 있다.〕

전청묵의 수교본은 내가 교정한 후에 바로 교사공항喬司空巷의 장인암張訒庵(장소인張紹仁)에게 돌려주었다. 대개 오연루에서는 이 수교본을 수장할 수 없었던 것 같다. 이 초본에는 (명) 가정嘉靖 연간(1522~1566) 때 야죽거사의 발문이 있다. 오중吳中의 삼독교衫瀆橋에 가정 연간 때 심여문沈與文이 있었는데, 자못 많은 서책을 소장했고 그가 간각한 『한시외전韓詩外傳』에 야죽재野竹齋라는 자양字樣이 있으니, 야죽거사가 바로 심여문일지도 모르겠다. 가경嘉慶 계유년癸酉年(1813) 정월 28일 오후에 지비자知非子(황비렬)가 적다. 〔첫 권의 앞에 있다.〕

도광道光 2년(1822) 3월 11일에 심흠한沈欽韓이 다시 교정하면서 글자를 개정한 것은 네모를 쳐서 구별했다. 상란上欄의 소주小注는 모두 나의 소견이다. 〔제10권 끝에 있다.〕

도광 2년(1822) 3월 입하立夏 3일 전에 심흠한이 다시 교정했다.〔마지막 권의 뒤에 있다.〕

『河南邵氏聞見錄』二十卷〔校舊鈔本〕 嘉靖十三年夏日對宋本校勘一過. 前本與中閒一冊在予家, 四十年始得輳完, 可見奇書則不易遇也. 保之, 保之. 野竹居士謹記.

余向年初欲購書時, 因交白隄錢聽默. 聞有元人鈔本『邵氏聞見錄』在其肆中, 未及買, 并未及見也. 後知售於他所, 心甚念之, 然無可蹤跡矣. 頃檢五硯樓遺書, 見有錢手校者, 因傳錄之. 其校在毛刻上, 閒有此鈔本與校本同者, 始知此鈔之善, 又有與校本異而勝於刻本者, 當存此鈔之舊. 余校時雖照錢校鈎抹, 然錢校未知能悉存元鈔面目與否. 且此鈔已有與元鈔合者, 可知必有所據. 未敢悉遵錢校爲定本也. 惟是所增幾條及字句有添補處, 似錢校爲勝. 則此書有野竹居士云"對宋本校勘一過"者, 不知又何故脫誤矣. 『繁求記[1]』有陸淇淸有宋人鈔本云云, 在精鈔本上, 安能一旦遇之, 一證斯鈔也乎! 壬申十月十二日, 是日交冬弟一寒信, 復翁.〔以上兩跋均在末卷後〕

錢聽默手校本, 余臨校後卽歸諸喬司空巷張訒庵處. 蓋五硯樓不能蓄此也. 玆鈔本有嘉靖時野竹居士跋. 吳中衫瀆橋嘉靖時有沈與文, 頗蓄書, 其刊刻『詩外傳』有野竹齋字樣, 不知野竹居士卽沈與文否. 嘉慶癸酉正月二十有八日午後, 知非子識.〔在卷首〕

道光二年又三月十一日, 欽韓重校字改正者, 以方別之. 上格小注皆鄙見也.〔在第十卷末〕

道光二年又三月立夏前三日, 沈欽韓重校.〔在末卷後〕

[1] 번구기(繁求記): 민구기(敏求記)의 오기로 보인다. 전증(錢曾)의 『독서민구기(讀書敏求記)』를 말한다.

(청) 무전손繆荃孫 『예풍장서기藝風藏書記』

(권8「소설小說」 제10)

『소씨문견록』 20권 정교본精校本으로 장인암張訒庵(장소인) 장서다. 장인암은 원대 초본에 의거해 『진체비서津逮秘書』본 위에 직접 교정했다. 권5는 1조가 빠져 있고 권16은 2쪽이 빠져 있는데 모두 베껴서 보충했으며, 그 밖에 첨가한 주는 수십 군데에 그치지 않는다. 진짜 선본善本이다. 수장서에 "집경당장선본執經堂藏善本"이라는 주문朱文(양문, 양각)의 장방형 인장 1개와 "장소인인張紹仁印"이라는 백문白文(음문, 음각)과 "학안學安"이라는 주문의 정방형 인장 2개가 찍혀 있다.

『邵氏聞見錄』二十卷 精校本, 張訒庵藏書. 訒庵據元人鈔本手校於『津逮』本上. 卷五缺一則, 卷十六缺兩葉, 均鈔補, 其他添注不止數十處. 眞善本也. 收藏有"執經堂藏善本"朱文長方印, "張紹仁印"白文·"學安"朱文兩方印.

(청) 주중부周中孚 『정당독서기鄭堂讀書記』

(권64「자부子部」 12-2)

『문견전록』 20권, 『진체비서津逮秘書』본. 송 소백온 찬. 소백온은 자가 자원子元〔『송사宋史』에는 "자문子文"이라 되어 있다〕이고 하남河南 사람으로 소강절邵康節(소옹)의 아들이다. (철종) 원우元祐 2년(1087)에 경명행수經明行修로 추천되었다. 남도南渡한 후에 벼슬이 이로전운부사利路轉運副使에 이르렀다. 『사고전서四庫全書』의 저록에서 "『전록』"이라고 한 것은 그의 아들인 공제公濟 소박邵博의 "『후록』"과 구별하기 위함이다. 『직재서록해제直齋書錄解題』「잡사류雜史類」, 『문헌통고文獻通考』「잡사」, 『송사』「예문지 · 전기류傳記類」에는 모두 "『소씨문견록』"이라 되어 있다. 『송사』「예문지」에는 단지 1권이라 되어 있는데 아마도 잘못 탈루된 것으로 보인다. 앞에 (남송 고종) 소흥紹興 임자년壬子年(1132)의 자서自序가 있으며, 권1부터 권16까지는 모두 북송 한 시대의 고사를 기록했는데, (신종) 희녕熙寧 연간(1068~1077)의 변법變法과 (철종) 원우元祐 연간(1086~1094)의 분당分黨에 대한 기술이 특히 상세하다. 대개 소자원邵子元(소백온)은 그 당시에 살아서 듣고 본 것이 비교적 절실했기 때문에 그 말이 매우 상세하다. 권17은 잡사를 기록했는데, 수록된 총 12조[9]는 그 시말을 자못 갖추고 있다. 그중에서 낙중洛中(낙양)의 형세에 대해 재삼 깊은 관심을 보인 것은 아마도 당시에 낙양에 도읍하지 않고 변경汴京(개봉)에 도읍함으로써 그 요충지를 잃어버리게 된 것에 유감이 있는 듯하다. 권18부터 마지막까지는 소강절의 언행을 기록한 것으로 자못 황당무계한데, 전체 문장에서 앞날을 예견하는 일을 즐겨 얘기한 것은 본래보다 더욱 심함을 면치 못한다. 평원平園 주필대周必大가 "이 책은 황당한 내용이 자못 많다"(「여헌가묘지발呂獻可墓誌跋」에 보인다)라고 일컬은 것은 발언이 너무 지나치긴 하지만, 이 말로 이 세 권을 평가한다면 타당하다. 이 책은 소자원에 의해 편차編次된 것으로 상세한 것은 그의 자서에 보인다. 『학진토원學津討原』에서도 이 책을 수록했다.

『聞見前錄』二十卷, 『津逮秘書』本. 宋邵伯溫撰. 伯溫字子元〔『宋史』作"子文"〕,

9 총 12조: 각 판본마다 조수의 차이가 있다. 하경관(夏敬觀) 교본을 참고한 본서는 권17에 총 8조가 수록되어 있다.

河南人, 康節之子也. 元祐二年, 以經行薦. 南渡後, 官至利路轉運副使. 『四庫全書』著錄曰“『前錄』”者, 以別其子公濟博之“『後錄』”也. 『書錄解題』「雜史類」·『通考』「雜史」·『宋志』「傳記類」俱作“『邵氏聞見錄』”. 『宋志』止作一卷, 蓋誤脫也. 前有紹興壬子自序, 卷一至卷十六皆記北宋一代故事, 尤詳於熙寧之變法, 元祐之分黨. 蓋子元生當其時, 見聞較切, 所以詳哉其言也. 卷十七記雜事, 凡十二節, 則頗具端末. 其於洛中形勢三致意者, 似有感於當時不都洛而都汴, 以致失其險阻爾. 卷十八至末記康節言行, 頗涉妖妄, 總文內喜談前知, 不免變本而加厲也. 周平園必大稱“是書頗多荒唐”〔見「呂獻可墓誌跋」〕, 究屬言之過當, 然以之品定此三卷, 則得之矣. 此書爲子元所編次, 詳見其自序中. 『學津討原』亦收入之.

(청) 장균형張鈞衡 『적원장서지適園藏書志』

(권9 「자부子部 · 소설류小說類」)

『소씨문견록』 20권〔『급고각汲古閣』본을 교정함〕 송 소백온 찬. 소백온의 『역학변혹易學辨惑』은 이미 「역류易類」에 수록되어 있다. 이 책은 오로지 북송의 고사를 기록한 것으로, 이 『급고각』본은 하의문何義門(하작何焯)이 원대 초본에 의거해 교정하고 탈문脫文 두 단락을 보충했으며, 서명에 “하남河南”이 없고 “전前” 자도 없다.

『邵氏聞見錄』二十卷〔校『汲古』本〕 宋邵伯溫撰. 伯溫『易學辨惑』已收「易類」. 是書專記北宋故事, 此『汲古』本義門據元人鈔本校補脫文兩大段, 書名無“河南”, 亦無“前”字.

(청) 소진함邵晉涵 『사고간명목록표주四庫簡明目錄標注』

『문견전록』 20권 송 소백온 찬

『진체비서津逮秘書』본 『학진토원學津討原』본 『담생당여원淡生堂餘苑』본

[부록] 모각毛刻(모진 『급고각』 각본)은 선본이 아니며 빠진 쪽이 있다. 〔주성이周星詒〕

[속록] 왕숙로王叔魯(왕극민王克敏)는 명대 진유암秦酉巖(진사린秦四麟)의 초본을 소장하고 있었는데, 부원숙傅沅叔(부증상傅增湘)이 일찍이 이것을 빌려 교정하고 또 심자봉沈子封(심증동沈曾桐)이 소장한 옛 초본을 빌려 다시 교정했는데, 보충하고 개정한 것이 아주 많다. 내가 또 이것에서 한 본을 베껴 적었다.

『聞見前錄』二十卷 宋邵伯溫撰

『津逮秘書』本 『學津討原』本 『淡生堂餘苑』本

[附錄] 毛刻非善本, 有缺葉. 〔星詒〕

[續錄] 王叔魯藏明秦酉巖鈔本, 傅沅叔曾借校, 又借沈子封藏舊鈔本再校, 補正極多. 余又從過錄一本.

(민국) 「하경관교본발夏敬觀校本跋」

앞의 『하남소씨문견록』 20권은 송나라의 소백온이 찬했다. 옛 각본에는 『문견전록』이라 적혀 있는 것이 많은데, 대개 소백온의 아들 소박에게 『문견후록』이 있기 때문에 추측해서 "전" 자를 더한 것이다. 여러 옛 초본은 모두 『하남소씨문견록』이라 칭하고 간혹 "하남" 2자를 삭제하기도 했다. 대

체적으로 원대 초본을 조본祖本으로 삼았으며, 드물게 송대 판본을 볼 수 있었던 자가 있었다. 이 본은 강안江安의 부원숙傅沅叔(부증상)에게서 빌렸는데, 대개 장주長洲의 진중준陳仲遵(진준陳墫)이 교정한 초본에 의거했으며, 그 내원은 (명나라) 전경실錢磬室(전곡錢穀)의 장서에서 나왔다. 앞의 5권은 잔송본殘宋本이고, 5권 이후는 모두 전경실이 수초手鈔하고 보완했으며 또한 송본에 의거했다. 그중에서 권1에는 '태조가 즉위하자 여러 번진들이 모두 절도사직을 그만두고 돌아왔다' 1조[10]가 더 있고, 권5의 '희녕 연간 초에 한위공韓魏公이 재상의 직무를 그만두었다' 조[11]의 끝에 '그래서 원우 연간에 재상이 모후와 어린 주상을 보필했다'는 한 단락이 더 있으며, 권16의 '설구薛俅 숙지肅之' 조[12] 다음에는 제본諸本과는 다르게 '요사종姚嗣宗'·'이조李藻'·'장중빈張仲賓'·'언사현偃師縣의 손도중孫道中'의 4조[13]가 더 있는데, 이는 여러 옛 초본에 없는 것으로 참으로 지극히 귀중한 보물이다. 또 하소산何小山(하황何煌)의 교본을 얻었는데, 하소산의 자발自跋에서 언급한 교정 근거본 4가지는 다음과 같다. 하나는 전초형錢楚珩(전증錢曾)본으로, 바로 육기청陸淇淸의 집에 소장된 원대 초본을 베껴 적은 것이다. 하나는 오씨총서당吳氏叢書堂(오관吳寬) 초본으로 겨우 앞의 8권만 있는데, 옛날에 섭임종葉林宗(섭혁葉奕)의 집에 소장되었다가 나중에 모씨毛氏(모진)에게서 나왔다. 하나는 만력萬曆(1573~1620) 초본이고, 하나는 가정嘉靖(1522~1566) 초본이다. 만력 초본은 권1에 '태조가 즉위하자' 1조가 더 있는데, 지금 교감해 보니 전경실 교본과

---

10 '태조가 즉위하자 여러 번진들이 모두 절도사 직을 그만두고 돌아왔다' 1조: 본서 1-15(015)에 실려 있다.

11 '희녕 연간 초에 한위공이 재상의 직무를 그만두었다' 조: 본서 5-3(053)에 실려 있다.

12 '설구(薛俅) 숙지(肅之)' 조: 본서 16-11(170)에 실려 있다.

13 '요사종(姚嗣宗)'·'이조(李藻)'·'장중빈(張仲賓)'·'언사현(偃師縣)의 손도중(孫道中)'의 4조: 본서 16-12(171)·16-13(172)·16-14(173)·16-15(174)에 각각 실려 있다.

같으니 또한 얻기 어려운 것이다. 그 밖에 한 명대 초본은 전경실 교본과 대교해 보니 많이 다른데, 하씨何氏(하황)가 보았던 두 명대 초본보다는 훨씬 낫다. 또 주성이周星詒 교본은 수미首尾가 완전하지 않고 의거한 본을 알 수 없는데, 권5의 '한위공이 재상의 직무를 그만두었다' 조에 더 들어가 있는 문장으로 살펴보면 (의거한 본이) 전경실 교본임이 마땅하지만 또한 다른 곳이 자못 많으며, 행간에 상세히 주를 집어넣음으로 해서 독자들이 찾아보기에 편리하다. 무오년戊午年(1918) 맹추孟秋에 신건新建 사람 하경관이 교정을 끝내고 삼가 적다.

右『河南邵氏聞見錄』二十卷, 宋邵伯溫撰. 舊刻多題『聞見前錄』, 蓋以伯溫之子博有『聞見後錄』, 臆加"前"字. 諸舊鈔悉稱『河南邵氏聞見錄』, 或去"河南"二字. 惟大率以元鈔爲祖本, 罕有得覩宋槧者. 此本借自江安傅沅叔, 蓋依長洲陳仲遵校鈔本, 其源出自罄室所藏. 前五卷殘宋本也, 五卷以後, 皆罄室手鈔補完, 亦據宋本. 其中如卷一多'太祖卽位, 諸藩鎭皆罷歸'一條, 卷五'熙寧初韓魏公罷相'條末多'故元祐宰執輔母后幼主'一段, 卷十六'薛俅肅之'條下, 與諸本異, 其下多'姚嗣宗'·'李藻'·'張仲賓'·'偃師孫道中'四條, 爲諸舊鈔所無, 洵至寶也. 又得何小山校本, 小山自跋所據校之本凡四: 一錢楚珩本, 卽過錄陸淇淸家元鈔者. 一吳氏叢書堂鈔本, 僅前八卷, 舊爲葉林宗家所藏, 自毛氏散出. 一萬曆鈔本, 一嘉靖鈔本. 萬曆鈔本卷一多'太祖卽位'一條, 今勘與罄室本同, 亦爲難得. 另一明鈔本校與罄室本頗異, 則尤優於何氏所見之兩明鈔也. 又周星詒校本, 首尾未完, 莫詳所據, 以卷四[1]'韓魏公罷相'條所多之文考之, 當卽罄室本, 然又頗有異同, 因悉剌註於行間, 以便閱者之尋索焉. 戊午孟秋新建夏敬觀校竟謹識.

[1] 권사(卷四): "권오(卷五)"의 오기로 보인다.

부록 3

북송대사연표北宋大事年表

○ 제1대 태조太祖 조광윤趙匡胤: 960~976, 재위 17년

건륭建隆: 960. 1.~963. 10.

1년(960): 진교병변陳橋兵變을 일으켜 칭제하고 송 건국.
후주後周 멸망.

2년(961): "배주석병권杯酒釋兵權."
『송회요宋會要』·『주세종실록周世宗實錄』 완성.

3년(962): 거인擧人이 지거관知擧官을 은사恩師·사문師門이라 부르거나 문생門生이라 자칭하는 것을 금함.

건덕乾德: 963. 11.~968. 10.

1년(963): 형남荊南·호남湖南 평정.
문신文臣을 지주知州에 임명하고, 경관京官을 지현知縣에 임명함.

2년(964): 참지정사參知政事를 설치해 부재상副宰相으로 삼음.

3년(965): 후촉後蜀 멸망.
절도사節度使의 병권을 회수하고 전운사轉運使를 설치해 주군州郡을 감찰함.

4년(966): 장수가 정병精兵을 사병으로 삼는 것을 금함.

5년(967): 황하의 제방이 여러 차례 터지자 매년 봄과 가을에 수리하기로 정함.

개보開寶: 968. 11.~976. 11.

2년(969): 황제가 직접 대군을 이끌고 북한北漢을 정벌함.

회골回鶻 · 우전于闐이 조공함.

4년(971): 남한南漢을 평정하고 광주廣州에 시박사市舶司를 설치함.

5년(972): 처음으로 전시殿試를 시행함.

6년(973): 황제가 강무전講武殿에서 친히 거인을 시험했으며 이후로 상규常規가 됨.

7년(974): 『오대사五代史』 완성.

8년(975): 금릉金陵을 공격해 이욱李煜이 항복하고 남당南唐이 멸망함.

○ 제2대 태종太宗 조광의趙光義: 976~997, 재위 21년

태평흥국太平興國: 976. 12.~984. 10.

1년(976): "촉영부성燭影斧聲"의 상황에서 조광윤이 죽고 동생 조광의가 즉위함.

2년(977): 사천四川을 사천동로路와 사천서로로 나누고 각각 전운사를 설치함.

각장榷場(공식 무역장)을 설치해 수입 향약香藥과 보화를 팔아 국가 재용을 확보함.

3년(978): 진홍진陳洪進이 장주漳州 · 천주泉州를 헌납하고, 오월吳越의 전숙錢俶이 귀항함.

숭문원崇文院을 세워 도서를 수장함.

4년(979): 유계원劉繼元이 항복하고 북한北漢이 멸망함.

요遼를 공격했다가 고량하高粱河에서 대패함.

5년(980): 송과 요가 계속 교전함.

6년(981): 『오대사』 편찬을 이끈 설거정薛居正 사망.

7년(982): 역경원譯經院을 설치해 서역 승에게 불경을 번역하게 함.

8년(983): 『태평어람太平御覽』 완성.

서하西夏의 이계천李繼遷이 반란을 일으켜 송과 서하의 분쟁이 시작됨.

옹희雍熙: 984. 11.~987. 12.

2년(985): 이계천이 은주銀州를 점거함.

고려高麗와 연합해 거란契丹(요)을 공격하기로 약속함.

3년(986): 조빈曹彬·반미潘美 등을 파견해 3로路에서 거란을 공격했지만 대패하고 수만 명이 죽음. 장군 양업楊業이 삭주朔州에서 전사함. 이후로 더 이상 거란을 공격하지 않음.

『문원영화文苑英華』 완성.

4년(987): 이계천이 왕정王亭에서 송군을 격퇴함.

단공端拱: 988. 1.~989. 12.

1년(988): 거란에서 과거제도를 처음 시행함.

2년(989): 거란이 남하를 시작해 역주易州를 함락시킴.

순화淳化: 990. 1.~994. 12.

1년(990): 제로諸路에 구경九經을 하사함.

거란이 이계천을 서하국왕에 봉함.

2년(991): 제점형옥提點刑獄을 설치함.

이계천이 송조에 귀항해 은주관찰사銀州觀察使에 제수되고 조보길趙保吉이라는 성명을 하사받음.

여진女眞이 거란에 귀복함.

3년(992): 과거시험에서 호명제糊名制를 시행함.

4년(993): 사천의 왕소파王小波가 "균빈부均貧富"를 내세우고 모반했다가 전사하고 이순李順이 그 뒤를 이음.

5년(994): 이순이 포로로 잡히고 촉란蜀亂이 평정됨.

지도至道: 995. 1.~997. 12.

1년(995): 변방 백성과 이민족의 결혼을 금함.

변하汴河의 조운미漕運米가 180만 석에 달함.

2년(996): 오랫동안 단절되어 있던 양주涼州에서 조정에 관리 파견을 청함.
3년(997): 공연세孔延世를 곡부령曲阜令에 임명하고 문선공文宣公에 봉함.
이계천을 정난군절도사定難軍節度使에 봉함.
거란이 이계천을 서평왕西平王에 봉함.
하서河西의 당항黨項이 거란에 귀복함.

○ 제3대 진종眞宗 조항趙恒: 997~1022, 재위 25년

함평咸平: 998. 1.~1003. 12.
2년(999): 거란의 황제와 태후가 대거 송을 침공함.
3년(1000): 익주益州의 수졸戍卒이 난을 일으킴.
4년(1001): 『속통전續通典』과 『주례정의周禮正義』 등을 완성함.
촉蜀을 익益·이利·재梓·기夔 4주로 분리함.
5년(1002): 사주沙州의 장수 조종수曹宗壽가 절도사 조연록曹延祿을 살해하고 사신을 파견해 조공하자 그를 귀의군절도사歸義君節度使에 봉함.
6년(1003): 이계천이 송을 침입했다가 대패해 전사하고, 아들 이덕명李德明이 뒤를 이음.

경덕景德: 1004. 1.~1007. 12.
1년(1004): 거란의 대군이 침공해 전주澶州를 포위하고 송과 전연지맹澶淵之盟을 맺음.
2년(1005): 『책부원귀冊府元龜』 편찬.
3년(1006): 송과 서하가 화의를 맺고, 이덕명이 송조에 서표誓表를 올리자 그를 서평왕에 봉함.

대중상부大中祥符: 1008. 1.~1016. 12.
1년(1008): 황제가 천서天書가 내려왔다고 거짓말하고 개원함. 태산泰山에서 봉선封禪하고, 곡부에서 공자에게 제사 지냄.

2년(1009): 공자의 제자와 역대 대유大儒를 공후公侯와 백작伯爵에 봉함.

3년(1010): 『제도도경諸道圖經』 완성.

4년(1011): 제주諸州에 공자묘를 세우라고 명함.

7년(1014): 옥청소응궁玉清昭應宮 완공. 응천부應天府를 남경南京으로 승격함.

9년(1016): 경서京西와 하북河北 제로에 가뭄과 메뚜기 떼 재해가 발생해 강회江淮로 퍼짐.

천희天禧: 1017. 1.~1021. 12.

1년(1017): 130개 주군州軍에 가뭄과 메뚜기 떼 재해가 덮쳐 제로에 기근이 심해짐.

3년(1019): 거란이 사주의 조현순曹賢順을 돈황군왕敦煌郡王에 봉함.
황하의 제방이 터져 6주州가 물에 잠김.

4년(1020): 양주揚州의 옛 물길을 개착해 조운을 이롭게 함.
강남을 강남동로와 강남서로로 분리함.

건흥乾興: 1022. 1.~1022. 12.

1년(1022): 진종이 죽고 인종이 즉위했으며, 유태후劉太后가 수렴청정함.
토번왕吐蕃王 이입준李立遵이 송조에 귀복함.

○ 제4대 인종仁宗 조정趙禎: 1022~1063, 재위 41년

천성天聖: 1023. 1.~1032. 10.

1년(1023): 용비冗費 지출 경감을 논의함.
익주교자무益州交子務를 설치하고 사천 지역에서 세계 최초로 지폐를 발행함.
구준寇准 사망.

3년(1025): 거란에서 황금 장식 사용을 금함.

4년(1026): 태주泰州에 해일을 막기 위한 제방을 축조함.

6년(1028): 당항과 교지交趾가 변경을 침입함.
7년(1029): 제거制擧 10과科를 다시 설치함.
옥청소응궁에 큰불이 나서 전소됨.
8년(1030): 이덕명이 송조에 말을 바치고 불경을 구함.
9년(1031): 구자국龜玆國과 사주沙州에서 송조에 조공함.

명도明道: 1032. 11.~1033. 11.
1년(1032): 간원諫院을 설치함.
이명덕이 죽고 아들 이원호李元昊가 뒤를 이었고, 거란에서 그를 서하왕으로 책봉함.
2년(1033): 유태후가 죽고, 인종이 친정親政을 시작함.

경우景祐: 1033. 12.~1038. 10.
1년(1034): 이원호가 여러 차례 송의 변방을 괴롭히는 한편 말을 바치고 불경을 구함.
2년(1035): 『중서총례中書總例』 완성.
서하가 당하唐河 서쪽 지역을 모두 차지함.
3년(1036): 서하가 문자를 창제하고, 『효경孝經』과 『이아爾雅』 등을 번역함.
4년(1037): 서하가 백관을 설치하고, 병사를 배치해 거란 방비와 송에 대한 모반을 준비함.
5년(1038): 이원호가 칭제하고 홍경興慶에 도읍하고 국호를 대하大夏라 함.

보원寶元: 1038. 11.~1040. 1.
2년(1039): 송조에서 이원호의 관작을 삭탈하고 교역을 끊었으며, 송과 서하의 전쟁이 시작됨.

강정康定: 1040. 2.~1041. 10.
1년(1040): 서하가 연주延州에서 송군을 대파하자, 송조에서 한기韓琦와 범중엄范

仲淹을 섬서경략사陝西經略使로 파견함.

2년(1041): 송군이 서하를 공격해 호수천好水川에서 대패함.

『숭문총목崇文總目』 완성.

필승畢昇이 활자인쇄를 발명함.

경력慶曆: 1041. 11.~1048. 11.

2년(1042): 송에서 거란에 보내는 세폐歲幣를 50만으로 증액하고 거란과 화의를 맺음.

서하와의 잦은 전쟁에서 송군이 대부분 패함.

3년(1043): 범중엄을 참지정사로 기용해 경력신정慶曆新政을 추진함.

증공량曾公亮 등에게 『무경총요武經總要』를 편찬하라는 칙명을 내림.

4년(1044): 경력신정이 좌절됨.

전국 주현州縣에 모두 학교를 세우라는 칙령을 내림.

송과 서하가 화의를 맺음. 서하는 칭신稱臣하고, 송조는 해마다 은·비단·차 등을 하사하기로 함.

거란이 서하를 공격했다가 참패함으로써, 송·요·서하의 대치국면이 확립됨.

6년(1046): 거란이 노비를 한족에게 파는 것을 금지함.

7년(1047): 패주貝州의 군졸 왕칙王則이 난을 일으킴.

황우皇祐: 1048. 12.~1054. 2.

3년(1051): 회남淮南을 회남동로와 회남서로로 분리함.

4년(1052): 범중엄 사망.

농지고儂智高가 반란을 일으켜 칭제하고 대남국大南國을 세웠으며, 광서廣西를 공략하고 광주廣州를 포위함. 송조에서 적청狄靑을 선무사宣撫使로 임명해 토벌하게 함.

5년(1053): 적청이 농지고의 난을 평정함.

지화至和: 1054. 3.~1056. 8.

2년(1055): 공자의 후손을 연성공衍聖公에 봉함.

가우嘉祐: 1056. 9.~1063. 12.

2년(1057): 구양수歐陽修가 질박한 문풍을 제창함.

3년(1058): 구양수가 지개봉부知開封府에 제수됨.

제과制科의 등제법等第法과 수관법授官法을 반포함.

4년(1059): 왕안석王安石이 만언서萬言書를 올려 변법變法(신법)을 진언함.

균전제均田制를 시행함.

5년(1060): 『신당서新唐書』 완성.

7년(1062): 서하에서 말을 바치고 구경九經 등의 책을 구함.

8년(1063): 인종이 죽고 영종이 즉위함.

○ 제5대 영종英宗 조서趙曙: 1063~1067, 재위 4년

치평治平: 1064. 1.~1067. 12.

1년(1064): 서하가 재차 변경을 어지럽게 함.

2년(1065): 『태상인혁례太常因革禮』 완성.

3년(1066): 거란이 국호를 요로 바꿈.

서하에 대한 세사歲賜를 중지함.

4년(1067): 영종이 죽고, 신종이 즉위함.

왕안석을 한림학사翰林學士에 임명함.

○ 제6대 신종神宗 조욱趙頊: 1067~1085, 재위 18년

희녕熙寧: 1068. 1.~1077. 11.

1년(1068): 왕안석이 신법에 대해 상서함.

2년(1069): 왕안석을 참지정사에 임명하고, 제치삼사조례사制置三司條例司를 설치해 신법 시행을 시작함. 청묘법青苗法을 시행함.

3년(1070): 왕안석을 재상에 임명하고, 보갑법保甲法과 면역법免役法을 시행함.

4년(1071): 공거법貢擧法을 개혁해 경의經義와 책론策論으로 진사를 시험함.

5년(1072): 보마법保馬法과 방전균세법方田均稅法을 시행함.

구양수 사망.

6년(1073): 경의국經義局을 설치해 왕안석이 『삼경신의三經新義』 편찬을 주도함.

주돈이周敦頤 사망.

7년(1074): 심괄沈括을 제거사천감提擧司天監에 임명해 혼의渾儀와 부루浮漏를 제작함.

8년(1075): 요의 압박으로 하동河東 지역의 경계를 다시 구획해 700리의 땅을 잃어버림.

9년(1076): 왕안석이 재상을 그만두고, 신종이 직접 신법을 추진함.

교지가 광서를 침입해 옹주邕州를 공격함.

토번의 장수 귀장鬼章이 변경을 어지럽힘.

10년(1077): 황하의 제방이 터져 45개 현이 물에 잠김.

소옹邵雍과 장재張載 사망.

원풍元豐: 1077. 12.~1085. 12.

1년(1078): 전주澶州 조촌曹村에서 터진 황하 제방을 막고, 140리에 이르는 새 제방을 축조함.

2년(1079): 소식蘇軾이 황주黃州로 폄적됨.

3년(1080): 관제官制를 개혁함.

『원풍군현지元豐郡縣志』 완성.

4년(1081): 5로의 군대를 동원해 서하를 공격해 난주蘭州의 옛 성을 수복함.

5년(1082): 서하와 영락永樂에서 대규모 전쟁을 벌여 송군이 대패함.

신법의 시행으로 세수稅收가 증가해 국가의 재용이 늘어남.

6년(1083): 서하에 대한 세사歲賜를 다시 개시함.

7년(1084): 사마광의 『자치통감資治通鑑』 완성.

8년(1085): 신종이 죽고 철종이 즉위함.
정호程顥 사망.

○ 제7대 철종哲宗 조후趙煦: 1085~1100, 재위 15년

원우元祐: 1086. 1.~1094. 3.

1년(1086): 태황태후 고씨高氏가 수렴청정하면서 사마광을 재상으로 기용하고 신법 폐지함.
촉당蜀黨 · 낙당洛黨 · 삭당朔黨이 당쟁을 벌임.
경의經義와 사부詞賦로 진사를 시험함.
공자의 후손을 봉성공奉聖公에 봉함.
사마광 사망.

2년(1087): 천주泉州에 시박사市舶司를 증설함.

4년(1089): 변방의 장수에게 서하의 국경을 침입하지 말라고 계고戒告함.

6년(1091): 서하가 송의 변경을 어지럽힘.

7년(1092): 섬서와 하동에 변방 수비를 강화하라는 명을 내림.

8년(1093): 태황태후 고씨가 죽고 철종이 친정親政하면서 신법을 다시 추진함.

9년(1094): 4월에 소성紹聖으로 개원하고 좌천되었던 신당파를 기용해 희녕신법熙寧新法을 계승했으며, 원우구당인元祐舊黨人을 폄적시킴.
면역법을 회복시킴.

소성紹聖: 1094. 4.~1098. 5.

2년(1095): 청묘법을 회복시킴.

3년(1096): 서하가 부연로鄜延路를 침입해 대량 학살과 약탈을 자행함.

4년(1097): 원우당인元祐黨人으로 폄적된 자의 자제를 금고禁錮시킴.

원부元符: 1098. 6.~1100. 10.

1년(1098): 범조우范祖禹 사망.

2년(1099): 서하가 화의를 청함.

3년(1100): 철종이 죽고 동생 조길趙佶이 즉위함.

○ 제8대 휘종徽宗 조길趙佶: 1100~1125, 재위 25년

건중정국建中靖國: 1100. 11.~1101. 10.

1년(1101): 소식蘇軾 · 진관秦觀 · 진사도陳師道 사망.

숭녕崇寧: 1101. 11.~1106. 6.

1년(1102): 채경蔡京이 재상이 되어 원우학술元祐學術을 금지하고 원우간당비元祐奸黨碑를 세움.

2년(1103): 원우구당인의 문장을 훼멸함.
여진의 각 부족이 통일됨.

3년(1104): 원우와 원부元符의 당적黨籍을 다시 정해 총 309명을 비석에 새겨 조당에 세움.

4년(1105): 소주蘇州에 응봉국應奉局을 설치해 화석강花石綱 업무를 주관하게 함.
황정견黃庭堅 사망.

5년(1106): 채경이 재상을 그만둠.
별자리의 이상 변화가 일어나자 원우당인을 대사면함.

대관大觀: 1106. 7.~1110. 10.

1년(1107): 채경이 다시 재상이 됨.
정이程頤 · 미불米芾 사망.

2년(1108): 다시 원우당적을 회복시킴.

3년(1109): 강江 · 회淮 · 형荊 · 절浙 · 복건福建 등의 노路에 큰 가뭄이 듦.

4년(1110): 기민飢民을 모집해 금군禁軍을 보충함.

정화政和: 1110. 11.~1118. 10.

1년(1111): 환관 동관童貫이 요에 들어가 마식馬植을 데리고 돌아와서, 여진과 연합해 요를 공격하는 계책을 올림.

2년(1112): 소철蘇轍 사망.

3년(1113): 『정화오례신의政和五禮新儀』 완성.

4년(1114): 도교를 존숭해 선경仙經을 구했으며 도계道階를 설치함.

5년(1115): 여진의 아골타阿骨打가 회녕會寧에서 칭제하고 국호를 대금大金이라 했으며, 군대를 일으켜 요를 공격함.

6년(1116): 요와 금이 전쟁을 계속함.

7년(1117): 도록원道籙院에서 휘종을 교주도군황제敎主道君皇帝에 책봉함.

대리大理에서 송조에 조공하자, 그 왕인 단화예段和譽를 운남절도사雲南節度使와 대리국왕에 봉함.

중화重和: 1118. 11.~1119. 1.

1년(1118): 도학승공법道學升貢法을 제정하고 도경박사道經博士를 설치함.

송의 사신이 바닷길로 금에 가고, 금의 사신이 등주登州에 이르러 우호관계를 맺음.

선화宣和: 1119. 2.~1125. 11.

1년(1119): 요가 금의 황제를 동회국황제東懷國皇帝로 책봉했지만 금의 황제가 받지 않음.

금이 여진문자를 창제함.

2년(1120): 송이 금에 사신을 파견해 함께 요를 협공하기로 맹약함.

목주睦州의 방랍方臘이 난을 일으킴. 송강宋江이 하삭河朔에서 세력을 넓힘.

3년(1121): 소항조작국蘇杭造作局과 화석강을 중지함.

방랍은 진압되어 처형되고, 송강도 패함.

4년(1122): 송군이 재차 출병해 요를 공격했다가 참패하자, 동관이 은밀히 금군

金軍을 불러 연경燕京을 공격함. 금의 황제가 친히 대군을 이끌고 연경을 공격해 함락시키자, 요의 소태후蕭太后는 북쪽으로 패주함.

5년(1123): 금이 연경을 약탈하고 떠나자, 송에서 100만 관貫을 주고 빈 성을 차지함.

금이 연산육주燕山六州를 송에게 돌려주자, 송은 금에게 세폐歲幣를 보냄.

6년(1124): 서하가 금에 신하를 칭함.

7년(1125): 금이 요의 천조제天祚帝를 포로로 잡고 요를 멸망시킴.

금이 연경과 태원太原 양쪽에서 대대적으로 송을 공격하고 사신을 개봉으로 보내 항복하라고 압박하자, 휘종은 태자 조환趙桓에게 제위를 선양했으며, 이강李綱이 개봉을 사수함.

○ 제9대 흠종欽宗 조환趙桓: 1125~1127, 재위 2년

정강靖康: 1125. 12.~1127. 3.

1년(1126): 1월에 휘종이 남쪽으로 도망가고, 금이 동로東路로 황하를 건너와 다시 개봉을 공격하자, 송에서 태원 · 중산中山 · 하간河間의 세 진鎭을 할양하는 것으로 일단 화의를 맺음.

2월에 금이 북쪽으로 떠나자 4월에 휘종이 돌아와 육적六賊을 징벌함.

9월에 태원이 격파되고, 11월에 개봉이 격파됨.

2년(1127): 금이 도성 변경汴京을 함락시키고 휘종과 흠종을 포로로 잡아감으로써 북송이 멸망하고, 강왕康王 조구趙構가 남경南京(지금의 상추[商丘])에서 즉위함으로써 남송이 시작됨.

하동과 하북의 관민官民이 봉기해 금에 항거함.

부록 4

북송시기전도北宋時期全圖

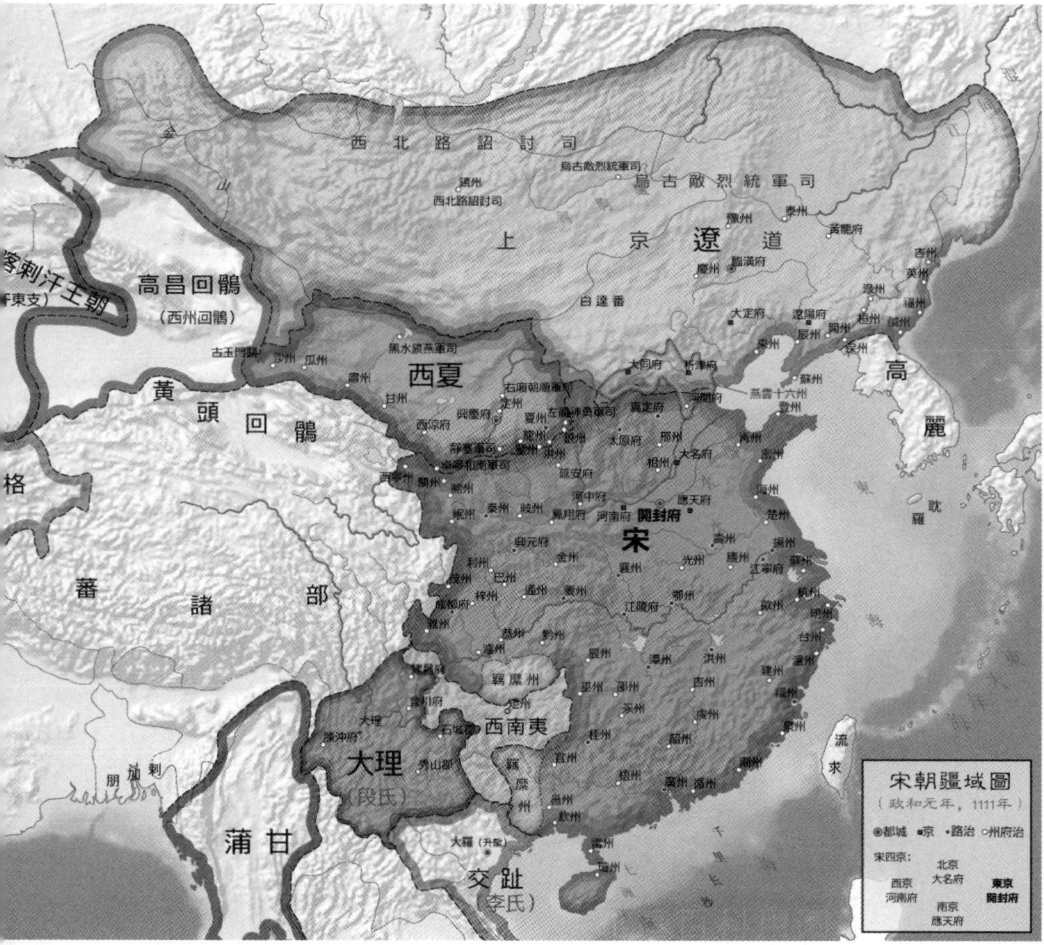

邵氏聞見錄【하】

찾아보기

ㅇ

저자

소백온邵伯溫(1056~1134)

자는 자문子文이고 하남 낙양洛陽 사람으로, 강절선생康節先生 소옹邵雍의 아들이다. 대명부조교大名府助教, 노주潞州 장자현위長子縣尉, 주관요주삼백거공사主管耀州三白渠公事를 거쳐 휘종徽宗 선화宣和 연간 말 지과주知果州에 제수되었고, 흠종欽宗 정강靖康 연간 초에 성도로제점형옥成都路提點刑獄에 발탁되었다. 이후 이주로전운사利州路轉運使와 제거태평관提舉太平觀에 제수되었으며 임지에서 78세로 죽었다. 초년에는 왕안석王安石의 신법 시행과정을 목격했고, 중년에는 원우당쟁元祐黨爭을 직접 겪었으며, 만년에는 정강靖康의 화를 만나는 등 시종 불안한 사회적 · 정치적 환경 속에서 순탄치 않은 삶을 살았다. 주요 저술로는 『소씨문견록』 외에 『하남집河南集』 · 『황극계술皇極系述』 · 『역학변혹易學辨惑』 · 『황극경세서皇極經世序』 · 『관물내외편해觀物內外篇解』 등이 있다.

역주자

김장환金長煥

연세대학교 중어중문학과 교수로 재직 중이다. 연세대학교 중문과를 졸업한 뒤 서울대학교에서 「세설신어연구世說新語研究」로 석사학위를 받았고, 연세대학교에서 「위진남북조지인소설연구魏晉南北朝志人小說研究」로 박사학위를 받았다. 강원대학교 중문과 교수, 미국 하버드대학교 옌칭 연구소 객원교수, 같은 대학교 페어뱅크 중국학 연구소 객원교수를 지냈다. 전공 분야는 중국 문언소설과 필기문헌이다. 저서로는 『중국문학의 흐름』, 『중국문학의 향기』, 『중국문학의 향연』, 『유의경劉義慶과 세설신어世說新語』, 『동아시아 이야기 보고의 탄생－태평광기』 등이 있고, 역서로는 『중국역대필기中國歷代筆記』, 『세상의 참신한 이야기－세설신어』, 『세설신어보世說新語補』, 『세설신어성휘운분世說新語姓彙韻分』, 『태평광기太平廣記』, 『태평광기상절太平廣記詳節』, 『당척언唐摭言』 등이 있으며, 중국 문언소설과 필기문헌에 관한 여러 편의 연구 논문이 있다.